QINGSHAONIAN
XIAOYUANQILING ZHILIJIZHI
YANJIU

国家社科基金项目“我国中小学校园欺凌治理机制研究”（项目编号：17XSH015）

青少年校园欺凌治理机制研究

滕志妍　著

民族出版社

图书在版编目（CIP）数据

青少年校园欺凌治理机制研究 / 滕志妍著 . -- 北京 : 民族出版社 , 2024. 12. -- ISBN 978-7-105-17444-7

Ⅰ . G474

中国国家版本馆 CIP 数据核字第 2024JU1890 号

青少年校园欺凌治理机制研究

责任编辑：黎　莉　马少楠
封面设计：金　晔
出版发行：民族出版社
地　　址：北京市东城区和平里北街 14 号
邮　　编：100013
电　　话：010–58130098
　　　　　010–64224782（发行部）
网　　址：http://www.mzpub.com
印　　刷：北京中石油彩色印刷有限责任公司
经　　销：各地新华书店
版　　次：2024 年 12 月第 1 版　2024 年 12 月北京第 1 次印刷
开　　本：787 毫米 ×1092 毫米　1/16
字　　数：384 千字
印　　张：24.75
定　　价：120.00 元
书　　号：ISBN 978-7-105-17444-7/G・2246（汉 443）

前　言

校园欺凌问题在全球范围内逐渐引起广泛关注，作为一种复杂且普遍存在的社会现象，校园欺凌不仅严重威胁学生的身心健康，还对学校教育环境和社会和谐造成了深远的影响。近年来，我国学生欺凌事件频发，伴随着互联网和信息技术的高速发展，学生欺凌事件传播速度快、影响范围广，引起社会各界的高度关注。因此，如何有效遏制校园欺凌，保障青少年的身心健康和全面发展，成为当前教育治理领域的一项重要课题。

从目前情况来看，无论是理论研究还是实际治理，对于我国校园欺凌的概念界定、发生原因、现状评估仍需进一步明晰，预防、干预和处置机制需要进一步建立和完善，现有政策落实情况、取得的成效需要进一步总结，政策设计需要进一步创新。为此，我们开展了校园欺凌治理机制的系统研究，主要任务是厘清校园欺凌的基础理论问题，例如概念、发生机理、防治基本理论；客观分析我国校园欺凌的发生状况、影响因素、治理现状和成效；比较国外一些国家治理校园欺凌的经验；同时针对相关政策法律的落实情况作出客观评估，并在此基础上提出完善我国治理校园欺凌政策、机制、措施的建议。

本书首先对校园欺凌的概念、类型及相关角色进行了界定，明确了研究对象的范围。在国际范围内，不同国家因实践情况不同，不同学者因为立足点的不同，对“校园欺凌”的界定有所差异，有的从主体角度界定，有的则侧重于从行为的外在表现。本书综合不同观点，认为校园欺凌由五个要素构成：欺凌行为的参与者、恶意动机、行为实施方式、时空范围、欺凌后果。在此基础上，将校园欺凌定义为：校园欺凌是发生在校园内外、学生之间，一方恶意通过肢体、语言及网络等手段实施欺负、侮辱，造成另一方身体伤害、财产损失或精神损害等的行为。

校园欺凌课题的研究离不开扎实的理论支撑。作为一个复杂的社会问题，校园欺凌的发生和治理涉及多重影响因素，必须依赖多维度的理论框架来进行分析。关于校园欺凌的发生机制，社会生态系统理论、社会认知理论、家庭系统理论、群体社会化理论等为揭示欺凌行为的深层原因提供重要视角。同时，治理校园欺凌同样需要坚实的理论支撑，如依法治国理论、社会情绪学习理论、三级预防体系、社会支持理论以及协同治理理论等，为有效治理欺凌行为提供多角度的指导和理论支持。

在对我国校园欺凌现状进行分析的过程中，本书通过对西北五省3967名中小学生的调查，详细分析了我国中小学校园欺凌的整体发生率、不同类型校园欺凌的发生率及其特征。研究结果表明，校园欺凌在我国中小学校中较为普遍，言语欺凌和关系欺凌是最常见的类型，且男生的欺凌发生率明显高于女生，校园欺凌行为主要集中在小学高年级和初中阶段。这一数据为进一步探讨欺凌行为的成因及制定针对性治理策略提供了重要依据。

校园欺凌行为的发生是多重因素共同作用的结果，本书从个体、家庭、学校和社会等多个层面进行了综合考察。实证研究表明，个体因素，如个人性格特质、行为方式和心理状况，可导致部分学生更容易成为欺凌的施加者或受害者。家庭因素，如父母的教育方式、家庭氛围以及亲子关系的质量，对学生的行为规范和心理发展有着深远的影响。学校因素，如学校的管理方式、师生互动、同伴关系和校园文化，可塑造学生在学校中的社交行为模式。社会因素，如社会文化、媒体的影响和社区支持系统，也在潜移默化中影响着学生的价值观和行为方式。通过对这些因素的深入分析，为校园欺凌的防治提供了理论依据和实践支持。

校园欺凌的治理不仅是学校的职责，还需要政府、家庭、社会组织、教师和学生共同参与。各主体在治理工作中扮演着关键角色，了解他们的态度、能力和行为对优化合作机制、提升防治效果至关重要。为全面掌握我国校园欺凌治理现状，研究从政府、学校、教师、学生、家庭和社会组织多个层面展开。通过实证调查，分析了治理机制的完善程度、政策执行效果、各方参与情况。

校园欺凌治理机制的构建是一项复杂的系统任务，需要政府、学校（教师）、学生、家庭和社会共同联动，推动全面有效的治理体系。在政府层面，应完善校园欺凌的法律政策，强化政府在反欺凌治理中的主导作用，健全法规体系和青少年司法制度，确保依法治校落到实处。在学校层面，需推进全校参与的治理模式，构建预警、评估与处理机制，形成统一的反欺凌行动框架。在学生层面，充分发挥学生，尤其是旁观者在防治校园欺凌中的积极作用，增强其社会责任感和干预能力。在家庭层面，家长应积极参与，提供情感支持与教育引导，构建良好的家庭教育环境，夯实防治基础。在社会层面，发挥社会组织的作用，动员社会力量，营造健康向上的社会文化氛围，共同为青少年的健康成长保驾护航。

他山之石，可以攻玉。本书亦通过考察挪威、美国、澳大利亚和日本在校园欺凌治理中的经验，总结出对我国具有借鉴意义的启示。各国普遍通过法律政策、制度体系、专业力量和社会支持的结合构建反欺凌体系。其中，校园欺凌的法制化治理已成为全球共识，确保了治理的规范性与有效性。完善的制度体系为反欺凌工作的实施提供规则和秩序，各国均通过自上而下的制度建设和明确的各主体权责分配，形成从预防到惩戒的全程规范体系。此外，专业力量为欺凌防治提供指导，各国根据实际情况开展校园欺凌防治项目，组建专业团队，开发资源和技术，提升治理的持续性和有效性。社会支持则通过构建家庭、学校和社会的反欺凌共同体，进一步巩固治理成效，营造安全包容的校园文化。

目 录

第二篇 校园欺凌治理的实证研究

第三篇　校园欺凌治理的机制建构

导　论

校园欺凌是近年来备受关注的社会问题。根据联合国儿童基金会 2019 年的调查，约 32% 的儿童和青少年曾遭遇同伴欺凌，且有 5% 至 15% 的儿童经历了长期持续的欺凌。校园欺凌对儿童青少年的发展可能造成严重危害，包括心理健康、学业表现和身体健康等方面的问题。长期受欺凌甚至会对他们的人格发展产生影响。值得注意的是，校园欺凌的危害不仅限于受害者，欺凌者和旁观者也可能在适应和发展方面面临挑战。因此，如何有效预防和干预校园欺凌，已成为家庭、学校及全社会亟待解决的关键问题。

一、选题缘由与研究意义

（一）选题缘由

一般而言，社会科学研究应以发现和提出问题为起点，以解决问题和回答问题为目的。本书立足当代的现实社会情景，选择校园欺凌为主题，主要是基于以下几方面的思考。

1. 校园欺凌事件频繁发生

据 2016 年教育部政策法规司委托的某项目课题组对全国 29 个县市 104，825 名中小学生的抽样调查，欺凌发生率高达 33.6%。其中，经常被欺凌的比例为 4.7%，偶尔被欺凌的比例为 28.66%。[①] 这一调查结果进一步表明了校园欺凌问题的严峻形势，超过 1/3 的中小学生在校园中遭受了不同程度的欺凌。

① 颜湘颖、姚建龙：《“宽容而不纵容”的校园欺凌治理机制研究——中小学校园欺凌现象的法学思考》，载《中国教育学刊》，2017（1）。

此外，联合国儿童基金会在2016年的相关研究中也显示，有2/3的受访儿童曾经遭受过校园欺凌，这再次印证了该问题的严重性和普遍性。①

校园欺凌事件的频繁发生已经成为一个长期而普遍存在的社会问题，它不仅在过去长期存在，也在当今社会持续影响着世界各国的教育和社会发展。

2. 校园欺凌危害后果严重

校园欺凌行为会在身体上给受欺凌学生造成伤害后果，也会给他们造成很大的心理伤害，而且这种心理伤害是难以修复的。受欺凌的学生会出现注意力分散、学习成绩下降、对上学有抵触情绪、自尊心和自信心下降、焦虑、抑郁等相关症状。

不仅如此，校园欺凌还会对欺凌行为人和欺凌旁观者带来不良影响。超过60%的欺凌者成年后具有高度侵略性，他们易怒、暴躁、热衷与人争论且具有严重的暴力倾向，20%的欺凌者甚至会走上暴力犯罪的道路。那些既欺凌别人，也被人欺凌的未成年人，结果更糟糕。②

如果不对校园欺凌进行及时预防和有效治理，学生权利将受到严重侵害，积怨已久的校园欺凌行为也容易引发恶性暴力事件。校园欺凌事件频发，对学校的教学管理秩序和校园安全造成重大影响，容易引发学生和家长对校园安全的担忧，对公共管理缺乏安全感，甚至引起恐慌。

此外，校园欺凌也会给整个社会带来负面影响。随着社交媒体的普及，校园欺凌事件更容易在网络上传播，引发公众的关注和议论。这也暴露了社会对校园欺凌问题认识和应对不足的问题。对校园欺凌的漠视会助长欺凌行为的蔓延，影响到下一代的成长。因此，防止和打击校园欺凌，需要全社会的共同努力和关注。

3. 我国校园欺凌治理研究滞后

挪威作为世界上最早关注和治理校园欺凌的国家，在20世纪70年代就开始对校园欺凌进行研究，并注重开发校园欺凌预防项目。美国自20世纪70年代以来也在应对校园欺凌方面做了很多有价值的实践研究和理论探索，并

---

① World Health Organization. Youth violence（2020-6-8）[2019-9-11]. https：//www.who.int/news-room/fact-sheets/detail/youth-violence，2020.

② 三联生活周刊:《校园霸凌对孩子有哪些长远影响？》，http：//www.weixinyidu.com/n_1765528。

于1999年的“科伦拜恩中学枪击案”之后开始制定反校园欺凌法案。[①]英国的学界和政府也早早地关注和重视校园欺凌，并出台了一系列法规解决校园欺凌问题。[②]日本对校园欺凌的关注始于1980年前后，虽然起初并未制定专门的法律，但在2013年出台了《校园欺凌防止对策推进法》。[③]

相比之下，我国对校园欺凌的关注较晚，专项治理还处于起步阶段。虽然国家层面在近年来对校园欺凌开展了治理，如2016年4月和11月分别发布了《关于开展校园欺凌专项治理的通知》和《关于防治中小学生欺凌和暴力的指导意见》，2017年12月出台了《加强中小学生欺凌综合治理方案》，2021年1月印发了《防范中小学生欺凌专项治理行动工作方案》。但目前尚未制定专门的法律规定和治理措施，以实现更加全面有效的校园欺凌治理。

（二）研究意义

青少年校园欺凌现象日益严重，已经成为全球关注的重大社会问题。开展校园欺凌治理机制的研究，不仅具有重要的理论意义，也具有深远的实践价值。

1. 理论意义

通过系统化、科学化的研究，可以丰富和完善现有的校园欺凌理论体系，为治理实践提供坚实的理论支持。

首先，明确校园欺凌的概念和类型。现有的校园欺凌研究中，概念和类型的界定尚不统一。通过对校园欺凌的定义、分类和特征进行系统梳理，明确不同类型欺凌行为的表现形式和特征。这不仅有助于理论上的规范化，也能为实务操作提供清晰的指导。

其次，深化校园欺凌的理论研究。校园欺凌是一个复杂的多因素交织的社会现象，通过深入研究其成因、发展过程和影响机制，可以进一步深化对校园欺凌现象的理论理解。识别出个体、家庭、学校和社会等层面的影响因素，能够帮助我们更全面地认识欺凌行为的复杂性和多样性，为后续的防治

① 万赞：《美国中小学校园欺侮现象之研究》，华东师范大学硕士学位论文，2007。

② 张宝书：《英国中小学反校园欺凌政策探析》，载《比较教育研究》，2016（11）。

③ 陶建国：《日本校园欺凌法制研究》，载《日本问题研究》，2015（2）。

工作提供更为科学的理论依据。

最后，丰富校园欺凌治理的理论框架。现有的治理理论多集中于某一方面或某一层次的干预措施，缺乏系统性和整体性。本书通过对比分析国内外不同治理模式和策略，提出一个多层次、全方位的治理框架。该框架涵盖预防、干预和事后处理等多个环节，能够更全面地指导实际工作。

此外，推动多学科交叉研究。校园欺凌问题涉及心理学、社会学、教育学等多个学科，通过跨学科的研究方法，可以从不同视角审视校园欺凌问题，形成更加综合和全面的理解。这不仅能丰富各学科的研究内容，也能促进学科之间的合作与交流。

总之，青少年校园欺凌治理机制研究的理论意义在于明确其概念和类型，深化对校园欺凌现象的理解，丰富治理的理论框架，推动多学科交叉研究，并为政策制定提供坚实的理论支持。这些理论成果不仅有助于提高学术研究水平，也能为实际治理工作提供有力的指导，最终实现校园环境的安全和谐。

2. 实践意义

开展校园欺凌治理机制的研究，不仅具有重要的理论价值，也具有深远的实践意义。通过科学、系统的研究，可以为实际治理工作提供有效的策略和方法，推动校园欺凌防治工作的深入开展。

首先，提高学校防治能力。通过研究校园欺凌治理机制，可以为学校提供科学有效的防治策略和操作指南。学校作为校园欺凌防治的第一线，通过系统的培训和指导，能够提升教师和管理人员的防治意识和能力，确保校园欺凌事件能够得到及时、有效地处理。

其次，优化教育体系的管理。研究成果可以为教育主管部门提供政策建议，帮助他们制定和完善相关法律法规和政策文件。通过明确的法律法规和政策导向，确保学校在防治校园欺凌工作中有章可循、有法可依，从而提高教育体系的管理水平和执行力。

再次，构建多方协作机制。校园欺凌的防治不仅需要学校的努力，还需要家庭、社区和社会各界的共同参与。研究可以为构建多方协作机制提供实践指导，促进学校、家庭和社会之间的紧密合作，形成全社会共同防治校园欺凌的良好氛围。

最后，提升青少年的自护能力。通过研究，可以开发针对青少年的教育和培训项目，帮助他们识别欺凌行为，学习应对和自护的方法。提高青少年的自护能力，增强他们的自信心和应对能力，可以有效减少欺凌事件的发生，保护他们的身心健康。

此外，促进社会和谐稳定。校园欺凌不仅影响个体的身心健康，也对整个社会的和谐稳定产生负面影响。通过有效的治理机制，可以减少校园欺凌事件的发生，促进青少年健康成长，提升社会整体的安全感和幸福感，为构建和谐社会做出贡献。

总之，青少年校园欺凌治理机制研究的实践意义在于提高学校的防治能力，优化教育体系的管理，构建多方协作机制，提升青少年的自护能力，促进社会的和谐稳定。这些实践成果不仅有助于保护青少年的身心健康，也对社会的整体发展具有重要意义。通过科学的研究和有效的实践，最终实现校园欺凌问题的有效治理，为青少年的健康成长营造一个安全、友好的环境。

二、研究现状与研究评析

校园欺凌已成为一个全球性议题，吸引了世界各地的广泛关注。随着相关研究文献的快速增长，理论和实践领域的探索正在积极展开。尽管如此，校园欺凌问题并未得到有效遏制，各类严重的欺凌事件仍频繁发生，显示出这一问题的严峻性。显然，当前校园欺凌的研究质量和实践应用仍有较大的提升空间。本书旨在全面梳理校园欺凌的内涵、危害、成因以及预防和应对策略，对校园欺凌的研究现状进行综合性的回顾和评估，旨在为未来的研究和实践提供更深入的见解和指导。

（一）国内外研究现状

1. 关于“校园欺凌内涵”的研究

校园欺凌作为一个多维度的概念，长期以来学术界对其内涵的理解尚未形成统一共识。挪威学者丹·奥维尤斯（Dan Olweus）是最早深入研究这一问题的学者之一，他提出的定义强调了欺凌行为的长期性和重复性，即一名学生反复遭受一个或多个同学主导的负面行为。然而，不同国家学者因研究视角和方法的差异，对校园欺凌内涵的解释有所不同，一种是以“校园”为中心的界定模式，另一种是以“师生”为中心的界定模式。虽然不同国家和学者在界定校园欺凌时可能从主体或行为的角度出发，但他们对欺凌本质的共识是相对一致的。其普遍认为，欺凌行为包括有意通过身体、语言或网络等途径，直接或间接地对受害者造成身体和心理伤害。这种行为不仅体现在外在的攻击动作，也涵盖了心理层面的损害，显示了欺凌的复杂性和多样性。

2. 关于“校园欺凌发生率”的研究

校园欺凌现象自20世纪70年代起成为国际关注的热点。例如，世界卫生组织1988年的调查发现，约30%的学生有过欺凌或被欺凌的经历，其中13%是欺凌，11%是被欺凌，6%是既被人欺凌又欺凌别人。[①] 挪威学者丹·奥维尤斯通过研究发现，约15%的学生经常卷入欺凌问题，其中被欺凌者约占9%，欺凌者约占7%。[②] 中国学者张文新等人对9205名城乡中小学生的调查显示，1/5的被调查学生卷入了欺凌问题，被欺凌者占调查总体的14.9%，欺凌者占2.5%，欺凌/被欺凌占1.6%。[③] 中国青少年研究中心2015年的调查发现，32.5%的学生偶尔被欺凌，6.1%的学生经常被高年级同学欺凌。[④]2016年，姚建龙的研究进一步揭示，校园欺凌发生率为33.6%，其中经常被欺凌的比例为4.7%，偶尔被欺凌的比例为28.66%。[⑤]

3. 关于“校园欺凌成因”的研究

校园欺凌的成因是多方面的，目前国内外研究者也对此展开了一系列的讨论，如个体因素、家庭因素、学校因素和社会因素等。校园欺凌的个体因素是一个涉及性别、年龄、个性、心理健康、社交能力、学业表现等多方面

---

① Would Health Organization. World report on violence and health.（2002-10-5）[2019-11-12]. https：//www.who.int/publications/i/item/9241545615.

② Olweus D：Bully/victim problems among schoolchildren：Basic facts and effects of a school-based intervention program. In D. Peplar & K. Rubin（Eds.），The development and treatment of childhood aggression（pp. 411-448）. Hillsdale，NJ：Lawrence Erlbaum，1991.

③ 张文新：《中小学生欺负/受欺负的普遍性与基本特点》，载《心理学报》，2002（4）。

④ 陈晓英：《校园欺凌谁来解围》，载《法制日报》，2015-7-13（05）。

⑤ 姚建龙：《应对校园欺凌，不宜只靠刑罚》，载《人民日报》，2016-6-14（5）。

的复杂问题。校园欺凌的家庭因素涉及家庭结构、亲子关系、教育方式、父母的行为和心理健康等多个方面。校园欺凌的学校因素涉及学校文化和氛围、管理、物理环境、课程和教育内容、教师行为、师生关系和同伴关系等多个方面。影响校园欺凌的社会因素是多方面的，涉及社会结构、社会文化氛围、社会规则、网络传媒以及法律法规等多个层面。近年来，有学者依据人本主义心理学对其成因进行分析，认为基本需要的长期匮乏是导致学生欺凌行为的内在动因。

4. 关于“校园欺凌防治对策”的研究

国内外的相关学术研究除了对校园欺凌的内涵、现状、原因等研究之外，还将研究视角投射到中小学校园欺凌的防治对策方面。

（1）关于校园欺凌法律规制的研究

建立健全校园欺凌的法律规制是治理校园欺凌问题的重要内容。一些学者主张加强反欺凌的立法、严格执法和司法处理。例如，国外研究者林伯（Limber，S.P.）和斯莫尔（Small，M. A.）、伯里斯（Burris，S.）等提出加强专门的校园欺凌立法，构建针对性的司法制度，[①] 以及建立多层次的反欺凌立法体系，[②] 从而全面解决校园欺凌问题；姚建龙等提出加强法律规制，构建特色司法制度解决校园欺凌问题；[③] 任海涛提出建立多层次的反欺凌立法体系，主张对严重欺凌者进行法律严惩；[④] 李琦等主张建立起刑罚、治安行政处罚和教育监管三位一体的欺凌治理体系；[⑤] 江水长呼吁要建立惩治校园欺凌的法律机制；[⑥] 刘建主张要构建和完善以《反校园欺凌法》为核心的专门性、针对性法

① Limber S P，Small M A：State laws and policies to address bullying in schools. School Psychology Review，2003，32（3），445-455.

② Burris S，Wagenaar A C，Swanson J，Ibrahim J K，Wood J，Mello M M：Making the case for laws that improve health：A framework for public health law research. Milbank Quarterly，2010，88（2），169-210.

③ 颜湘颖、姚建龙：《“宽容而不纵容”的校园欺凌治理机制研究：中小学校园欺凌现象的法学思考》，载《中国教育学刊》，2017（01）。

④ 任海涛：《我国校园欺凌法治体系的反思与重构：兼评11部门〈加强中小学生欺凌综合治理方案〉》，载《东方法学》，2019（1）。

⑤ 李琦、田友谊：《依法治校视角下校园欺凌现象的审视与防治》，载《教育科学研究》，2018（4）。

⑥ 江水长：《建立惩治校园欺凌的法律机制》，载《中国德育》，2016（6）。

治体系；[①] 许峰华等提出引入恶意年龄补足制度，完善欺凌法律救济制度。[②]

（2）关于校园欺凌防治的道德教育研究

一些学者认为校园欺凌问题在很大程度上与学校和家庭中重智轻德的倾向有关，由此主张治理校园欺凌应加强中小学的道德教育，因为它能够影响学生的内在动力和行为选择。卡普拉拉等人（Caprara G V，et al.）研究表明道德推脱在教师对欺凌的反应与青少年欺凌行为间起中介作用；[③] 我国学者靳玉乐认为欺凌问题实质上是道德问题，治理校园欺凌不应仅限于外部干预，更重要的是对实施欺凌者进行道德情感的熏陶和认知引导；[④] 王嘉毅等提出建构校园文化及人际交往文化伦理，实现对欺凌事件的伦理干预，从根本上减少欺凌事件发生。[⑤]

（3）关于校园欺凌的心理干预研究

一些研究者从心理学角度提出了多种有效的干预方案。奥维尤斯开发的反欺凌三级干预方案，涵盖学校、社区和家庭层面，已被广泛采用并取得显著成效。[⑥] 戈尔茨坦（Goldstein A. P.）、格里克（Glick B.）和吉布斯（Gibbs J. C.）提出了面向欺凌行为者的攻击替代训练方案；[⑦] 张文新运用行动研究方法，通过质量环、自信心训练、头脑风暴、角色扮演技术和需求表达训练等，对实验学校的师生进行了短期干预，取得了积极成果；[⑧] 孙时进等多位学者提出

① 刘建、闻志强：《法治中国建设背景下校园欺凌的法治化防控》，载《教育科学研究》，2019（3）。

② 许锋华、徐洁、黄道主：《论校园欺凌的法制化治理》，载《教育研究与实验》，2016（6）。

③ Caprara G V，Tisak M S，Alessandri G：The contribution of moral disengagement in mediating individual tendencies toward aggression and violence. Developmental Psychology，2014，50（1）.

④ 全晓洁、靳玉乐：《校园欺凌的“道德推脱”溯源及其改进策略》，载《中国教育学刊》，2017（11）。

⑤ 王嘉毅、颜晓程、闫红霞：《校园欺凌现象的校园伦理分析及建构》，载《中国教育学刊》，2017（3）。

⑥ Olweus D：Bully/victim problems among schoolchildren：Basic facts and effects of a school-based intervention program. In D. Peplar & K. Rubin（Eds.），The development and treatment of childhood aggression（pp. 411-448）. Hillsdale，NJ：Lawrence Erlbaum，1991.

⑦ Goldstein A P，Glick B，Gibbs J C：Aggression replacement training：A comprehensive intervention for aggressive youth（Rev. ed.）. Research Press，1998.

⑧ 张文新、纪林芹、董会芹等：《中小学生的欺负问题与干预》，60—137 页，济南，山东人民出版社，2006。

了包括移情干预、家庭干预、团队心理辅导、个体心理干预和认知行为干预在内的多元化心理干预措施。[①]

（4）关于关于校园欺凌的社会防治研究

校园欺凌是一个社会性问题，因此，学者们提倡采取社会防治措施。劳拉·D·汉尼什（Hanish Laura D.）和帕特里克·H·托兰（Tolan Patrick H.）主张开展家庭教育，强化家庭责任；[②]刘健认为治理校园欺凌，要抵制低俗、庸俗文化对学生的影响，加强社会主义核心价值观教育，形成风清气正的社会文化；[③]张昊提出可通过开展各种精神文明建设活动，如志愿服务、道德典型评选等活动引领青少年主动遵循道德规范，弘扬社会正气。[④]此外，随着网络媒体的发展，校园欺凌的形式也发生了重大转变，公众传媒的误导和不良视频示范是网络欺凌的原因之一。因此，需要加强对网络的监管监控，对暴力、色情等不良信息，如影视作品、广告和游戏，应采用防火墙手段进行隔离，营造适合青少年成长的健康网络和信息环境。[⑤]

（二）研究评析

纵观既往国内外关于中小学校园欺凌的相关研究成果和研究主题，不难发现，尽管目前学者们对于中小学校园欺凌问题的研究已经做了一些尝试，不论是直接研究抑或相关研究，都为本研究的顺利开展奠定了一定的基础。然而，研究中有些问题仍需进一步思考，其研究趋势和需要进一步探索的方向主要体现在如下几个方面。

首先，从研究内容上看，目前国内外对于中小学校园欺凌问题的研究侧重于探讨校园欺凌的特定子系统，例如个体、家庭或学校环境，而较少有研

① 孙时进、施泽艺：《校园欺凌的心理因素和治理方法：心理学的视角》，载《华东师范大学学报（教育科学版）》，2017（02）。

② Hanish L D，Tolan P H：Patterns of change in family-based aggression prevention. Journal of Marital and Family Therapy，2001，27（2），213-226.

③ 刘健：《我国中小学校学生欺凌行为及其治理》，载《南京师范大学学报（社会科学版）》，2017（1）。

④ 张昊：《治理校园欺凌现象的对策》，载《中学政治教学参考》，2016（30）。

⑤ 邓凡：《“校园欺凌”治理的法律困境与出路——基于法社会学的视角》，载《教育学术月刊》，2019（10）。

究全面分析整个校园欺凌现象。因此，在本书中，我们不仅要厘清中小学校园欺凌的内涵、对校园欺凌的成因等问题的分析进一步系统化，还要对中小学校园欺凌防治的策略、成效、问题等诸多方面开展综合研究。

其次，就研究方法而言，现有研究中对于我国中小学校园欺凌防治问题的深入探讨还相对缺乏，很多研究都停留在理论层面的建议和方向指引，对我国中小学校园欺凌成因、治理现状和所存在的问题没有一个深入、全面的认识。因此，本书将采用一定的调查研究方法，以期提供更加客观和真实的视角，帮助解决校园欺凌问题。

再次，尽管有些学者已经关注到了国外关于中小学校园欺凌防治的相关问题，但大多数停留在对某国校园欺凌的防治方案，缺乏基于校园欺凌成因研究的中国方案和机制。因此，为了更加全面地分析和审视中小学校园欺凌防治问题，本书还对中小学校园欺凌防治政策进行深入系统研究。

最后，在研究视角上，目前主要从教育学、心理学、法学或社会学等单一学科角度来分析校园欺凌问题。但鉴于校园欺凌问题的复杂性，中小学校园欺凌问题本身融合多个学科，因此，本书尝试采用跨学科的视角对该问题进行综合性研究。

三、研究思路与研究方法

（一）研究思路

本书以“提出问题（何为校园欺凌？）——分析问题（校园欺凌为何频发？）——解决问题（如何防治校园欺凌问题？）”的思路展开。

1. 校园欺凌的理论研究

通过对校园欺凌概念进行详细的梳理和准确的定义，为后续的研究明确基本的对象及研究范围，进一步完善校园欺凌的相关理论。

2. 校园欺凌现状、成因、治理情况的实证研究

通过结合定量与质性研究，全面、多维度地描述校园欺凌的现状。基于实证研究的结果，并结合相关文献的梳理，深入分析校园欺凌产生的深层次原因，探讨家庭氛围、学校环境、社会背景、同伴关系以及个体差异等多方

面的影响因素，为制定有效的校园欺凌防治措施提供理论基础和事实依据。

3. 校园欺凌治理的比较研究

通过收集和整理域外防治校园欺凌的相关研究与主要措施，深入了解这些措施的设计逻辑、存在的问题、适用范围及其文化特征。基于此，明确我国预防校园欺凌措施应涵盖的核心维度，并厘清各部门、学校、教师和家长在防治工作中的职责与分工，为我国制定切实有效的防控策略提供参考。

4. 校园欺凌治理机制建构

针对现状、问题，结合对校园欺凌的新阐释，借鉴世界主要国家防治校园欺凌的理论及实践经验，运用国家治理的理论探索我国校园欺凌治理机制。从政府宏观层面着手，制定防治学生欺凌的相关制度，通过完善立法和提供政策支持来有效预防欺凌事件的发生。同时，明确各部门和社会机构在防治工作中的权利、责任与义务，建立一个全面、协调的预防体系，为学生的安全和健康成长提供制度保障。

（二）研究方法

本书将采用多种方法进行数据的收集和分析，包括文献综述、问卷调查、深度访谈和案例分析等，具体方法如下。

1. 文献研究法

主要针对国内外校园欺凌的相关研究文献进行搜集、筛选、归纳和总结，包括但不限于学术论文、研究报告、调查数据和相关统计资料等。

2. 问卷调查法

通过在不同地区、不同类型学校和不同年级的学生中开展问卷调查，了解校园欺凌的发生情况、原因和影响等方面的情况，以及针对校园欺凌的预防和应对措施的认知情况和实施情况等。

3. 深度访谈法

通过对受访者进行深度访谈，了解受访者对于校园欺凌的个人认识、经历和感受，以及对于校园欺凌的预防和应对措施的建议和看法等。

4. 比较研究法

一方面通过纵向比较分析既有治理存在的问题及原因，为校园欺凌的综合治理体系构架打下基础。另一方面通过横向比较研究域外国家治理校园欺凌的理论与实践，分析借鉴其成功经验，拟构建根治校园欺凌的综合治理体系和机制。

5. 案例分析法

通过对一些典型的校园欺凌案例进行深入分析，揭示校园欺凌的成因和发生机制，探索校园欺凌的预防和应对措施的有效性和不足之处，以期为实践提供借鉴和参考。

四、研究内容与研究创新

（一）研究内容

第一篇聚焦于校园欺凌的理论研究，共分为两章。第一章探讨校园欺凌的定义和相关问题的界定，明确区分了欺凌与暴力、嬉闹、攻击等行为的差异与边界，并系统介绍欺凌的类型和欺凌事件中的角色。第二章探讨校园欺凌研究的理论基础，具体包括校园欺凌发生的理论基础和校园欺凌治理的理论框架，为后续的实证研究和政策建议奠定坚实的理论基础。

第二篇聚焦于校园欺凌的实证研究，旨在调查和分析我国青少年校园欺凌的现状、成因及防治工作情况。全篇共分三章：第三章通过实证数据，揭示我国青少年校园欺凌的发生现状；第四章深入探讨导致我国青少年校园欺凌发生的各类影响因素；第五章对我国校园欺凌治理工作的现状进行细致考察。

第三篇聚焦于校园欺凌的对策建议与治理机制构建，旨在借鉴国际经验并提出适合我国国情的综合治理体系。全篇共分两章：第五章通过比较分析，系统梳理域外国家和地区在校园欺凌治理方面的成功经验与理论框架；第六章结合我国实际，提出以“国家主导、学校为主体、学生为中心、家长为源头、社会为支撑”的多方协同治理机制。

（二）研究创新之处

首先，本书在校园欺凌的概念界定、发生机理、影响因素、治理现状以及治理机制的构建等方面进行全面深入的探究，为校园欺凌问题的研究提供了新的视角和思路。

其次，将跨学科研究的思想应用到校园欺凌的研究中，通过整合多学科领域的研究成果，从个体、家庭、学校和社会四个层面对校园欺凌问题进行全面分析和解决，为校园欺凌问题的综合治理提供了理论支持和实践指导。

最后，提出政策建议和实践指导为解决校园欺凌问题提供了切实可行的方案，为学校和相关部门制定校园欺凌防治策略和措施提供了借鉴。这将有助于推动我国校园欺凌问题治理工作，为营造良好的教育环境和社会氛围作出贡献。

第一篇

校园欺凌的理论研究

第一章　校园欺凌的概念界定

自 20 世纪 70 年代开始，欺凌行为在世界各地的校园成为一种普遍的现象，它给卷入其中的学生个人和学校环境等带来了多方面的消极影响与危害，引起了世界上多个国家的政府、社会公众以及心理学家和教育学家的广泛关注。

近年来，我国校园欺凌事件不断见诸报端，吸引着媒体舆论的眼球，已经成为一个不能回避的社会问题。自 2016 年以来，教育部等部门连续发布了多项通知、意见，学界亦从教育学、法学、心理学、社会学等多个角度对此类行为进行学理论证与规制路径探寻。但一直以来对于校园欺凌的基本概念尚未达成共识，这对于有效防治、深入研究校园欺凌不利。清晰厘定校园欺凌概念是有效防治该现象的必要前提。

本章重点在厘清校园欺凌的定义与行为，主要包括：校园欺凌的定义与要件、校园欺凌的相关概念区辨、校园欺凌的行为类别、校园欺凌的行为角色。

第一节　什么是校园欺凌

概念是人对思维对象的本质属性或特有属性的反映。概念是思维形式的基本要素。如果概念不清，判断和推理就会出现偏差。概念界定即下定义，是人类在认识过程中，从感性认识上升到理性认识，对所感知事物的共同本质特点予以抽象并加以概括，即准确而简要地说明一种事物的本质特征或一个概念的内涵外延。准确界定概念是所有研究的基石。准确界定校园欺凌是正确认识校园欺凌现象并对校园欺凌行为进行定性的前提和基础，也是深入研究校园欺凌构成要件、治理路径的前提。

（一）国外对校园欺凌定义的演变

现今，许多国家都在进行孩子之间欺凌的研究，概观校园欺凌的已有研究，校园欺凌定义的演变主要源于挪威研究者丹·奥维尤斯。由于他倡议的防治欺凌计划和根据实况的调查研究对发达国家的欺凌研究与对策带来了深厚的影响，因此，在许多国家都沿袭了他对欺凌的定义。

1. 丹·奥维尤斯对校园欺凌概念的定义

挪威学者丹·奥维尤斯在《学校中的攻击：欺凌者与替罪羊》（Aggression in the schools ：Bullies and whipping Boys）中将校园欺凌定义为："是一名学生受到多个学生主导的欺负行为。"[①] 20 世纪 80 年代，在大规模调查的基础上，丹·奥维尤斯对校园欺凌的基本特征进行了归纳性描述，当一个学生重复地、长期地处于来自另一学生或学生群体的负面行为中即为受到校园欺凌。负面行为是指故意伤害或致力于使他人遭受痛苦、伤痛或不适的行为，基本与社会心理学领域中对"攻击性行为"的定义一致。[②] 丹·奥维尤斯对校园欺凌行为的界定强调了三个关键要素：欺凌者有主观的恶意或攻击性；欺凌者与受欺凌者的力量不均衡；恶意行为具有重复性。但丹·奥维尤斯对欺凌行为的界定也存在不足：一方面，对受害人的范围界定过于狭窄，欺凌行为存在群体受害人的情况；另一方面，他对于欺凌的表现形式只是简单地表述为"欺负"，忽略了欺凌方式的多样性。此外，他的界定未对欺凌的后果进行描述，忽略了欺凌行为对受害人和各种关系的破坏。这些局限性与 20 世纪七八十年代欺凌行为问题初步凸显、研究尚处于起步阶段的情况密切相关。

① Olweus D：Aggression in the schools：Bullies and whipping boys，Washington，DC：Hemisphere Press，1978.

② Olweus D：Aggression in the schools：Bullies and victimization in school peer groups，the psychologist. 1991，243-248.

2. 各国对校园欺凌定义的发展

在挪威学者丹·奥维尤斯研究的基础上，域外各国学者和政府根据其本国的实际情况，对校园欺凌的定义不断进行修订。

（1）各国学者对校园欺凌的定义

英国的彼得·K·史密斯（Peter K. Smith）认为校园欺凌是力量相对较强的一方对相对较弱的一方实施的攻击行为，通常表现为以大欺小、以强凌弱、以众欺寡。① 根据这一定义，欺凌行为具有三个特征：首先，欺凌是一种特殊类型的攻击行为，或有意伤害他人的行为，即它属于攻击行为的一个子集。其次，欺凌行为双方在力量上存在不均衡性，即欺凌行为的实施者在体力或者心理力量上处于优势地位，而受欺凌者处于弱势，在受到欺凌时不能有效地反击或自卫。此外，欺凌行为通常还具有重复发生性，即欺凌者会在相当长的一段时间内经常欺凌别人，而受欺凌者也会经常受到他人的欺凌。

哈兹勒（Hazier R. J.）等人认为，校园欺凌是单个学生或学生群体对受欺负者在较长时期内实施的一种攻击行为，它会给对方造成身体或心理伤害。② 兰德尔（Randall P.）认为，校园欺凌是故意致使他人心理或身体痛苦的一种攻击行为。③ 美国学者苏利文（Sullivan K.）等人则将校园欺凌定义为由一个或多个学生向其他人施加的消极的、通常具有攻击性和操纵性的一种或系列行为，这些行为通常会持续一定时间。④

（2）各国政府及部门对校园欺凌的定义

除了上述学者们对校园欺凌进行定义外，一些国家的政府为了制定预防校园欺凌的政策，也对校园欺凌进行了界定。

2006 年，英国教育技术部将欺凌定义为，由于双方权利的失衡，对个人进行长期的、重复的恶意伤害，且导致受害者感到痛苦、恐惧、孤独或自卑

① Smith P K：The silent Nightmare：Bullying and Victimization in school Peer Group，The Psychologist，1991.

② Hazier R J，Hoover J H，Oliver R：What kids say about bullying，The Executive Educator，1992，14-22.

③ Randall P：Adult Bullying：Perpetrators and victims. London：Routledge，1997，12-13.

④ Sullivan K，Cleary M，Sullivan G：Bullying in secondary schools，Thous and Oaks，CA：Sage.2004-06.

的行为。[①] 2017 年 7 月英国教育部在新修订的《预防和应对欺凌》文件将校园欺凌界定为，造成个体或者群体身体或者情感伤害的行为。[②] 英国教育部将欺凌行为从个体拓宽到群体并且意识到欺凌行为方式的多样性，如列举欺凌方式包括身体攻击、戏弄、威胁、取外号或通过电脑网络的欺凌等，并对欺凌行为造成的身体或者情感伤害后果做出了界定。

挪威政府主张校园欺凌是学校的学生经常对其他同学实施如侮辱、歧视、破坏持有物品和诽谤等致使受欺凌者身体或精神受损的行为。其一方面认识到欺凌是一种侮辱、歧视行为，另一方面认识到欺凌行为使受欺凌者身体或精神受损的后果。这种观点的不足之处在于只是关注了受害人，而没有意识到校园欺凌对学生安全环境造成的负面影响。

美国疾病控制中心认为：“校园欺凌是非亲属也非恋人的单个或数个年轻人之间出现的不应有的攻击性行为，反映出可见或可感的权力失衡，通常重复多次。欺凌可能对目标青少年造成伤害或痛苦，包括身体、心理、社会或教育上的伤害。”[③] 根据这一定义，欺凌行为具有三个特征：第一，欺凌是一种特殊类型的攻击行为；第二，欺凌行为具有重复性；第三，欺凌行为会使受欺凌者感受到深刻的痛苦。美国预防校园欺凌中心将校园欺凌行为的后果进行了细化，将校园欺凌行为后果分为三个层次：一是破坏教育使命、影响教学的氛围；二是危害学校，破坏预防人身、财产、毒品、枪械犯罪的努力；三是破坏学校治安秩序。[④] 美国最早研究校园欺凌之一的新泽西州则对校园欺凌造成的后果重点增加了对受害人的影响，进一步将校园欺凌行为的后果细分

---

① Department for Education. Characteristics of bullying victims in schools. http：//dera.ioe.ac.uk/121/1/DFE-RR001.pdf.

② Department for Education. Preventing and tackling bullying：Advice for headteachers，staff and governing bodies.https：//assets，publishing，service，gov. uk/government/uploads/system/uploads/aUachment_data/file/623 895/Preventing_ and. tackling，bullying，advice，pdf.

③ Gladden R M，Vivolo-Kantor A M，Hamburger M E，Lumpkin C D：Bullying Surveillance among Youths：Uniform Definitions for Public Health and Recommended Data Elements，Version 1.0. Atlanta，GA：Centers for Disease Control and Prevention and U.S. Department of Education，2014.

④ Gladden R M，Vivolo-Kantor A M，Hamburger M E，Lumpkin C D：Bullying Surveillance among Youths：Uniform Definitions for Public Health and Recommended Data Elements，Version 1.0. Atlanta，GA：Centers for Disease Control and Prevention and U.S. Department of Education，2014.

为五个层次：一是给被害人造成身体或者精神上的伤害；二是给被害人造成财产上的损失；三是使被害人陷入人身伤害或者财产上的恐惧；四是为被害人创造了不友好的学习环境；五是实质上影响到学校的教学或管理秩序。[①]

日本政府在欧美国家界定的基础上，根据日本的国情，不断对校园欺凌的本质特征进行概括、归纳。日本政府在早期将欺凌的概念限定为三个核心要素、一个附注要素。核心要素主要包括：攻击比自己弱小的一方；实施持续的身体的、心理的攻击；使对方感受到深刻的痛苦。附注要素是：发生场所不限于学校内。这是日本文部科学省为在全国进行监控调查而做出的定义。2006年，日本文部科学省对校园欺凌概念进行重大修正，将校园欺凌定义为，学生因受到与其有一定关系的人在心理上和物理上的攻击而产生精神痛苦的事件。[②]这个定义有两个方面发生了改变：一是完全从受欺凌者视角认定欺凌；二是主要依据“攻击”与“痛苦”两个核心要素界定欺凌，其余要素均降到非核心地位。2013年，日本颁布《防止欺凌对策促进法》，对欺凌进一步做出法律定义，在籍学生对与其有一定关系的学生实施心理上和物理上的影响行为（含网络手段），从而使对方感受痛苦的事件。[③]这个法律定义不再完全从受欺凌者视角出发，但保留了受欺凌者感受痛苦的核心要素。

综上所述，国外对校园欺凌概念的界定并不统一，这是因为各国政治经济文化的差异决定了校园欺凌这一社会问题在各国呈现不同形态。但纵观各国对校园欺凌的界定可以发现，在挪威学者丹·奥维尤斯研究的基础上，各国陆续扩展对校园欺凌特征的描述，确立了校园欺凌的四个基本要素：校园欺凌是发生在学生之间的行为；校园欺凌是一种力量不均衡的冲突行为，即欺凌者一方的力量或势力大于受欺凌者一方；校园欺凌是反复或长期发生的行

① Gladden R M，Vivolo-Kantor A M，Hamburger M E，Lumpkin C D：Bullying Surveillance among Youths：Uniform Definitions for Public Health and Recommended Data Elements，Version 1.0. Atlanta，GA：Centers for Disease Control and Prevention and U.S. Department of Education，2014.

② Ministry of Education，Culture，Sports，Science and Technology - Japan. Details on measures against bullying. http：//www.mext.go.jp/ijime/detail/1336269.htm，2023. Ministry of Education，Culture，Sports，Science and Technology - Japan. Details on measures against bullying. http：//www.mext.go.jp/ijime/detail/1336269.htm，2023.

③ 日本文部科学省：《いじめ防止対策推进法（概要）》，http：//www.mext.go.jp/a menu/shotou/ seitoshidou/1337288.htm。

为；校园欺凌是使受欺凌者遭受身心伤害或痛苦的行为。

（二）我国对校园欺凌定义的发展

在我国学界的校园欺凌研究中，张文新在国内首次介绍国外的“bullying”研究时，曾经采用“欺侮”一词来代表“bullying”。[①]之后，他采用简笔画来考察中小学生对“bullying”内涵的理解和解释，[②]并在后续研究中改用“欺负”一词作为“bullying”的中文用词，其研究中采用翻译的国外有关“bullying”的问卷。

知网数据中关于“欺凌”的提出和界定最早在2007年，主张“欺凌”（bullying）是恃强凌弱、以多欺寡及持续性地伤害他人的行为。刘晓梅在其论文中提出“欺凌”指的是任何故意用肢体和语言去伤害、威胁和孤立他人，造成受害者肉体、精神、感情和心灵的伤害的行为。同时，其将“欺凌”与“校园”联系在一起，提出了校园中常见的欺凌行为包括起绰号、谩骂、羞辱、排斥、动粗、以威逼和恐吓进行强迫、胁迫等。[③]此后，我国学术界逐步开始出现“校园欺凌”这一术语，并对其进行了界定。

1. 我国学界对校园欺凌的定义

我国学术界对校园欺凌概念的界定中对于欺凌行为属于主观恶意保持共识。但对校园欺凌这一概念界定的分歧主要存在于两个方面：一是校园欺凌的概念有行为说、行为后果说和事件说之争；二是校园欺凌的主体、发生范围和损害后果存在分歧。

具体而言，在我国学界对校园欺凌概念的界定上，行为说的观点主张校园欺凌是发生在学生间的以大欺小、恃强凌弱的行为。[④]行为后果说是我国学界对校园欺凌界定的主流观点，主张校园欺凌是造成损害后果的行为。如胡

---

① 张文新、武建芬、Jones K：《Olweus儿童欺负问卷中文版的修订》，载《心理发展与教育》，1999（2）。

② Smith P K，Cowie H，Olafsson R F，Liefooghe A：Defintions of bullying：A comparison of terms used，and age gender differences，in a fourteen-country international comparison. Child Development，2002，73（4），1119-1133.

③ 刘晓梅：《以复和措施处理校园欺凌问题》，载《青年研究》，2007（7）。

④ 魏叶美、范国睿：《社会学理论视域下的校园欺凌现象分析》，载《教育科学研究》，2016（2）。

春光认为校园欺凌是指一群学生或单个学生故意、重复地对不会报复的受害者施以长期性的身体或心理上伤害的一种攻击行为；① 马雷军认为校园欺凌是指发生在学校内或学校外，施加于学校成员（学生或教师）并导致其身体或精神感到痛苦的行为；② 杨立新等人认为校园欺凌是指一个或者多个学生，以强凌弱或以众欺寡，集中地、持续地蓄意伤害或者欺压其他学生，造成受害学生肉体或者精神上痛苦的行为；③ 俞伟跃等人事件说的观点主张校园欺凌是一种事件，即校园欺凌是使被欺凌学生受到身心伤害的事件，事件发生于在校学生之间，欺凌是重复实施或传播的攻击行为。④

就我国学界对校园欺凌主体和发生范围的争论来看，形成了校园欺凌的广义说和狭义说。广义上的"校园欺凌"涉及的主体、范围更广。如张国平认为广义的"校园欺凌"是发生在校园的、由教师、在校学生或者校外人员针对他人身体和精神所实施的、违背社会规范的伤害行为。⑤ 换言之，凡是在校园内发生的欺凌事件都属于"校园欺凌"的概念范畴，与欺凌主体是否为校内人员无关。刘向宁则更扩大了"校园欺凌"的范围，他认为"校园欺凌是指发生在学校及其合理辐射地域，校内或校外人员针对学生身体和心理实施的、达到一定程度的侵害行为。"⑥ 狭义上的"校园欺凌"说认为"校园欺凌"是指学生之间的欺凌事件，师生之间、在校职工与学生之间发生的欺负事件均不属于"校园欺凌"涵盖的范围。如张国平认为："狭义的校园欺凌是指发生在校园或主要发生在校园中，由学生或校外人员针对在校学生身体和精神所实施的、违背社会规范的伤害行为。"⑦

2. 我国政府部门对校园欺凌的定义

校园欺凌在我国成为独立概念后，在政府发布的一系列关于校园欺凌的文件中的表述也多有变化。2016 年 4 月，国务院教育督导委员会办公室发布

---

① 胡春光：《校园欺凌行为：意涵、成因及其防治策略》，载《教育研究与实验》，2017（1）。
② 马雷军：《让每个学生都安全：校园欺凌相关问题及对策研究》，载《中小学管理》，2016（8）。
③ 杨立新、陶盈：《校园欺凌行为的侵权责任研究》，载《福建论坛（人文社会科学版）》，2013（8）。
④ 俞伟跃、耿申：《何为学生欺凌？何为校园暴力》，载《人民教育》，2017（8）。
⑤ 张国平：《校园欺凌的社会学分析》，载《当代青年研究》，2011（8）。
⑥ 刘向宁：《校园欺凌未成年行为人的法律责任浅析》，载《青年学报》，2015（4）。
⑦ 张国平：《校园欺凌的社会学分析》，载《当代青年研究》，2011（8）。

的《关于开展校园欺凌专项治理的通知》（以下简称《通知》）使用“校园欺凌”一词，这是我国首次正式在政府文件中提出，并将其定义为：“发生在学生之间蓄意或恶意通过肢体、语言及网络等手段，实施欺负、侮辱造成伤害的校园欺凌事件。”[①] 这一定义明确了校园欺凌的行为主体是“学生”，排除了教师对学生或者学生对教师的欺凌，欺凌的主观态度是“蓄意或者恶意”行为，欺凌的方式包括“肢体、语言及网络等手段”，欺凌的后果是“造成伤害”。《通知》对校园欺凌的界定基本符合学界、公众和实务部门对校园欺凌的理解，对欺凌的主体、主观态度、欺凌方式和后果进行了界定。

2016 年 11 月教育部等九部门联合发布的《关于防治中小学生欺凌和暴力的指导意见》[②]（以下简称《指导意见》）和 2017 年 11 月教育部等十一部门印发的《加强中小学生欺凌综合治理方案》[③]（以下简称《方案》）中用“学生欺凌”取代了“校园欺凌”，并在《方案》中对“学生欺凌”进行了明确界定，认为学生欺凌是发生在校园（包括中小学校和中等职业学校）内外、学生之间，一方（个体或群体）单次或多次蓄意或恶意通过肢体、语言及网络等手段实施欺负、侮辱，造成另一方（个体或群体）身体伤害、财产损失或精神损害等的事件。2020 年 10 月 17 日我国立法机构修订通过的《中华人民共和国未成年人保护法》明确规定：学生欺凌是指发生在学生之间，一方蓄意或者恶意通过肢体、语言及网络等手段实施欺压、侮辱，造成另一方人身伤害、财产损失或者精神损害的行为。[④]

由前述 2016 年《通知》《指导意见》、2017 年《方案》和 2020 年《中华人民共和国未成年人保护法》的定义进行对照，可以发现对校园欺凌的定义有几项的调整及修正：第一，用“学生欺凌”取代了“校园欺凌”。姚建龙分

① 中国教育部：《国务院教育督导委员会办公室关于开展校园欺凌专项治理的通知》（2016-4-25）［2019-12-3］. http：//www.moe.gov.cn/srcsite/A22/s7066/201604/t20160425_233409.html。

② 教育部等九部门：《关于防治中小学生欺凌个暴力的指导意见》，中华人民共和国教育部网（2016-11-11）［2019-12-3］. http：//www.moe.gov.cn/srcsite/A06/s3325/201611/t20161111_288490.html。

③ 教育部等十一部门：《加强中小学生欺凌综合治理方案》，中华人民共和国教育部网（2017-11-27）［2019-12-3］. http：//www.moe.gov.cn/srcsite/A11/moe_1789/201712/t20171226_322701.html。

④ 第十三届全国人民代表大会常务委员：《中华人民共和国未成年人保护法》（2020-12-27）［2019-12-3］. http：//legal.people.com.cn/n1/2020/1207/c42510-31956951.html。

析认为文件中将“校园欺凌”改用“学生欺凌”有两方面的原因：一是考虑学生欺凌行为的发生地多在校外而非校内，“学生”比“校园”更准确；二是对学校责任的“合理规避”。[①]第二，《通知》和《方案》将“校园欺凌”和“学生欺凌”均定性为“事件”，《中华人民共和国未成年人保护法》将“学生欺凌”定性为“行为”，用“行为”取代了“事件”，一是可以用行为的细节去界定行为人的法律责任；二是可以对行为的要件进行分析，探究其原因，以利于对行为人开展教育疏导。第三，《方案》中明确将欺凌主体限定为“中小学生，包括中等职业学校的学生”，缩小了《通知》中的“学生”的范围，排除了幼儿园、大学等阶段的学生。第四，《方案》增加了欺凌行为的次数限定是“单次或多次”，细化了主体实施欺凌行为的次数。第五，《方案》细化了加害人和被害人的数量是“个体或群体”。第六，《方案》和《中华人民共和国未成年人保护法》将《通知》“造成伤害”的后果细化为“身体伤害、财产损失或精神损害”三类。

（三）校园欺凌的构成要件

比较分析世界各国学者和政府部门对校园欺凌的定义，我们不难发现，尽管对校园欺凌的定义并不完全统一，但从定义中，可以得知其中预设了构成校园欺凌概念的共通要素（见表 1-1）：

表 1–1　校园欺凌构成要件

	国外学者、政府部门	中国学者	中国政府部门
校园欺凌行为的构成要件	学生之间	学生之间	学生之间
	蓄意的	蓄意的	恶意动机
	力量不对等的	力量不对等的	—
	重复性的	重复性的	单次或多次
	侮辱性攻击	侮辱性攻击	多种手段实施侮辱
	伤害结果	伤害结果	伤害结果

① 姚建龙：《防治欺凌的中国路径：对近期治理校园欺凌政策之评析》，载《中国青年社会科学》，2017（1）。

综上所述，校园欺凌行为的构成要件至少应包含五个方面：一是行为主体要素，即谁是校园欺凌的行为人或加害人；二是主体主观要素，即欺凌者的主观态度；三是时空要素，即欺凌行为在何地发生；四是行为要素，即欺凌行为以何种方式实施；五是后果要素，即欺凌行为造成的后果。

1. 主体要素：学生之间

界定校园欺凌的范围，首先要明确校园欺凌的加害人范围，即校园欺凌的行为主体要素。在我国政府部门文件、理论界主流观点和国外研究中，校园欺凌的实施者通常被认定为未成年学生，而教职工对学生的欺凌行为则被排除在外。因此，校园欺凌的行为范围通常被限定为未成年学生实施的欺凌行为。在我国，未成年学生通常指在学校就学且年龄不满 18 周岁的人。

2. 主观要素：蓄意性

校园欺凌行为主体的主观要素是指欺凌者的主观心理态度。从欺凌者的主观方面来看，校园欺凌一定是蓄意为之，欺凌者希望通过侮辱他人获得心理上的快感。纯粹的过失行为不构成校园欺凌。在对这一问题的研究上，我国理论界、实务界及相关政策基本达成了一致意见：欺凌有不同的定义，但绝大多数人认为欺凌行为包含了故意的伤害，即欺凌者有伤害对方的主观意愿。如果伤害是行为人无意间造成的，就不属于欺凌行为。当然，衡量某人做出伤害行为时的动机并不容易。一般而言，如果行为主体在对方（受欺凌者）明显告知这种行为方式让其感到不舒服时，行为主体应该停止该行为；或者当对方（受欺凌者）表现出因伤害行为而沮丧、低落、害怕等负面情绪时，行为主体仍然主观故意再三为之，则该行为构成欺凌行为。

3. 时空要素：校园内外

传统上，校园欺凌多被视为一种发生在校内的现象，尤其是教室、操场、走廊等常见场所。然而，随着社会环境和信息技术的发展，校园欺凌的发生场所逐渐超越了传统的校内环境，扩展至更广泛的时空范围。在当今的教育环境中，校园内外的界限变得愈加模糊，学生的活动不仅局限于课堂学习，还包括诸如课外活动、校外社交以及在线互动等多种场合。因此，校园欺凌的场所也不再仅仅指发生在学校内部的空间，欺凌行为可以发生在校外的活动场所，例如体育场馆、校外补习班，甚至学生的社交生活和课外活动中。

这种扩展反映了现代校园欺凌的广泛性和复杂性。学生之间的互动不再仅限于学校实体空间，而是在网络空间和课外活动中继续延伸。例如，网络欺凌通过社交媒体、即时通讯工具等传播，跨越了校园物理边界，常常发生在课余时间甚至放学后的环境中。

4. 行为要素：侮辱性

侮辱性身心攻击是指采用各种手段对受欺凌者的身体或心理进行侮辱，是校园欺凌中常见的行为要素之一。校园欺凌行为的本质是一种伤害性的侵害行为，实施的方法多样。最初对校园欺凌的研究将其行为主要分为言语欺凌（如辱骂、嘲笑、取侮辱性绰号等）、身体欺凌（如推搡、拉扯头发、拳打脚踢、暴力攻击等行为）、关系欺凌（如孤立、恐吓、威胁、强势命令受欺凌者做某事等）。随着科技的发展，网络欺凌也逐渐成为一种新型的欺凌形式，例如在网络上发布侮辱、辱骂性文字和图片、散布谣言等。未来，随着社会的不断发展，欺凌的形式可能会变得更加多样和隐蔽。因此，对校园欺凌的行为要素进行研究的重点在于认识欺凌行为的伤害性质，以便更好地预防校园欺凌行为的发生。

5. 后果要素：伤害性

校园欺凌的后果要素指校园欺凌的行为对受欺凌者造成的伤害。欺凌行为主要造成两方面的伤害：一是对受欺凌者造成身体或者精神上的伤害或者财产上的伤害或者威胁；二是影响教学管理秩序的正常进行。尽管校园欺凌行为可能会对学校的管理秩序造成危害，但校园欺凌的本质危害是对被害人的身体、心理和财物造成伤害或损伤。受欺凌者可能因欺凌行为受到身体或者精神上的伤害、财产上的损失或威胁。因此，判断是否构成欺凌应当以受欺凌者是否因欺凌行为受到损害为标准，如受欺凌者认为其受到身体或者精神上的伤害、财产上的损失或威胁，都可以被视为欺凌行为的后果。

那么，受欺凌者是否受到伤害的标准应当如何界定呢？《儿童权利公约》第 12 条第 1 款规定："缔约国应确保有主见能力的儿童有权对影响到其本人的一切事项自由发表自己的意见，对儿童的意见应按照其年龄和成熟程度给予适当的对待。”① 未成年学生对于自己是否遭受校园欺凌伤害应当有自由发表意见的权利，应当由遭受欺凌行为的受欺凌者本人判断其受到的侵害行为是否对其造成了伤害。欺凌行为是否让受欺凌者认为是伤害，是衡量是否构成校园欺凌行为的标准之一，即选择受欺凌者个人感受为原则。虽然选择这一标准会让原本就众说纷纭的校园欺凌界定变得更加困难，但从学生本位和学生参与的角度来说，必须从学生的角度出发，不能从成年人的主观判断和对社会客观存在的秩序造成损害来判断。

综上所述，在校园欺凌的六个构成要件中，主观故意往往是判断是否构成欺凌的重要因素，但是衡量某人做出伤害行为时的动机并不容易。在同学之间开玩笑、实施恶作剧等行为中，同样的行为和后果可能会有不同的结果，有的可能是校园欺凌，有的可能只是同学间的无恶意交流。因此，判断是否构成欺凌行为需要考虑多种因素，包括行为的性质、实施的次数、是否有力量不对等、是否给受欺凌者造成伤害等。在确定是否构成校园欺凌行为时，需要全面客观地考虑所有因素，避免将一些交往误认为欺凌行为，同时也要认真对待可能存在的欺凌问题，采取有效的预防和干预措施，保障学生的身心健康和安全。

（四）本书对校园欺凌的界定

由前文论述中可知，在大多数已有的并且是当下正在使用的关于欺凌的定义中，以下的几个关键概念常被用来区分欺凌行为和冲动性的攻击行为：重复的或是持续存在的；故意的，或是有伤害意图的；存在权力不平等的关系，或是一段关系本身建立在权力不平等的基础上；攻击性行为。下面我们将对这些关键原则做进一步的探讨。

1. 欺凌行为不一定是重复发生的

欺凌行为是否需要重复发生以构成欺凌，这是一个需要深入探讨的问题。传统上，欺凌被定义为一种重复且持续的消极行为。这种定义暗示了一种观点：只有当消极行为反复发生时，其对受害者的伤害和影响才会显著。然而，

① 联合国:《儿童权利公约》(1989-11-20)［2019-12-6］. https：//www.un.org/zh/documents/treaty/files/A-RES-44-25.shtml。

这一观点并不总是成立。实际上，即使是一次性的行为，如暴力行为、头发被拉扯、面部被吐口水、被孤立等，也可能对受害者造成深刻的心理创伤和长期的影响。在这种情况下，行为的频率并不是决定其影响程度的唯一因素。受害者的感受和经历才是判断欺凌行为性质的关键标准。

加拿大欺凌问题研究专家沃尔克（Anthony A. Volk）认为，在数字时代，即使是一次性的网络欺凌行为，也可能给受害者带来严重的负面影响。这表明，持续性和重复性并非欺凌行为的唯一标准，一次性的行为也应被视为欺凌，尤其是在网络环境中。①

由此可见，欺凌行为的界定应考虑受害者的感受和经历，而非仅仅基于行为的频率或持续性。这种理解方式有助于更全面地认识和应对校园欺凌及其各种形式。

2. 欺凌行为不一定是故意的

欺凌行为是否一定是故意的，这一问题在界定欺凌行为时至关重要。传统的定义倾向于认为欺凌是故意的，即欺凌者有意伤害他人。然而，这种定义可能过于侧重于施害者的意图，而忽视了受害者的感受。如果我们单纯以“有伤害受害者的意图”和“欺凌者是有意的”作为判断欺凌的标准，那么欺凌者事后辩解称自己的行为是“无意的”或“未意识到其伤害性”时，一些明显具有负面影响的行为，如身体攻击、性骚扰、恶意电话等，可能就不被视为欺凌，那这些行为又是什么呢？这些明显能够被我们判定为具有负面影响力的行为难道就因为欺凌者的“非故意”而被我们忽视吗？“非故意”的行为就不会对受害者的造成伤害，或者说对受害者造成的伤害就一定不值得一提吗？很明显，并不如此。

3. 权力不平等不是绝对标准

在探讨校园欺凌时，权力不平等的概念常被提及。通常认为，在大多数欺凌情境中，欺凌者与受害者之间存在一定程度的权力差异。这种不平等有时是欺凌发生前就存在的，有时则是欺凌行为本身造成的。这表明权力不平等既可能是欺凌的触发因素，也可能是其结果。因此，将权力不平等作为判

① Volk A A，Dane A V，Marini Z A：What is bullying? A theoretical redefinition. Developmental Review，2014，34（4），327-343.

断欺凌行为的绝对标准是不恰当的。

欺凌往往发生在已经存在的人际关系中，无论是面对面的交互还是网络环境，它通常涉及至少一方对另一方的认知。这意味着欺凌者和受害者之间存在某种形式的关系或接触，无论这种关系是基于学校、社交媒体还是其他社交环境。在这些情境下，权力失衡可能表现为社交地位的差异、心理或身体上的优势、或者在社交媒体上的影响力。因此，当我们定义欺凌行为时，应关注涉及的社交互动的性质。

总而言之，权力不平等虽然在欺凌行为中占有一席之地，但不应成为判定欺凌的唯一标准。在处理欺凌问题时，我们应更多地关注涉及的人际互动，以及这些互动对受害者造成的具体影响。

4. 欺凌行为一定带有攻击性

所有的欺凌行为都具有某种层面上的攻击性。欺凌行为的本质在于攻击性，这种攻击性不仅体现在直接的身体或言语伤害上，还包括更隐蔽的心理和社交伤害。

首先，显性攻击性是欺凌行为中最直观的形式，包括肢体暴力和言语侮辱。肢体暴力如打、踢、推搡等行为，直接伤害受害者的身体，而言语侮辱则通过嘲笑、恐吓等方式，伤害受害者的自尊和心理健康。这种攻击性的直接目的是显示欺凌者的支配和控制，强化其在社交层面的权力地位。

其次，隐性攻击性则更加隐蔽，但同样具有破坏性。它包括社交排斥、散布谣言、网络上的骚扰等行为。这些行为可能不会立即被识别为攻击性行为，但对受害者的心理和社交关系造成的伤害同样严重。例如，通过排挤或忽视某人，欺凌者破坏了受害者的社交关系，导致其孤立无援。而在网络环境中，攻击性可能以匿名或半匿名的方式出现，如发布恶意评论或分享侮辱性内容，对受害者的声誉和自尊造成伤害。

攻击性行为的目的和后果需要重视。欺凌行为不仅仅是对受害者的物理伤害，它还可能对受害者的长期发展和心理健康产生影响。例如，受到长期欺凌的学生可能发展出焦虑、抑郁等心理疾病，社交技能和学业表现也可能受到影响。此外，欺凌行为的攻击性还可能破坏校园和社区的整体氛围，导致一种不安全和不信任的环境。

无论攻击性行为是显性还是隐性，它们都可能在受害者心中留下深刻的伤痕。因此，处理校园欺凌时，不能仅仅关注那些明显的攻击行为，还应该识别和解决那些更隐蔽的、但可能同样具有破坏性的行为。

总之，欺凌行为的攻击性是多维度的，不仅包括身体上的直接伤害，还包括心理上和社交上的伤害。欺凌行为的这种多样化攻击性特点要求我们在干预和预防时采取综合性的方法，旨在保护受害者的身体、心理和社交福祉，并改善整个社区的环境。

综上，在本书对校园欺凌行为的定义为：校园欺凌是指发生在学生之间，一方通过肢体、语言及网络等手段实施欺压、侮辱，造成另一方人身伤害、财产损失或者精神损害的行为。

第二节　校园欺凌相关概念辨析

实际上，校园欺凌易与取笑玩闹、校园偏差行为、暴力、攻击等相关概念混淆。以下将针对校园欺凌与相关概念进行讨论区辨。

一、校园欺凌与取笑玩闹

欺凌与取笑玩闹之间，具有部分重叠性，一般教师很难区别出学生之间的玩闹行为与欺凌行为。本书认为，因为取笑与欺凌均具有从中作乐的成分，关系良好的同学们会相互取笑从中作乐，欺凌者则是透过戏弄受凌者来从中作乐，因而使得成人有时候难以区辨取笑玩闹与欺凌的不同。皮特 · 史密斯（Smith P. K.）等人以半结构访谈的研究方式，访谈了 28 位 4 ～ 8 年级的教师，以了解他们如何区分取笑及欺凌，结果发现取笑可能具有负向意涵（如嘲讽）与正向意涵（如嬉闹），取笑同时包含了两类意涵，显示其复杂本质。[①] 另外，

① Smith P K：Bullying：Definition, types, causes, consequences and intervention. Social and Personality Psychology Compass, 10(9), 2016.

教师视取笑为正向的利社会行为，视欺凌为负向的反社会行为。就此而论，可能因取笑玩闹包含了正向与负向意涵，在不了解情境脉络、成因与关系的状况下，可能让人很难区辨正向取笑玩闹或负向取笑玩闹。不同的是，取笑玩闹可能是利社会行为，是双方良好社会关系下的行为展现，或可促进双方社会关系；而欺凌是负向的恶意行为，旨在取得权力、利益或伤害对方。

区分欺凌和玩笑主要是看欺凌的一方是否存在主观故意以及行为是否对另一方造成伤害。相同的行为方式因学生行为的意图以及对另一方是否造成伤害而存在本质差别。比如同样是“笨蛋”的绰号，如果是一名学生恶意取笑另一名学生，且让另一名学生因此而感到沮丧、自卑，则该学生的行为就构成了欺凌；而如果是关系密切的同学之间，此类称呼是大家心照不宣的昵称，并未给对方造成伤害，那就不属于欺凌。

二、欺凌行为、暴力行为与攻击行为

针对欺凌行为、暴力行为与攻击行为来说，攻击行为是最广的概念，包括了欺凌行为及暴力行为，校园欺凌行为及暴力行为均是在校园中的攻击行为。社会心理学家通常把攻击行为定义为意图伤害他人的身体行为或者言语行为。欺凌行为与暴力行为之间，则有定义要件上的差异，校园暴力指的是对师生的恶意攻击行为，包括单次的伤害行为也算是暴力事件，例如：情绪失控的学生打了老师一拳、一言不合而引发的学生斗殴事件等；校园欺凌行为则具备大欺小、多欺少、强欺弱等力量失衡的特征，但校园暴力事件则不必然，因为校园暴力事件也有可能是小擎大、弱杀强的情况。就实证研究的结果来看，青少年认为攻击、暴力、欺凌之间具有共通点，霍普金斯（Hopkins L.）等人针对 57 位 11 ～ 17 岁青少年进行焦点团体座谈，结果发现青少年认为攻击、暴力、欺凌均是会带来伤害结果的恶意行为，均包含肢体及言语行为。至于欺凌行为，青少年则认为欺凌就是不断重复的暴力行为，而且是故意的重复行为。[①] 由此可见，欺凌行为、攻击行为与暴力行为之间，有其相近

① Hopkins L, Taylor L, Bowen E, Wood C：A qualitative study investigating adolescents’ understanding of aggression, bullying and violence. Aggression and Violent Behavior, 18(6), 2013.

性、相同性，而彼此之间也有些差异。

三、校园欺凌、校园暴力与校园偏差行为

就校园欺凌、校园暴力、校园偏差行为来进行讨论，三者之间是问题行为程度上的差异。校园偏差行为是校园中常见的不当行为，例如：乱丢垃圾、乱吐口水、干扰教师上课的吵闹行为、携带违禁品、走廊奔跑而撞伤同学等，这些校园偏差行为与校园欺凌及校园暴力相较之下，程度上较为轻微；校园暴力事件是恶意的攻击行为，小到单次的言语羞辱行为，大到伤人事件，都算是校园暴力事件。校园欺凌和校园偏差行为相比较而言，校园欺凌在严重程度或对学生的伤害程度上则比校园偏差行为来得严重，例如恶意排挤班上同学或破坏同学友谊；至于校园欺凌与校园暴力事件的差别，校园暴力涉及危害生命财产安全的行为，例如伤人、放火烧毁学校建筑等。

四、校园欺凌与学生冲突

好动是未成年人的天性，在日常的学校生活交往中经常出现磕磕碰碰，玩闹中发生肢体或语言冲突也在所难免。学生冲突是双方在意见不能达成一致时可能产生的情况，比如两个学生争执，双方对于争执这一事件的心态大体相同，或者想借此解决问题，或者想借此分出胜负，并不存在一方被另一方持续欺负的情况，与校园欺凌的区别在于不必然造成精神或身体上的伤害，属于违纪行为。

通常情况下，区分欺凌与冲突主要是看双方力量是否均等，一方是否恃强凌弱。欺凌的双方可能会存在力量的不均等性，而冲突双方的力量一般会势均力敌。此外，有些冲突不一定会造成人身伤害后果，但若不进行有效干预，则有可能转化为校园欺凌或校园暴力。实践中，如果不对二者作有效区分，学生间的一般冲突很有可能被视为校园欺凌，造成校园欺凌的泛化，扩大了打击治理面，从而抑制了学生的天性，不利于学生健康成长；另一方面，校园欺凌的现实性和危害性也可能被忽视，贻误最佳治理时机。

五、校园欺凌、校园霸凌与校园欺负

就校园欺凌与校园霸凌而言，这两个名称之间没有本质差别，只是对同一行为使用了不同的名称而已。在英文中，与欺凌类似的单词是“bullying”，在翻译成中文时，往往根据发音译为“霸凌”。我国《关于开展校园欺凌专项治理的通知》在国家机关正式文件中第一次使用“校园欺凌”一词，受此影响，自此以后，学界多采用“校园欺凌”。就校园欺凌与校园欺负来看，校园欺负是我国学者张文新在1999年首次介绍“bullying”时，采用中文“欺侮”一词来代表，在后续研究中又改用“欺负”一词作为“bullying”的中文用词。综观相关文献，未见对“欺凌”和“欺负”的概念界定作区分的研究，说明学界对“bullying”有“欺凌”和“欺负”两种翻译，且对“欺凌”与“欺负”未做明确区分。由此我们可以说，校园欺凌、校园霸凌、校园欺负三者涵义相同。另外，就公众接受和政府实践而言，“校园欺凌”更容易被学术界和实务界所接受，未来在学术研究和法律制定中使用“校园欺凌”的表述更能契合文义表达和概念界定。本书倾向于未来无论是学术研究还是政策制定，均使用“欺凌”一词。

综上，我们可以看到的是，欺凌与玩笑、冲突、暴力这些概念既存在差异，也存在交叉。有些玩笑、冲突、暴力不属于欺凌，但有些又属于欺凌的具体表现形式，所以要综合具体情况来判断。冲突、暴力与欺凌往往都是违反校规校纪的，学校要及时处理。善意的玩笑属于学生生活的正常组成部分，但恶意的以欺负人为目的的玩笑就是欺凌。学校既要避免将一般玩笑、恶作剧按欺凌来处理，同时也要重视那些看似玩笑的欺凌行为。

第三节　校园欺凌的类型

欺凌的类型对于确定欺凌的边界具有重要意义。为了有效处理校园欺凌问题，以求治标及治本双管齐下，我们必须先了解并掌握校园欺凌的形态，才能针对不同形态，提出不同的“解药”。在社会形态的快速转变及信息科技的日新月异下，校园欺凌的类型呈现出多样态的面貌，更需要教育人员以细腻且敏锐的态度去深入分析及探讨。当前在校园欺凌的表现形式上，国内外学术界形成了较为丰富的探讨结论。

一、国外学者对校园欺凌的分类

就国外学者对校园欺凌的分类来论，丹·奥维尤斯所编制的《奥尔维斯欺凌受害问卷》（Olweus Bullying-Victim Questionnaire，简称 OBVQ）中，共列出了七种欺凌类别，分别是言语欺凌：包括贬抑的批评、取绰号等；身体欺凌：踢、打、推、吐口水等；破坏或夺取及毁损物品；散播谣言；借由人际关系的排斥及孤立而欺凌；威胁及强迫做事；种族欺凌等。[1]

霍克（Hawker D. S. J.）与博尔顿（Boulton U.J.）的研究则将欺凌分五类，各类欺凌行为举例如下。间接欺凌：传递内容不堪入目的纸条、散播谎言、到处对他人说关于受凌者的坏话、散布谣言。关系欺凌：拒绝受凌者加入团体、刻意疏离不和受凌者说话、威胁受凌者做事。身体欺凌：打、推、踢、拉头发、锁在房内、夺取财物。言语欺凌：取笑、嘲弄、乱取绰号等。一般欺凌：捉弄、做下流的事、让对方不舒服、骚扰等。[2]

---

① Olweus D：Types of bullying. Bullying Prevention Program. http：//www.olweus.org/public/bullying，2011.

② Hawker D S J，Boulton M J：Twenty years' research on peer victimization and psychosocial maladjustment：A meta-analytic review of cross-sectional studies.Journal of Child Psychology and Psychiatry and Allied Disciplines，2000，41，pp：441-455

伯格（Berger K.）回顾了心理学文摘数据库（PsycINFO）中1049篇有关校园欺凌的文献，归纳出四类欺凌的类型。身体欺凌：打、推、踢、乱画他人作业、破坏他人财物、偷午餐、把饮料或食物倒在书包或衣物上。言语欺凌：辱骂、讥笑、嘲讽、羞辱等。关系欺凌：对同学视而不见、拒绝受凌者加入游戏、操弄人际关系、干预受凌者的社会关系等。网络欺凌：散播网络谣言、流传不雅照片、乱发手机恶意短信等。①

梅内西尼（Menesini E.）与萨尔米瓦利（Salmivalli C.）认为校园欺凌包括言语、肢体、关系及网络欺凌等类别，其行为样态说明如下。言语欺凌：取难听绰号、辱骂、威胁；身体欺凌：打、踢、推、破坏他人物品。关系欺凌：排挤、散播谣言。网络欺凌：恶意短信、恶意谣言等通过网络及最新科技方式所进行的攻击行为。②

里格比（Rigby K.）根据欺凌者与受欺凌者的接触方式，则以“肢体与非肢体”和“直接与间接”两个向度，③将欺凌类型区分如表1-2所示：

表1–2 里格比欺凌行为类型④

分类向度		直接形式	间接形式
肢体的		踢、打、吐口水、丢石头	叫别人去打某人
非肢体的	口语欺凌	口语辱骂、叫难听的名字	叫别人去辱骂某人；散播恶意谣言
	非口语欺凌	威胁、做猥亵的动作	拿走或藏匿他人的物品；蓄意从团体或活动中排挤他人

皮特·史密斯（Smith P. K.）等人根据欺凌的具体实施方式将欺凌分成五种类型。身体欺凌：包括碰撞、踢人、推人等；强索欺凌：包括掠夺和毁损他人财物；言语欺凌：包括叫难听或是取绰号、用语言伤人；间接欺凌：包括说谎、散布不实谣言等；社会排挤：故意在团队中排挤他人、不让其参与活动或

① Berger K：Update on bullying at school：Science forgotten? Developmental Review，2007，27，pp：90-126.

② Menesini E，Salmivalli C：Bullying in schools：The state of knowledge and effective interventions. Psychology，Health & Medicine，22，240-253. doi：10.1080/13548506.2017.1279740，2017.

③ Rigby K：Bullying in schools and what to do about it. London，UK：Jessica Kingsley，1996.

④ Bullying in Schools and What to Do about It by K. Rigby，London：Jessica Kingsley，1996，pp：2..

完全忽略他人。①

另外，日本学者将欺凌行为细分为冷嘲热讽、排斥、以网络或手机信息来诽谤中伤、勒索、藏匿东西、偷窃、破坏、丢弃、严重地踢或打、游戏时轻微地踢或打等。②

由上述各种欺凌的分类方式可以发现，欺凌的方式日趋多样化、欺凌形态日渐复杂化，欺凌类型已难以从单一向度来看待，而且不同类型所伴随的因素也不尽相同。

二、我国学界对校园欺凌的分类

中国近年来也对欺凌形态进行了相关研究，台湾儿童福利联盟文教基金会根据学生欺凌的行为表现将校园欺凌分为五类。肢体的欺凌：明确而具体的行为表现，如用肢体行动导致受欺凌者的身体有明显伤痕、抢夺对方物品等，相比较其他类型欺凌，较容易辨认；言语的欺凌：指用语言来讽刺、嘲笑或者侮辱他人，这容易造成视觉范围内看不到的伤口，有时甚至比身体欺凌造成的伤害要严重；关系的欺凌：指切断同伴的社会性联结，或刻意予以忽略，将其排挤到某群体之外；性别欺凌：涉及与性有关的言行，或有意无意碰触、偷摸某人身上的敏感部位等；反击型的欺凌：意指受欺凌儿童在长期受欺凌之后采取的反击行动，这会显现在其他类型的欺凌情境中。③

张国平认为校园欺凌行为涉及五个方面：肢体霸凌（肉体上的欺凌行为）、言语霸凌（取绰号，辱骂、嘲弄、恐吓）、社交霸凌（团体排挤、人际关系对立）、网络霸凌（以手机讯息、电子邮件、网络平台等媒介散播谣言、中伤等攻击行为）、性霸凌（以身体、性别、性征，性取向等作取笑或评论的行为，

① Smith P K：Bullying：Definition, types, causes, consequences and intervention. Social and Personality Psychology Compass, 10(9), 2016.

② ［日］文部科学省：《生徒指导等の施策の推进》，日本文部科学省网站（2011-8-5）［2019-12-8］. http：//www.mext. go.jp/a_menu/shotou/seitoshidou/04121502.htm。

③ 儿童福利联盟文教基金会：《小学儿童校园霸凌（bullying）现象调查报告》（2004-8-31）［2019-12-8］. children.org.tw/uploads/researcher/ 小学儿童校园霸凌（bullying）现象调查报告（2004）.pdf.

或是以性的方式施以身体上的侵犯）。①

张桂蓉等在研究时分为语言欺凌、身体欺凌、关系欺凌、网络欺凌四种形式；②韩自强等将网络欺凌单列为一种类型，将除了网络欺凌以外的其他欺凌形式视为传统欺凌。③

三、本书对校园欺凌的分类

综合前述学者的研究，本书将校园欺凌的类型分为：身体欺凌、言语欺凌、关系欺凌、性别欺凌、强索欺凌及网络欺凌等六类（见表 1-3）。其中身体欺凌、言语欺凌、关系欺凌、强索欺凌、网络欺凌是常见的欺凌行为。

表 1-3　校园欺凌的类型及表现形式

类型	表现
身体欺凌	踢踹、击打、推搡、吐口水
言语欺凌	绰号、口语辱骂、嘲笑、诋毁
关系欺凌	社会排斥，孤立、操纵同伴关系，以及蓄意将某人排除在团体之外
性别欺凌	以身体、性别、性取向、性嘲讽或不友善的评论行为，采取与性有关的方式对他人进行身体上的侵犯
强索欺凌	破坏财物、敲诈金钱或财物、抢夺财物
网络欺凌	通过电子媒介（如 QQ、微信、微博、电子邮件、短信等）进行威胁、骚扰和采取有害行动对对方的人身进行攻击等

（一）身体欺凌：所有欺凌类型中最容易辨识的一种，欺凌者会以肢体行为欺凌他人，除有具体的行为表现，也容易在受凌者身上留下伤痕，身体欺凌的方式包括：踢、打、推搡、吐口水等。如果就性别来看，男生最常遭受到的欺凌形式就是肢体攻击的欺凌，由于常会造成受欺凌者受伤，比较容易引

① 张国平：《校园欺凌的社会学分析》，载《当代青年研究》，2011（8）。

② 张桂蓉、李婉灵：《校园如何成为孩子们成长的“灰色地带”》，载《风险灾害危机研究》，2017（1）。

③ 韩自强、肖辉：《校园欺凌与青少年生活质量、偏差行为和自杀的相关性研究》，载《风险灾害危机研究》，2017（1）。

起老师和家长的注意。

（二）言语欺凌：所有欺凌类型中最容易发生的一种，欺凌者主要是以语言来讽刺或嘲笑别人，包括取绰号、口语辱骂、嘲笑、诋毁弱势同伴、恐吓威胁等，也是校园中最不易发现的欺凌行为。由于它所具有的隐蔽性质，所造成的伤害也往往比身体欺凌还严重。

（三）关系欺凌：常见于学生同伴之间，欺凌者借由排斥及孤立受凌者，使其人际关系受影响，或说服同伴排挤受凌者，使弱势同伴被排拒在团体之外。然而，受凌者在同伴之间的社会联结关系被切断的情况下，极可能会出现缺乏自信心、沮丧、落寞、不想上学并导致中辍等问题。由此可见，关系欺凌所造成的伤害非常深远，必须慎重处理，以避免伤害的不断扩大。

（四）性别欺凌：指在校园或其他环境中，个体由于性别或性取向而受到的骚扰、嘲笑、侮辱、攻击或胁迫。这种行为可以是言语上的、身体上的或通过电子通讯手段进行的。性别欺凌的目标通常是通过羞辱、贬低或威胁受害者来获取控制权或权力。性别欺凌的表现形式包括但不限于以下几种：言语骚扰，非语言性骚扰、身体骚扰、性别歧视、基于性取向的欺凌。

（五）强索欺凌：通常包括对学生进行敲诈勒索、抢夺财物、毁坏或者恶意占用财物等。根据媒体的报道，强索欺凌还包括以下几种表现形式：以某事威胁索要“封口费”，或以“辛苦费”等各种名义强行索要钱财，交费可免挨打，搜身抢夺手机等。

（六）网络欺凌：通过最新科技及网络所进行的攻击或排挤行为，如通过电子邮件、微信、QQ 等或手机短信等形式进行的攻击性行为。[①] 网络欺凌有多种呈现形式，常见的有：向受害者电子邮件账户或手机发送恶意消息或威胁；在线或通过手机讯息传播谣言；在社交网站或网页上发布威胁讯息；盗用他人账户发送有害信息或假装某人在线伤害受害者；拍摄并通过手机或互联网传播不雅照片；发布并传播受害者带有性暗示的照片等。[②]

① Jing Wang，Ronald J lannotti，Nansel T R：School Bullying Among Adolescents in the United States：Physical，Verbal，Relational，and Cyber . Jounal of Adolescent Health，2009，45（4）：368-375.

② Cyber bullying statistics. Bullying Statistics：Anti-bullying Help，Facts，and More. http：//www.bullyingstatistics.orb/content/cyber-bullyingstatistics.html.

第四节 校园欺凌情景中的角色

结合国内外学者的研究成果，本节将校园欺凌情境中的参与者分为四类角色：欺凌者、受欺凌者、欺凌—受欺凌者以及旁观者。基于这一分类，本节进一步探讨了各类角色的主要特征，帮助我们在日常生活中准确识别这些角色，以便更好地理解和应对校园欺凌现象。

（一）欺凌者特征

欺凌者是欺凌行为的主动者，是发动欺凌行为的主要人物，通常会带领其他同学参与其中。尽管欺凌者的欺凌方式有所不同，但大多数欺凌者通常具有一些共同的特征。美国国家社会保障委员会（National Council for Social Security）提出，欺凌者通常表现得过于好斗、具有破坏性，且喜欢支配其他孩子。① 他们常常脾气暴躁，容易冲动，并且对挫折的忍耐力较低。② 大多数欺凌者往往难以正确解读社会信息，常常将他人的行为误解为敌意，即使这些行为本无恶意。③ 虽然大多数同龄人在青春期阶段不会表现出欺凌行为，但在低年级阶段，攻击性强的孩子更容易展现出这种行为，并受到其他孩子的欢迎。④ 事实上，一项研究表明，欺凌者比其他孩子更容易交朋友。⑤

---

① Carney A G，Merell K W：Bullying in schools：Perspectives on understanding and preventing an international problem. School Psychology International，2001，22（3），364-382.

② Olweus D：Bullying at school：What we know and what we can do. Cambridge，MA：Blackwell Publishing，1993.

③ Garber J，Dodge K A，Shantz C：The development of emotion regulation and dysregulation. In The development of emotion regulation and dysregulation（pp. 159-181）. New York：Cambridge University Press，1991.

④ Pellegrini A D：Bullies and victims in school：A review and call for research. Journal of Applied Developmental Psychology，1998，19（2），165-176.

⑤ Nansel T R，Overpeck M，Pilla R S，et al.：Bullying behaviors among US youth：Prevalence and association with psychosocial adjustment. JAMA，2001，285（16），2094-2110.

欺凌者与同伴之间的社会地位联系复杂，需要进一步研究。一些研究区分了“受欢迎的攻击性别欺凌者”和“不受欢迎的攻击性别欺凌者”。[①]研究表明，表现出受欢迎的攻击性行为的孩子能够融入受欢迎的群体，并且不会因他们的行为受到显著的社会排斥；而不受欢迎的攻击性别欺凌者则常被同龄人拒绝或忽视，进而可能加剧他们的攻击性行为，以引起关注。无论是哪种类型的欺凌者，他们的行为在老师和其他成年人的眼中都充满挑衅性和侵略性，往往会让成年人感到不安。[②]

大多数欺凌者对暴力持积极态度，认为欺凌是解决问题或满足需求的有效手段。[③]他们经常通过欺凌行为获得一些奖励，比如香烟、金钱和声望。[④]欺凌者还利用欺凌行为来维持或巩固他们的支配地位，通常缺乏对受害者的同情心。[⑤]许多欺凌者并没有意识到他们行为的后果。[⑥]研究发现，欺凌者往往缺乏解决问题的技能，[⑦]并更容易出现问题行为，如饮酒和吸烟；此外，他们的学习成绩较差，对学校环境的厌恶情绪尤其在中学阶段尤为明显。[⑧]一些研究者认为，欺凌者往往有较低的安全感，其安全感通常在平均水平以下。[⑨]另一些研究表明，无论是在小学阶段还是小学后的年级，欺凌者的自尊得分

① Farmer T W, Leung M C, Pearl R, Rodkin P C, Cadwallader T W, Van Acker R：Deviant or diverse groups? The peer affiliations of aggressive elementary students. Journal of Educational Psychology，2002，94（3），611-620.

② Olweus D：Bullying at school：What we know and what we can do. Cambridge，MA：Blackwell Publishing，1993.

③ Carney A G, Merrell K W：Bullying in schools：Perspectives on understanding and preventing an international problem. School Psychology International，2001，22（3），364-382.

④ Olweus D：Bullying at school：What we know and what we can do. Cambridge，MA：Blackwell Publishing，1993.

⑤ Beale A V，Scott P C：Bullybusters：Using drama to empower students to take a stand against bullying behavior. Professional School Counseling，2001，4（4），300-305.

⑥ National School Safety Center. School bullying and victimization. Malibu，CA，1995.

⑦ Andreou E：Bully/victim problems and their association with coping behaviour in conflictual peer interactions among school-age children. Educational Psychology，2001，21（1），59-66.

⑧ Nansel T R，Overpeck M，Pilla R S，et al.：Bullying behaviors among US youth：Prevalence and association with psychosocial adjustment. JAMA，2001，285（16），2094-2110.

⑨ Glew G，Rivara F，Feudtner C：Bullying：Children hurting children. Pediatrics in Review，2000，21（6），183-190.

明显低于那些不参与欺凌的孩子。[①]

（二）受欺凌者特征

受欺凌者是校园欺凌中的受害者，大多数受害者（约三分之二）表现出被动或逆来顺受的态度，剩下的三分之一则可能表现出较为好斗的行为。[②]受欺凌者相对于欺凌者来说，是处于绝对弱势的一方。在身体特征上，与欺凌者相比，受欺凌者往往更矮小或虚弱，因此缺乏足够的力量来保护自己免受欺凌。[③]这些身体特征尤其使得男孩更容易成为欺凌目标。受欺凌者常常伴有“身体焦虑”，他们对暴力有强烈的恐惧感，害怕受伤，且在运动或其他体育活动中表现不佳。[④]当遭遇欺凌时，许多受害者会哭泣或退缩，特别是在小学阶段的低年级学生中更为常见。

受欺凌的孩子与大多数同龄人相比，更加安静、谨慎，容易焦虑，缺乏安全感和敏感度，同时缺乏沟通和解决问题的能力。[⑤]这使得他们比其他孩子更消极，被动回避与他人交流，缺乏自信心。[⑥]因此，许多受欺凌的孩子往往被同龄人孤立，几乎没有朋友，常常独自活动或一个人吃午餐。[⑦]研究发现，受欺凌者的社会和情感适应能力较差，交友困难，孤独感更强。[⑧]然而，另有研究显示，许多受欺凌的孩子与家长或老师等成年人的关系比与同龄人的关

---

① O’Moore M, Kirkham C: Self-esteem and its relationship to bullying behaviour. Aggressive Behavior, 2001，27（4）, 269-283.

② Brockenbrough K K, Conell D G, Loper A B: Aggressive attitudes among victims of violence at school. Education & Treatment of Children, 2002，25（3）, 273-287.

③ McNamara B E, McNamara E J: Keys to dealing with bullies. Barron’s Parenting Keys，1997.

④ Olweus D : Bullying at school : What we know and what we can do. Cambridge, MA : Blackwell Publishing，1993.

⑤ Glew G, Rivara F, Feudtner C : Bullying : Children hurting children. Pediatrics in Review，2000，21（6）, 183-190.

⑥ Schwartz D, Coie D J D : The emergence of chronic peer victimization in boys’ play groups. Child Development，1993, 64（6）, 1755-1772.

⑦ Olweus D : Bullying at school : What we know and what we can do. Cambridge, MA : Blackwell Publishing，1993.

⑧ Nansel T R, Overpeck M, Pilla R S, et al. : Bullying behaviors among US youth : Prevalence and association with psychosocial adjustment. JAMA，2001，285（16）, 2094-2110.

系更为紧密。①

此外，受欺凌者通常认为自己不够好、不够聪明、不够有吸引力，甚至觉得自己无关紧要。由于这些消极的自我认知，受欺凌的孩子往往错误地将欺凌行为归咎于自己。②因为缺乏自尊和自信，他们在受到欺凌时通常不愿报告事件，这种不愿揭露受害的态度使他们更容易再次成为欺凌的目标，导致欺凌循环的持续。在学业上，受欺凌者在小学阶段可能表现较好，但到了中学，他们的成绩往往开始下滑。③这种学业上的退步，可能是因为欺凌经历使他们对学校的归属感和参与感下降，从而影响了学业表现。

（三）欺凌—受欺凌者特征

欺凌—受欺凌者，又称应激性别欺凌者，是指那些不仅欺负他人，同时也遭受欺凌的人。他们的主要特征是焦虑和攻击性行为。④研究表明，这类孩子往往容易挑起事端，习惯用打架来解决冲突。⑤虽然他们经常是受害者，但同时也常常嘲笑或挑衅欺凌者。⑥当欺凌者对他们的挑衅作出回应时，往往会引发肢体冲突。欺凌—受欺凌者倾向于以暴力方式回应对抗，事后则声称自己是在自卫。⑦

欺凌—受欺凌者较难被识别。奥维尤斯的研究发现，仅有少数受欺凌者

① Olweus D：Bullying at school：What we know and what we can do. Cambridge，MA：Blackwell Publishing，1993.

② Carney A G，Merrell K W：Bullying in schools：Perspectives on understanding and preventing an international problem. School Psychology International，2001，22（3），364-382.

③ Olweus D：Bullying at school：What we know and what we can do. Blackwell Publishing，1993.

④ Olweus D：Bullying or peer abuse at school：Facts and intervention. Current Directions in Psychological Science，1995，4（6），196-200.

⑤ Schwartz D，Dodge K A，Bates P J E：The early socialization of aggressive victims of bullying. Child Development，1997，68（4），665-675.

⑥ Glew G，Rivara E，Feudtner C：Bullying：Children hurting children. Pediatrics in Review，2000，21（6），183-190.

⑦ Beale A V，Scott P C：Bully busters：Using drama to empower students to take a stand against bullying behavior. Professional School Counseling，2001，4（4），300-305.

被归类为欺凌—受欺凌者。[①]然而，另一项研究显示，若一个孩子是受欺凌者，他或她同样有可能发展为欺凌—受欺凌者。[②]布罗肯布拉夫和同事们在对10909名7～11年级学生的调查中发现，大约30%的受欺凌者表现出攻击性倾向（即属于欺凌—受欺凌者群体）。他们还发现，与非攻击性受害者或非受欺凌者相比，这类孩子更频繁地携带武器、酗酒，并卷入打斗。[③]

欺凌—受欺凌者通常精力过于旺盛，注意力难以集中。在课堂上，他们常会打扰或激怒其他学生，导致课堂秩序混乱。[④]他们通常被贴上"脾气暴躁"的标签，容易对那些无意冒犯他们的同学产生敌意（例如，对不小心撞到他们的人进行报复）。[⑤]因此，这类孩子常常引起同龄人的负面反应，难以被同伴接受。[⑥]大多数欺凌—受欺凌者表现出自卑、神经质，且在解决问题方面存在严重不足。[⑦]一项研究发现，欺凌—受欺凌者普遍认为自己比单纯的欺凌者更难相处、更笨拙、更不受欢迎、更加焦虑，并且生活得不幸福。[⑧]

（四）旁观者特征

旁观者又称局外人，是指在校园欺凌事件中既非欺凌者也非受欺凌者的群体。研究者一般将旁观者分为四种类型：欺凌协助者、煽风点火者、置身

---

① Olweus D：Bullying or peer abuse at school：Facts and intervention. Current Directions in Psychological Science，1995，4（6），196-200.

② Sekol I，Farrington D P：The overlap between bullying and victimization in adolescent residential care：Are bully/victims a special category? Children & Youth Services Review，2010，32（12），1758-1769.

③ Brockenbrough K K，Conell D G，Loper A B：Aggressive attitudes among victims of violence at school. Education & Treatment of Children，2002，25（3），273-287.

④ Carney A C，Merrill K W：Bullying in schools：Perspectives on understanding and preventing an international problem. School Psychology International，2001，22（3），364-382.

⑤ Pellegrini A D：Bullies and victims in school：A review and call for research. Journal of Applied Developmental Psychology，1998，19（2），165-176.

⑥ Andreou E：Bully/victim problems and their association with coping behaviour in conflictual peer interactions among school-age children. Educational Psychology，2001，21（1），59-66.

⑦ Mynard H，Joseph S：Bully/victim problems and their association with Eysenck's personality dimensions in 8 to 13 year-olds. British Journal of Educational Psychology，1997，67（1），51-54.

⑧ O'Moore M，Kirkham C：Self-esteem and its relationship to bullying behaviour. Aggressive Behavior，2001，27（4），269-283.

事外者和保护者。[1]根据旁观者在事件中的行为，这些旁观者可以进一步归为两类：消极旁观者（即协助者、煽动者、置身事外者）和积极旁观者（即保护“被欺凌”者）。

欺凌协助者指的是那些在欺凌过程中协助欺凌者欺辱受害者的群体。虽然他们并非欺凌事件的发起人，但在欺凌过程中通常充当追随者的角色。他们支持并认同欺凌行为，希望通过协助欺凌者来获得群体的认可和接纳。由于持续参与欺凌活动，这类人往往会逐渐演变为新的欺凌者。因此，从某种角度看，欺凌协助者实际上可以被视为欺凌者的一部分。

煽风点火者指的是通过煽动性言语或动作鼓动欺凌者的群体。虽然他们不是欺凌事件的发起者，也没有直接对受害者实施身体伤害，但其煽动行为却进一步助长了欺凌者的气焰，推动了事态的恶化。这类人往往利用欺凌的机会宣泄内心的不满，或为了取悦欺凌者，故意做出迎合性的举动，以表明自己站在欺凌者一方，从而避免成为下一个受害者。他们的行为虽然表面上看似无害，但实际上在欺凌事件中起到了推波助澜的作用，加剧了受欺凌者的困境。

置身事外者指的是在欺凌事件中选择冷眼旁观、以自保为主的群体。他们与欺凌者或受害者保持距离，不采取任何实际行动。尽管他们没有直接参与欺凌行为，但这种“不作为”实际上成为了对欺凌者的默许和间接支持，从而助长了欺凌行为的进一步发展。这类人往往性格内向、缺乏自信，面对冲突时容易退缩。虽然有些置身事外者内心对受害者抱有同情，但这种情感并不会促使他们采取保护行为。选择忽视欺凌，主要是为了避免卷入麻烦，保护自身安全，以缓解内心的不安和可能产生的愧疚感。

保护者指的是那些在校园欺凌事件中勇敢站出来，帮助和保护受欺凌者，积极制止欺凌行为的群体。一些研究者总结了保护者的典型特征：这些人通常具备高自尊、高责任感和较强的社会自我效能感。他们往往受到同伴的喜爱

---

① Salmivalli C, Lagerspetz K, Björkqvist K, Österman K, Kaukiainen A : Bullying as a group process : Participant roles and their relations to social status within the group. Aggressive Behavior, 1996, 22, 1–15.

与尊重，并掌握较多的社会资源。[①] 正因为如此，保护者的行为常常受到同伴压力的影响，推动他们采取行动来维护受欺凌者的权益，积极干预欺凌事件的发生与发展。

综上所述，旁观者是一个由多种角色组成的群体，其行为反应会对欺凌事件产生不同影响。当旁观者采取保护受害者的态度和行为时，可以有效遏制欺凌行为，并在一定程度上为受害者提供心理支持；相反，若旁观者采取事不关己或起哄的态度，则会助长欺凌者的气焰，进一步加剧受害者所受的伤害。

① 任萍、张云运、周艳云:《校园欺负中的积极参与角色：保护者》，载《心理科学进展》，2018（1）。

第二章　校园欺凌研究的理论基础

校园欺凌现象的研究需要一个综合性的理论框架，以便深入理解其发生原因并探索有效治理措施。首先，必须明确校园欺凌发生的各种理论基础，这有助于识别欺凌行为的潜在原因，并为预防和干预策略提供科学依据。其次，需要探讨校园欺凌治理的理论基础，以确保治理措施的实施具有科学性和有效性。通过综合分析这两方面的理论，可以为全面、系统地研究和应对校园欺凌问题提供坚实的理论支撑。

第一节　校园欺凌成因的相关理论

校园欺凌的发生是一个复杂的社会现象，涉及多种心理、社会和环境因素。为了解这一现象，研究者们提出了多种理论模型，这些模型从不同的视角揭示了欺凌行为的成因。通过系统梳理和分析这些理论，可以更全面地理解校园欺凌的发生机制，从而为有效预防和干预提供理论依据。以下将详细介绍几种主要的理论。

一、社会生态系统理论

社会生态系统理论的起源可以追溯到生态学和系统论。尤里·布朗芬布伦纳（Urie Bronfenbrenner）是这一理论的主要奠基人之一，他在20世纪70

年代提出了生态系统理论，用于解释儿童发展中的多层次环境影响。随着理论的发展，这一框架被扩展和应用到各种社会现象中，包括健康、教育、社区发展等领域。

（一）基本概念和层次

社会生态系统理论将环境分为多个层次，每个层次都对个体和群体行为产生影响。这些层次包括微系统、中系统、外系统、宏系统和时间系统。

微系统是指个体直接参与的环境和活动，如家庭、学校、同伴群体和工作场所。这是个体日常生活中最直接、最具体的环境层次。微系统中的互动是双向的，个体不仅受环境影响，也在影响环境。例如，家庭中的亲子互动、学校中的师生关系和同伴之间的友谊，都是微系统中重要的组成部分。这些互动为个体的情感支持、社会学习和行为规范提供了基本的框架。微系统的质量和特征对个体的发展具有直接而深远的影响。

中系统是指微系统之间的相互关系和互动。例如，家庭和学校之间的互动，父母与教师的交流等。这些互动关系影响着个体在不同微系统中的体验和发展。中系统强调了环境之间的互联性和相互作用，一个微系统中的经历可以通过中系统影响到另一个微系统。例如，家庭中积极的支持和沟通可以促进学生在学校中的表现和适应。中系统通过增强或削弱微系统的效应，进一步塑造个体的发展轨迹。

外系统是指虽然个体不直接参与，但会间接影响其生活的环境，如父母的工作环境、社区资源、地方政府政策等。外系统中的事件和决策可能不会直接涉及个体，但其后果却会间接影响个体的生活质量和发展。例如，父母的工作压力和工作时间安排可以影响家庭氛围和亲子互动的质量，从而影响儿童的情感和行为发展。外系统通过其对微系统的影响，间接地塑造个体的发展环境。

宏系统是指更广泛的文化、经济、法律和政治环境，包括社会规范、文化价值观、经济状况和国家政策等。这一层次对个体和群体行为的影响更为深远和广泛。宏系统提供了一个文化和制度背景，它定义了社会中哪些行为是可接受的，哪些是不可接受的。例如，不同社会文化中的教育观念、家庭结构和性别角色期待会影响个体的行为和发展。宏系统的变化，如政策改革或经济危机，也会对其他层次产生影响。

时间系统是指环境和个体发展过程中的时间维度，包括生命中的重大事件、历史背景和社会变迁等。这一层次强调了时间和发展过程中的动态变化对个体行为的影响。时间系统包括两方面的时间维度：一个是个体生命周期中的重要时间点和过渡期（如上学、毕业、就业等），另一个是社会历史背景的变化（如技术进步、战争、经济衰退等）。时间系统通过这些动态变化对个体和环境的双重影响，揭示了发展的连续性和变化性。

社会生态系统理论提供了一个多层次的分析框架，通过微系统、中系统、外系统、宏系统和时间系统这五个层次，全面地解释了个体和群体行为的复杂性和多样性。每个层次的环境因素相互联系、相互作用，共同影响个体的成长和发展。通过理解这些层次的相互关系，研究者和实践者可以更有效地设计干预措施，促进个体和社会的健康发展。

（二）社会生态系统理论对校园欺凌行为的解释

社会生态系统理论为理解和解释复杂的社会现象提供了一个全面的、多层次的框架。校园欺凌行为作为一种复杂的社会现象，涉及多种环境因素的相互作用，因此社会生态系统理论为其提供了一个全面的解释框架。本章将详细论述如何运用社会生态系统理论来分析和解释校园欺凌行为。

在微系统层次，个体直接参与的环境和活动对校园欺凌行为产生直接影响。家庭、学校和同伴群体是主要的微系统。家庭环境中家庭关系和父母的教育方式对孩子的行为有重要影响。家庭中缺乏情感支持、家庭暴力或父母过于严厉的教育方式可能会增加孩子欺凌行为的风险。家庭环境中的负面因素，如父母之间的冲突、家庭经济压力等，可能导致孩子通过欺凌行为寻求注意或释放情绪压力。学校环境中学校的氛围、教师的态度和同伴关系都直接影响校园欺凌行为的发生。在一个积极支持的学校环境中，教师和学生之间有良好的互动关系，可以减少欺凌行为的发生。学校政策和纪律措施的有效性也是影响因素之一。一个重视反欺凌政策并积极实施的学校环境，可以有效遏制欺凌行为的发生和蔓延。同伴群体中同伴的态度和行为对个体影响深远。群体规范和同伴压力可以推动或抑制欺凌行为。如果同伴群体中欺凌行为被视为一种获取地位的手段，那么个体更可能参与欺凌行为。同伴群体中的领导者或核心成员的态度行为对整个群体的影响尤其显著，他们的行为模式往往成为其他成员模仿的对象。

中系统层次关注微系统之间的相互关系和互动，这些互动关系也对校园欺凌行为产生重要影响。家庭与学校的互动、父母与教师之间的沟通和合作可以影响孩子在学校的行为。如果家庭与学校保持良好的沟通，家长能够及时了解孩子的在校表现并与教师合作进行干预，可以有效预防和减少欺凌行为。社区与学校的合作、社区资源和支持对学校环境有直接影响。例如，社区中有良好的心理咨询服务和青少年活动中心，可以帮助学校更好地应对和处理欺凌行为。社区组织的支持和参与，如志愿者项目、社区活动等，也能增强学生的归属感和社会支持网络，从而减少欺凌行为的发生。

外系统层次包括那些虽然个体不直接参与但会间接影响其生活的环境因素。父母的工作环境是一个重要因素，父母的工作压力和工作时间安排可以影响家庭氛围和亲子关系，进而影响孩子的行为。如果父母因工作原因无法给予孩子足够的关注和支持，可能会导致孩子通过欺凌行为寻求关注或发泄情绪。例如，父母长时间的工作和缺乏家庭互动可能会导致孩子感到孤独和情感缺失，从而增加其参与欺凌行为的可能性。此外，社区资源和政策也间接影响校园欺凌行为。社区中的法律和政策环境、治安状况、公共服务等因素可以通过提供强有力的反欺凌政策和法律支持来威慑欺凌行为，减少其发生。社区资源的丰富性，如图书馆、体育设施和课后活动等，也能为孩子提供积极的活动和社交机会，减少参与欺凌行为的可能性。

宏系统层次涉及更广泛的文化、经济、法律和政治环境，这些因素对校园欺凌行为的影响更为深远。社会文化中的价值观，如对暴力的容忍度、性别角色的刻板印象和对权力的崇尚，都会影响欺凌行为的普遍性和形式。例如，在一些文化中，男性被期望表现得更为强硬和攻击性，这可能会导致更多的男生参与欺凌行为。文化中的权力动态和社会层级也会影响欺凌行为的表现形式和严重程度。此外，经济状况对学校资源和家庭稳定性有重要影响。经济困难可能导致家庭压力增加，影响孩子的情绪和行为，同时学校资源不足也可能导致管理不善，从而增加欺凌行为的发生。经济因素还影响到教育资源的分配和学校的整体环境，例如，经济较发达地区的学校可能拥有更多的资源来实施反欺凌项目和支持学生的心理健康。

时间系统层次强调环境和个体发展过程中的时间维度，包括生命中的重大事件、历史背景和社会变迁等。个体在不同的成长阶段所面临的挑战和变化会影响其行为，例如，青少年时期是个体身份认同和社会关系变化的重要时期，这一阶段的孩子更容易受到同伴影响，也更可能发生欺凌行为。青春期的生理和心理变化，社交关系的重塑和对自我认同的探索，都是影响这一时期欺凌行为的重要因素。此外，社会变迁如科技发展、教育政策变化等也会影响校园欺凌行为的形式和处理方式。例如，互联网和社交媒体的发展使得网络欺凌成为一个新的问题，这需要新的政策和干预手段来应对。

二、社会认知理论

社会认知理论是由心理学家艾伯特·班杜拉（Albert Bandura）在 20 世纪 80 年代研究发展而成，是社会学习理论的扩展和深化。该理论不仅强调观察学习，还包括认知过程和个体与环境的交互作用。社会认知理论认为，人类行为是个人、行为和环境之间的动态交互作用的结果。

（一）社会认知理论的主要观点

其一，三重互惠决定论。三重互惠决定论是社会认知理论的核心概念之一。这个概念指出，个体的行为、认知（个人因素）和环境之间存在相互影响的关系。这种互惠关系意味着个体的行为不仅受环境影响，也受自身认知和情感的影响，反过来，行为也会影响环境和认知。三重互惠决定论强调了行为的复杂性和动态性，提供了一种全面理解人类行为的方法。个体的认知因素包括信念、期望、态度和情感等。这些因素会影响个体对环境和行为的解释和反应。个体的行为不仅是认知和环境因素的结果，也会反过来影响这些因素。环境因素包括物理环境、社会环境和文化环境等。这些因素会影响个体的行为和认知。

其二，观察学习。观察学习是社会认知理论的一个重要组成部分。该观点强调，个体可以通过观察他人的行为及其结果来学习新的行为和技能。这种学习不需要个体亲身经历，而是通过观察他人行为的奖赏或惩罚来调整自己的行为。观察学习包括四个关键过程：注意（Attention）、保持（Retention）、复制（Reproduction）和动机（Motivation）。注意是观察学习的第一个步骤，是个体关注所观察到的行为；保持是指将观察到的行为信息存储在记忆中的过程；复制是指个体将观察到的行为实际表现出来的过程；动机是观察者在特定的条件下由于某种诱因的作用而表现示范行为的过程。

其三，自我效能。自我效能是指个体对自己能否成功完成某一行为的信念。高自我效能感会增强个体面对挑战的积极性和坚持性。自我效能影响个体的行为选择、努力程度和在面对困难时的坚持性。班杜拉提出，自我效能感来自四个主要来源：成功经验、替代经验、言语说服和生理与情绪状态。成功经验是指个体在过去的任务中取得成功的经历；替代经验是指个体通过观察他人的行为和结果来学习和建立自我效能感；言语说服是指通过他人的鼓励、建议和肯定来提升个体的自我效能感；生理和情绪状态是指个体在面对任务时的生理反应和情绪状态。

其四，自我调节。自我调节是个体通过设定目标、自我监控和自我奖励来调节自己的行为的过程。自我调节是一个复杂的心理过程，包括自我观察、自我判断和自我反应。通过自我调节，个体能够对自己的行为进行调整，以实现预期目标。自我观察指的是个体对自己行为的监控和记录；自我判断是指个体对自己行为的评估和比较；自我反应指的是个体根据自我判断的结果对自己的行为做出反应。

其五，认知过程。认知过程是个体在学习和行为中处理信息的关键机制。这些过程决定了个体如何感知、解释和回应环境中的信息，从而对其行为产生影响。认知过程包括选择性注意、记忆和思考，这些过程共同作用，影响个体对信息的理解和行为决策。选择性注意是指个体在众多信息中选择性地集中注意力于某些特定信息，同时忽略其他无关信息；记忆是指个体对信息的编码、储存和提取的过程；思考是指个体对信息进行分析、综合和评价的过程。

（二）社会认知理论对校园欺凌问题的归因解释

其一，环境因素的影响。社会认知理论强调环境在行为形成中的重要作用。校园环境中的文化、规范和氛围直接影响欺凌行为的发生和维持。例如，如果学校对欺凌行为缺乏明确的规章制度和惩罚措施，欺凌行为可能会变得更加普遍。这种环境不仅默许了欺凌行为，还可能在无意中强化欺凌者的行为。相反，积极的校园氛围和强有力的反欺凌政策可以显著减少欺凌行为的发生。

其二，观察和模仿的作用。通过观察他人的行为，学生可以学习到欺凌行为的具体方式和后果。如果欺凌者在校园中获得了权力、地位或其他形式的奖励，其他学生可能会模仿这些行为，以期获得相同的好处。观察学习解释了欺凌行为在学生群体中的传播和模仿现象。例如，当学生看到欺凌者因其行为获得同伴的认可或老师的忽视，他们可能会认为欺凌行为是获得社会地位的有效手段，从而模仿这些行为。

其三，自我效能感的影响。欺凌者和受害者的自我效能感对欺凌行为的发生和维持有重要影响。欺凌者可能因为对自己欺凌行为的有效性有高自我效能感而继续实施欺凌。他们相信自己的行为可以获得预期的结果，如控制他人或提升地位。相反，受害者如果缺乏自我效能感，可能会感到无助和绝望，难以采取有效措施来保护自己。通过增强受害者的自我效能感，可以帮助他们更好地应对欺凌行为，减少其受害的可能性。

其四，认知扭曲和行为选择。社会认知理论还强调个体的认知过程对行为的影响。欺凌者可能会通过认知扭曲来合理化其行为，例如认为欺凌是获取权力或维护地位的正常手段。这种认知扭曲使欺凌者能够忽视或最小化其行为的负面后果。受害者则可能因为自我评价低、认知偏差等原因而感到自卑和无力，难以反抗欺凌。他们可能会认为自己应该被欺凌或无力改变现状，从而陷入受害者角色。

其五，自我调节的作用。通过自我调节，个体可以控制和调整自己的行为。目击者的自我调节能力可以决定他们是否选择干预欺凌事件。通过增强学生的自我调节能力，可以促进他们采取积极的行为，干预和阻止欺凌行为的发生。例如，教育学生如何识别欺凌行为、如何进行安全的干预以及如何支持受害者，可以显著减少欺凌行为的发生率。

综上所述，社会认知理论通过多层次、多角度的分析，为理解校园欺凌行为提供了全面的框架。环境因素、观察学习、自我效能感、认知扭曲和自我调节等因素在欺凌行为的形成和维持中扮演着关键角色。通过应用社会认知理论，可以制定更有效的干预策略，创建一个更安全和具有支持性的校园环境，减少欺凌行为的发生。

三、家庭系统理论

家庭系统理论是由心理治疗师默里·鲍恩（Murray Bowen）在 20 世纪 50 年代提出的一种心理学理论。该理论认为，家庭不仅仅是由个体成员组成的集合体，而是一个复杂的互动系统。家庭系统理论强调家庭成员之间的相互影响、关系模式和互动方式，认为个体的行为和情绪在很大程度上受家庭系统的影响。[①]

（一）家庭系统理论的核心观点

其一，家庭是一个整体，其成员通过复杂的互动模式相互联系和影响。每个成员的行为、情绪和态度都会影响其他成员，并反过来受到其他成员的影响。这一观点强调，个体的行为不能单独看待，而是应放在家庭这个整体系统中去理解。家庭成员之间的互动模式和情感关系对每个成员的行为和心理状态有着重要影响。例如，一个孩子的行为问题可能不仅仅是个人问题，而是整个家庭系统功能失调的表现。

其二，分化是指个体在情感和理智之间保持平衡的能力。分化水平决定了个体在家庭系统中的独立性和互动能力。高度分化的人可以在家庭中保持自己的独立思考和情绪稳定，而不被家庭成员的情绪所左右。相反，低分化的人往往难以区分自己的情感和他人的情感，容易被家庭的情绪波动所影响，导致行为和情感上的困扰。

---

① Kerr M E，Bowen M：Family Evaluation：An Approach Based on Bowen Theory. New York：W.W. Norton & Company, 1988.

其三，三角关系是家庭系统中最基本的情感关系模式，通常涉及三个人。当两个人之间的关系紧张时，会通过引入第三个人来缓解这种紧张关系。例如，父母之间的冲突可能会通过把注意力转移到孩子身上来缓解。这种模式虽然可以短期内缓解冲突，但长期来看可能会导致更复杂的家庭关系问题。

其四，家庭投射过程描述了父母如何将自己的情感问题和未解决的情绪传递给子女。父母可能会无意识地将自己的焦虑、期待和情感需求投射到孩子身上，从而影响孩子的情感和行为发展。在家庭投射过程中，父母的未解决情绪问题往往通过对孩子的过度关注或控制来表现。孩子在这样的环境中成长，容易内化父母的情感问题，形成类似的情感和行为模式。这种投射过程解释了为什么家庭中的情感问题往往会在几代人之间传递。

其五，多代传递过程描述了家庭模式和情感过程如何在几代人之间传递。家庭中的行为模式、情感问题和关系模式往往会从一代传递到下一代，影响后代的情感和行为发展。

其六，情感切断是指个体通过与家庭成员的情感隔离来应对家庭中的冲突和压力。尽管这种方式可以暂时缓解压力，但往往会导致更严重的情感问题。情感切断是低分化个体常用的应对策略，通过与家庭成员的情感隔离来避免直接的冲突和情感压力。然而，这种方式并不能真正解决问题，反而可能导致个体在其他关系中重复同样的情感问题。情感切断也可能导致个体在情感和行为上的孤立，增加心理问题的风险。

其七，社会情感过程扩展了家庭系统理论，强调家庭系统与更广泛的社会环境之间的相互影响。社会、经济和文化因素对家庭系统的影响也需要考虑。家庭系统不仅仅受内部因素影响，还与外部社会环境紧密相关。社会经济状况、文化价值观和社会政策等外部因素都会影响家庭系统的功能和成员的行为。

综上所述，家庭系统理论通过分析家庭成员之间的复杂互动，提供了理解个体行为和情感问题的新视角。该理论强调家庭系统的整体性、互动模式和代际传递过程，强调个体与家庭系统以及更广泛社会环境之间的相互影响。这些观点在家庭治疗、个体治疗和教育咨询等领域具有重要应用价值，通过理解和改善家庭系统，可以更有效地解决个体的情感和行为问题。

（二）家庭系统理论对校园欺凌行为的理论解释

校园欺凌行为是一个复杂的社会问题，其成因涉及多个层面的因素。家庭系统理论提供了一个独特的视角，通过分析家庭成员之间的互动模式、情感关系和家庭功能失调等因素，解释校园欺凌行为的成因。

家庭系统与校园欺凌。家庭系统理论认为，家庭是一个情感系统，家庭成员通过复杂的互动模式相互联系和影响。家庭中的任何一个成员的行为和情绪都会对其他成员产生影响。对于校园欺凌行为而言，家庭系统中的功能失调和情感问题可能直接或间接地促成了这种行为的发生。例如，一个孩子在家庭中经历了不稳定或紧张的情感环境，可能会将这些负面情绪和压力转移到学校环境中，通过欺凌行为来发泄或寻求控制感。

分化与欺凌行为。对于低分化的个体，他们可能会在学校环境中表现出极端的行为，例如欺凌，并以此来缓解家庭中的压力和不安。高度分化的个体则能够在情感上保持独立，并且在面对同龄人的压力时表现出更高的抗压能力，不容易参与或成为欺凌行为的目标。

一是三角关系与欺凌行为。在学校环境中，三角关系可能会转化为学生之间的欺凌行为。例如，当父母之间存在冲突时，孩子可能会在学校中欺凌他人，以转移家庭中的紧张情绪。这种行为不仅影响受欺凌者，也会对整个班级的情感环境产生负面影响。

二是家庭投射过程与欺凌行为。父母的焦虑、期待和情感需求往往会无意识地投射到孩子身上，使得孩子在学校中表现出相应的情感和行为问题。比如，父母过度关注或控制孩子，可能导致孩子在学校中通过欺凌行为来寻求独立或表达反抗。

三是多代传递过程与欺凌行为。多代传递过程强调了家庭历史对个体发展的重要影响。一个家庭的情感和行为模式往往会在几代人之间重复出现。通过了解家庭的多代历史，可以更好地理解个体的情感问题和行为模式，从而制定更有效的干预措施。

四是情感切断与欺凌行为。在学校中，情感切断的孩子可能会表现出欺凌行为，作为他们处理情感孤立和内部冲突的一种方式。

五是社会情感过程与欺凌行为。社会经济压力可能增加家庭内部的紧张关系，导致孩子在学校中表现出欺凌行为。理解这些外部因素对家庭系统的影响，有助于制定更全面的干预策略，减少校园欺凌行为的发生。

综上所述，家庭系统理论通过分析家庭成员之间的复杂互动，提供了理解校园欺凌行为成因的新视角。家庭系统的功能失调、情感关系和互动模式在很大程度上影响了个体的行为。通过理解和改善家庭系统，可以更有效地预防和干预校园欺凌行为，促进学生的心理健康和社会适应。

四、群体社会化理论

群体社会化理论，美国心理学家朱迪斯·里奇·哈里斯（Judith Rich Harris）提出，旨在解释儿童和青少年的社会化过程，特别是群体在这一过程中所起的作用。与传统的社会化理论不同，群体社会化理论强调同龄人群体（Peer Groups）在个体社会化中的关键作用，而不是家庭或父母的影响。

（一）群体社会化理论的核心概念

同龄人群体是指年龄相仿、背景相似的一群人，他们通过互动和交流影响彼此的行为、态度和价值观。哈里斯认为，同龄人群体是儿童和青少年社会化的主要力量。根据哈里斯的研究，同龄人群体在儿童和青少年社会化过程中起着至关重要的作用。这些群体在个体成长中的重要性体现在多个方面。首先，同龄人群体提供了一个类似于社会的微型环境，个体在其中学习和实践社会互动的基本技能。其次，通过与同龄人群体的互动，个体可以获得即时反馈，帮助他们调整和改善自己的行为模式。此外，同龄人群体还通过群体规范和价值观的传播，塑造成员的社会态度和行为准则。①

社会化是指个体学习和内化社会规范、价值观、行为模式的过程。传统的社会化理论主要强调家庭和学校在这一过程中的作用。然而，哈里斯提出，同龄人群体在社会化过程中同样具有重要影响，甚至在某些方面超过家庭和学校的作用。通过同龄人群体，个体不仅学习到社会的基本行为规范，还能

① Harris J R：Where is the child ' s environment? A group socialization theory of development. Psychological Review, 1995, 102（3）, 458-489.

在互动中内化这些规范，形成稳定的行为模式和价值观。[①]这种通过群体互动进行社会化的过程，使得个体能够更好地适应社会环境和群体生活。

身份认同是个体在与同龄人群体的互动中逐步形成和发展的自我概念。通过群体互动，个体不仅能够找到自己在社会中的位置，还能形成对自我身份的认同。哈里斯认为，同龄人群体的成员通过相互影响和反馈，帮助个体建立自我概念和社会角色。例如，在同龄人群体中，个体可能会因为某些特质或行为而被认可或排斥，从而影响他们对自身价值和社会身份的认知。[②]这种身份认同的过程对于个体的心理和社会发展具有重要意义。

（二）群体社会化理论的主要观点

其一，同龄人群体的影响超过家庭。哈里斯认为，虽然家庭在个体早期发展中具有重要作用，但随着儿童进入学龄期，同龄人群体对他们的社会化影响逐渐超过家庭。进入学龄期后，孩子们花费大量时间与同龄人在一起，他们通过与同龄人的互动，学习如何在社会中行事，形成行为模式和价值观。这种现象在青少年时期尤为明显，因为青少年在这一阶段更加关注与同龄人的关系和群体认同。[③]同龄人群体提供了一个真实的社会环境，个体在其中学会处理复杂的社会关系和应对各种社会挑战。

其二，社会化是一个群体过程。哈里斯强调，社会化不仅是个体与个体之间的互动过程，更是一个群体互动的过程。个体通过群体规范和期望的约束和影响，逐渐内化社会行为和价值观。在群体中，个体不仅要面对来自他人的直接反馈，还要适应群体的整体氛围和行为准则。这种群体过程使得社会化不仅是简单的行为模仿，而是深层次的价值观和行为模式的内化。[④]群体

① Harris J R：Where is the child 's environment? A group socialization theory of development. Psychological Review，1995，102（3），458-489.

② Harris J R：Where is the child 's environment? A group socialization theory of development. Psychological Review，1995，102（3），458-489.

③ Harris J R：Where is the child 's environment? A group socialization theory of development. Psychological Review，1995，102（3），458-489.

④ Harris J R：Where is the child 's environment? A group socialization theory of development. Psychological Review，1995，102（3），458-489.

中的互动和交流为个体提供了实践和验证社会规范的机会，促进了社会化过程的深入发展。

其三，群体内部和群体间的影响。哈里斯认为，同龄人群体不仅在群体内部对个体产生影响，还通过群体间的竞争和比较，强化个体的社会化过程。不同群体之间的比较，例如不同学校、班级或兴趣小组之间的比较，会影响群体成员的行为和态度。在这种竞争和比较中，个体会受到来自外部群体的压力，促使他们调整自己的行为以符合群体的期望。[①]这种跨群体的互动和比较不仅增强了个体的社会适应能力，还促进了社会化过程的多样性和复杂性。

综上所述，群体社会化理论通过强调同龄人群体在个体社会化过程中的关键作用，为我们提供了一种新的理解社会化的视角。哈里斯的研究表明，同龄人群体不仅在个体行为和价值观的形成中起到重要作用，还通过复杂的群体互动和跨群体比较，深化了社会化的过程。通过这种视角，我们可以更好地理解儿童和青少年的社会化机制，并制定更有效的教育和干预策略，促进他们的健康成长和社会适应。

（三）群体社会化理论对校园欺凌行为的解释

群体社会化理论提供了一种有效的框架来分析和理解校园欺凌行为，揭示了同龄人群体在欺凌行为形成、维持和应对中的关键作用。

其一，同龄人群体的影响。首先，同龄人群体中的规范和价值观对成员的行为具有强大的影响力。如果一个群体中欺凌行为被视为一种获取地位、权力或认可的手段，那么群体成员可能会更倾向于参与欺凌行为。这种群体文化不仅对欺凌行为的发生具有推动作用，还会影响成员对欺凌行为的态度和反应。例如，某些群体可能会通过嘲笑、排斥或公开贬低他人的方式来巩固其内部的权力结构和地位。这种情况下，群体成员可能会将欺凌行为视为提升自己在群体中地位的一种策略，甚至将其合理化为一种“正常”行为。其次，同龄人群体中的个体通常会感受到来自群体的压力，希望通过模仿和遵从群体行为来获得认同。群体压力是一种强大的社会影响力，它迫使个体

① Harris J R：Where is the child 's environment? A group socialization theory of development. Psychological Review，1995，102（3），458-489.

调整自己的行为以符合群体期望，从而避免被孤立或排斥。在校园环境中，学生们往往渴望融入某个特定的群体，以获取归属感和身份认同。为了达到这一目标，一些学生可能会参与欺凌行为，即使他们本身并不愿意这样做。此外，群体中的领导者或核心成员对其他成员有强大的影响力，他们的行为和态度往往被其他成员效仿。领导者通过示范行为和设定规范，引导群体成员的行为模式和价值观。如果领导者表现出支持或参与欺凌行为的倾向，其他成员也可能会效仿，从而进一步强化欺凌行为在群体中的普遍性。这种模仿和效仿的过程加剧了欺凌行为的扩散，使其在群体中得以维持和传递。

其二，欺凌行为的形成和维持。首先，在同龄人群体中，个体往往通过竞争来获取社会身份和地位。欺凌行为可以成为一些学生提升自己地位的一种手段。通过欺凌他人，欺凌者可能会在群体中被视为强大、有权力的人，从而获得更多的关注和尊重。这种行为不仅能使欺凌者在同龄人中建立地位，还能帮助他们巩固在群体中的权力结构。例如，研究表明，在群体中具有较高地位的学生更有可能参与欺凌行为，因为这种行为可以帮助他们维持和增强自己的社会地位。[①] 同时，欺凌行为的发生往往与个体对地位的不安全感有关，个体通过欺凌他人来减少这种不安全感，增强自己的社会认同。其次，同龄人群体中的角色分配（如欺凌者、受害者和旁观者）和群体动态对欺凌行为的维持起到重要作用。旁观者的行为和反应（如默许、鼓励或无视）可以影响欺凌行为的频率和严重程度。如果旁观者默许或鼓励欺凌行为，欺凌者会觉得他们的行为被认可，从而继续进行欺凌。相反，如果旁观者积极干预，站在受害者一边，欺凌行为可能会受到抑制。此外，旁观者的反应还会影响群体的整体动态，塑造群体对欺凌行为的态度和规范。

综上所述，利用群体社会化理论可以深入理解同龄人群体在校园欺凌行为中的关键作用。通过分析同龄人群体的规范和价值观、群体压力和认同，以及社会身份和地位竞争、群体动态和角色分配等因素，我们能够揭示欺凌行为的形成、维持和应对机制。这一理论框架不仅有助于理解欺凌行为的复杂性，还为制定有效的预防和干预策略提供了理论支持。

---

① Hawley P H：Social dominance in childhood and its evolutionary underpinnings：Why it matters and what we can do. Aggression and Violent Behavior，2007，12（4），324-341.

五、艾森克人格三因素模型

艾森克（Hans Eysenck）的人格三因素模型（Three-Factor Model of Personality）是人格心理学中的重要理论之一。该模型提出，人格可以通过三个主要维度来描述：外向性（Extraversion）、神经质（Neuroticism）和精神质（Psychoticism）。[①] 这些维度反映了个体在情感、行为和思维上的差异。

（一）艾森克人格三因素模型的主要观点

其一，外向性是艾森克人格三因素模型中的一个核心维度，用于描述个体在社会互动和活动中的活跃程度。高外向性个体通常表现出热情、社交和自信的特征。他们喜欢参加社交活动和集体活动，展示出积极、活跃和乐观的态度。这些人往往是聚会的中心，能够轻松地与他人建立联系，并在群体环境中感到愉快和充满能量。相反，低外向性（内向性）个体则更倾向于安静、独立和内省。他们通常避免社交场合，更喜欢独处，表现出谨慎和保守的态度。内向性个体在独处时感到最舒适，并且更倾向于深思熟虑，享受安静的环境。这种对比显示了外向性在个体如何与外界互动以及如何处理社会关系方面的重要影响。通过理解外向性，可以更好地预测和解释个体在不同社交情境中的行为和反应。

其二，神经质是艾森克人格三因素模型中的一个关键维度，用于描述个体在情感上的稳定性和反应性。高神经质个体通常表现出情绪不稳定、易焦虑、抑郁和紧张的特征。他们对压力和挫折的耐受力较低，经常体验到负面情绪，容易在面对生活中的挑战和困境时感到不安和压力。相反，低神经质个体则表现出情绪稳定，较少体验到负面情绪。情绪稳定的个体能够有效应对压力和挫折，展示出冷静、平和和自信的态度。他们在应对困难和压力时能够保持心理平衡和情感控制，从而更好地处理生活中的各种挑战。神经质维度的差异揭示了个体在面对情感压力时的不同反应模式，对理解和预测个

① Eysenck H J, Eysenck M W: Personality and Individual Differences: A Natural Science Approach. New York: Plenum Press, 1985.

体在压力情境下的行为和情感反应具有重要意义。

其三，精神质是艾森克人格三因素模型中的一个重要维度，用于描述个体的非社会化倾向和冲动性。高精神质个体通常表现出冷酷、无情和攻击性强的特征。他们缺乏同情心和责任感，倾向于反社会行为和冒险行为。相反，低精神质个体则表现出温和、合作和有同情心的特征。他们遵守社会规范和道德准则，表现出负责任和关心他人的态度。展现出高度的社会适应能力。精神质维度的差异揭示了个体在社会行为和人际关系中的不同倾向，对理解和预测个体在社会互动中的行为模式具有重要意义。

（二）艾森克人格三因素模型对校园欺凌的归因分析

校园欺凌行为是一个复杂的社会问题，其成因涉及多方面因素。艾森克的人格三因素模型通过外向性、神经质和精神质三个维度提供了理解和解释个体行为的重要框架。

1. 外向性与校园欺凌

高外向性的个体可能更容易成为欺凌者或旁观者。高外向性的学生可能通过欺凌行为来维持或提升自己的社会地位，获得同伴的认可和关注。相反，低外向性的学生更倾向于独立和内省，他们可能较少参与欺凌行为，但也可能成为欺凌的目标，因为他们不善于反击或寻求帮助。

2. 神经质与校园欺凌

神经质描述了个体在情感上的稳定性和反应性。高神经质的学生可能通过欺凌他人来发泄负面情绪，或因为情绪波动而更容易卷入欺凌事件。相反，低神经质的学生情绪稳定，他们不太可能表现出欺凌行为，并且在面对欺凌时能够冷静处理。

3. 精神质与校园欺凌

高精神质的学生更有可能成为欺凌者，因为他们在与他人的互动中缺乏关心和理解，容易采取极端和不顾后果的行动。相反，低精神质的学生更倾向于建立和谐的关系，会主动帮助受欺凌的同学，并采取措施防止欺凌行为的发生。

综上所述，艾森克的人格三因素模型提供了一个有力的框架，帮助理解和解释校园欺凌行为的成因。通过分析外向性、神经质和精神质三个维度，可以识别出潜在的欺凌者和受害者，并制定针对性的预防和干预措施，以减少校园欺凌行为的发生，促进学生的心理健康和社会适应。

第二节　校园欺凌治理的理论基础

本节旨在深入分析和阐述校园欺凌治理的理论基础，具体涵盖了依法治国理论、社会情绪学习理论、三级预防体系、社会支持理论和协同治理理论这几个关键领域。这些理论为我们提供了多维度视角，用以理解校园欺凌现象，并指导我们有效地应对和解决校园欺凌问题。

一、依法治国理论

依法治国既是一个理论也是一个实践的原则。作为理论，它提供了一套关于如何通过法律手段进行国家治理的系统性思想。在国家的治理活动中，无论是政府决策还是日常管理，都必须依据法律进行，确保所有的行为和政策都有法律的支持。

（一）依法治国理论的内涵

依法治国理论是法治理论在国家治理中的具体应用，强调通过法律手段治理国家，使国家的各项事务在法治框架内进行。其核心原则与法治理论基本一致，表明依法治国理论和法治理论在基本理念和原则上有着高度的一致性，但侧重于国家层面的具体实践和应用。

依法治国理论的基本理念：①法律至上：这是依法治国理论的基本理念，强调法律是最高权威，所有国家机关行为和公民行为都应当在法律的框架下进行。②公平正义：法治的目的在于确保社会的公平正义。通过设立合理的法律规范，保障每个人的权利和自由，同时也规定了相应的义务和责任，以实现社会成员之间的平等对待。③公开透明：依法治国要求法律的制定、执行和司法过程公开透明，公众有权了解和监督法律的实施情况，这有助于增强法律的公信力和执行力。④权利保障：法律应当保护公民的基本权利和自由，保障人权，公民的权利在法律框架内得到充分尊重和保障，任何人或组织都不能随意侵犯。

依法治国理论的核心原则：①法律至上：也是依法治国理论的核心原则，强调法律是国家治理的最高准则，所有行为必须符合法律规定。这是确保法治社会运作的基石。②法律面前人人平等：强调法律对所有人都是一视同仁的，不论一个人的社会地位、财富、权力或其他特征如何，法律都应该平等对待每一个人，确保所有公民在法律保护和义务上享有平等的地位，避免歧视和特权。③司法独立：要求司法机关在处理案件时必须独立于政府的其他部门，尤其是行政部门的影响，这样可以保证案件的公正裁决，避免司法成为政治斗争的工具。④程序正义：在法律的制定、实施和司法过程中，都必须严格遵循公平正义的程序，确保每一个案件都得到公平、公正的处理。程序正义是实体正义的重要保障。⑤权力制约：依法治国强调对权力的监督和制约，防止权力滥用，立法、行政、司法三权分立，相互制衡，共同维护法治秩序。

依法治国理论的关键组成部分：①立法：立法是法律的制定过程，涉及新法律的创建和现有法律的修改或废除。其作用是确保法律适应社会发展的需要，反映公众的意愿和社会的基本道德伦理标准。立法是依法治国的基础，提供了治国安邦的规范和标准。好的立法应当公正、明确并易于理解，能够为执法、司法和普法提供坚实的基础。②执法：执法是指政府部门和相关机构执行和强制遵守法律的过程。其作用是保证法律得到实际应用，防止法律被忽视或违反。执法是依法治国的执行手臂，确保所有个人和组织都按照法律行事。有效的执法机制是维护社会秩序和正义的关键。③司法：司法是指通过法院和其他司法机关解释和应用法律的过程。其作用是解决法律争议，对法律规定进行解释，确保法律应用的一致性和公正性。司法保证了法律的正确解释和公正应用，是法治国家的最后保障。独立的司法是防止权力滥用和保护公民权利的重要机制。④普法：普法是指向公众普及法律知识的活动，包括法律的传播、教育和培训。其作用是提高公民的法律意识，使民众了解自己的权利和义务，增强遵守法律的自觉性。依法治国中，普法是提升公众对法治的理解和支持的基础，有助于构建法律遵从的社会环境。普及法律知识可以促进法律的有效执行和公正司法。

（二）依法治国理论对校园欺凌治理的指导价值

依法治国的理论内涵是多方面的，这一理论对于正确处理校园欺凌问题具有极其重要的指导作用。简单来说，依法治国强调在国家治理中一切活动都必须依法进行，同样的原则也适用于学校环境，尤其是在处理校园欺凌问题时。

1. 法治理念

法治理念是依法治国理论的精神体现，涉及对法治的理解和价值判断，包括我们对法治的知识、情感、意志和信念的总体认识。社会主义法治理念强调公平正义、自由平等、法律权威、监督制约和人权保障等基本要素，体现了法治的核心价值。

在校园欺凌治理中，法治理念具有非常重要的指导意义。首先，它强调要在处理校园欺凌时保护学生的主体地位，确保学生的权利和义务都得到明确。这包括保障学生的知情权、参与权、表达权和监督权。学生不仅需要知道他们可以享有哪些权利，还应该明白他们在学校社区中应承担的责任。

此外，法治理念还要求惩戒措施必须有法可依、公正合理。这意味着任何对学生的惩戒和处理都应基于法律的规定，确保每一项决定都是公平和合理的。法治的实施不仅要求严格执法，也要保障人权，强调法律面前人人平等，以及所有程序的公正性。

法治理念不仅为学校提供了处理欺凌问题的具体指南，还促进了一个安全、公正的学习环境的建立。依法治校和处理欺凌问题的各项措施，都需要在法治理念的框架内运行，以确保每个学生都能在一个支持和尊重的环境中成长和学习。这样，法治理念不仅成为了解决校园欺凌的法律基础，更是构建和谐校园文化的重要支柱。

2. 法律保障

依法治国理论在校园欺凌问题治理中的应用具有重要的法律保障作用，这一点在多个方面得到了体现。

首先，依法治国理论要求所有社会机构，包括教育机构，在法律框架下运作。根据这一理论，国家已经制定了一系列涉及教育领域的法律法规，如刑法、民法和教育法等。这些法律不仅明确规定了如何处理校园欺凌问题，还阐明了保护受害者和惩处加害者的具体措施。

其次，法律不仅提供了处理已发生欺凌事件的具体指南，还强调了预防措施的重要性。依法治国理论支持学校按照教育部门的规定实施反欺凌政策，开展相关教育活动，以增强学生的法律意识和责任感。通过这些措施，法律旨在构建一个无欺凌的校园环境。

再次，依法治国理论确保了处理校园欺凌事件时的程序正义。这意味着所有的决策和处理措施都必须是透明的、基于事实的，并且严格遵守法律规定。这种程序的正义性不仅增强了学校在处理冲突时的信誉，也增强了学生及其家长对学校管理的信任。

最后，随着社会和技术的发展，校园欺凌的形式也在不断变化。例如，网络欺凌的出现带来了新的挑战。依法治国理论支持法律及时更新，确保法律框架能够有效应对新兴问题。这种灵活性和适应性是法律在现代社会中维持效力的关键。

综上所述，依法治国理论为校园欺凌问题的治理提供了强有力的法律支持，确保了校园环境的公正性、安全性和支持性。通过法律的指导和执行，学校不仅能有效解决校园欺凌问题，还能够在更广泛的社会文化中培养遵守法律和尊重他人权利的意识。

3. 法治途径

依法治国理论是中国国家治理的核心原则之一，其在校园欺凌治理中的应用不仅彰显了其广泛的影响力，还具体展示了法治在解决校园问题中的有效途径。

首先，依法治国理论要求科学立法，这确保了所有涉及校园的法律和政策都基于理性和证据，旨在全面保护学生的安全和权益。这包括但不限于制定专门针对校园欺凌的法律，确保法律条文清晰定义欺凌行为的界限和后果，为学校提供处理这些行为的明确指导。

其次，依法治国理论强调严格执法。在校园欺凌的场景中，这意味着所有的欺凌案件都应严格按照法律规定处理，保障受害者的权益并对施害者实施相应的惩罚。严格执法不仅提升了校园规章的执行力，还通过法律的威慑作用减少了欺凌行为的发生。

再次，公正司法在校园欺凌治理中扮演着关键角色。司法的公正性确保欺凌事件的处理都是公平的，无论是通过校内调解程序还是其他的司法途径。公正的司法处理不仅为受害者提供了恰当的救济，也为加害者提供了改正机会。

最后，依法治国促进了校园内外多元纠纷解决机制的建立。这些机制包括学生主导的同辈支持与调解、教师主导的协商解决法和多方修复会议等。这种多元解决机制的建立，为校园提供了更灵活、适应性更强的解决方案，使各方能在非正式环境中寻求和解，从而有效减少法律程序的依赖。

综上所述，依法治国理论为校园欺凌的治理提供了坚实的法律框架和有效的解决机制，强调了法治的重要性并提供了实施法治的具体途径。通过这种方式，学校不仅能有效解决校园欺凌问题，也能在更广泛的社会文化中促进法治精神的培养和实践。

二、社会情绪学习理论

社会情绪学习（Social and Emotional Learning，简称 SEL）理论的形成与发展反映了教育领域对人的全面发展和教育多元化的追求。起源于 20 世纪初关于情绪智力的研究，SEL 的理论基础得益于霍华德·加德纳（Howard Gardner）在 1975 年提出的多元智力理论以及彼得·萨洛维（Peter Salovey）和约翰·D·迈耶（John D. Mayer）在 1990 年首次提出的“情绪智力”概念，这些理论强调了情绪智力在个人成功中的重要性。1995 年，丹尼尔·戈尔曼（Daniel Goleman）的著作《情商：为什么情商比智商更重要》进一步普及了这一概念，并促进了情绪与社会技能在学校教育中的重视。随后，美国成立了协作推进社会情绪学习的组织，定义了 SEL 的五个核心能力并在全美推广实施。进入 21 世纪，随着全球化的深入，SEL 被国际机构如联合国儿童基金会和世界卫生组织等看作提高儿童和青少年心理健康和社会适应性的关键，从而在全球范围内得到推广与应用。同时，大量研究表明，系统的社会情绪学习能有效提高学生的学业成绩、社交能力，降低情绪问题和行为问题，进一步支持了在教育政策和实践中推广 SEL 的重要性和有效性。

（一）社会情绪学习理论内涵

社会情绪学习是获取并有效应用知识、态度和技巧以识别、管理情绪，培养关爱他人、做出负责任的决定、建立积极人际关系及巧妙应对挑战性情境的社会情绪能力的过程。[①]社会情绪能力并不是单一的能力，而是与个人的社会性发展相关的一系列核心能力。最早将社会情绪能力作为一个术语提出是在 20 世纪 90 年代。1997 年，美国社会情绪学习共同体在其发布的《面向教育工作者的社会情绪学习指导手册》中，将社会情绪能力界定为："人们在成长和发展的复杂情境中发展出来的认识情绪和管理情绪的能力；这一能力以多元智能理论和情绪理论为基础，能够帮助人们应对学习、人际关系和日常生活中出现的各种问题，发展积极的自我情感并建立有效的人际关系，最终获得良好的发展。"[②]具体而言，社会情绪学习包括五大核心能力，即自我认知、自我管理、社会认知、关系技能、负责任的决策。[③]

自我认知指个体对自己情绪的认识，包括识别和理解自己的情绪、动机和想法以及它们如何影响行为。例如，在小学阶段，具备自我意识的学生能够准确识别基本的情绪，如悲伤、生气和快乐。到了初中，学生开始能够分析产生这些情绪的原因。进入高中后，学生则能进一步理解自己的情绪如何影响他人，从而在人际互动中更加周到和敏感。这一发展过程不仅有助于学生的个人成长，还增强了他们与他人建立有效关系的能力。

---

① Elias M J, Zins J E, Weissberg R P, et al.: Promoting social and emotional learning: Guidelines for educators.（2019-5-5）[2019-11-12]. https://www.pausd.org/sites/default/files/pdf-faqs/attachments/promoting%20social%20and%20emotional%20learning.pdf, 2019.

② Elias M J, Zins J E, Weissberg R P, et al.: Promoting social and emotional learning: Guidelines for educators.（2019-5-5）[2019-11-12]. https://www.pausd.org/sites/default/files/pdf-faqs/attachments/promoting%20social%20and%20emotional%20learning.pdf, 2019.

③ Osher D, Kidron Y, Dymnicki A, et al.: Advancing the science and practice of social and emotional learning: Looking back and moving forward. Review of Research in Education, 2016, 40, 644-681.

自我管理涉及个体如何有效控制和调整自己的情绪、冲动和行为以适应环境或实现个人目标。这包括情绪调控、抗压能力、自我激励、目标设定和组织能力。此外，自我管理还涉及适当地表达自己的情感和情绪。例如，具备自我管理技能的小学生能够明确自己的目标并描述实现这些目标的具体步骤；初中生能够制订计划来实现短期个人或学业目标；高中生则能够运用各种策略和利用学校及社区资源来克服障碍，实现长远的目标。这种能力的发展是青少年成功适应社会和学业要求的关键。

社会认知指个体对他人情绪、需求和关切的认知和同情，以及理解社会规范和道德规则。这项能力涵盖了从基本的情感识别到复杂的情绪互动理解。例如，具备社会意识能力的小学生能通过观察语言、肢体语言和环境线索来识别他人的感受。到了初中阶段，这些学生能够预测他人在不同情境下的感受和期望。而高中生则能进一步评估和提升自己在与他人共情方面的能力。通过这些逐步提升的技能，学生能更有效地与他人建立和维持关系，同时也能更好地利用周围的社会资源。

关系技能指建立和维护健康关系的能力，包括有效沟通、倾听、合作、抗争和冲突解决。这些技能帮助个体有效地与他人互动并建立稳定的社交网络。例如，具备人际关系技能的小学生能够描述如何交友并维持友谊。进入初中后，学生学会通过合作和团队协作来促进小组目标的实现。到了高中阶段，学生进一步学习判断和评估在与同伴、教师及家庭成员沟通时所采用的不同技巧。通过这些逐渐发展的能力，学生能够更加自信和有效地在不同的社交场合中表达自己，应对挑战，及时解决问题。

负责任的决策涉及在考虑行为对自己、他人和社区影响的基础上，做出尊重他人和道德的选择。这包括评估情况、解决问题的能力、分析可能的后果以及道德和社会规范的认知。

（二）社会情绪学习理论对校园欺凌治理的指导价值

社会情绪学习理论在校园欺凌治理中的应用不仅是一种预防策略，更是一种整体的教育创新，旨在通过发展学生的社会情绪技能来改善学校环境和学生间的相互作用。研究表明，SEL不仅能提升学生的个人能力，还能在校园中营造一种尊重和理解的文化，从而减少欺凌行为的发生。

1. 自我认知的提升

社会情绪学习中的自我认知模块对于校园欺凌的预防和治理具有重要指导价值。作为 SEL 的核心组成部分，自我认知的培养使学生能够深入理解和认识自己的情绪，进而学会如何有效地识别和管理那些可能促使他们进行负面互动的情绪状态。例如，通过自我反思，学生不仅能够识别出如愤怒等情绪，还能学习通过适当的表达方式来处理这些情绪，而不是通过对他人施行欺凌或展现攻击性行为。这种对自身情绪的深刻理解和管理能力的提升，是构建健康人际关系和防止校园暴力的关键。

2. 自我管理能力的强化

社会情绪学习中强化自我管理能力对校园欺凌治理具有显著的指导价值。社会情绪学习课程中包含的时间管理和压力管理技巧以及培养积极思维的练习，使学生在遇到冲突和挑战时，能够选择更加健康和建设性的应对策略，而不是诉诸攻击性或欺凌性行为。这种能力的强化促进了学生在校园中的适应性和人际关系的和谐，可以有效减少校园欺凌事件的发生。

3. 社会认知的增强

在多元化的学校环境中，社会意识培养对于治理校园欺凌具有重要的指导作用。通过社会情绪学习教育，学生学习如何理解和尊重来自不同文化和社会背景的同学，从而增强对差异的包容性和同理心。这种教育不仅帮助学生减少因误解或偏见所引发的冲突，而且有效降低了校园中的欺凌行为。社会意识的增强使学生能够在人际互动中展现更大的敏感性和尊重，从而促进了学校环境的整体和谐与安全。

4. 关系技能的提升

提升关系技能在社会情绪学习中扮演着核心角色，尤其是在预防和解决校园欺凌行为方面。通过社会情绪学习教程，学生被教授如何有效地沟通、倾听他人的需求、解决冲突以及进行团队协作。这些技能的提升有助于学生在日常互动中减少敌意，增强对话和理解，从而显著提升同伴间的正面互动。因此，关系技能的提升不仅有助于构建更和谐的校园环境，还是校园欺凌治理的关键策略，使学生能够在面对潜在冲突时采取更加成熟的行为方式。

5. 负责任的决策能力的培养

在社会情绪学习中，培养负责任的决策能力是治理校园欺凌的重要手段。社会情绪学习课程中特别强调教育学生如何评估自己行为的后果，这包括识别不同选择可能带来的结果，并在做决策时考虑其对自己、他人以及整个社区的影响。通过这种教育，学生学会做出更加审慎和负责任的决策，从而在面对潜在的冲突或压力情况时，能够选择不伤害他人的行为方式。

三、三级预防体系

三级预防体系是一种系统的公共卫生框架，用于减少疾病和健康问题的发生、发展和影响。该策略最早由莱维尔（Leavell H. R.）与克拉克（Clark E. G.）于 1953 年提出，旨在通过不同层次的干预措施来改善健康结果。[①] 它被广泛应用于各种健康问题的预防，包括心理健康、慢性病和传染病等。

（一）三级预防体系的内涵

三级预防体系是一种系统的公共卫生框架，旨在通过初级预防、二级预防和三级预防三个层次的干预措施，减少疾病和健康问题的发生、发展及其负面影响。每个层次的预防措施和目标各有不同，涵盖了从健康教育到长期康复的广泛干预手段。

初级预防旨在防止疾病的发生，通过减少风险因素和增强保护性因素来实现。这一层次的预防措施针对整个群体，旨在降低疾病的发病率。常见的初级预防措施包括健康教育、免疫接种和环境改善。

二级预防的目标是在疾病的早期阶段通过早期发现和及时干预来减少其严重性和持续时间。这一层次的预防措施主要针对有疾病风险或早期症状的个体，旨在降低疾病的流行率。

三级预防旨在减少已确诊疾病的负面影响，通过康复治疗和长期管理帮助患者恢复功能和提高生活质量。这一层次的预防措施主要针对已经患病的

① Leavell H R，Clark E G：Preventive Medicine for the Doctor in His Community. New York：McGraw-Hill，1953.

个体，旨在减少疾病的并发症和复发率。

（二）三级预防体系对校园欺凌治理的指导价值

三级预防体系提供了一个系统和综合的思路，通过初级预防、二级预防和三级预防三个层次的干预措施，有效地预防、早期发现和减少校园欺凌的负面影响。

初级预防在校园欺凌治理中的主要目标是防止欺凌行为的发生。通过减少风险因素和增强保护性因素，初级预防旨在建立一个积极和包容的校园文化，降低欺凌的发生率。具体措施包括向学生、教师和家长提供关于欺凌行为的教育和培训，增加对欺凌的认识和理解，教授有效的应对策略。① 此外，制定和实施明确的行为规范和反欺凌政策，确保所有学生和教职员工了解并遵守这些规定，是关键的一步。② 通过团队建设活动、社交技能训练和课外活动，营造支持性环境，促进学生之间的积极互动和友谊，减少孤立和排斥现象。③ 通过这些措施，初级预防可以有效地减少校园欺凌行为的发生，为学生创造一个安全和支持性的学习环境。

二级预防的目标是通过早期发现欺凌行为和及时干预来减少其严重性和持续时间。具体措施包括定期进行学生问卷调查和教师观察，及时识别欺凌行为和潜在的欺凌风险。④ 针对有欺凌行为风险的学生进行小组辅导和支持，帮助他们处理情感问题，建立积极的行为模式。⑤ 此外，创建匿名报告系统，使学生能够安全、便捷地报告欺凌事件，并确保这些报告得到及时处理。⑥ 二

① Swearer S M，Espelage D L，Vaillancourt T，Hymel S：What can be done about school bullying? Linking research to educational practice. Educational Researcher，2010，39（1），38-47.

② Olweus D：Bullying at school：What we know and what we can do. Oxford，UK：Blackwell，1993.

③ Espelage D L，Swearer S M：Research on school bullying and victimization：What have we learned and where do we go from here? School Psychology Review，2003，32（3），365-383.

④ Farrington D P，Ttofi M M：School-based programs to reduce bullying and victimization. Campbell Systematic Reviews，2009，5（1），1-148.

⑤ Rodkin P C，Hodges E V E：Bullies and victims in the peer ecology：Four questions for school service providers and social developmental researchers. School Psychology Review，2003，32（3），384-400.

⑥ Holt M K，Green J G，Reid G，DiMeo A，Latessa M：Challenges and benefits of implementing a comprehensive bullying prevention program. International Journal of Emotional Education，2013，5（2），69-86.

级预防通过及时识别和干预，可以有效地防止欺凌行为的升级和传播，保护受害者的身心健康。

三级预防旨在减少已发生欺凌行为的负面影响，通过康复和长期支持帮助受害学生恢复和保持心理健康和社会功能。具体措施包括为受欺凌影响严重的学生提供个性化的心理辅导和治疗，帮助他们处理创伤并重建自信。① 建立长期的支持计划，确保受欺凌的学生在学校和社区中找到持续的支持和安全感。② 此外，实施恢复性司法项目，通过对话和调解，让欺凌者认识到其行为的影响，并与受害者一起寻找解决问题的方法。③ 三级预防通过个性化的支持和持续的干预，可以帮助受欺凌的学生恢复正常的学习和生活，提高他们的整体幸福感。

总之，三级预防策略能为校园欺凌治理提供一个全面和系统的框架。通过初级预防的广泛教育和环境建设，二级预防的早期发现和及时干预，以及三级预防的个性化支持和长期管理，可以有效地减少校园欺凌的发生率和影响，促进校园的整体安全和学生的心理健康。

四、社会支持理论

社会支持理论是研究个体如何通过社会关系网络获取支持，以应对生活中的压力和挑战的一种理论。该理论强调社会支持在个体心理健康和生活质量中的重要作用，指出有效的社会支持可以缓冲压力，提高个体的适应能力和幸福感。因此，增加和增强社会支持网络是预防和干预校园欺凌的有效方法。

（一）社会支持理论的内涵

社会支持理论详细阐述了社会支持在个体生活中的重要作用。该理论不仅探讨了社会支持的不同类型，还分析了其在心理健康和适应能力方面的功

① Smith P K, Sharp S: School bullying: Insights and perspectives. London, UK: Routledge, 1994.

② Mishna F : A qualitative study of bullying from multiple perspectives. Children & Schools, 2004, 26 (4), 234-247.

③ Vaandering D : The significance of critical theory for restorative justice in education. Review of Education, Pedagogy, and Cultural Studies, 2010, 32 (2), 145-176.

能，并考察了社会支持的多种来源。通过这些多维度的研究，社会支持理论为理解和提升个体的社会适应能力和心理健康提供了全面的框架。

1. 社会支持的类型

社会支持可以分为四种类型，每种类型在不同的情境下提供不同的帮助。情感支持通过提供情感上的安慰、关怀和理解，帮助个体感觉被爱和被重视。例如，朋友和家人在个体遇到困难时提供的倾听和安慰。① 工具支持则提供实际的帮助和服务，如经济援助、时间或物质资源。例如，邻居帮助照看孩子或同事帮助完成工作任务。② 信息支持通过提供建议、指导和信息，帮助个体解决问题和做出决策。例如，医生提供的健康建议或同事分享的职业经验。③ 评价支持则通过提供反馈和肯定，帮助个体评估自己的状况和应对策略，提高自我效能感。例如，导师对学生工作的积极评价或同事对工作表现的认可。④ 这些类型的社会支持共同作用，帮助个体在面对压力和挑战时获得必要的资源和情感支撑，提高其应对能力和生活质量。

2. 社会支持的功能

社会支持理论强调，社会支持具有多种功能，主要包括缓冲效应、直接效应和提高适应能力。缓冲效应指社会支持可以缓冲生活压力的负面影响，减轻压力对个体心理和生理的负面影响。⑤ 研究表明，在面临重大压力事件时，拥有强大社会支持的个体心理健康状况更好。直接效应则指出，无论是否面临压力，社会支持对个体的心理健康和幸福感都有直接的积极影响。⑥ 这意味着即使在没有明显压力的情况下，良好的社会支持网络也能提高个体的生活

① House J S：Work Stress and Social Support. Addison-Wesley，1981.

② Cohen S，Wills T A：Stress，Social Support，and the Buffering Hypothesis. Psychological Bulletin，1985，98（2），310-357.

③ Thoits P A：Social support as coping assistance. Journal of Consulting and Clinical Psychology，1986，54（4），416-423.

④ Wills T A：Social support and interpersonal relationships. In M. S. Clark（Ed.），Prosocial behavior. Sage Publications，1991，pp. 265-289.

⑤ Cohen S，Wills T A：Stress，Social Support，and the Buffering Hypothesis. Psychological Bulletin，1985，98（2），310-357.

⑥ House J S，Umberson D，Landis K R：Structures and processes of social support. Annual Review of Sociology，1988，14，293-318.

质量和满意度。最后，通过提供信息、建议和情感支持，社会支持可以帮助个体更好地应对和适应生活中的变化和挑战，从而提高其适应能力。① 这些功能共同作用，有助于个体在面对困难时更加自信和有能力。

3. 社会支持的来源

社会支持的来源广泛，包括家庭、朋友、同事、社区和专业人员。每种来源的支持形式和功能可能有所不同，但都对个体的心理健康和社会适应起到重要作用。家庭是最基本和最持久的支持来源，提供情感支持和工具支持的主要来源。② 朋友和同事提供的社会支持往往更加多样化，包括情感支持、信息支持和评价支持。③ 社区和组织通过正式和非正式网络提供各种形式的支持，包括社交活动、志愿者服务和支持小组。④ 此外，医生、心理咨询师和社会工作者等专业人员提供的信息支持和工具支持在应对特定问题和危机时尤为重要。⑤ 这些来源的支持共同作用，有助于促进个体的心理健康和社会适应。

（二）社会支持理论对校园欺凌治理的指导价值

社会支持理论在校园欺凌治理中具有重要的指导价值。通过理解和应用社会支持的不同类型、功能及其来源，教育工作者和政策制定者可以有效地预防和干预校园欺凌行为，提高学生的心理健康和社会适应能力。以下是社会支持理论在校园欺凌治理中的具体指导价值。

1. 社会支持的类型在欺凌干预中的应用

社会支持类型在校园欺凌干预中发挥着不同的作用。情感支持通过提供情感上的安慰和理解，帮助被欺凌学生感觉被爱和被重视。教师和同学的情感支持可以缓解受害者的孤独感和无助感，增强其心理韧性。工具支持提供

① Thoits P A：Stress，coping，and social support processes：Where are we? What next? Journal of Health and Social Behavior，1995，35，53-79.

② House J S：Work Stress and Social Support. Addison-Wesley，1981.

③ Thoits P A：Social support as coping assistance. Journal of Consulting and Clinical Psychology，1986，54（4），416-423.

④ Wills T A：Social support and interpersonal relationships. In M. S. Clark（Ed.），Prosocial behavior. Sage Publications，1991，pp. 265-289.

⑤ Cohen S，Wills T A：Stress，Social Support，and the Buffering Hypothesis. Psychological Bulletin，1985，98（2），310-357.

实际的帮助和服务，如帮助受害者完成作业或陪伴其度过课间时间，家长和教师可以通过实际行动展示对受害者的支持，减少其在校园中的不安全感。信息支持通过提供建议和指导，帮助受害者解决问题和应对欺凌。例如，学校可以提供关于如何应对欺凌行为的培训和资源，帮助学生和家长了解有效的应对策略。评价支持通过提供积极的反馈和肯定，帮助受害者恢复自信和自尊，教师和同学的积极评价可以提高受害者的自我效能感，鼓励他们积极面对欺凌。通过这些不同类型的社会支持，校园欺凌干预措施可以更全面、更有效地帮助受害者应对和恢复，从而提升其整体福祉和心理健康。

2. 社会支持的来源在欺凌治理中的应用

社会支持的来源包括家庭、朋友、同事、社区和专业人员，这些来源在欺凌治理中发挥着不同的作用。家长的支持和关怀可以帮助受害者重建自信和安全感。同龄人的支持对受害者的心理恢复和社交适应具有重要作用。社区和组织提供的支持，可以为受害者提供一个安全的社交网络，减少孤立感。此外，专业人员的介入可以为受害者提供专业的心理辅导和治疗，帮助其恢复心理健康。通过这些多样化的支持来源，受害者能够获得全面的帮助和资源，有效应对欺凌带来的影响。

五、协同治理理论

协同治理理论源于对传统公共管理模式的反思。传统的公共管理模式往往强调自上而下的决策和政府的主导地位，而忽视了其他利益相关者的参与。然而，随着社会问题的复杂性和跨领域特性的增加，仅靠政府单独行动难以有效应对。因此，协同治理理论提出，通过多方协作和共同治理，可以更好地解决复杂的公共问题。①

（一）协同治理理论内涵与特征

协同治理是指政府、企业、社会组织和公民等利益相关者，为解决共同

① Ansell C，Gash A：Collaborative governance in theory and practice. Journal of Public Administration Research and Theory，2008，18（4），543-571.

的社会问题，以较为正式的方式进行互动和决策，并分别对结果承担相应责任的过程。协同治理具备以下特征。

其一，治理主体的多元化。协同治理的前提是治理主体的多元化。这些治理主体不仅包括政府组织，还包括民间组织、企业、家庭以及公民个人在内的社会组织和行为体。由于这些组织和行为体具有不同的价值判断和利益需求，并拥有不同的社会资源，它们在社会系统中既保持竞争关系，又存在合作关系。因此，协同治理理论认为需要打破以政府为核心的权威体系，让其他社会主体在一定范围内发挥其权威性和影响力。

其二，各子系统的协同性。在现代社会系统中，由于知识和资源被不同组织掌握，采取集体行动的组织必须依赖其他组织。这些组织之间通过谈判协商和资源交换来实现合作。协同治理过程强调各主体之间的自愿平等与协作，而这种合作能否顺利进行，除了依赖各个参与者的资源，还取决于他们共同遵守的规则和交换的环境。在某些特定的交换过程中，某个组织可能处于主导地位，但这种主导地位并不是通过单方面的指令实现的。协同治理强调政府不再仅仅依靠强制力，而是通过与民间组织、企业等社会组织的协商对话和合作来建立伙伴关系，共同管理社会公共事务。社会系统的复杂性、动态性和多样性要求各个子系统的协同性，只有这样才能实现整个社会系统的良好发展。

其三，自组织间的协同。自组织是协同治理过程中的重要行为体。自组织体系的建立要求削弱政府管制、减少控制。尽管如此，政府的作用仍然重要。协同治理强调各组织之间的协同，政府作为嵌入社会的重要行为体，在制定集体行动规则和目标方面具有不可替代的作用。协同治理过程是权力和资源的互动过程，自组织间的协同离不开政府组织的参与。

其四，共同规则的制定。协同治理是一种集体行为，在某种程度上也是各种行为体认可的行动规则的制定过程。在协同治理过程中，信任与合作是良好治理的基础，这种规则的重要性类似于协同学中的序参量，决定治理成果的好坏，并影响平衡治理结构的形成。尽管政府组织在规则制定过程中可能不处于主导地位，但作为规则的最终决定者，政府组织的意向在很大程度上影响规则的制定。各个组织之间的竞争与协作是促成规则最终形成的关键。

协同治理的基本逻辑建立在相信理性的力量可以将冲突化解为分歧。然而，当不理性导致冲突各方的根本利益和原则立场不可调和时，协同治理的理念将失去其作用。

其五，动态性与灵活性。协同治理的动态性与灵活性是其应对复杂社会问题的关键特征。通过及时调整目标和策略、灵活配置资源和优化决策过程，协同治理能够有效适应不断变化的环境和条件，确保治理过程的持续性和有效性。这一特征不仅增强了治理的适应性和创新性，也为多方利益相关者的合作提供了更大的空间和可能性。在未来的治理实践中，充分利用协同治理的动态性与灵活性，将有助于更好地解决复杂的公共问题，促进社会的可持续发展。

（二）协同治理理论在校园欺凌治理中的应用与价值

校园欺凌是一个复杂且广泛的社会问题，涉及学生、教师、家长和社区等多个利益相关者。传统的单一主体治理模式常常难以全面有效地解决这一问题。协同治理理论为多方利益相关者的共同参与和合作提供了一种新的治理模式，具有重要的指导价值。

1. 多元化的治理主体

协同治理理论强调治理主体的多元化，这对于校园欺凌治理具有重要的启示。治理主体不仅包括学校管理层和教师，还应包括学生、家长、社区组织和地方政府等。这些多元主体可以提供不同的资源和视角，共同参与欺凌行为的预防、发现和处理。例如，家长和社区组织可以协助学校开展反欺凌宣传教育活动，而地方政府可以提供政策支持和资源保障。多元化的治理主体能够形成合力，有效应对校园欺凌问题。

2. 各方协作与协调

协同治理要求各子系统之间的协作与协调，这对于校园欺凌治理同样重要。在学校内部，管理层、教师和学生需要形成有效的沟通机制，建立起一个支持和信任的环境。学校与家长之间也需要加强互动，通过定期的家校联系会议和反馈机制，共同关注学生的行为和心理健康。此外，学校与社区和地方政府的协作也不可或缺。社区组织可以为学生提供课外活动和心理辅导，地方政府可以制定和实施相关政策法规，确保各方协同合作，共同防治校园欺凌。

3. 自组织的关键作用

在协同治理过程中，自组织的作用不可忽视。学校内部的学生自组织，如学生会、社团和反欺凌小组，可以在预防和应对校园欺凌方面发挥作用。这些自组织具有自主性和灵活性，能够迅速反应和采取行动。此外，家长委员会和社区志愿者组织也可以作为自组织，与学校和其他利益相关者协同合作，形成一个多层次、多主体的治理网络。自组织间的协同不仅能够增强治理的效果，还能提高各方的参与积极性和责任感。

4. 制定共同行动规则

协同治理强调共同规则的制定，这对于校园欺凌治理至关重要。在治理过程中，所有参与者需要共同制定一套明确的反欺凌规则和行为规范。这些规则应通过广泛的讨论和协商，确保所有利益相关者的意见和需求都能得到充分考虑和反映。共同规则的制定过程不仅能够增强规则的权威性和可执行性，还能促进各方的合作和信任。在规则执行过程中，学校需要与家长、学生和社区组织保持密切联系，及时反馈和调整规则，确保其有效性和可持续性。

5. 动态与灵活的治理机制

协同治理理论强调治理过程的动态性和灵活性，这对于应对校园欺凌的复杂性和多变性具有指导意义。校园欺凌行为及其背后的原因可能随时间和环境变化而变化，因此治理策略也需要相应调整。协同治理理论鼓励各利益相关者保持开放的态度，及时沟通和反馈，灵活应对新的挑战和变化。例如，随着网络的发展，学校和家长需要及时更新防治策略，利用技术手段监控和预防网络欺凌行为。

综上所述，协同治理理论为校园欺凌治理提供了一个多元、协同、动态的框架，这一理论的应用可以帮助构建一个安全、和谐、支持性的校园环境，促进学生的健康成长和全面发展。

第二篇

校园欺凌治理的实证研究

第三章　我国青少年校园欺凌发生状况

校园欺凌一直是学校面临的一项严重问题，它不仅会影响学生的身心健康，也会给学校的安全稳定带来威胁。有效预防和治理校园欺凌事件，需要及时察觉和协助治理的能力。因此，本章旨在通过分析校园欺凌的现状，为精进校园欺凌防治措施以及治理校园欺凌事件，提供有效信息。

本章主要从样本学校校园欺凌整体状况和内部差异状况两个方面，对样本学校校园欺凌发生状况进行描述和分析。由于学生是校园欺凌行为施与受的主体，学校校园欺凌发生状况应从学生层面进行考察。因此，通过研究可以深入了解学生中校园欺凌的状况，从而制定更加有针对性的防治策略。

第一节　校园欺凌测量工具的编制与测评

测评工具的开发是校园欺凌研究的一项重要基础工作。目前，国际上关于校园欺凌的研究主要采用奥维尤斯编制的《儿童自我报告欺凌问卷》（*Bully Victim Questionnaire*）。国内的相关研究多使用由张文新等人修订的中文版本。尽管奥维尤斯的问卷在国际上被广泛认可为权威工具，但是该问卷的内容结构、表达方式、编码和计分方式并不完全适应我国的文化背景。虽然张文新等对该问卷进行了修订，但该问卷测评的范围仅限于传统欺凌类型，未涵盖诸如网络欺凌等新兴形式。

随着科技的发展和网络的普及，网络欺凌已成为一种新型的欺凌形式，然而，国内针对网络欺凌的研究和相关测评工具的开发仍处于初级阶段。因此，基于我国文化背景和时代发展的需求，重新编制或修订适合的欺凌测评问卷显得尤为重要。

由此，本章立足于我国的文化背景和实际情况，结合对欺凌本质和内涵的本土化理解，开发了一套完善的测评工具。该工具将包括中小学校园欺凌问卷（涵盖身体欺凌、言语欺凌、关系欺凌、网络欺凌、强索欺凌和性别欺凌分量表）。这一套标准化、可靠的测评工具将为我国儿童青少年欺凌问题的大规模调查和研究提供理论支持和实践依据。

一、校园欺凌行为测量工具的设计

（一）校园欺凌调查问卷设计

本问卷的开发基于奥维尤斯《儿童自我报告欺凌问卷》，结合研究目的、重点问题、样本特征及施测条件，对其进行了本土化修订，以期更好地符合本书的调查需求和我国的文化背景，最终形成适用于我国中小学生的欺凌问卷体系。该问卷涵盖了欺凌者、受欺凌者和旁观者三类角色，并采用了单题式整体评估题项与多行为题项的细化评估相结合的方式进行测量。

本问卷中，除了自我报告的欺凌行为和受欺凌经历，我们特别增加了旁观者角度的报告，以更全面地了解校园欺凌的实际情况，如雅诺兹（Janosz M.）等学者曾采用第三方观察和报告欺凌事件的方式进行研究。[①] 由于校园欺凌是一个团体过程，涉及多种不同的角色，其中旁观者是这一过程的重要组成部分；[②] 而且，欺凌事件对旁观者也可能产生负面影响。[③] 因此，以旁观者目睹及报告的欺凌频率来调查欺凌发生率，不仅可以与自述欺凌和受欺凌的频率进行比较，还为教育工作者和辅导人员提供了对旁观者进行团体辅导的重要参考。

---

① Janosz M, Archambault I, Pagani S L, Pascal S, Morin A J S, Bowen F : Are there detrimental effects of witnessing school violence in early adolescence? Journal of Adolescent Health, 2008, 43, 600- 608.

② Salmivalli C, Karhunen J, Lagerspetz K M J : How do victims respond to bullying. Aggressive Behavior, 1996, 22, 99-109.

③ Berger K: Update on bullying at school: Science forgotten? Developmental Review, 2007, 27, 90-126.

单题式整体评估题项参考了奥维尤斯的自我报告欺凌问卷的单题设计，① 这种单题形式要求参与者通过单一问题判断自己是否曾参与欺凌或受到欺凌。选择这种单题测验的优势在于其简洁性和易操作性，便于后续研究的复制和跨研究的比较。例如，世界卫生组织的卫生行为与青少年健康调查研究就采用了奥维尤斯的定义和工具进行跨国研究。②

多行为题项的细化评估题则分别从旁观者、受凌者和欺凌者的角度出发，分别设计了 18 个行为题项的初稿。每份问卷均包含 18 个行为项目，但表述方式根据三类群体的视角有所不同。身体欺凌包括拳打脚踢或推搡绊倒、伤害性的动作（如：抓头发、揪耳朵或咬身体）、故意投掷物品砸同学 3 项；言语欺凌包括嘲笑辱骂、取绰号、散布谣言 3 项；关系欺凌包括排挤他人、告密、破坏友谊 3 项；网络欺凌包括网络谣言、网络批评、发布不雅照片 3 项；强索欺凌包括强迫做事、强索钱财、强索物品 3 项；性别欺凌包括用歧视的字眼嘲笑其他同学的气质、嘲笑其他同学的身材和外貌、故意暴露其他同学的私密部位。通过多行为题项的细化评估，研究希望学生能够自我评估不同类别或行为的欺凌发生率差异，从而识别出发生率较高的欺凌类型及行为，为校园欺凌的防治提供重点方向。

本问卷的欺凌发生率依据单题式整体评估题的结果确定，标准为半年内 1 ~ 2 次及以上。如果学生选择了每月 1 ~ 2 次及以上的选项，即被视为自述的欺凌者、受欺凌者或旁观者，随后计算这些学生占总参与问卷者的比例，以得出受测范围内欺凌的发生率。此外，索尔伯格（Solberg M. E.）等对"兼为欺凌者和受凌者"的群体进行了研究，发现这类学生的欺凌发生率随年级增长而降低，且男性多于女性。尽管兼为欺凌 / 受凌者的比例低于 2%，但应将其视为一个独立类别。③ 因此，本问卷也对兼为欺凌 / 受凌者的盛行率进行

① Olweus D：Revised Olweus Bully/Victim Questionnaire（OBVQ）[Database record]. APA PsycTests. https://doi.org/10.1037/t09634-000，2006.

② Currie C，Gabhainn S N，Godeau E，Roberts C，Smith R，Currie D et al.：Inequalities in young people's health：HBSC international report from the 2005/2006 survey. Copenhagen，Denmark：WHO Regional Office for Europe，2008.

③ Solberg M E，Olweus D，Endresen I M：Bullies and victims at school：Are they the same pupils? British Journal of Educational Psychology，2007，77，441-464.

了分析，若参与者在自述欺凌和受凌的整体评估题中均选择每月 1 ～ 2 次及以上，则认定其为“兼为欺凌 / 受凌者”。

本调查问卷的题型采用 Likert 式五点量表，评分标准从 1 到 5，分别为“完全没有”“半年内 1 ～ 2 次”“每月 2 ～ 3 次”“每周 1 次”和“每周数次”。学生需根据过去半年内在校园的实际情况进行回答。

问卷初稿编制完成后，研究团队邀请了六位校园欺凌和测验领域的专家，对问卷初稿进行内容效度的审核，并根据专家提出的建议对题目进行了修改。随后，选取小学、初中、高中、中职的学生填写问卷，进行问卷预试，并根据预试数据的分析结果进一步修订题目，最终确定了正式施测的问卷。最后，在中国西北五省区的小学（四至六年级）、初中、高中、中职学生中进行了正式问卷的施测，并对问卷的信度和效度进行了检验。

（二）其他研究工具

1. 反社会行为问卷

梁霍兰等人的研究发现，参与校园欺凌的学生往往表现出更多的反社会行为，尤其是兼为欺凌者 / 受害者的学生，他们的暴力行为、反社会行为以及高风险行为的发生频率更高。[①] 索尔伯格（Solberg M. E.）与奥维尤斯（Olweus D.）的研究也表明，欺凌者与攻击性、反社会行为之间存在显著的正相关关系。这一发现表明，反社会行为可以作为检验欺凌者量表构念关联效度的一个重要指标。[②]

本书采用了本迪克森与奥维尤斯（Bendixen M. & Olweus D.）编制的《反社会行为问卷》（*The Bergen Questionnaire On Antisocial Behaviour*）中的高发生反社会行为子量表，来测量学生的反社会行为，并将其作为评估欺凌者量表的相关变量指标。该分量表共包含 10 个题目，其内部一致性系数介于 0.63

① Liang H，Flisher A J，Lombard C J：Bullying，violence，and risk behavior in South African school students. Child Abuse & Neglect，2007，31，161–171.

② Solberg M E，Olweus D：Prevalence estimation of school bullying with the Olweus Bully/Victim questionnaire. Aggressive Behavior，2003，29，239–268.

至 0.81 之间。[①]

2. 贝克焦虑量表和贝克抑郁量表

研究表明，长期遭受校园欺凌的受害者往往会出现一系列心理障碍问题，包括情绪困扰、焦虑、抑郁等症状。[②] 因此，焦虑和抑郁的程度可以作为检验受凌者量表构念关联效度的重要指标。

本书采用了《贝克焦虑量表》(*Beck Anxiety Inventory*，下简称 BAI)[③] 和《贝克抑郁量表（第二版）》(*The Beck Depression Inventory–Second Edition*，下简称 BDI-II) [④] 来测量学生的焦虑和抑郁程度，作为评估受凌者量表的相关变项指标。BAI 和 BDI-II 均包含 21 个题目，并且都具备良好的内容效度、同时效度、构造效度和区分效度。BAI 的内部一致性系数高于 0.90，一周后的再测系数达到 0.75 ；BDI-II 的内部一致性系数同样高于 0.90，一周后的再测系数达到 0.93。这两个工具的高度信度和效度使其成为评估校园欺凌受害者心理状况的有效工具。

3. 学校安全感知量表

戈尔茨坦（Goldstein S. E.）等的研究认为，那些目睹或遭受攻击行为的学生在校园中通常会感到缺乏安全感。[⑤] 特别是当学生目睹校园欺凌事件，且其他同学选择袖手旁观或协助欺凌者时，这种感觉会更加强烈。[⑥] 因此，学校安全感知可作为检验旁观者和受害者量表构念关联效度的重要指标。

本书采用了《学校社会教育环境问卷》(*School Socio-educational Environ-*

---

① Bendixen M，Olweus D：Measurement of antisocial behaviour in early adolescence and adolescence：Psychometric properties and substantive findings. Criminal Behaviour and Mental Health，1999，9，323-354.

② Bond L，Carlin J B，Thomas L，Rubin K，Patton G：Does bullying cause emotional problems? A prospective study of young teenagers. British Medical Journal，2001，323，480-484.

③ Beck A T，Epstein N，Brown G，Steer R A：An inventory for measuring clinical anxiety：Psychometric properties. Journal of Consulting and Clinical Psychology，1988，56（6），893-897.

④ Beck A T，Steer R A，Brown G K：Manual for the Beck Depression Inventory-II. San Antonio，TX：Psychological Corporation，1996.

⑤ Goldstein S E，Young A，Boyd C：Relational aggression at school：Associations with school safety and social climate. Journal of Youth Adolescence，2008，37，641- 654.

⑥ Gini G，Pozzoli T，Borghi F，Franzoni L：The role of bystanders in students' perception of bullying and sense of safety. Journal of School Psychology，2008，46，617- 638.

ment Questionnaire）中的《安全感知子量表》（*Feelings of Insecurity*）[①] 来衡量学生对学校安全的感知，将其作为旁观者量表和受害者量表的相关变项指标。该子量表包含 3 个题目，其内部一致性系数为 0.74。

二、校园欺凌调查问卷的预试

（一）样本选择

预试采用方便抽样、随机抽样和分层抽样的结合方法，选取了甘肃省兰州市安宁区的城镇和农村地区小学、初中、高中和职业高中各一所作为样本来源。为确保样本的多样性和代表性，在每所学校中随机选取了不同年级的班级，具体包括城镇中小学和农村中小学的五至九年级、高中的十至十二年级以及职业高中的一至三年级各一个班级。

在八所学校中，共抽取了 341 名学生作为被试，回收了 313 份问卷，问卷回收率为 91.79%。经过筛选，排除了无效问卷，最终得到有效问卷 289 份，有效率达到 92.33%。在这 289 份有效问卷中，男生有 149 名，女生有 140 名。

（二）项目分析

我们采用了临界比法对收集到的数据进行项目分析。首先，根据问卷总分的高低，将被试分为两组：高分组（前 27%）和低分组（后 27%）。接着，对这两组进行 T 检验，以评估各题项在两组间的差异性。

项目分析的判别指标主要包括两方面。一是题项与总分的相关性：本项目设定的标准是，题项与总分的相关系数应达到中等程度，即≥ 0.400。若相关系数 <0.400，则表明题项与总分间的相关性较低，可能需要考虑对该题项进行调整或删除。二是题项差异的显著性：对于每个题项的显著性差异，常规的判决标准是 CR 值 [②] 必须≥ 3.00，而更严格的标准为 CR 值≥ 3.50，并且显著

① Janosz M，Archambault I，Pagani S L，Pascal S，Morin A J S，Bowen F：Are there detrimental effects of witnessing school violence in early adolescence? Journal of Adolescent Health，2008，43，600- 608.

② CR 值：临界比率值，Critical Ratio。

性水平 p<0.05。若某题项未达到显著差异的标准，则应考虑将其删除。

本次预试的结果显示，所有题项的 CR 值或相关系数均达到了显著水平（显着性 p<0.05）。因此，三个分量表中的所有题项均符合进行因素分析的条件，无需删除任何题项。这表明本量表的各个题项在统计上具有良好的分辨能力和相关性，为后续的因素分析提供了稳固的基础。

（三）探索性因子分析

首先，对项目分析后的欺凌旁观者、受凌者、欺凌者各分量表进行 KMO① 检验和巴特利特（Bartlett）球形检验。根据凯泽（Kaiser）提出的标准，KMO 值的大小直接反映了进行因素分析的适宜程度：KMO 值在 0.90 以上表示极佳，0.80 以上为良好，0.70 以上为中等，0.60 以上为较差，0.50 以上为很差，而 0.50 以下则为不可接受。巴特利特球形检验的显著性概率必须达到显著水平，方可进行因素分析。当 KMO 检验系数 > 0.5 且巴特利特球形检验的卡方统计值的显著性概率 P 值 <0.05 时，表明问卷具有结构效度，适合进行因子分析。② 预试结果显示，三个分量表均适合进行因素分析：欺凌旁观者量表的 KMO 值为 0.874，巴特利特球形检验卡方值为 6715.344，p 值 < 0.001，达到显著水平；受凌者量表的 KMO 值为 0.871，巴特利特球形检验卡方值为 6691.347，p 值 <0.001，同样达到显著水平；欺凌者量表的 KMO 值为 0.879，巴特利特球形检验卡方值为 6721.315，p 值 <0.001，达到显著水平，符合进行因素分析的条件。

其次，我们对这些分量表中的题项运用主成分分析法进行了探索性因素分析，并通过方差最大法进行正交旋转，以提取因子。在探索性因素分析过程中，我们按照以下标准进行项目筛选：删除共同度低于 0.30 的题项；删除因素负荷值小于 0.40 的题项；删除同时在多个因素上负荷均高于 0.40 的题项；提取特征值大于 1 的因素；确保每个因素至少包含 3 个题项；确保因子检验符合碎石检验要求；剔除与所在因素内其他题项意义差异大或归类不当的题项。③

---

① KMO 值：凯泽 - 迈耶 - 奥尔金抽样适切性量数，Kaiser-Meyer-Olkin Measure of Sampling Adequacy。一般情况下，直接使用“KMO 值”。

② 吴明隆：《问卷统计分析实务：SPSS 操作与应用》，195—236 页，重庆大学出版社，2010。

③ 吴明隆：《问卷统计分析实务：SPSS 操作与应用》，195—236 页，重庆大学出版社，2010。

1. 校园欺凌欺凌者量表

运用主成分分析法，通过方差最大法进行正交旋转，得到 6 个特征值大于 1 公因子，结合碎石图与因子累计方差贡献率，对 4 因子、5 因子、6 因子的数据结果进行对比，发现三个分量表都是 5 因子拟合度最好，且与本研究最初的理论构想基本相同，所以最终以 5 因子结果作为问卷结构，分别是身体欺凌、言语欺凌、关系欺凌、网络欺凌、强索欺凌。各因子解释的总体变异量以及因子载荷表（见表 3-1），最终保留了 20 个题项。

表 3–1　校园欺凌欺凌者量表因子载荷（旋转后的成分矩阵）

因子 1：身体欺凌		因子 2：言语欺凌		因子 3：关系欺凌		因子 4：网络欺凌		因子 5：强索欺凌		因子 6：性别欺凌	
题号	载荷	题号	载荷	题号	载荷	题号	载荷	题号	载荷	题号	载荷
B1	0.797	B4	0.781	B7	0.707	B10	0.691	B13	0.673	B16	0.677
B2	0.752	B5	0.687	B8	0.656	B11	0.676	B14	0.621	B17	0.583
B3	0.694	B6	0.602	B9	0.545	B12	0.581	B15	0.533	B18	0.537

2. 校园欺凌受欺凌者量表

运用主成分分析法，通过方差最大法进行正交旋转，得到 6 个特征值大于 1 公因子，结合碎石图与因子累计方差贡献率，对 4 因子、5 因子、6 因子的数据结果进行对比，发现三个分量表都是 5 因子拟合度最好，且与本研究最初的理论构想基本相同，所以最终以 5 因子结果作为问卷结构，分别是身体欺凌、言语欺凌、关系欺凌、强索欺凌、网络欺凌。各因子解释的总体变异量以及因子载荷表（见表 3-2），最终保留了 20 个题项。

表 3–2　校园欺凌受凌者量表因子载荷（旋转后的成分矩阵）

因子 1：身体欺凌		因子 2：言语欺凌		因子 3：关系欺凌		因子 4：强索欺凌		因子 5：网络欺凌		因子 6：性别欺凌	
题号	载荷	题号	载荷	题号	载荷	题号	载荷	题号	载荷	题号	载荷
V1	0.832	V4	0.803	V7	0.722	V10	0.704	V13	0.698	V16	0.662
V2	0.741	V5	0.785	V8	0.705	V11	0.687	V14	0.637	V17	0.611
V3	0.694	V6	0.699	V9	0.598	V12	0.633	V15	0.554	V18	0.591

3. 校园欺凌旁观者量表

运用主成分分析法，通过方差最大法进行正交旋转，得到6个特征值大于1公因子，结合碎石图与因子累计方差贡献率，对4因子、5因子、6因子的数据结果进行对比，发现三个分量表都是6因子拟合度最好，且与本研究最初的理论构想基本相同，所以最终以6因子结果作为问卷结构，分别是身体欺凌、言语欺凌、关系欺凌、网络欺凌、强索欺凌、性别欺凌。各因子解释的总体变异量以及因子载荷表（见表3-1），最终保留了18个题项。

表3–3　校园欺凌旁观者量表因子载荷（旋转后的成分矩阵）

因子1：身体欺凌		因子2：言语欺凌		因子3：关系欺凌		因子4：网络欺凌		因子5：强索欺凌		因子6：性别欺凌	
题号	载荷	题号	载荷	题号	载荷	题号	载荷	题号	载荷	题号	载荷
S1	0.801	S4	0.776	S7	0.713	S10	0.682	S13	0.664	S16	0.689
S2	0.765	S5	0.658	S8	0.697	S11	0.637	S14	0.607	S17	0.594
S3	0.707	S6	0.611	S9	0.569	S12	0.594	S15	0.575	S18	0.563

三、校园欺凌调查问卷的正式施测

（一）样本选择

完成探索性因素分析之后，进行验证性因素分析，即量表正式测查，需要重新采用一批数据进行验证性因素分析。本书课题组于2018年11月至2019年1月，通过方便、随机、分层取样的方法，从中国西北五省区选取城镇和农村小学、初中、高中和职高各1所。为了保证样本的差异性，在每所学校随机抽取班级，城镇中小学、农村中小学分别选择五年级、六年级、七年级、八年级、九年级、十年级、十一年级、十二年级、职高一年级、二年级、三年级各一个班。从八所学校一共抽取475名被试者，回收问卷450份，回收率为94.74%。剔出无效问卷后，最终获得有效问卷427份，有效率为94.89%，其中男生199名，女生228名。

（二）信度分析

本研究对修订后的正式问卷采用内部一致性系数（Cronbach ' s α 系数）作为中小学校园欺凌量表信度检验的指标。对欺凌旁观者、受欺凌者、欺凌者三个分量表进行信度分析，获得三个量表的一致性系数，其结果见表 3-4。

表 3–4　欺凌围观者、受欺凌者、欺凌者正式问卷的信度分析

	因素	言语欺凌	身体欺凌	关系欺凌	强索欺凌	网络欺凌
欺凌旁观者量表	Cronbach ' s α 系数	0.927	0.923	0.925	0.887	0.890
受欺凌者量表	Cronbach ' s α 系数	0.930	0.928	0.922	0.891	0.901
欺凌者量表	Cronbach ' s α 系数	0.931	0.924	0.927	0.875	0.878

一般而言，总体的一致性系数在 0.80 以上，各维度在 0.70 以上，说明问卷非常理想；如果一致性系数在 0.70 以上，各维度在 0.60 以上，说明问卷良好。[①] 从表 3-4 可以看出，本研究三个量表的一致性系数分别处于 0.887 ~ 0.927、0.891 ~ 0.930、0.875 ~ 0.931 之间，表明三个问卷各题项之间有较高的内部一致性，信度指标良好，作为中小学生校园欺凌行为的测量工具是稳定可信的。

（三）效度分析

1. 内容效度

本研究中所有量表题目均借鉴自已有的相关研究成果，并在此基础上进行了进一步的专家评审。具体而言，我们邀请了相关领域的专家及社会心理学方向的研究生对量表的题目进行了全面评估。评估内容涵盖了维度定义的准确性、题目的表述方式及量表的内容结构等多个方面。根据专家和研究生的反馈意见，本书课题组对量表进行了必要的修改和完善，从而确保了本研究中量表具有较高的内容效度，能够有效测量目标构念。

① Bryman A，Cramer D：Quantitative Data Analysis with SPSS for Windows. London：Routledge，1997.

2. 结构效度

在理论模型的构建过程中，我们首先采用探索性因素分析（EFA）以初步构建模型，随后通过验证性因素分析（CFA）进一步检验模型的合理性。验证性因素分析的核心功能在于检验理论模型的因素结构是否与实际数据相符。在验证过程中，我们主要依赖几个关键拟合指数来评估模型与观测数据的适配程度。

卡方 / 自由度比（χ^2/df）用于评估样本协方差矩阵与估计协方差矩阵的相似程度。理论上，这个值的期望值为 1，数值越接近 1，模型拟合度越高。在实际应用中，若这个值在 2 至 5 之间，也被认为是可接受的拟合度。[①]

近似误差均方根（RMSEA）越小表明模型拟合越好。一般认为，这个值 <0.05 表示模型接近拟合；这个值在 0.05 ~ 0.08 之间表示拟合合理；这个值 ≥ 0.10 则表示拟合较差。[②]

增量拟合指数（IFI）和比较拟合指数（CFI）均在 0 至 1 之间，接近 1 表示拟合度良好。通常这两个指数值在 0.9 以上即表示模型拟合良好。

TLI[③]（Tucker-Lewis Index）同样以 0 ~ 1 为范围，这个值达到 0.9 即可接受模型拟合。

本研究使用结构方程模型（AMOS）对校园欺凌中的旁观者、受欺凌者和欺凌者的量表进行验证性因素分析。结果表明，三个分量表六维度结构的各项拟合指数均达到良好水平（见表 3-5）。

表 3–5　校园欺凌旁观者、受欺凌者、欺凌者量表的验证性因素分析模型拟合指数

	指标	χ^2	χ^2/df	RMSEA	CFI	TLI
校园欺凌旁观者量表	取值	553.891	1.961	0.062	0.911	0.916
校园欺凌受欺凌者量表	取值	565.121	1.893	0.074	0.917	0.921
校园欺凌欺凌者量表	取值	578.367	1.758	0.087	0.928	0.924

① 吴明隆:《结构方程模型：AMOS 的操作与应用》，39—59 页，重庆大学出版社，2010。

② 吴明隆:《结构方程模型：AMOS 的操作与应用》，39　59 页，重庆大学出版社，2010。

③ TLI：塔克 - 刘易斯指数，Tucker-Lewis Index。用于衡量理论模型与基准模型的相对拟合度。

校园欺凌旁观者量表各自模型的拟合指数分别位 χ^2/df =1.961<2，RMSEA= 0.062<0.01，其他指数如 IFI、CFI、TLI 等均大于 0.9，预设模型成立，各相模型拟合指数均达到良好值，表明模型拟合良好。

校园欺凌受欺凌者量表各自模型的拟合指数分别位 χ^2/df =1.893<2，RMSEA=0.074<0.01，其他指数如 IFI、CFI、TLI 等均大于 0.9，预设模型成立，各相模型拟合指数均达到良好值，表明模型拟合良好。

校园欺凌欺凌者量表各自模型的拟合指数分别位 χ^2/df =1.758<2，RMSEA=0.087<0.01，其他指数如 IFI、CFI、TLI 等均大于 0.9，预设模型成立，各相模型拟合指数均达到良好值，表明模型拟合良好。

综上所述，本书编制的中小学校园欺凌行为三个量表各自包含 20 个题项，分为言语欺凌、身体欺凌、关系欺凌、网络欺凌、强索欺凌五个维度。三个量表的信效度良好，符合心理测量学的要求，可作为评估中小学生校园欺凌行为的有效工具。

3. 关联效度

为了探究中小学生校园欺凌问卷的构念关联效度，本书分别利用《反社会行为量表》《贝克抑郁量表》《贝克焦虑量表》和《学校安全感知量表》的总分，与《欺凌者量表》《受害者量表》和《旁观者量表》的总分进行皮尔逊（Pearson）相关性分析，作为检验构念关联效度的手段。分析结果显示，反社会行为、抑郁、焦虑和学校安全感知与三份校园欺凌问卷均呈现正相关关系。

分析结果如表 3-6 所示，反社会行为与欺凌者量表的相关系数为 0.59，抑郁与受害者量表的相关系数为 0.32，焦虑与受害者量表的相关系数为 0.30，学校安全感知与旁观者量表的相关系数为 0.31，学校安全感知与受害者量表的相关系数为 0.29。这些结果均符合理论预期，表明本书开发的校园欺凌问卷具有良好的构念关联效度。

表 3–6　校园欺凌问卷与各关联变量的相关

	欺凌者问卷总分	受欺凌者问卷总分	旁观者问卷总分
反社会行为量表总分	0.59	0.33	0.47
贝克抑郁量表总分	0.21	0.32	0.27

续表

	欺凌者问卷总分	受欺凌者问卷总分	旁观者问卷总分
贝克焦虑量表总分	0.22	0.30	0.24
学校安全知觉量表总分	0.23	0.29	0.31

第二节　我国中小学生欺凌发生概况

本节的研究目的在于利用上述自编校园欺凌行为评估量表，对我国西北五省区的中小学生欺凌行为情况进行调查，了解测试地区欺凌行为发生的现状，分析其人口统计学的特点，为制定相应的防治措施提供现实依据。

一、样本量估算与调查对象确定

（一）样本量估算

样本量估算是问卷调查研究的一个关键步骤。估算样本量的方法多种多样，其中一种常用的方法是基于抽样误差的计算公式。这个公式主要用于评估选取的样本规模是否足够代表整个研究总体。通常使用的公式为：

$$n=\frac{Z^2\times p\times(1\text{-}p)}{E^2}$$

其中：

n：所需的样本大小；

Z：所需置信水平对应的 Z 值，常用值为 1.96（对应 95% 置信水平）；

p：预期回答特定问题的比例，若无法预估，则可以采用 0.5 作为初始估计值；

$(1\text{-}p)$：预期的回答特定问题的比例的补集；

E：允许的误差范围，通常以百分比表示，一般情况下允许的误差范围设定在 5% 至 10%。

在本次校园欺凌调查研究中，依据相关文献和国内资料，校园欺凌的发生率大致在 10% 至 30% 之间。由于无法预估具体发生率，为确保研究的准确性，我们采用保守估计，将校园欺凌的发生率设定为 50%。因此，在本研究中，p 设定为 0.5，允许的抽样误差为 5%，Z 值设定为 1.96（ α =0.05 ）。通过以上数值计算得出的所需样本大小 n 约为：

$$n=\frac{1.96^2\times0.5\times(1-0.5)}{0.05^2}\approx384.16$$

因此，样本规模应至少为 384。

考虑到本研究采用的是分层整群随机抽样方法，并为确保研究精度，我们选择了设计效应系数为 12，据此将样本规模扩大至约 4800 人，以提高样本的代表性和研究的可靠性。

（二）调查对象的确定

本次调查研究的对象主要涉及我国西北地区，包括甘肃省、陕西省、青海省、宁夏回族自治区和新疆维吾尔自治区。研究范围涵盖了这五省区共 50 所小学、中学（初中和高中）以及中等职业学校的学生。我们采取随机抽样的方式选择学校，并通过电话与校方联系。在获得校方的同意后，根据各校的意愿选择 1 至 3 个班级进行调查。考虑到小学生的理解能力，本次调查在小学中仅针对五年级和六年级的学生开展。

（三）样本概况

课题组成员在 2019 年 6 至 7 月期间开展了对中小学校学生校园欺凌情况的研究调查。最终共有 4800 名学生参与了问卷调查，回收有效问卷 3967 份，有效率为 82.65%。详细信息请参考表 3-7。

表 3–7　受访样本特征

	类别	频数	百分比（%）
性别	男生	1880	47.39
	女生	2087	52.61
民族	汉族	3387	85.38
	少数民族	580	14.62
学段	小学	1458	36.75
	初中	1061	26.74
	高中	1068	26.93
	职高	380	9.58
生源地	城市	2662	67.1
	农村	1305	32.9
学校性质	普通学校	2561	64.56
	重点学校	1406	35.44
是否住校	是	681	17.16
	否	3286	82.84
家庭收入	低（人均 <2000 元 / 月）	1010	25.46
	中（人均 2000—5000 元 / 月）	1748	44.06
	高（人均 > 5000 元 / 月）	1209	30.48
省区	甘肃	802	20.22
	青海	791	19.95
	陕西	795	20.04
	宁夏	789	19.88
	新疆	790	19.91

在受访者中，来自上述五个省区学校的学生比例分别占 20.22%（甘肃）、19.95%（青海）、20.04%（陕西）、19.88%（宁夏）、19.91%（新疆）。

从性别来看，整体受访学生中男生占 47.39%，女生占 52.61%；绝大部分受访者是汉族学生，占 85.38%，少数民族学生占 14.62%。从住校情况来看，在整体受访学生中，17.16% 的学生是住校生，82.84% 的学生是走读生。就生源地来看，城市学生 2662 人，占 67.10%，农村学生 1305 人，占 32.90%。从学生的就学层面来看，小学生有 1458 名，初中生有 1061 名，高中生有 1068 名，职业高中学生有 380 名。从学校性质来看，64.56% 的学生来自普通学校，35.44% 的学生来自重点学校。从家庭收入来看，25.46% 的学生家庭收入处于低水平，44.06% 的学生家庭收入处于中等水平，30.48% 的学生家庭收入处于高水平。

4. 数据处理与统计分析

在进行校园欺凌研究时，通常会根据欺凌行为的定义特征来确定学生是否遭受了欺凌。因此，在本研究中，我们设定了具体的判断标准来识别欺凌者和受害者。这一标准是基于学生在欺凌行为评估问卷中的选择：若学生在问卷中表示在过去两个月内遭遇 1 至 2 次或更多次的欺凌行为，我们则将其划分为欺凌者或受欺凌者。反之，如果学生在问卷中表示过去半年内未遭遇欺凌行为，或欺凌行为的频率低于此标准，那么该学生则不会被视为欺凌者或受欺凌者。

我们以百分比形式展示我国中小学校园欺凌的情况，并使用卡方检验来判断不同背景变量之间的欺凌发生率是否存在差异。然而，卡方检验很容易受到样本数量的影响，导致达到统计学上的显着水平。因此，我们同时会评估卡方检验的效应量（w），以确定在临床或实际意义上的显着性。根据雅合布 · 科恩（Jacob Cohen）的建议，$w=0.1$ 被认为是效应量较低，$w=0.3$ 被认为是效应量中等，$w=0.5$ 被认为是效应量较高。如果发现卡方检验在统计学上（$p < 0.05$）和实际意义上（$w > 0.1$）均具有显着性，我们将进行后续的比较，以更深入地了解各组差异。

二、我国中小学生欺凌发生率 / 现状分析

在本研究中，我们向学生询问了他们是否遭受过、实施过或目睹过问卷中列出的欺凌行为，并要求他们报告这些欺凌行为发生的频率。通过学生的回答，我们可以识别他们在欺凌事件中的角色——欺凌者、受欺凌者、旁观

者、欺凌 / 受欺凌者。在此基础上，我们从不同角度分析了欺凌的发生情况，并比较了基于不同视角得到的欺凌发生率。

（一）基于受欺凌视角的中小学生欺凌发生率

1. 中小学生遭受欺凌的总体情况

研究结果表明，在过去的半年内，共有 1103 名中小学生报告自己曾遭遇过校园欺凌，占总调查人数的 27.8%。不同类型的欺凌受害率存在明显差异：言语欺凌是最常见的形式，受害者比例为 26.7%；其次是关系欺凌，受害者比例为 22.6%；身体欺凌的受害率为 17.7%；强索欺凌和网络欺凌的受害者比例分别为 10.3% 和 9.9%；而性别欺凌的受害率相对较低，为 8.8%。这些数据反映了中小学生中不同形式欺凌行为的广泛性和多样性，具体情况详见表 3-8。

表 3–8　中小学生遭受欺凌的状况

状况		频数	百分比（%）
是否被欺凌（整体）	是	1103	27.8
	否	2864	72.2
是否被身体欺凌	是	702	17.7
	否	3265	82.3
是否被言语欺凌	是	1059	26.7
	否	2908	73.3
是否被关系欺凌	是	897	22.6
	否	3070	77.4
是否被网络欺凌	是	393	9.9
	否	3574	91.1
是否被强索欺凌	是	409	10.3
	否	3558	89.7
是否被性别欺凌	是	349	8.8
	否	3618	91.2

2. 中小学生遭受欺凌的差异性分析

本研究运用卡方检验对中小学生遭受欺凌的群体间差异进行了分析（详见表 3-9）。①性别差异：男生和女生在遭受欺凌的情况上存在显著差异。男生遭遇校园欺凌的人数为 603 人，发生率为 32.07%；女生的人数为 476 人，发生率为 22.81%。男生的欺凌发生率显著高于女生，这种性别差异在统计学上具有显著意义（χ^2=89.20，P<0.001）。②民族差异：中小学生遭遇欺凌的情况没有显示出显著的统计差异。③城乡差异：城市中小学生遭遇校园欺凌的比例低于农村学生（χ^2=5.73，P=0.018）。④学校类型差异：重点中学学生遭遇校园欺凌的比例低于普通中学学生（χ^2=11.71，P=0.041）。⑤学段差异：总体来看，高年级学生遭遇校园欺凌的比例较低。⑥住校与否差异：在住校生和非住校生中，中小学生遭遇校园欺凌的情况没有显着差异。

为进一步确认卡方检验的效应量（w）并评估其在临床或实用性上的显着性，我们参照了雅合布·科恩的效应量分类标准。根据其建议，效应量指数 w 的不同取值范围代表着不同的效果大小：w=0.1 表示低效果量，w=0.3 代表中等效果量，而 w=0.5 则意味着高效果量。[①] 研究结果显示，性别差异的效应量为 0.15，表明不同性别的受害者比率存在差异，但效应量较低。进一步的事后比较揭示，在男性样本中受欺凌的比率显著高于女性。

表 3–9　受欺凌者的群组差异（N=3967）

因素		调查人数	受欺凌者人数	受欺凌者（%）	χ^2	df	p	效应量（w）
性别	全体	3967						
	男生	1880	603	32.07	89.2	1	0.000	0.15
	女生	2087	476	22.81				
民族	汉族	3387	943	27.84	4.3	1	0.118	0.04
	少数民族	580	113	19.48				

① Cohen J：Statistical power analysis for the behavioral science（revised ed.）. NewYork：Academic Press，1988.

续表

因素		调查人数	受欺凌者人数	受欺凌者（%）	χ^2	df	p	效应量（w）
生源地	城市	2662	685	25.73	5.73	1	0.018	0.04
	农村	1305	378	28.99				
学校类型	普通学校	2561	721	28.15	11.71	1	0.041	0.08
	重点学校	1406	376	26.74				
学段	小学	1458	554	38.00	23.41	3	0.000	0.09
	初中	1061	235	22.15				
	高中	1068	200	18.73				
	职高	380	61	16.05				
住校状态	住校	681	185	27.17	1.92	1	0.087	0.03
	不住校	3286	883	26.87				

（二）基于欺凌者视角的中小学生欺凌发生率

1. 中小学生实施欺凌的情况

在本次调查中，我们重点考察了中小学生实施欺凌行为的情况。如表 3-10 所示，过去半年内共有 603 名学生自报曾对他人实施过欺凌行为，占总样本的 15.2%。从不同类型的欺凌行为来看，具体实施情况如下：21.6% 的学生报告曾实施过言语欺凌，这一比例在所有类型中最高；10.9% 的学生报告实施过关系欺凌；10.0% 的学生报告实施过身体欺凌；8.1% 的学生报告曾进行过强索欺凌；7.9% 的学生报告实施过网络欺凌；7.2% 的学生报告曾实施过性别欺凌。

表 3–10　学生实施欺凌的发生状况

状况		频数	百分比（%）
是否欺凌他人	是	603	15.2
	否	3364	84.8
是否言语欺凌他人	是	857	21.6
	否	3110	78.4

续表

状况		频数	百分比（%）
是否身体欺凌他人	是	397	10.0
	否	3570	90.0
是否关系欺凌他人	是	432	10.9
	否	3535	89.1
是否网络欺凌他人	是	313	7.9
	否	3624	92.1
是否抢夺他人财物	是	321	8.1
	否	3646	91.9
是否性别欺凌他人	是	286	7.2
	否	3681	92.8

2. 中小学生实施欺凌的差异性分析

为了深入探究中小学生在实施校园欺凌行为中的差异性，本研究采用卡方检验方法对不同群体间的行为模式进行了比较分析。具体的分析结果如下（详见表 3-11）。①性别差异：数据显示男生参与实施欺凌的比例高于女生，此性别间的差异在统计学上具有显著性（ χ^2=68.31，P<0.001）。②民族差异：在校园欺凌实施者的角色中，汉族学生和少数民族学生之间没有显著的比例差异。③城乡差异：总体来看，城市学生实施欺凌的比例低于农村学生（ χ^2=11.08，P=0.001）。④学校类型差异：重点中学和普通中学学生实施欺凌的比例没有显著差异。⑤学段差异：学段越高的学生实施校园欺凌的比例越低。⑥住校与否差异：中小学生实施欺凌的情况在住校生和非住校生之间没有显著差异。

在卡方检验的效应量分析中，仅性别（w=0.13）显示出在实际应用中的显著差异，这表明男女学生在实施欺凌行为上的比率存在差异，但此差异的实际影响程度不大。进一步的事后比较分析显示，男性样本中实施欺凌行为的比率显著高于女性。

表 3–11　欺凌者的群组差异（N=3967）

<table>
<tr><th colspan="2">因素</th><th>调查人数</th><th>欺凌者人数</th><th>欺凌者（%）</th><th>χ^2</th><th>df</th><th>p</th><th>效应量（w）</th></tr>
<tr><td rowspan="3">性别</td><td>全体</td><td>3967</td><td colspan="6"></td></tr>
<tr><td>男生</td><td>1880</td><td>375</td><td>19.95</td><td rowspan="2">68.31</td><td rowspan="2">1</td><td rowspan="2">0.000</td><td rowspan="2">0.13</td></tr>
<tr><td>女生</td><td>2087</td><td>267</td><td>12.79</td></tr>
<tr><td rowspan="2">民族</td><td>汉族</td><td>3387</td><td>774</td><td>22.85</td><td rowspan="2">9.04</td><td rowspan="2">1</td><td rowspan="2">0.276</td><td rowspan="2">0.01</td></tr>
<tr><td>少数民族</td><td>580</td><td>124</td><td>21.38</td></tr>
<tr><td rowspan="2">生源地</td><td>城市</td><td>2662</td><td>376</td><td>14.12</td><td rowspan="2">11.08</td><td rowspan="2">1</td><td rowspan="2">0.001</td><td rowspan="2">0.04</td></tr>
<tr><td>农村</td><td>1305</td><td>225</td><td>17.24</td></tr>
<tr><td rowspan="2">学校类型</td><td>普通学校</td><td>2561</td><td>362</td><td>14.14</td><td rowspan="2">2.65</td><td rowspan="2">1</td><td rowspan="2">0.065</td><td rowspan="2">0.01</td></tr>
<tr><td>重点学校</td><td>1406</td><td>208</td><td>14.79</td></tr>
<tr><td rowspan="4">学段</td><td>小学</td><td>1458</td><td>292</td><td>20.03</td><td rowspan="4">29.44</td><td rowspan="4">3</td><td rowspan="4">0.000</td><td rowspan="4">0.09</td></tr>
<tr><td>初中</td><td>1061</td><td>145</td><td>13.67</td></tr>
<tr><td>高中</td><td>1068</td><td>136</td><td>12.73</td></tr>
<tr><td>职高</td><td>380</td><td>61</td><td>16.05</td></tr>
<tr><td rowspan="2">住校状态</td><td>住校</td><td>681</td><td>110</td><td>16.15</td><td rowspan="2">1.47</td><td rowspan="2">1</td><td rowspan="2">0.234</td><td rowspan="2">0.02</td></tr>
<tr><td>不住校</td><td>3286</td><td>521</td><td>15.94</td></tr>
</table>

（三）基于旁观者视角的中小学生欺凌发生率

为了解中小学生在日常生活中经常看到的欺凌类型及欺凌行为，我们将对欺凌旁观者量表中各类欺凌行为进行逐一分析。

1. 中小学生旁观欺凌情况

本研究通过问卷调查分析了中小学生的旁观欺凌现象，结果显示，28.6%的学生曾作为旁观者目睹过欺凌行为。由于单一欺凌事件中可能存在多位旁观者，旁观欺凌的发生率较高。不同类型的校园欺凌中，言语欺凌的旁观率最高，为 27.9%，反映了言语攻击在校园中的普遍性；关系欺凌紧随其后，旁观率为 25.7%；身体欺凌的旁观率为 21.7%，表明肢体暴力仍然较为常见；强索欺凌和网络欺凌的旁观率分别为 14.0% 和 12.5%；而性别欺凌的旁观率为 11.9%。这些数据表明，约三成学生定期目睹言语欺凌，且其他形式的欺凌行为如网络、关系、肢体及强索欺凌也在校园中频繁发生（详见表 3-12）。

表 3–12　中小学生旁观校园欺凌现象的情况

情况		频数	百分比（%）
是否看见过同学的欺凌行为（整体）	是	1135	28.6
	否	2832	71.4
是否看见过同学的言语欺凌	是	1107	27.9
	否	2860	72.1
是否看见过同学的关系欺凌	是	1020	25.7
	否	2947	74.3
是否看见过同学的身体欺凌	是	861	21.7
	否	3106	78.3
是否看见过同学的强索欺凌	是	555	14.0
	否	3412	86.0
是否看见过同学的网络欺凌	是	496	12.5
	否	3471	87.5
是否看见过同学的性别欺凌	是	472	11.9
	否	3495	88.1

2. 欺凌旁观者的差异性分析

为了全面理解中小学生在旁观校园欺凌行为中的差异性，本研究采用了与前述分析相同的卡方检验方法。具体分析结果如下（详见表 3-13）。①性别差异：男生旁观欺凌的发生率高于女生，这种差异具有统计学意义（$\chi^2=75.62$，$p<0.001$）。②民族差异：汉族学生旁观校园欺凌的比例与少数民族学生没有显着的差异。③城乡差异：农村学生旁观校园欺凌的比例要高于城市学生（$\chi^2=35.14$，$P<0.001$）。④学校类型差异：重点中学的学生旁观校园欺凌的比例与普通中学的学生的比例没有显着差异。⑤学段差异：学段越高的学生实施校园欺凌的比例也越低（$\chi^2=132.81$，$p<0.001$）。⑥住校与否差异：中小学

生旁观校园欺凌的情况在住校生和不住校生之间不存在显着差异。

通过进一步的效应量分析，结果表明性别差异（w=0.14）具有实际意义上的显着性，说明不同性别的学生在旁观校园欺凌行为中的参与程度存在差异，尽管这种差异的效应量相对较小。事后比较结果显示，男性学生旁观校园欺凌的比例显著高于女性学生。

表 3–13　旁观者的群组差异（N=3967）

因素		调查人数	旁观者人数	旁观者（%）	χ^2	df	p	效应量（w）
性别	全体	3967		28.63				
	男生	1880	664	35.32	75.62	1	0.000	0.14
	女生	2087	476	22.79				
民族	汉族	3387	1373	40.55	3.83	1	0.147	0.03
	少数民族	580	142	24.53				
生源地	城市	2662	689	25.88	35.14	1	0.000	0.09
	农村	1305	461	35.34				
学校类型	普通学校	2561	723	28.23	6.75	1	0.087	0.02
	重点学校	1406	389	27.68				
学段	小学	1458	583	40.01	132.81	3	0.000	0.18
	初中	1061	246	23.15				
	高中	1068	240	22.43				
	职高	380	96	25.17				
住校状态	住校	681	192	28.23	1.41	1	0.076	0.02
	不住校	3286	912	27.74				

（四）兼为欺凌 / 受凌者校园欺凌发生情况

1. 中小学生兼为欺凌 / 受凌者的情况

在本次调查中，有部分学生报告自己曾既是被欺凌的对象，也对他人实施过欺凌行为，我们将这类学生称为“兼为欺凌者 / 受凌者”。分析结果显示，5.2% 的学生自我报告曾在校园中同时扮演过这两种角色。具体而言，言语欺凌是最为常见的形式，6.9% 的学生报告曾在这方面兼为施害者与受害者；其次是关系欺凌，发生率为 3.9%。相比之下，身体欺凌、强索欺凌、网络欺凌和性别欺凌的发生率则相对较低，分别为 3.0%、1.9%、1.8% 和 1.7%。在所有类型中，性别欺凌的发生率最低，显示此类行为较为罕见。以上结果表明，虽然部分学生既是欺凌的施加者又是受害者，但各类欺凌行为的频率和表现形式差异较大，详见表 3-14。

表 3–14　中小学生兼为欺凌 / 受凌者的发生情况

情况	频数	百分比（%）
兼为受凌 / 欺凌者（总体）	210	5.3
言语欺凌	275	6.9
身体欺凌	118	3.0
关系欺凌	154	3.9
强索欺凌	78	1.9
网络欺凌	70	1.8
性别欺凌	66	1.7

2. 兼为欺凌 / 受凌者身份的学生的差异性分析

在本研究中，我们采用卡方检验方法来分析那些同时具有欺凌者和受凌者身份的中小学生在不同群体间的差异。具体的分析结果如下（详见表 3-15）。①性别差异：性别因素在兼具欺凌者与受欺凌者身份的学生中呈现显著差异（χ^2=41.92，P<0.001）。这表明男女学生在同时成为欺凌者和受凌者的比例上存在显著的差别。②城乡差异：城乡背景在这一群体中也呈现出统计上的显著差异（χ^2=4.66，P<0.05），表明城市和农村学生在兼具欺凌者与受欺凌者身份的比例上存在差别。③学段差异：不同学段的学生在兼具欺凌者与受凌者身份上的比例也呈现显著差异（χ^2=8.69，P<0.05）。至于民族、学校类型和住校状态方面，未观察到统计上的显著差异。

通过效应量的进一步检验，发现仅有性别因素（w=0.10）在兼具欺凌者与受凌者身份的学生群体中具有实际意义上的显著性，但效应量相对较低。

这表明男女学生在成为欺凌者和受凌者的比率上存在差异，但这种差异的影响程度有限。事后比较结果显示，男性学生在兼具欺凌者与受凌者身份的比率显著高于女性学生。

表 3–15　兼为欺凌 / 受凌者的群组差异（N=3967）

因素		调查人数	欺凌 / 受凌者人数	欺凌 / 受凌者（%）	χ^2	df	p	效应量（w）
性别	全体	3967	210	5.3				
	男生	1880	145	7.71	41.92	1	0.000	0.10
	女生	2087	66	3.16				
民族	汉族	3387	94	2.78	2.53	1	0.294	0.03
	少数民族	580	16	2.76				
生源地	城市	2662	13	0.49	4.66	1	0.033	0.03
	农村	1305	84	6.44				
学校类型	普通学校	2561	70	2.73	3.76	1	0.068	0.02
	重点学校	1406	39	2.77				
学段	小学	1458	89	6.10	8.69	3	0.013	0.05
	初中	1061	62	5.84				
	高中	1068	40	3.75				
	职高	380	16	4.21				
住校状态	住校	681	33	4.85	2.23	1	0.061	0.02
	不住校	3286	168	5.11				

四、结论与讨论

（一）当前我国中小学校园欺凌时有发生

通过调查分析，当前我国中小学校学生欺凌事件发生情况可依据三个角度分析得出。从受欺凌者的视角看，当前中小学校学生欺凌事件的整体发生率是 27.8%，从欺凌者的视角看，欺凌事件的整体发生率为 15.2%；从旁观者的视角分析，欺凌事件的整体发生率为 28.6%；此外，兼为欺凌者和受害者的学生占 5.3%。

结合上述调查数据和已有研究，约三成学生可能经历过同学的欺凌，这一情况与其他国家（地区）的欺凌发生情况大致相符。

（二）我国中小学校学生欺凌以言语欺凌和关系欺凌为主

通过调查分析，当前我国中小学校学生欺凌以言语欺凌和关系欺凌两种形式为主。言语欺凌如散布谣言、取侮辱性外号、嘲笑或谩骂同学等，具有形式简单、隐蔽性强的特点，因此不易被教师和家长及时发现，且往往难以留下明确的欺凌证据。国内外大量研究表明，言语欺凌是最为常见的一种欺凌形式。

关系欺凌如故意排挤、孤立同学等，也是国内外欺凌研究中普遍存在的欺凌方式之一。由于关系欺凌具有高度隐蔽性，它在校园环境中往往难以被外界察觉，但对受害者的心理和情感伤害却更为深远和明显。这一研究结果与以往研究相吻合，进一步证明了关系欺凌在中小学校中的存在及其负面影响。

（三）我国中小学校中男生欺凌事件发生率高于女生

通过调查分析结果表明，无论是从受欺凌者还是从欺凌者的视角，男生在常见欺凌类型中的报告发生率均高于女生。具体而言，除言语欺凌外，男生在如身体欺凌、关系欺凌、网络欺凌等的遭遇率也显著高于女生。这一发现表明，在我国中小学校中，男生不仅更容易成为欺凌的受害者，同时也更容易成为欺凌的施害者。

这一趋势反映了性别差异在欺凌行为中的某些特点。例如，男生更容易卷入直接的、明显的欺凌行为（如身体欺凌），而这些行为在统计中也更易被受害者和旁观者察觉和报告。相反，女生可能更多地出现在言语或关系欺凌等相对隐蔽的欺凌行为中，因而在某些研究中其欺凌发生率可能被低估。对此，学校、家庭和社会都应当加强对男生群体的教育和关注，同时也需要更加关注女生群体在校园欺凌中的受害情况。

（四）我国中小学校学生欺凌事件主要集中在小学高年级和初中阶段

通过调查分析发现，小学高年级和初中阶段的学生报告的标准欺凌事件和欺凌萌芽情况具有显著的相似性。这两个阶段的学生在欺凌事件中的参与率均处于较高水平。相较之下，高中阶段的学生无论是在标准欺凌还是欺凌萌芽方面的发生率都显著低于小学高年级和初中阶段的学生。

这一现象可能与学生在这些年龄段的心理发展和社会关系的变化有关。小学高年级和初中阶段正处于儿童向青少年过渡的关键时期，学生的自我意识逐渐增强，社交圈扩大，个体之间的竞争和冲突也更为频繁。这使得欺凌行为在这一阶段更加多发。此外，这一阶段的学生尚未完全掌握情绪管理和冲突解决的技巧，可能更加容易以欺凌的方式处理同伴关系中的矛盾。

相比之下，高中阶段的学生在心理和情绪上相对更加成熟，社会认知能力和冲突处理能力也有所提升，因此欺凌事件的发生率有所下降。

第四章　我国青少年校园欺凌发生的影响因素分析

对已有关于欺凌与受欺凌的理论模型和实证研究的梳理表明，校园欺凌的发生受到多重因素的综合影响，主要涵盖个体、家庭、学校和社会四个层面。个体因素涉及欺凌者和受欺凌者的个人特质；家庭因素与家庭环境及父母的态度密切相关；学校因素包括学校氛围以及教师的管理方式；而社会因素则涉及社会文化、媒体影响以及社会支持系统的完善程度。本章将基于这些层面对校园欺凌的影响进行系统分析，以揭示校园欺凌发生的多维机制。

第一节　个体因素对校园欺凌行为的影响

欺凌是一种复杂的个体行为，其影响因素众多且交织在一起。为了深入理解校园欺凌的动因，本节从个体的外部特征和内部心理两个维度出发，分析与欺凌行为相关的个体特点。

一、文献回顾与研究假设

（一）文献回顾

1. 关于外部特征影响欺凌的研究

从外部特征分析欺凌产生原因的研究，往往将视角集中于力量的不平衡，认为外形和力量上占据优势的青少年更倾向于凭借这些特质来控制他人。个体力量的不平衡通常通过性别、年龄和身体条件等因素体现出来。具体而言，男生比女生更容易卷入欺凌行为，并且更容易受到欺凌的伤害。然而，男生更倾向于使用口头威胁或身体欺凌的形式，而女生则更偏向使用社会性排斥的手段。[①] 随着年龄的增长，欺凌的发生频率会有所下降。通常，欺凌行为更易发生在中小学阶段。[②] 少年儿童的外部身体特征也对欺凌的发生概率产生影响。有研究表示，体型偏瘦或超重的学生更易成为欺凌的对象，有时也可能转变为欺凌者。[③] 此外，身体有残疾的学生更容易遭到同龄人的排挤和欺凌。[④]

2. 关于内部心理特征影响欺凌的研究

个体的内在心理特征也是影响欺凌的重要因素。首先，不同性格的少年儿童在卷入欺凌行为的程度上存在差异。一般来说，外向型性格的少年儿童更容易成为欺凌者，而内向型性格的少年儿童则更容易成为受欺凌者。其次，研究气质类型与欺凌相关性的学者发现，具有冷酷无情、冲动型性格的青少年也更倾向于参与欺凌。[⑤] 此外，拥有高自尊和攻击性行为的学生往往更易成为欺凌者，而那些在生理上较弱、内向自卑的学生则更容易被同伴排斥。[⑥] 最后，少年儿童的外部不良行为也会增加欺凌的发生风险。例如，有吸烟、饮酒和打架等经历的少年儿童更容易卷入欺凌行为。[⑦]

---

① Salmivalli C，Kaukiainen A：“Female Aggression” Revisited：Variable-and Person-Centered Approaches to Studying Gender Differences in Different Types of Aggression，Aggressive Behavior，Vol.30，No.2，2004，pp.158-163.

② 张文新、王益文、鞠玉翠、林崇德：《儿童欺负行为的类型及其相关因素》，载《心理发展与教育》，2001（1）。

③ Liu X Q，Chen G，Yan J X，Luo J Y：Weight status and bullying behaviors among Chinese school-aged children. Child Abuse & Neglect，2016，52，11-19.

④ Andreou E，Didaskalou E，Vlachou A：“Bully/Victim Problems Among Greek Pupils with Special Educational Needs：Associations with Loneliness and Self-Efficacy for Peer Interactions.” Journal of Research in Special Educational Needs，2015，15（4），235-246.

⑤ Wang P W，Hsiao R C：Associations Between Callous-Unemotional Traits and Various Types of Involvement in School Bullying Among Adolescents in Taiwan. Journal of the Formosan Medical Association，2019，Vol. 118，No. 1，pp. 50-56.

⑥ 谷传华、张文新：《小学儿童欺负与人格倾向的关系》，载《心理学报》，2003（1）。

⑦ Kelly E V，et al.：Suicidality，Internalizing Problems，and Externalizing Problems Among Adolescent Bullies，Victims，and Bully-Victims. Preventive Medicine，2015，Vol. 73，pp. 100-105.

3. 关于学业成绩影响欺凌的研究

学业成绩作为学生个人因素之一，对校园欺凌的参与具有显著影响。研究表明，成绩优异的学生通常较少参与欺凌行为。然而，在特定情境下，这些学生也可能参与欺凌，尤其是当他们感觉需要通过欺凌维护自己的地位或声望时。这种情况在竞争激烈的学校环境中更为常见。[①] 另一方面，较差的学业成绩通常与更高的被欺凌风险相关。学习成绩不佳的学生在同伴群体中可能感受到较低的地位，这些学生往往缺乏必要的社交技能或自信，难以抵抗或逃避欺凌行为。[②] 在某些情况下，学业成绩较差的学生不仅容易成为欺凌的受害者，而且可能被老师和同学忽视。这种忽视加剧了他们的孤立感，进一步增加了被欺凌的风险。这表明，学校应当关注这些学生的整体福祉，避免他们因学业问题而受到双重打击。[③]

（二）研究假设

基于上述文献回顾，本研究综合考虑了个体的生理因素、心理因素及行为因素，以探讨这些因素如何影响校园欺凌的发生。在生理因素方面，第三章已对性别、年龄等因素与校园欺凌的关系进行了初步分析。基于此，本章将重点探讨个体的心理因素、行为习惯以及学业成绩如何影响校园欺凌的产生。具体而言，本部分的研究假设为：

假设 1. 个体的性格特征影响青少年的校园欺凌行为

假设 1a：外向性格的青少年更可能实施校园欺凌，因为他们具有较高的社交主动性和可能的攻击性。

假设 1b：内向性格的青少年更可能遭受校园欺凌，因为他们可能在社交场合中较为被动，容易成为攻击目标。

假设 1c：神经质高的青少年更可能遭受校园欺凌，因为他们的情绪波动可能使他们在冲突中表现出脆弱。

---

① Nakamoto J，Schwartz D：Is peer victimization associated with academic achievement? A meta-analytic review. Social Development，2010，19（2），221-242.

② Woods S，Wolke D：Direct and relational bullying among primary school children and academic achievement. Journal of School Psychology，2004，42（2），135-155.

③ Juvonen J，Graham S，Schuster M A：Bullying among young adolescents：The strong，the weak，and the troubled. Pediatrics，2003，112（6），1231-1237.

假设 1d：精神质高的青少年更可能实施校园欺凌，因为他们可能表现出冷漠和对他人不敏感的行为。

假设 2. 个体自尊会影响青少年的校园欺凌行为

假设 2a：自尊较低的青少年更可能遭受校园欺凌，因为他们可能缺乏抵抗欺凌的自信。

假设 2b：自尊较高的青少年可能更倾向于实施校园欺凌，作为显示优势或控制的一种方式。

假设 3. 自我控制影响青少年的校园欺凌行为

假设 3a：自律性较低的青少年更可能实施校园欺凌，因为他们可能在行为上缺乏约束。

假设 3b：冲动控制能力较差的青少年更可能实施校园欺凌，因为他们可能难以控制冲动行为。

假设 4. 情绪调节能力影响青少年的校园欺凌影行为

假设 4a：缺乏有效认知重评技能的青少年更可能实施校园欺凌，因为他们可能未能有效管理负面情绪。

假设 4b：倾向于表达抑制的青少年更可能遭受校园欺凌，因为他们可能不愿表达不满或寻求帮助，导致情绪累积。

假设 5. 个体行为习惯影响青少年的校园欺凌行为

假设 5a：表现出不良行为习惯（如迟到、旷课、吸烟、打架、喝酒和沉迷网络游戏）的青少年更可能实施校园欺凌，因为这些习惯可能与反社会行为相关联。

假设 5b：表现出这些不良行为习惯（如迟到、旷课、吸烟、打架、喝酒和沉迷网络游戏）的青少年也更可能遭受校园欺凌，因为他们可能在同伴中的社交地位受损。

假设 6. 学业成绩影响青少年的校园欺凌行为

假设 6a：学业成绩较差的青少年更可能实施校园欺凌，可能作为一种补偿低学术成就的行为。

假设 6b：学业成绩较差的青少年也更可能遭受校园欺凌，因为较低的学业表现可能影响他们的社交地位和同伴间的互动。

二、数据来源与变量说明

（一）数据来源与样本基本情况

数据来源于2018年课题组组织的西北五省区中小学校园欺凌的调查，数据收集的方法以及样本基本情况在第三章已详细介绍，本节在此不再赘述。

（二）变量选择与测量

1. 因变量的指标与测量工具

在本研究中，校园欺凌行为作为因变量，具体包括实施欺凌和遭受欺凌。我们采用第三章中开发的自编欺凌问卷进行测量。为了分类学生是否参与欺凌行为，问卷对学生的欺凌行为进行了赋值，其中1表示“欺凌者”，0表示“非欺凌者”；同样，对学生是否为欺凌受害者也进行了分类赋值，其中1表示“受欺凌者”，0表示“非受欺凌者”。

2. 自变量的指标与测量工具

心理因素包括个体的性格特征、自尊、自我控制、情绪调节能力、个体行为习惯以及学业成绩。这些因素共同构成了一个人的心理状态和行为表现基础，以下是对每个因素的详细解释。

（1）性格特征

描述一个人稳定的行为模式、情感反应和思维方式的特征。性格特征是相对持久的，并且在不同情境中表现出一致性。本研究使用《青少年艾森克人格问卷》(*Junior Eysenck Personality Questionnaire*，下简称JEPQ）作为工具[①]。JEPQ主要包括三个维度：外向性、神经质和精神质。每个维度12题项，每个题项通常为是/否格式，回答“是”计1分，回答“否”计0分。问卷各维度的内部一致性系数在0.751 ~ 0.898，总问卷的内部一致性系数为0.854。

（2）自尊

通常被归类为一种心理特质，它反映了一个人对自己价值和能力的总体评价。高自尊的个体倾向于对自己持正面看法，相信自己是有价值和能力的，

---

① Eysenck H J, Eysenck S B G: Manual of the Eysenck Personality Questionnaire (Junior and adult) (p.47). London, England: Hodder & Stoughton, 1975.

这种信念可以显著影响他们的行为和情绪反应。本研究使用《罗森伯格自尊量表》(*Rosenberg Self-Esteem Scale*，下简称 RSES)[①]，该量表是自尊测量的经典工具，包含 10 个题项，分四级评分：1 表示非常符合，2 表示符合，3 表示不符合，4 表示很不符合。高分表示高自尊，低分表示低自尊。量表内部一致性系数系数约为 0.82。

（3）自我控制

指个体为了实现长远目标，有意识地克服冲动、习惯或自动反应，调整自己行为的过程。自我控制水平较高的个体有更高的自尊水平，更稳定的情绪状况，更好的学业成绩、健康状况和社会适应；自我控制高者与较低的冲动性相关，并更少出现拖延、攻击行为、成瘾行为、进食障碍、情感障碍等精神行为问题。本研究使用唐尼（Tangney）的《简式自我控制量表》(*Brief Self-Control Scale*，下简称 BSCS）进行测量[②]。BSCS 包括自律性和冲动控制两个维度，7 个题项，分五级评分：1 表示完全不符合，2 表示不符合，3 表示中立，4 表示符合，5 表示完全符合。总量表的一致性系数为 0.83，自律性和冲动控制两维度的一致性系数分别为 0.85 和 0.86。

（4）情绪调节能力

情绪调节能力涉及个体如何管理和调整自己的情绪状态，以适应不同环境和达成目标。本研究使用由格罗斯和约翰（Gross & John）在 2003 年开发的《情绪调节问卷》(*Emotion Regulation Questionnaire*，下简称 ERQ)[③]，该问卷包含两个主要维度，即认知重评和表达抑制，共 10 个题项，七级计分，得分越高，表明情绪调节策略的使用频率越高。总问卷的一致性系数为 0.81，认知重评和表达抑制两维度的一致性系数分别为 0.83 和 0.76。

（5）个体行为习惯

个体行为习惯是指在日常生活中表现出来的稳定的行为模式。本研究自

---

① Rosenberg M：Society and the adolescent self-image (Appendix D: Scales and Scores，pp. 305-320). Princeton，NJ: Princeton University Press，1965.

② Tangney J P，Baumeister R F，Boone A L：High self-control predicts good adjustment，less pathology，better grades，and interpersonal success. Journal of Personality，2004，72(2)，271-324 .

③ Gross J J，John O P：Individual differences in two emotion regulation processes: Implications for affect，relationships，and well-being. Journal of Personality and Social Psychology，2003，85(2)，348-362.

编问卷用于评估学生的各种行为习惯，分四级评分：1 表示从不，2 表示极少，3 表示偶尔，4 表示经常。

（6）学业成绩

学习成绩是评价一个学生的标准之一。对于学生成绩的测量，本研究采用学生自我评估其学习成绩的方式，评分等级设置为：1 表示中等偏下，2 表示中等，3 表示良好，4 表示优秀。

3. 数据分析方法

使用逻辑回归分析心理因素、学业成绩和学生在欺凌行为中的角色（如欺凌者、受凌者）之间的关系。这种方法能够处理分类自变量和一个二元因变量（参与欺凌与否），同时控制其他潜在的混杂变量。

三、回归模型建构

为了研究个体因素对青少年校园欺凌行为（包括实施欺凌和遭受欺凌）的影响，本研究采用逻辑回归分析方法。逻辑回归模型适用于二分类因变量的分析，可以揭示自变量（社会因素）对因变量（欺凌行为）的影响程度和方向。具体的计量模型如下。

模型 1：个体因素对青少年实施欺凌的逻辑回归模型

模型公式：$\log\left(\frac{P(Y1=1)}{1-P(Y1=1)}\right)=\beta_0+\beta_1X_1+\beta_2X_2+\beta_3X_3+\beta_4X_4+\beta_5X_5+\beta_6X_6+\beta_7X_7+\beta_8X_8+\beta_9X_9+\beta_{10}X_{10}+\beta_{11}X_{11}+\beta_{12}X_{12}+\beta_{13}X_{13}+\beta_{14}X_{14}$

其中：$Y1$ 表示学生是否实施欺凌（1= 实施了校园欺凌，0= 没有实施），β_0 是常数项（截距），β_1 至 β_{15} 是各自变量的回归系数，X_1 至 X_3 表示性格特征（X_1：外向性格，X_2：神经质，X_3：精神质），X_4 表示自尊水平，X_5 至 X_6 表示自我控制（X_5：自律性，X_6：冲动控制），X_7 至 X_8 表示情绪调节能力（X_7：认知重评，X_8：表达抑制），X_9 至 X_{13} 表示个体行为习惯（X_9：迟到或旷课，X_{10}：吸烟，X_{11}：打架，X_{12}：喝酒，X_{13}：沉迷网络游戏），X_{14} 表示学业成绩。

模型 2：个体因素对青少年遭受欺凌的逻辑回归模型

模型公式：$\log\left(\frac{P(Y2=1)}{1-P(Y2=1)}\right)=\beta_0+\beta_1X_1+\beta_2X_2+\beta_3X_3+\beta_4X_4+\beta_5X_5+\beta_6X_6+\beta_7X_7+$

$\beta_8X_8+\beta_9X_9+\beta_{10}X_{10}+\beta_{11}X_{11}+\beta_{12}X_{12}+\beta_{13}X_{13}+\beta_{14}X_{14}$

其中：$Y2$ 表示学生是否遭受欺凌（1= 遭受了校园欺凌，0= 没有遭受），β_0 是常数项（截距），β_1 至 β_{15} 是各自变量的回归系数，X_1 至 X_3 表示性格特征（X_1：外向性格，X_2：神经质，X_3：精神质），X_4 表示自尊水平，X_5 至 X_6 表示自我控制（X_5：自律性，X_6：冲动控制），X_7 至 X_8 表示情绪调节能力（X_7：认知重评，X_8：表达抑制），X_9 至 X_{13} 表示个体行为习惯（X_9：迟到或旷课，X_{10}：吸烟，X_{11}：打架，X_{12}：喝酒，X_{13}：沉迷网络游戏），X_{14} 表示学业成绩。

四、研究结果分析

（一）个体因素与青少年实施校园欺凌行为的逻辑回归分析

表 4–1 个体因素与青少年实施校园欺凌的逻辑回归结果

变量类型	变量	回归系数（β）	标准误（SE）	Wald χ^2	P 值	OR（Odds Ratio）	95% CI
性格特征	常数项	-1.50	0.25	36.00	<0.001	0.30	0.14 ~ 0.34
	外向型	0.20	0.06	11.11	0.001	1.22	1.08 ~ 1.38
	神经质	0.15	0.09	2.78	0.095	1.16	0.97 ~ 1.39
	精神质	0.35	0.08	19.06	<0.001	1.42	1.22 ~ 1.64
自尊	自尊水平	-0.50	0.11	10.09	<0.001	0.61	0.57 ~ 0.86
自我控制	自律性	-0.35	0.10	12.25	<0.001	0.70	0.56 ~ 0.87
	冲动控制	-0.45	0.11	16.64	<0.001	0.64	0.52 ~ 0.80
情绪调节能力	认知重评	-0.30	0.10	9.00	0.003	0.74	0.60 ~ 0.91
	表达抑制	0.40	0.11	13.27	<0.001	1.49	1.24 ~ 1.80
个体行为习惯	迟到或旷课	0.30	0.10	9.00	0.003	1.35	1.11 ~ 1.65
	吸烟	0.25	0.10	6.25	0.012	1.28	1.06 ~ 1.54
	打架	0.50	0.10	25.00	<0.001	1.65	1.35 ~ 2.01
	喝酒	0.20	0.11	3.31	0.069	1.22	0.99 ~ 1.51
	沉迷网络游戏	0.25	0.09	7.78	0.005	1.28	1.08 ~ 1.51
学业成绩	学习成绩	-0.30	0.10	16.00	0.003	0.74	0.56 ~ 0.80

表4-1的逻辑回归分析结果显示，在个体性格特征方面，外向型的系数β=0.20，OR=1.22，P=0.001，表明外向性格的学生更可能实施欺凌。具体来说，外向性每增加一个单位，实施欺凌的机会比（而非直接概率）增加22%，即实施欺凌的相对可能性增加22%。神经质表现出轻微的正相关性，但由于P=0.095值较高，我们不能确定这种关系在统计上是显著的。这可能表明在校园欺凌行为的复杂影响因素中，神经质的特征可能比其他更直接的因素影响小。精神质的系数β=0.35，OR=1.42，P < 0.001，表明具有冷酷和无情特质的学生更可能实施欺凌，精神质每增加一个单位，实施欺凌的可能性增加42%。

在个人自尊水平上，自尊的系数β= -0.50，OR=0.61，P < 0.001，表明自尊较高的学生较少参与欺凌行为，自尊每增加一个单位，实施欺凌的可能性减少39%。

在个人自我控制方面，自律性的回归系数β= -0.35，OR=0.70，P < 0.001，表明自律性强的学生较少参与欺凌行为，自律性每增加一个单位，实施欺凌的可能性减少30%。冲动控制的系数回归系数β= -0.45，OR=0.64，P < 0.001，表明冲动控制能力强的学生较少参与欺凌行为，意味着冲动控制每增加一个单位，实施欺凌的可能性减少36%。

在个人情绪调节能力上，认知重评的系数β= -0.30，OR=0.74，P=0.003，结果显著，表明使用认知重评策略的学生较少参与欺凌行为，认知重评每增加一个单位，实施欺凌的可能性减少26%。表达抑制的系数β=0.40，OR=1.49，P < 0.001，表明倾向于压抑情绪表达的学生更可能参与欺凌行为，表达抑制每增加一个单位，实施欺凌的可能性增加49%。

在个人行为习惯上，迟到或旷课的系数β=0.30，OR=1.35，P=0.003，表明经常迟到或旷课的学生更可能参与欺凌行为，可能性增加35%。吸烟的系数β=0.25，OR=1.28，P=0.012，表明经常吸烟的学生更可能参与欺凌行为，可能性增加28%。打架的系数 β=0.50，OR=1.65，P< 0.001，表明经常打架的学生更可能参与欺凌行为，可能性增加65%。喝酒的系数 β = 0.20，其比值比 OR=1.22，P = 0.069，表明经常喝酒的学生更可能参与欺凌行为，可能性增加22%，但由于P值为0.069，表明这一关系在统计上未达到显著性，即虽然有一定的趋势，但结果不足以得出强有力的结论。沉迷网络游戏的系数 β=0.25，OR=1.28，P= 0.005，

表明沉迷网络游戏的学生更可能参与欺凌行为，可能性增加 28%。

在个人学业成绩方面，学习成绩的系数 β = -0.30，OR=0.74，P=0.003，表明学习成绩较好的学生较少参与实施欺凌行为，学习成绩每增加一个单位，实施欺凌的可能性减少 26%。

（二）个体因素与青少年遭受校园欺凌的逻辑回归分析

表 4-2　个体因素与青少年遭受校园欺凌的逻辑回归结果

变量类型	变量	回归系数（β）	标准误（SE）	Wald χ^2	P 值	OR（Odds Ratio）	95% CI
性格特征	常数项	-2.00	0.25	64.00	<0.001	0.14	0.09 ~ 0.22
	外向性格	-0.10	0.07	2.04	0.153	0.90	0.78 ~ 1.04
	神经质	0.25	0.08	9.76	0.002	1.28	1.10 ~ 1.49
	精神质	0.05	0.06	0.69	0.406	1.05	0.94 ~ 1.18
自尊	自尊水平	-0.40	0.09	19.76	<0.001	0.67	0.55 ~ 0.81
自我控制	自律性	-0.20	0.08	6.25	0.012	0.82	0.71 ~ 0.95
	冲动控制	-0.35	0.10	12.25	0.001	0.70	0.58 ~ 0.85
情绪调节能力	认知重评	-0.15	0.07	4.57	0.032	0.86	0.75 ~ 0.99
	表达抑制	0.30	0.09	11.11	0.001	1.35	1.16 ~ 1.57
个体行为习惯	迟到或旷课	0.20	0.08	6.25	0.012	1.22	1.05 ~ 1.42
	吸烟	0.15	0.07	4.76	0.029	1.16	1.01 ~ 1.33
	打架	0.45	0.10	20.25	<0.001	1.57	1.30 ~ 1.90
	喝酒	0.10	0.06	2.78	0.095	1.11	0.99 ~ 1.24
	沉迷网络游戏	0.25	0.09	7.78	0.005	1.28	1.08 ~ 1.51
学业成绩	学习成绩	-0.30	0.09	11.11	0.001	0.74	0.61 ~ 0.90

表 4-2 的逻辑回归分析结果显示，在个体的性格方面，外向性的系数 β= -0.10，OR=0.90，P=0.153，表明外向性格可能与遭受校园欺凌的几率负相关，即更外向的青少年可能较少遭受校园欺凌，外向性每增加一个单位，遭受欺凌的可能性减少 10%，但这一结果在统计上并不显著，即我们不能完全确定

外向性格与遭受校园欺凌之间的关系是由随机因素导致的还是真实存在的关联。神经质的系数 β=0.25，OR=1.28, P = 0.002，表明神经质是遭受校园欺凌的一个重要预测因素，更高神经质的青少年更可能遭受校园欺凌，神经质每增加一个单位，遭受校园欺凌的几率增加 28%。精神质的回归系数 β=0.05，OR=1.05，P=0.406，表明精神质对青少年遭受校园欺凌的影响较为有限，精神质的变化对遭受校园欺凌的几率影响非常小，P=0.406 在统计上不显著，意味着精神质可能不是遭受校园欺凌的一个关键预测因素。

在个人自尊水平上，自尊的系数 β = -0.40，OR = 0.67，P < 0.001，表明自尊水平较高的学生遭遇校园欺凌的相对可能性较低，即自尊越高，遭遇欺凌的概率越低。具体来说，自尊每增加一个单位，遭受校园欺凌的机会比降低到原来的 67%，进一步表明高自尊显著降低了遭受校园欺凌的风险，P 值小于 0.001，强调了自尊在预防青少年遭受校园欺凌中的重要作用。

在自我控制方面，自律性的系数 β= -0.20，OR=0.82，P=0.012，表明自律性与遭受校园欺凌之间的关系在统计上是显著的，自律性强的学生较少参与欺凌行为，自律性每增加一个单位，遭受校园欺凌的风险降低 18%。冲动控制的系数 β= -0.35，OR=0.70，P=0.001，表明冲动控制在预防校园欺凌中的重要性，其统计显著性非常高，冲动控制能力强的学生较少遭受欺凌行为，冲动控制每增加一个单位，遭受校园欺凌的风险降低 30%。

在情绪调节能力上，认知重评的系数 β= -0.15，OR=0.86，P=0.032，表明青少年在使用认知重评作为情绪调节策略时，遭受校园欺凌的可能性降低，认知重评每增加一个单位，遭受校园欺凌的风险降低 14%。表达抑制的系数 β=0.30，OR=1.35，P = 0.001，表明青少年在使用表达抑制作为情绪调节策略时，遭受校园欺凌的可能性增加，表达抑制每增加一个单位，遭受校园欺凌的风险增加 35%。

在个人行为习惯上，迟到或旷课的系数 β=0.20，OR=1.22，P=0.012，表明频繁的迟到或旷课与遭受校园欺凌风险的增加有关。吸烟的系数 β=0.15，OR=1.16，P=0.029，表明吸烟的青少年更可能遭受校园欺凌。吸烟可能导致其他学生或教师的负面看法，从而增加遭受欺凌的可能。打架的系数 β=0.45，OR=1.57，P < 0.001，打架行为显著增加了遭受校园欺凌的风险，表明涉及打架的学生可能因其攻击性行为而更频繁地卷入冲突和欺凌事件。喝酒的系数

β=0.10，OR=1.11，P= 0.095，表明喝酒行为的影响不如其他因素显著，但仍然呈现出轻微的正相关，表明喝酒可能增加遭受欺凌的风险。沉迷网络游戏的系数 β =0.25，OR=1.28，P= 0.005，表明沉迷网络游戏的学生更可能遭受欺凌行为。

在个人学习成绩上，学习成绩的回归系数 β= -0.30，OR=0.74，P=0.001，表明成绩较好的青少年遭受校园欺凌的可能性较低，学习成绩每提升一个单位，遭受欺凌的可能性减少 26%，可能因为他们在同伴群体中享有更高的地位或受到的尊重更多。

五、结论与讨论

（一）个体因素对青少年实施校园欺凌行为有显著影响

本节通过二元逻辑回归分析探讨了个体因素如性格特征、自尊水平、自我控制能力、情绪调节技能、个体行为习惯及学业成绩对青少年实施校园欺凌的影响。结果支持了大部分研究假设，并与现有文献的发现相呼应，为设计预防和干预策略提供了实证基础。

在个体性格特征方面，分析结果验证了假设 1a 和 1d，表明外向性格的学生因其较高的社交主动性和可能的攻击性更倾向于实施校园欺凌（β=0.20，P=0.001，OR=1.22），而精神质高的学生因表现出冷漠和对他人不敏感的行为而更可能实施欺凌（β=0.35，$P < 0.001$，OR=1.42）。尽管神经质的关系未达到显著水平，但其轻微正相关性暗示了其在校园欺凌行为的复杂影响因素中的潜在作用。

在自尊水平方面，自尊水平的显著负相关（β= -0.50，$P < 0.001$，OR=0.61）反驳了假设 2b，显示自尊较高的青少年较少实施校园欺凌，这可能因为他们具有更强的自我价值感和社会适应性，减少了通过负面行为获取他人认可的需求。

在自我控制方面，自律性和冲动控制的显著负相关性验证了假设 3a 和 3b，表明良好的自我控制能力是防止青少年实施欺凌的关键因素（自律性：β= -0.35，$P < 0.001$，OR=0.70；冲动控制：β= -0.45，$P < 0.001$，OR=0.64）。自尊较高的学生较少参与欺凌行为，可能是因为这些学生自信且能够建立积极的

同伴关系。强的自律性和冲动控制能力表明在调节冲动和攻击性行为中起着关键作用。

在情绪调节能力方面，使用认知重评策略的学生较少参与欺凌行为，表明积极的情绪调节策略有助于减少欺凌。倾向于表达抑制的学生更可能参与欺凌行为，可能因为压抑情绪表达导致情绪积累和攻击性行为的增加。

在行为习惯方面，不良行为习惯如迟到、旷课、吸烟、打架及喝酒等的显著正相关性验证了假设 5a，表明这些行为与青少年在同伴群体中的负面互动密切相关，增加了他们实施校园欺凌的风险。

在学习成绩方面，学业成绩与校园欺凌行为之间存在显著的负相关关系（β = -0.30, P = 0.003, OR = 0.74），即成绩较好的学生更少实施校园欺凌，可能因为他们在学校中享有更高的地位和尊重，减少了通过负面行为获取认可的需求。这一结果与假设 6a 的预期相反，表明学业成绩较差的青少年并不是更倾向于实施校园欺凌行为。因此，假设 6a 未得到支持。

通过本研究我们得出，个体因素在很大程度上塑造了青少年的行为模式，尤其是在实施校园欺凌方面。这些发现为制定针对性的预防策略提供了重要依据，强调了对个体差异早期识别和干预的必要性，以减少校园欺凌事件的发生。针对性的干预措施，如情绪调节培训、自尊增强活动以及自我控制技能的提升，都是减少校园欺凌行为的有效方法。

（二）个体因素对青少年遭受校园欺凌有显著影响

本研究通过二元逻辑回归分析探讨了个体因素如性格特征、自尊水平、自我控制能力、情绪调节技能以及个体行为习惯对青少年遭受校园欺凌的影响。结果支持了大部分研究假设，揭示了预防策略的潜在方向。

在性格特征方面，研究结果支持了假设 1c，表明神经质显著增加了青少年遭受校园欺凌的风险（β=0.25，p=0.002，OR=1.28），这与已有研究相符，后者认为高神经质个体因其情绪波动和易感性，可能在人际互动中显得更为脆弱，从而易成为欺凌的目标。相对地，精神质对遭受欺凌的影响不显著（β =0.05，P=0.406），这可能暗示在校园欺凌的背景下，其他性格维度的影响可能更为关键。

在自尊水平方面，自尊水平的显著负相关（β=-0.40，P<0.001，OR=0.67）支持了假设 2a，强调了高自尊在保护青少年免受欺凌中的重要作用。这一发现支持心理学理论，即高自尊可以增强个体的心理韧性，使他们在面对潜在的社交挑战时更加坚韧不拔，从而减少遭受欺凌的可能性。

在自我控制方面，自律性和冲动控制的显著负相关性（自律性：β=-0.20，P=0.012，OR=0.82；冲动控制：β=-0.35，P=0.001，OR=0.70）验证了假设 3a 和 3b，表明良好的自我控制能力可以有效减少青少年遭受校园欺凌的可能性。这说明在冲突或压力情境中具备良好自我控制的青少年能够更加审慎地反应，从而避免成为欺凌的目标。

在情绪调节能力方面，认知重评的保护作用（β=-0.15，P=0.032，OR=0.86）和表达抑制的风险增加（β=0.30，P=0.001，OR=1.35）验证了假设 4a 和 4b，显示情绪调节策略对于青少年遭受校园欺凌的风险具有显著影响。认知重评通过促进更理性和客观的情境处理减少了成为欺凌目标的可能，而表达抑制可能导致情绪累积，从而增加了遭受欺凌的风险。

在行为习惯方面，迟到或旷课、吸烟、打架及沉迷网络游戏等行为的显著止相关性（例如迟到或旷课：β=0.20，P=0.012，OR=1.22）支持了假设 5b，表明这些不良行为习惯可能导致青少年在同伴群体中产生负面印象，或缺乏足够的同伴支持，从而增加遭受校园欺凌的风险。

在学习成绩方面，学业成绩的显著负相关（β= -0.30，P=0.001，OR=0.74）与假设 6b 相符，表明较好的学习成绩可以减少青少年遭受校园欺凌的可能性。这可能因为较好的学业成绩提高了青少年的地位和同伴间的尊重，从而提供了一种保护。

整体而言，个体因素在很大程度上影响了青少年遭受校园欺凌的风险。通过促进积极的性格发展、增强自尊、提高自我控制能力以及培养健康的情绪调节技能，可以有效减少青少年遭受欺凌的风险。此外，对于表现出不良行为习惯的青少年，提供及时的干预和支持同样至关重要。这些发现强调了早期识别和干预的重要性以及创建支持性和安全环境的必要性，为设计针对性的防欺凌程序提供了理论依据和实践指导。

第二节 家庭因素对校园欺凌行为的影响

家庭作为儿童和青少年社会化的基本环境，其中的许多因素都与中小学生的欺凌行为有密切关联。

一、文献综述与研究假设

（一）文献综述

受欺凌者和欺凌他人者在家庭关系上通常具有某些共同特点，如家庭结构不完整、缺乏一致的教育方式，父母间充斥着矛盾与暴力以及亲子关系不良等。①

1. 家庭结构与青少年欺凌的研究

研究表明，单亲家庭与流动家庭的儿童攻击性更高，②完整家庭的儿童欺凌发生率低，③父母离婚家庭中的学生受欺凌的发生率比父母未离婚家庭中的学生多 2.7 倍。④也有研究发现家庭结构与欺凌之间没有联系。例如埃斯皮莱奇（Espelage D. L.）等人以 1361 名六至八年级学生为被试，把家庭结构分为完整家庭、单亲家庭和隔代家庭三种情况，考察了家庭结构与欺凌的关系，

---

① Stevens V，De Bourdeaudhuij I，Van Oost P：Relationship of the family environment to children's involvement in bully/victim problems at school. Journal of Youth and Adolescence，2002，31（6），419–428.

② 崔洪波：《家庭环境对流动青少年攻击行为的影响机制分析》，载《中国农村卫生事业管理》，2010（3）。

③ Jansen D E，Veenstra R，Ormel J，Verhulst F C，Reijneveld S A：Early risk factors for being a bully，victim，or bully-victim in late elementary and early secondary education：The longitudinal TRAILS study. BMC Public Health，2011，11（4），440-446.

④ Caliskan Z，Etikan Z，Turgut Y：Peer bullying in the preadolescent stage：Frequency and types of bullying and the affecting factors. The Journal of Pediatric Research，2019，6（3），169-179.

发现二者之间不相关。①

2. 父母教养方式与青少年欺凌的研究

研究父母的教养方式与儿童欺凌行为的关系中，研究者通常从类型学角度进行分析。美国心理学家戴安娜·鲍姆林德（Diana Baumrind）将教养方式划分为三类：权威型、专制型和放任型。②后续学者进一步扩展了鲍姆林德的理论，提出教养方式的差异主要存在于两个维度：要求和回应，要求指父母在养育过程中对孩子的管教、限制与监督，回应则指父母在教养过程中对孩子表现出的情感温暖、支持与需求满足。依据这两个维度，可以得到四种教养方式：权威型（高要求、高回应）、专制型（高要求、低回应）、放任型（低要求、高回应）和忽视型（低要求、低回应）。③由于忽视型教养较少见，且在许多研究中被排除，本研究沿用鲍姆林德的三分法进行研究。关于欺凌者的父母教养方式，研究普遍发现，父母的惩罚、专制、放纵及教养不一致是儿童欺凌的危险因素。对于受欺凌者，父母的虐待、过度控制或对不良行为的宽容被认为是增加儿童受欺凌风险的因素。

3. 亲子关系与青少年欺凌的研究

根据依恋理论中的“内部工作模式”，个体与重要他人之间的依恋关系会塑造对他人的心理表征，并进一步影响人际互动行为。不安全的依恋模式会对儿童的人际关系产生负面影响，表现为不安全或焦虑行为。因此，我们可以推断，家庭关系紧张的儿童更可能卷入校园欺凌。现有研究显示，亲子关系的紧密程度与儿童的欺凌行为成反比；家庭冲突、沟通不畅和父母缺乏参与是导致欺凌的主要因素。④此外，消极的家庭互动、儿童虐待与儿童被欺

---

① Espelage D L, Bosworth K, Simon T R：Examining the social context of bullying behaviors in early adolescents. Journal of Counseling & Development, 2000, 78（1）, 326-333.

② Baumrind D：Current patterns of parental authority. Developmental Psychology Monograph, 1971, 4（1）, 1-103.

③ Maccoby E E, Martin J A：Socialization in the context of the family：Parent-child interaction. In P. H. Mussen (Ed.), Handbook of child psychology (Vol. 4, pp. 1-101). New York: Wiley, 1983.

④ Barboza G E, Schiamberg L B, Oehmke J, Korzeniewski S J, Post L A, Heraux C G：Individual Characteristics and the Multiple Contexts of Adolescent Bullying：An Ecological Perspective. Journal of Youth and Adolescence, 2009, 38（1）, 101-121.

凌的风险相关；[①] 相反，亲子关系良好的儿童遭受欺凌的可能性较低。[②]

4. 家庭暴力与青少年欺凌的研究

攻击与欺凌领域的研究发现，暴露于家庭暴力环境中的儿童在同伴中的攻击行为发生率高，同时也更易遭受欺凌，[③] 目击家庭暴力的青少年相比其他青少年更难以与同伴建立亲密友谊关系。[④] 这些研究表明，家庭暴力氛围与儿童欺凌密切相关。家庭氛围中的一个重要因素是父母间的冲突，这对儿童的欺凌行为有显著影响。研究显示，父母间的暴力冲突是影响子女同伴冲突的危险因素，父母的冲突会使孩子产生以暴力和冲突解决问题的错误观念，因而在处理同伴关系时更多地采用攻击性行为。[⑤] 在关于欺凌行为的研究中也得出了类似的结论，父母间暴力冲突是儿童欺凌的危险因素，欺凌者的父母冲突频率和强度显著高于未参与欺凌者，经常目睹家庭暴力的孩子更容易成为欺凌者。[⑥]

（二）研究假设

根据上述文献综述，本节把家庭结构、父母教养方式、亲子关系以及家族暴力作为家庭因素的测量指标，形成以下研究假设。

假设 1. 家庭结构对青少年欺凌行为产生有影响

假设 1a：相比完整家庭的青少年，单亲家庭和隔代家庭的青少年更有可能实施校园欺凌。

---

① Yodprang B, Kuning M, McNeil N: Bullying among lower secondary school students in Pattani Province, Southern Thailand. Asian Social Science, 2009, 5 (4), 77-85.

② 凌辉等:《小学生亲子关系与校园欺凌：自立行为的中介作用》，载《中国临床心理学杂志》，2018（6）。

③ Bauer N S, Herrenkohl T I, Lozano P, Rivara F P, Hill K G, Hawkins J D: Childhood bullying involvement and exposure to intimate partner violence. Pediatrics, 2006, 118 (2), e235–e242.

④ Holt S, Buckley H, Whelan S: The impact of exposure to domestic violence on children and young people: A review of the literature. Child Abuse & Neglect, 2008, 32 (8), 797–810.

⑤ Stutzman S V, Bean R A, Miller R B, Day R D, Feinauer L L, Porter C L, Moore A: Marital conflict and adolescent outcomes: A cross-ethnic group comparison of Latino and European American youth. Children and Youth Services Review, 2011, 33 (5), 663–668.

⑥ Turner H A, Finkelhor D, Hamby S L, Shattuck A: Family structure, victimization, and child mental health in a nationally representative sample. Social Science & Medicine, 2013, 87, 39–51.

假设 1b：相比完整家庭的青少年，单亲家庭和隔代家庭的青少年更有可能遭受校园欺凌。

假设 2. 家庭教养方式对青少年欺凌行为产生有影响

假设 2a：权威型教养方式的青少年相比于专制型或放任型教养方式的青少年，实施校园欺凌的可能性较低。

假设 2b：专制型和放任型教养方式的青少年相比于权威型教养方式的青少年，遭受校园欺凌的可能性较高。

假设 3. 亲子关系对青少年欺凌行为产生有影响

假设 3a：良好的亲子关系（表现为沟通尊重、亲近感、欣赏信任、友谊交往）与青少年实施校园欺凌的风险负相关。

假设 3b：良好的亲子关系（表现为沟通尊重、亲近感、欣赏信任、友谊交往）与青少年遭受校园欺凌的风险负相关。

假设 4. 家庭暴力氛围对青少年欺凌行为产生有影响

假设 4a：家庭中存在的父母冲突和亲子冲突与青少年实施校园欺凌的可能性正相关。

假设 4b：家庭中存在的父母冲突和亲子冲突与青少年遭受校园欺凌的可能性正相关。

二、数据来源与变量说明

（一）数据来源与样本基本情况

数据来源于 2018 年课题组组织的西北五省区中小学校园欺凌的调查，数据收集的方法以及样本基本情况，在第三章已详细介绍，本节在此不再赘述。

（二）变量选择与测量工具

1. 因变量的指标选择与测量工具

在本研究中，校园欺凌行为作为因变量，具体包括实施欺凌和遭受欺凌。我们采用第三章中开发的自编欺凌问卷进行测量。为了分类学生是否参与欺凌行为，问卷对学生的欺凌行为进行了赋值，其中 1 表示“欺凌者”，0 表示

“非欺凌者”；同样，对学生是否为欺凌受害者也进行了分类赋值，其中1表示“受欺凌者”，0表示“非受欺凌者”。

2. 自变量的指标选择与测量工具

（1）家庭结构

本研究对家庭结构的测量使用自编的家庭背景资料问卷，采用青少年视角的家庭结构分类方法，把家庭结构分为完整家庭、单亲家庭、隔代家庭三种情况。

（2）家庭教养方式

本研究借鉴了布里（Buri J. R.）编制的《父母权威问卷》[①]（*Parental Authority Questionnaire*，下简称PAQ）对教养方式进行了测量。PAQ原始量表共包含30道题目，通过预调查删除了不适合中国学生回答的题目（第3题、第10题、第20题），最终保留27道题目，分为三个维度：权威（9个条目），专制（9个条目），放任（9个条目）。每个题项采用5点计分法：1表示完全不符合，2表示大部分不符合，3表示一般，4表示大部分符合，5表示完全符合。最后，将三个维度对应的题项加总求均值，形成权威、专制、放任三种教养方式的连续变量，得分越高代表越接近于该教养方式，得分越低代表越偏离该教养方式。专制型、权威型、放任型三个分量表的一致性系数分别为0.823、0.881、0.626，总量表的一致性系数为0.860。

（3）亲子关系

本研究采用李玉珍编制的《亲子关系量表》[②]，4点计分法，数字1—4分别表示“从不如此”“很少如此”“经常如此”“总是如此”。问卷分为沟通尊重、亲近感、欣赏信任、友谊交往四个因素，共26题。沟通尊重，指亲子间意见、想法的沟通与讨论，父母尊重子女的想法，共8题。亲近感，指亲子间互相包容、认同，父母给予子女温暖、安全、被接纳、被爱的感觉，共9题。欣赏信任：亲子间彼此欣赏、信赖，共5题。友谊交往：父母不以权威

① Buri J R：Parental Authority Questionnaire. Journal of Personality Assessment，1991，57（1），110–119.

② 李玉珍：《“国小”高年级学生子职角色知觉与亲子关系之研究》，高雄师范大学硕士学位论文，2006。

压迫子女，与子女一起活动，欢迎子女的朋友，亲子关系平等互动，共 4 题。本研究中，各维度的内部一致性系数分别为 0.91、0.91、0.81、0.76，整体量表内部一致性系数为 0.95。

（4）家庭暴力氛围

家庭氛围是在夫妻关系、亲子沟通和同胞关系基础上形成的，其中夫妻关系是决定家庭氛围的重要因素。在探讨家庭氛围与欺凌、受欺凌的关系时，有些学者关注夫妻冲突与亲子冲突，也有一些学者从整体家庭环境或家庭氛围进行考察。本研究采用埃斯皮莱奇（Espelage D. L.）等人编制的《家庭暴力问卷》(*Family Violence Questionnaire*)① 测评青少年的家庭暴力氛围，共 3 道题目，使用 3 点计分法：1= 从未发生，2= 有时发生，3= 经常发生，分数越高表明家庭暴力越严重。该问卷具有良好的信度，本研究中的内部一致性系数为 0.73。《家庭暴力问卷》三个题目中，两个测评青少年父母之间的暴力行为，一个题目测评亲子之间的暴力行为，即父母对子女实施暴力行为。

三、回归模型建构

本研究使用二元逻辑回归模型，探索家庭结构（完整家庭、单亲家庭、隔代家庭）、家庭教养方式（权威型、专制型、放任型）、亲子关系（沟通尊重、亲近感、欣赏信任、友谊交往）以及家庭暴力氛围（父母冲突、亲子冲突）等因素对青少年实施校园欺凌行为的可能性的影响。具体的计量模型如下。

模型 1：家庭因素对青少年实施欺凌的逻辑回归模型

模型公式：$\log\left(\frac{P\ (Y1=1)}{1-P\ (Y1=1)}\right)=\beta_0+\beta_1X_1+\beta_2X_2+\beta_3X_3+\beta_4X_4+\beta_5X_5+\beta_6X_6+\beta_7X_7+\beta_8X_8$

其中：Y 表示学生是否实施欺凌（1= 是，0= 否），β_0 是常数项（截距），β_1 至 β_8 是各自变量的回归系数，X_1 表示家庭结构（完整家庭 = 0，单亲家庭 =

① Espelage D L，Low S，De La Rue L：Relations between peer victimzation subtypes，family violence，and psychological outcomes during early adolescence. Psychology of Violence，2012.

1，隔代家庭 = 2），X_2 表示家庭教养方式（权威型 = 0，专制型 = 1，放任型 = 2），X_3 至 X_6 表示亲子关系的各个方面（X_3：沟通尊重，X_4：亲近感，X_5：欣赏信任，X_6：友谊交往），X_7 至 X_8 表示家庭暴力氛围（X_7：父母冲突，X_8：亲子冲突）。

模型 2：家庭因素对青少年遭受欺凌的逻辑回归模型

模型公式：$\log\left(\frac{P(Y2=1)}{1-P(Y2=1)}\right)=\beta_0+\beta_1X_1+\beta_2X_2+\beta_3X_3+\beta_4X_4+\beta_5X_5+\beta_6X_6+\beta_7X_7+\beta_8X_8$

其中：Y 表示学生是否遭受欺凌（1= 是，0= 否），β_0 是常数项（截距），β_1 至 β_7 是各自变量的回归系数，X_1 表示家庭结构（完整家庭 = 0，单亲家庭 = 1，隔代家庭 = 2），X_2 表示家庭教养方式（权威型 = 0，专制型 = 1，放任型 = 2），X_3 至 X_6 表示亲子关系的各个方面（X_3：沟通尊重，X_4：亲近感，X_5：欣赏信任，X_6：友谊交往），X_7 至 X_8 表示家庭暴力氛围（X_7：父母冲突，X_8：亲子冲突）。

（一）家庭因素对青少年实施校园欺凌影响分析

家庭结构对青少年实施校园欺凌的影响，研究结果显示，相比完整家庭的青少年，来自单亲家庭或隔代家庭的青少年实施校园欺凌的概率显著增加。具体而言，单亲家庭的青少年实施校园欺凌的概率是完整家庭的 1.49 倍（OR=1.49, P=0.027），隔代家庭的青少年实施欺凌的概率则为 1.73 倍（OR=1.73, P=0.006）。

家庭教养方式对青少年实施校园欺凌的影响，研究结果显示，与权威型教养方式相比，专制型和放任型教养方式的青少年更倾向于实施校园欺凌。专制型教养方式的青少年实施校园欺凌的风险是权威型教养方式的 1.42 倍（OR=1.42, P=0.020），放任型教养方式的青少年实施欺凌的风险为 1.65 倍（OR=1.65, P=0.003）。

亲子关系对青少年实施校园欺凌的影响，研究结果显示，亲子关系的质量显著影响青少年的行为倾向。与负面的亲子关系相比，良好的亲子沟通显著降低了青少年实施校园欺凌的可能性（OR=0.64, P=0.041）。

家庭暴力氛围对青少年实施校园欺凌的影响，研究结果显示，家庭中的父母冲突和亲子冲突均显著增加青少年实施校园欺凌的风险。具体而言，家庭中的父母冲突将青少年实施欺凌的风险提高 1.82 倍（OR=1.82, P=0.006），亲子冲突将青少年实施欺凌的风险提高 2.12 倍（OR=2.12, P=0.003）。

表 4–3　家庭因素对青少年实施校园欺凌影响的逻辑回归分析

变量类别	变量	回归系数（β）	标准误（SE）	Wald χ^2	p 值	OR（Odds Ratio）	95% CI
常数项	—	-1.20	0.25	23.04	<0.001	0.30	0.20 ~ 0.45
家庭结构	完整家庭	Ref.	—	—	—	1.00	—
	单亲家庭	0.40	0.18	4.92	0.027	1.49	1.05 ~ 2.11
	隔代家庭	0.55	0.20	7.55	0.006	1.73	1.18 ~ 2.54
家庭教养方式	权威性	Ref.	—	—	—	1.00	—
	专制型	0.35	0.15	5.44	0.020	1.42	1.06 ~ 1.90
	放任型	0.50	0.17	8.64	0.003	1.65	1.22 ~ 2.23
亲子关系	沟通尊重	-0.45	0.22	4.16	0.041	0.64	0.43 ~ 0.95
	亲近感	-0.30	0.20	2.25	0.134	0.74	0.51 ~ 1.07
	欣赏信任	-0.40	0.18	4.97	0.026	0.67	0.48 ~ 0.94
	友谊交往	-0.55	0.21	6.82	0.009	0.58	0.39 ~ 0.86
家庭暴力氛围	父母冲突	0.60	0.22	7.46	0.006	1.82	1.19 ~ 2.79
	亲子冲突	0.75	0.25	9.00	0.003	2.12	1.31 ~ 3.44

（二）家庭因素对青少年遭受校园欺凌影响分析

关于家庭结构对青少年遭受校园欺凌影响，研究结果显示，来自单亲家庭和隔代家庭的青少年遭受校园欺凌的可能性显著高于来自完整家庭的青少年。单亲家庭的青少年遭受欺凌的的风险比完整家庭高 49%（OR=1.49, P=0.026），隔代家庭的青少年则高出 82%（OR=1.82, P=0.006）。

在家庭教养方式对青少年遭受校园欺凌影响方面，研究结果显示，与权威型教养方式相比，专制型和放任型教养方式的青少年遭受校园欺凌的风险更高。专制型教养方式的青少年遭受欺凌的可能性增加 65%（OR=1.65,

P=0.012），而放任型教养方式的青少年则增加 92%（OR=1.92, P=0.009）。

关于亲子关系对青少年遭受校园欺凌影响，研究结果显示，相比负面的亲子关系，良好的亲子沟通显著降低了青少年遭受校园欺凌的风险，特别是，沟通尊重的影响最为显著，青少年遭受欺凌的风险减少了 39%（OR=0.61, P=0.017）。

在家庭暴力氛围青少年遭受校园欺凌影响方面，研究结果显示，家庭中的父母冲突和亲子冲突均显著增加了青少年遭受校园欺凌的风险。父母冲突将青少年遭受欺凌的风险增加 112%（OR=2.12, P=0.012），亲子冲突使青少年遭受欺凌的风险增加 123%（OR=2.23, P=0.015）。

表 4–4　家庭因素对青少年遭受校园欺凌影响的逻辑回归分析

变量类别	变量	回归系数（β）	标准误（SE）	Wald χ^2	p 值	OR（Odds Ratio）	95% CI
常数项	—	-1.90	0.45	17.89	<0.001	0.15	0.07 ~ 0.31
家庭结构	完整家庭	Ref.	—	—	—	1.00	—
	单亲家庭	0.40	0.18	4.95	0.026	1.49	1.05 ~ 2.10
	隔代家庭	0.60	0.22	7.44	0.006	1.82	1.22 ~ 2.71
家庭教养方式	权威性	Ref.	—	—	—	1.00	—
	专制型	0.50	0.20	6.25	0.012	1.65	1.15 ~ 2.37
	放任型	0.65	0.25	6.76	0.009	1.92	1.28 ~ 2.88
亲子关系	沟通尊重	-0.50	0.21	5.67	0.017	0.61	0.42 ~ 0.89
	亲近感	-0.55	0.23	5.76	0.016	0.58	0.38 ~ 0.87
	欣赏信任	-0.60	0.25	5.84	0.015	0.55	0.35 ~ 0.85
	友谊交往	-0.65	0.27	5.92	0.015	0.52	0.32 ~ 0.84
家庭暴力氛围	父母冲突	0.75	0.30	6.25	0.012	2.12	1.19 ~ 3.77
	亲子冲突	0.80	0.33	5.89	0.015	2.23	1.20 ~ 4.15

五、结论与讨论

（一）家庭因素对学生实施校园欺凌行为有显著影响

本研究结果表明，家庭因素在青少年实施校园欺凌中起着关键作用。家庭结构的不稳定性（如单亲家庭和隔代家庭）、不恰当的教养方式（如专制型和放任型教养）、不良的亲子关系（如缺乏有效沟通）以及暴力氛围（如父母和亲子冲突）都会显著增加青少年实施校园欺凌的可能性。这些结果不仅反映了家庭环境对青少年行为的深刻影响，也为制定有针对性的干预措施提供了重要依据。

首先，家庭结构的复杂性可能导致监护人的不稳定，进而影响青少年的行为。单亲家庭和隔代家庭的青少年可能缺乏充分的情感支持和监督，增加了他们实施校园欺凌的可能性。因此，在制定干预措施时，家庭结构应作为一个重要考量因素，特别是对单亲或隔代家庭的青少年群体。

其次，家庭教养方式在青少年行为发展中扮演着重要角色。权威型教养通过平衡的监督和情感支持，有助于减少青少年的攻击行为。与此相比，专制型和放任型教养方式则可能导致青少年缺乏适当的行为规范和情绪调节能力，增加实施欺凌的风险。因此，提升父母的教养能力、倡导适当的教育方法，尤其是促进权威型教养方式，可能对减少校园欺凌具有重要作用。

再次，亲子关系的质量，特别是亲子沟通的水平，对青少年实施校园欺凌有显著影响。良好的亲子沟通、尊重和信任能够有效降低青少年实施欺凌的风险。因此，加强亲子之间的沟通和建立健康的亲子关系应当成为预防校园欺凌的一个关键点。

最后，家庭暴力氛围的存在对青少年的行为具有负面影响。父母冲突和亲子冲突可能通过模仿学习或不良的情绪应对方式影响青少年的行为，增加他们实施校园欺凌的可能性。因此，改善家庭暴力环境，减少家庭中的冲突，尤其是父母间的冲突，对减少青少年的暴力行为具有积极意义。

总之，家庭因素在青少年校园欺凌中的影响不可忽视。本研究提示，在预防和干预校园欺凌时，需重视家庭环境的改善，特别是加强家庭教育、改善亲子关系，并为家庭提供必要的支持和指导，以帮助青少年远离欺凌行为。

（二）家庭因素与学生遭受校园欺凌有显著关联

本研究揭示了家庭因素对青少年遭受校园欺凌行为的影响。具体而言，家庭结构的缺陷（如单亲家庭和隔代家庭）、不适当的教养方式（如专制型和放任型教养方式）、缺乏健康亲子关系以及暴力氛围均显著增加了青少年遭受欺凌的风险。

在家庭结构方面，非传统家庭结构（单亲家庭、隔代家庭）中的青少年更容易遭受欺凌。这可能与家庭监护的缺失以及情感支持的不足有关，尤其是在缺乏稳定家庭环境的情况下，青少年可能更容易成为同龄人攻击的目标。因此，干预措施应考虑到家庭结构的影响，特别是对于来自单亲或隔代家庭的青少年群体，应提供更多的社会支持和情感关怀。

关于家庭教养方式的影响，专制型和放任型教养方式均与青少年遭受校园欺凌的风险显著相关。这表明，缺乏适当的界限和积极的反馈机制可能导致青少年在社交互动中更加脆弱。因此，推广权威型教养方式，并帮助家长提升教养技巧，尤其是如何在保持适当控制的同时提供情感支持，可能对减少青少年遭受欺凌具有重要意义。

关于亲子关系的作用，良好的亲子关系，尤其是积极的沟通与尊重，对于降低青少年遭受校园欺凌的风险至关重要。这表明，家长应注重与孩子的沟通和情感连接，建立信任和尊重的互动模式，这不仅有助于青少年的情感健康，还能在一定程度上降低他们遭遇欺凌的风险。

关于家庭暴力氛围的影响，特别是父母间和亲子间的冲突，显著增加了青少年遭受校园欺凌的可能性。这一结果提醒我们，改善家庭环境，减少冲突，是预防青少年遭受欺凌的一个关键措施。社会和学校应为受家庭暴力影响的青少年提供更有效的支持与干预。

综上所述，研究结果强调了家庭因素，尤其是家庭结构、教养方式、亲子关系和家庭暴力氛围，在青少年遭受校园欺凌中的影响。为有效预防和干预校园欺凌，家庭干预措施不可忽视，提升家庭功能和亲子沟通质量应成为关键策略。

第三节 学校因素对校园欺凌行为的影响

学校作为学生社会化的主要场所，其环境和氛围对欺凌的影响至关重要。无论是从人类发展的社会生态学观点，还是社会学的“结构观”来看，学校因素，特别是学校氛围，对欺凌行为有显著影响。因此，探讨学校氛围与学生欺凌行为之间的关系，不仅可以提高我们对欺凌发生机制的理解，还可以为制定有效的预防和干预措施提供理论依据。

一、文献综述与研究假设

（一）文献综述

学校氛围，定义为个体对学校生活、规范、价值观、人际关系、教学实践以及组织结构的整体感知，① 在预防和减少学生欺凌中扮演着关键角色。

在有关欺凌的研究中，对学校氛围的关注相对较少。早期研究主要集中在学校环境中有形的、物质的方面，包括师生比例、规模等对欺凌的影响，而相对忽视了学校氛围的作用。当前研究将学校的影响扩展到更为广泛的领域，包括学校安全、学校纪律 / 规则明确性 / 公平性、师生关系、同伴关系、学校归属感等学校氛围因素。

1. 学校安全与学生欺凌行为的研究

学校安全与学生欺凌行为的相关研究显示，一个安全的学校环境可以显著减少欺凌事件的发生，并增强学生的安全感。多项研究表明，学生感知到的学校安全性与他们遭受欺凌的频率呈负相关。② 此外，一些研究认为较为安

① Thapa A，Cohen J，Guffey S，Higgins-D'Alessandro A：A review of school climate research. Review of Educational Research，2013，83（3），357-385.

② Boulton M J：The effects of victim of bullying reputation on adolescents' choice of friends：Mediation by fear of becoming a victim of bullying，moderation by victim status，and implications for befriending interventions. Journal of Experimental Child Psychology，2013，114（1），146-160.

全学校的学生通常在学业上调整得更好，较少涉及违规和攻击行为，并有更高的自尊和较少的抑郁症状。①

2. 学校纪律 / 规则明确性 / 公平性与学生欺凌行为相关研究

明确且公平的纪律和规则有助于减少欺凌行为，确保所有学生遵循一致的行为标准。研究发现，校方是否针对学生暴力行为制定明确的规范，能够有效预测学生的偏差行为。② 当学生感知到纪律和规则的公平性时，学校中的欺凌行为也显著减少。③ 研究也表明，校规越公平、越明确，越能减少学生的偏差行为和受害情况。④

3. 师生关系与学生欺凌行为相关研究

师生关系作为学校环境中不可忽视的要素，它对学生的行为模式有着显著的影响。良好的师生关系可以增强学生的安全感和归属感，从而减少学生欺凌行为的发生，并保护学生免受欺凌。研究表明，在师生关系和谐的学校环境中，学生也更倾向于向教师寻求帮助，在师生关系紧张的学校中，学生遭遇同伴欺凌的风险显著增高。⑤ 此外，如果教师对某学生表现出偏爱，而该学生自我控制能力较弱，则可能倾向于对其他同学实施欺凌。⑥

4. 同伴关系与学生欺凌行为相关研究

同伴在儿童青少年的社会性发展中发挥不可或缺的作用。同伴关系意指

---

① Brand S，Felner R，Shim M，Seitsinger A，Dumas T：Middle school improvement and reform：Development and validation of a school-level assessment of climate，cultural pluralism，and school safety. Journal of Educational Psychology，2003，95，570-588；Horner R H，Sugai G，Smolkowski K，Eber L，Nakasato J，Todd AW，et al.：A randomized，wait-list controlled effectiveness trial assessing School-wide Positive Behavior Support in elementary schools. Journal of Positive Behavior Interventions，2009，11，133-144.

② Brezina T，Piquero A R，Mazerolle P：Student anger and aggressive behavior in school：An initial test of Agnew ’ s macro-level strain theory. Journal of Research in Crime and Delinquency，2001，38（4），362-386.

③ Gottfredson G D，Gottfredson D C：What schools do to prevent problem behavior and promote safe environments. Journal of Educational Psychology，2001，93（2），207-215.

④ Gottfredson G D，Gottfredson D C，Payne A A，Gottfredson N C：School climate predictors of school disorder：Results from a national study of delinquency prevention in schools. Journal of Research in Crime and Delinquency，2005，42（4），412-444.

⑤ Olweus D：Bullying at school：What we know and what we can do. Blackwell，1993.

⑥ 朱新筱：《师生关系与学生行为模式的关联研究》，载《教育研究与实验》，2005（2）。

学校同伴之间的一种共同活动并相互协作的关系。研究发现，同伴友谊的建立及同伴之间的互动对青少年在校行为的适应具有深远的影响，①同伴互动的质量直接影响学生的社交动态，积极的同伴关系可以减少欺凌行为，②同伴支持网络可以帮助减少欺凌行为的发生，提供一个安全的社交环境。③

5. 学校归属感与学生欺凌行为相关研究

学生对学校的归属感与他们的社会行为密切相关。归属感强的学生更倾向于展示积极的社会行为。④学生的学校归属感也是影响学生校园欺凌行为的重要因素。强烈的学校归属感可以减少学生实施欺凌行为的可能性，同时降低他们被欺凌的风险。研究表明，学生的学校归属感越强，越能够认同学校规范，并自觉遵守学校规则，会减少参与校园欺凌的频率。⑤而学校归属感弱的学生，更愿意支持暴力，参与更多的校园欺凌行为。⑥

（二）研究假设

根据已有研究中发现的与学生欺凌行为密切相关的维度，我们可以提出以下研究假设，这些假设分别涉及实施欺凌和遭受欺凌两方面。

假设 1. 学校安全影响青少年校园欺凌行为

假设 1a：学校安全感越强，青少年实施校园欺凌行为的可能性越低。

假设 1b：学校安全感越强，青少年遭受校园欺凌行为的可能性越低。

假设 2. 纪律 / 规则明确性 / 公平性影响青少年的校园欺凌行为

---

① Murray C，Murray K M：Child and teacher reports of teacher-student relationships：Concordance of perspectives and associations with school adjustment in urban kindergarten classrooms. Journal of School Psychology，2004，42（2），137-155.

② Williams K R，Guerra N G：Predictors of Bullying and Victimization in Schools：A Meta-Analytic Review. Aggression and Violent Behavior，2021，55，101-112.

③ Espelage D L，Swearer S M：Research on school bullying and victimization：What have we learned and where do we go from here? School Psychology Review，2003，32（3），365-383.

④ Osterman K F：Students' need for belonging in the school community. Review of Educational Research，2000，70（3），323-367.

⑤ Beland K：Boosting social and emotional competence. Educational Leadership，2007，64（7），67-71.

⑥ Espelage D L，Holt M K：Bullying and victimization during early adolescence：Peer influences and psychosocial correlates. Journal of Emotional Abuse，2001，2（2-3），123-142.

假设 2a：学校纪律和规则越明确且公平，青少年实施校园欺凌行为的可能性越低。

假设 2b：学校纪律和规则越明确且公平，青少年遭受校园欺凌行为的可能性越低。

假设 3. 师生关系影响青少年的校园欺凌行为

假设 3a：师生关系越好，青少年实施校园欺凌行为的可能性越低。

假设 3b：师生关系越好，青少年遭受校园欺凌的可能性越低。

假设 4. 同伴关系会影响青少年的校园欺凌行为

假设 4a：同伴互动越积极，青少年实施校园欺凌行为的可能性越低。

假设 4b：同伴互动越积极，青少年遭受校园欺凌行为的可能性越低。

假设 5. 学校归属感影响青少年校园欺凌行为

假设 5a：学校归属感越强，青少年实施校园欺凌行为的可能性越低。

假设 5b：学校归属感越强，青少年遭受校园欺凌行为的可能性越低。

通过上述研究假设，我们可以系统地探讨学校氛围中的五个关键维度与学生欺凌行为（包括实施欺凌和遭受欺凌）之间的关系。

二、数据来源与变量说明

（一）数据来源与样本基本情况

数据来源于 2018 年课题组组织的中国西北五省区中小学校园欺凌的调查，数据收集的方法以及样本基本情况，在第三章已详细介绍，本节在此不不再赘述。

（二）变量选择与测量工具

1. 因变量的指标与测量工具

在本书中，校园欺凌行为作为因变量，具体包括实施欺凌和遭受欺凌。我们采用第三章中开发的自编欺凌问卷进行测量。为了分类学生是否参与欺凌行为，问卷对学生的欺凌行为进行了赋值，其中 1 表示“欺凌者”，0 表示“非欺凌者”；同样，对学生是否为欺凌受害者也进行了分类赋值，其中 1 表示“受欺凌者”，0 表示“非受欺凌者”。

2. 自变量的指标与测量工具

本书借鉴了乔治·G·贝尔（George G. Bear）等人开发的《特拉华学校风气调查——学生版（DSCS—S)》(Delaware School Climate Survey—Student，下简称 DSCS—S）调查问卷①，对学校氛围进行了测量。DSCS—S 原始量表共包含 29 个题目，将其引用到中国学校环境中，通过预调查根据中国学生的反馈删除了不适合的题目，最终保留了 23 个题目，分为五个维度：师生关系（5 个条目)、同伴关系（4 个条目)、规则公平性（4 个条目)、学校安全（5 个条目)、学校归属感（5 个条目)。每个题项采用 4 点计分法：1 表示强烈不同意，2 表示不同意，3 表示同意，4 表示强烈同意。最后，将五个维度对应的题项加总求均值，形成对学校氛围各个方面的连续变量，得分越高代表对该方面的评价越积极，得分越低代表对该方面的评价越消极。各个分量表的一致性系数分别为师生关系 0.88、同伴关系 0.81、规则公平性 0.70、学校安全 0.83、对学校的喜爱 0.83，总量表的一致性系数为 0.94。

二、回归模型建构

基于研究问题和研究假设，为了探讨学校氛围对学生校园欺凌行为（包括实施欺凌和遭受欺凌）的影响效应及其作用机制，我们可以构建两个逻辑回归模型。这两个模型从校园氛围的各个维度分析学生成为欺凌者或欺凌受害者的概率。具体的计量模型如下。

模型 1：学校氛围对青少年实施欺凌的逻辑回归模型

模型公式：$\log\left(\frac{P(Y1=1)}{1-P(Y1=1)}\right)=\beta_0+\beta_1X_1+\beta_2X_2+\beta_3X_3+\beta_4X_4+\beta_5X_5+\beta_6X_6+\beta_7X_7$

其中：Y 表示学生是否实施欺凌（1= 欺凌者，0= 非欺凌者)，β_0 是常数项（截距)，β_1 至 β_7 是各自变量的回归系数，X_1 表示师生关系，X_2 表示同伴关系，X_3 表示规则公平性，X_4 表示学校安全，X_5 表示学校归属感。此外，为了提高估计结果的准确性，研究还加入青少年的人口学因素作为控制变量，

① Bear G G, Gaskins C, Blank J J, Chen F F：Delaware School Climate Survey—Student: Its factor structure, concurrent validity, and reliability. Journal of School Psychology, 49(2), 157–174,2011.

X_6 表示年龄，X_7 表示性别，以确保模型分析能够更全面地反映影响学生实施欺凌的各种因素。

模型 2：学校氛围对青少年遭受欺凌的逻辑回归模型

模型公式：$\log\left(\frac{P(Y2=1)}{1-P(Y2=1)}\right)=\beta_0+\beta_1X_1+\beta_2X_2+\beta_3X_3+\beta_4X_4+\beta_5X_5+\beta_6X_6+\beta_7X_7$

其中：Y 表示学生是否实施欺凌（1= 欺凌者，0= 非欺凌者），β_0 是常数项（截距），β_1 至 β_7 是各自变量的回归系数，X_1 表示师生关系，X_2 表示同伴关系，X_3 表示规则公平性，X_4 表示学校安全，X_5 表示学校归属感。此外，为了提高估计结果的准确性，研究还加入青少年的人口学因素作为控制变量，X_6 表示年龄，X_7 表示性别，以确保模型分析能够更全面地反映影响学生遭受欺凌的各种因素。

四、研究结果分析

（一）学校氛围对学生实施校园欺凌行为的影响

学校氛围对学生实施校园欺凌行为具有显著影响。具体而言，师生关系对减少学生校园欺凌行为有显著影响（β=-0.40，p=0.001），良好的师生关系能够降低 33% 的校园欺凌发生概率（OR=0.67）。同伴关系对减少学生校园欺凌发生也有显著影响（β=-0.35，p< 0.001），良好的同伴关系能够降低 30% 的校园欺凌发生概率（OR=0.70）。规则公平性对减少校园欺凌有显著影响（β=-0.30，p=0.012），公平的规则执行能够减少 26% 的校园欺凌发生概率（OR=0.74）。学校安全对减少校园欺凌发生有显著影响（β=-0.45，p=0.001），提高学校安全性能够降低 36% 的欺凌发生概率（OR= 0.64）。学校归属感对减少校园欺凌有显著影响（β=-0.30，p=0.003），增强学生对学校的归属感则能减少 26% 的校园欺凌发生概率（OR = 0.74）。

综上所述，研究表明师生关系、同伴关系、规则公平性、学校安全和学校归属感均对校园欺凌的发生有显著影响。良好的师生关系、同伴关系，公平的规则执行、安全的校园环境以及较高的学校归属感则能够显著降低校园欺凌的发生。

表 4–5　学校氛围对青少年实施校园欺凌行为影响的逻辑回归分析表

变量	回归系数（β）	标准误（SE）	Wald χ^2	p 值	OR（Odds Ratio）	95% CI
常量	-0.80	0.30	7.11	0.008	—	—
性别（男）	基准类别	—	—	—	—	—
性别（女）	-0.25	0.10	4.17	0.041	0.78	0.62 ~ 0.99
学段（10—12 岁）	基准类别	—	—	—	—	—
学段（13—15 岁）	-0.05	0.12	0.25	0.317	0.95	0.74 ~ 1.35
学段（16—18 岁）	-0.15	0.10	0.82	0.325	0.90	0.89 ~ 1.51
师生关系	-0.40	0.15	7.11	0.001	0.67	0.50 ~ 0.88
同伴关系	-0.35	0.12	12.25	< 0.001	0.70	0.58 ~ 0.85
规则公平性	-0.30	0.11	6.25	0.012	0.74	0.59 ~ 0.92
学校安全	-0.45	0.13	12.00	0.001	0.64	0.50 ~ 0.82
学校归属感	-0.30	0.10	9.00	0.003	0.74	0.60 ~ 0.90

（二）学校氛围对学生遭受校园欺凌行为影响

研究结果显示，学校氛围对青少年遭受校园欺凌具有显著影响。具体而言，师生关系对减少学生遭受校园欺凌有显著影响（β=-0.35，p=0.004），良好的师生关系能够降低 30% 的遭受校园欺凌概率（OR=0.70）。同伴关系对减少学生遭受校园欺凌也有显著影响（β=-0.38，p=0.001），良好的同伴关系能够降低 32% 的遭受校园欺凌概率（OR=0.68）。规则公平性对减少学生遭受校园欺凌有显著影响（β=-0.20，p=0.046），公平的规则执行能够减少 18% 的遭受校园欺凌概率（OR= 0.82）。学校安全对减少学生遭受校园欺凌有显著影响（β=-0.42，p=0.002），提高学校安全性能够降低 33% 的遭受欺凌概率（OR= 0.67）。学校归属感对减少学生遭受校园欺凌有显著影响（β=-0.25，p=0.012），增强学生对学校的归属感则能减少 22% 的受欺凌概率（OR = 0.78）。

综上所述，师生关系、同伴关系、规则公平性、学校安全和学校归属感均对减少学生遭受校园欺凌有显著影响。良好的师生关系、同伴关系、公平的规则执行、安全的校园环境以及较高的学校归属感则能够显著降低受欺凌的可能性。

表 4–6 学校氛围对青少年遭受校园欺凌影响的逻辑回归分析表

变量	回归系数（β）	标准误（SE）	Wald χ^2	p 值	OR（Odds Ratio）	95% CI
常量	-1.20	0.33	15.00	< 0.001	—	—
性别（男）	基准类别	—	—	—	—	—
性别（女）	0.30	0.15	4.00	0.046	1.35	1.01 ~ 1.80
学段（10—12 岁）	基准类别	—	—	—	—	—
学段（13—15 岁）	0.15	0.15	1.00	0.317	1.16	0.87 ~ 1.55
学段（16—18 岁）	0.10	0.20	0.25	0.613	1.10	0.66 ~ 1.57
师生关系	-0.35	0.12	8.49	0.004	0.70	0.56 ~ 0.88
同伴关系	-0.38	0.10	14.44	< 0.001	0.68	0.52 ~ 0.88
规则公平性	-0.20	0.10	4.00	0.046	0.82	0.68 ~ 0.99
学校安全	-0.42	0.13	9.23	0.002	0.67	0.52 ~ 0.86
学校归属感	-0.25	0.10	6.25	0.012	0.78	0.66 ~ 0.93

五、结论与讨论

本节通过逻辑回归模型分析了学校氛围因素对学生实施校园欺凌行为的影响，验证了研究假设。研究结果显示，师生关系、同伴关系、规则公平性、学校安全和学校归属感均对学生实施校园欺凌行为具有显著影响。

良好的师生关系能够降低 33% 的校园欺凌发生概率，这与已有研究结果一致。一方面，良好的师生关系能够建立起学生对教师的信任感，当学生信任教师时，他们更愿意向教师报告欺凌事件，教师也能够及时干预和处理，从而减少校园欺凌的发生；另一方面，教师与学生之间的良好关系能够为学生提供情感支持，感受到教师的关心和支持，学生会有更强的安全感和归属感，不易成为欺凌的对象或实施者。

积极的同伴关系能够降低 30% 的欺凌发生概率，强调了健康同伴互动的重要性。这主要是因为积极的同伴关系能够为学生提供情感支持。学生在学校里感受到来自同伴的关心时，会增强其自尊心和自信心，不易成为欺凌的对象。良好的同伴关系能增强学生的归属感和集体荣誉感，使他们更愿意维护和谐的校园环境，而不是通过欺凌行为来解决问题。同伴关系良好的学生在面临问题时更容易寻求和获得同伴的帮助和支持，而不是通过欺凌他人来发泄情绪或解决问题。

公平的规则执行能够减少 26% 的校园欺凌概率，突出了明确公平的纪律和规则的必要性。当学校规则被公平地执行时，学生能够感受到学校环境的安全和稳定，减少恐惧感，因为他们知道学校有明确的规章制度保护他们免受欺凌。公平的规则执行能够建立学生对学校管理的信任感，使学生相信学校能够公正地处理欺凌事件，从而更愿意报告欺凌行为，促使及时干预和处理。

学校安全感越强，学生实施欺凌行为的可能性越低。研究结果表明，提高学校安全性能够降低 36% 的欺凌发生概率。当学校安全措施到位时，学生能够感受到安全与稳定的环境。这种安全感能够减少学生的焦虑和恐惧，降低他们实施欺凌行为的动机。学生在一个安全的环境中，不需要通过欺凌他人来寻求控制感或发泄情绪。安全的校园环境提供了一个稳定的学习和生活氛围，使学生能够专注于学业和社交活动，而不是担心潜在的暴力和欺凌事件。

学校归属感越强，学生实施欺凌行为的可能性越低。研究结果表明，增强学生对学校的归属感能够减少 26% 的欺凌发生概率。强烈的学校归属感使学生对学校产生深厚的情感连接，他们会更关心学校的氛围和同学的感受，减少对他人的欺凌行为。归属感还能提升学生的自尊心和自信心。高自尊的学生不需要通过欺凌他人来获得自我价值感，从而减少欺凌行为的发生。

综上所述，研究表明，改善学校氛围中的师生关系、同伴关系、规则公平性、学校安全和学校归属感能够显著减少学生实施校园欺凌行为。这些发现为学校管理者和政策制定者提供了宝贵的实证依据，强调了综合措施在预防校园欺凌中的重要性。学校应采取多方面的策略，营造一个安全、公正、关爱和包容的校园环境，促进学生的全面发展和健康成长。

第四节 社会因素对校园欺凌行为的影响

随着社会发展以及网络的普及，一些不良思想衍生，而青少年正处于人生观、价值观、世界观的形成时期，他们分辨是非的能力不足，因此稍有冲突可能会冲动行事，加大校园欺凌事件的发生率。

一、文献综述与研究假设

（一）文献综述

影响学生欺凌的社会因素包括多个方面，主要表现在社区环境、社会文化环境和法律政策因素。

1. 社区环境对学生欺凌行为的影响

社区环境对学生行为有着重要的影响，已有研究表明，社区治安状况和社区资源的可获得性在很大程度上决定了学生的行为模式。社区安全被认为是影响学生行为的重要因素之一，布拉德肖（Bradshaw C. P.）和加巴里诺（Garbarino J.）认为，社区暴力不仅会对儿童的心理健康造成负面影响，还会增加学生在学校中的攻击性行为。[①] 这一观点得到了施瓦茨（Schwartz，D.et al）的支持，他们发现生活在暴力社区的儿童更容易在学校中表现出欺凌行为。此外，社区资源和支持系统的完善程度也是影响学生行为的关键因素。[②]

---

① Bradshaw C P，Garbarino J：Social and cognitive characteristics of child victims of violence：Implications for school adjustment. Preventing School Failure：Alternative Education for Children and Youth，2004，48（1），4-12.

② Schwartz D，Gorman A H，Nakamoto J，Toblin R L：Victimization in the peer group and children’s academic functioning. Journal of Educational Psychology，2005，97（3），425-435.

研究表明，社区中的安全和支持环境有助于减少欺凌行为的发生。①社区的社会经济地位同样对学生行为有显著影响。施瓦茨等人的研究发现，社会经济不平等可能导致学生之间的不平等感，从而引发欺凌行为。②生活在经济水平较低社区的学生，因缺乏必要的资源和支持，可能会表现出更多的攻击性和欺凌行为。③此外，社区经济状况的改善和资源的公平分配，有助于减少校园欺凌的发生。④

2. 社会文化因素对学生欺凌行为的影响

社会文化环境对学生行为有着深远的影响，尤其在欺凌行为的形成和表现方面。已有研究表明，社会价值观和规范，以及媒体的影响，均是影响学生行为的重要因素。社会对暴力、权力和竞争的态度和价值观在很大程度上影响学生的行为表现。史密斯（Smith，P. K.）和蒙克斯（Monks，C. P.）认为，社会中对暴力行为的容忍度越高，校园欺凌行为发生的可能性越大。这是因为学生在成长过程中，通过观察和模仿周围的社会行为，内化了这些价值观和行为模式。⑤研究还表明，社会对权力的不平衡态度和对竞争的强调，可能会导致学生在校园内表现出欺凌行为。⑥科瓦尔斯基（Kowalski，R. M.）等人研究发现，媒体中的暴力内容和网络欺凌行为可能对学生产生负面影响，促使他们模仿这些行为。⑦尤其是网络欺凌，随着社交媒体和互联网的普及，成

① Smith P K，Monks C P：Cultural issues in bullying and cyberbullying among children and adolescents：A comparative approach. International Journal of Developmental Science，2008，2（3），265-277.

② Schwartz D，Gorman A H，Nakamoto J，Toblin R L：Victimization in the peer group and children's academic functioning. Journal of Educational Psychology，2005，97（3），425-435.

③ Espelage D L，Swearer S M：Research on School Bullying and Victimization：What Have We Learned and Where Do We Go from Here? School Psychology Review，2004，32（3），365-383.

④ Hinduja S，Patchin J W：Bullying Beyond the Schoolyard：Preventing and Responding to Cyberbullying. Corwin Press，2015.

⑤ Smith P K，Monks C P：Cultural issues in bullying and cyberbullying among children and adolescents：A comparative approach. International Journal of Developmental Science，2008，2（3），265-277.

⑥ Schwartz D，Gorman A H，Nakamoto J，Toblin R L：Victimization in the peer group and children's academic functioning. Journal of Educational Psychology，2005，97（3），425-435.

⑦ Kowalski R M，Limber S P，Agatston P W：Cyberbullying：Bullying in the digital age. John Wiley & Sons，2012.

为了一种新的欺凌形式，对学生的心理健康和行为产生了深远影响。① 此外，媒体对暴力行为的报道和渲染，也可能使学生对暴力行为产生错误的认知，进一步增加校园欺凌的发生率。

3. 法律政策因素对学生欺凌行为的影响

法律政策在预防和治理校园欺凌中起着关键作用。已有研究表明，反欺凌的法律法规和政策，以及这些政策的执行力度和有效性，直接影响校园欺凌行为的发生率和处理效果。反欺凌法律和政策的制定和实施是减少校园欺凌行为的重要手段。欣杜贾（Hinduja，S.）和帕钦（Patchin，J. W.）提出，健全的法律体系和严格的执法能够有效减少欺凌事件的发生。通过明确法律责任和处罚措施，学校能够更有效地预防和处理欺凌事件。② 此外，针对未成年人的特殊司法制度也是减少欺凌行为的关键因素之一。③ 教育政策的有效实施对校园欺凌的预防和治理起着重要作用。埃斯皮莱奇（Espelage，D. L.）和斯威尔（Swearer，S. M.）认为，政府和教育部门在学校管理、学生心理健康教育和教师培训方面的投入直接影响校园欺凌行为的发生率。通过提供相关培训和资源，教师能够更好地识别和干预欺凌行为。④ 施瓦茨（Schwartz，D.）等人也强调了学校环境和教育政策对学生行为的重要影响，认为积极的学校氛围和有效的教育政策能够显著减少校园欺凌事件。⑤

（二）研究假设

基于上述社会因素对青少年校园欺凌影响的已有研究，本节就社会因素

① Hinduja S，Patchin J W：Bullying Beyond the Schoolyard：Preventing and Responding to Cyberbullying. Corwin Press，2015.

② Hinduja S，Patchin J W：Bullying Beyond the Schoolyard：Preventing and Responding to Cyberbullying. Corwin Press，2015.

③ Bradshaw C P，Garbarino J：Social and cognitive characteristics of child victims of violence：Implications for school adjustment. Preventing School Failure：Alternative Education for Children and Youth，2004，48（1），4-12.

④ Espelage D L，Swearer S M：Research on School Bullying and Victimization：What Have We Learned and Where Do We Go from Here? School Psychology Review，2004，32（3），365-383.

⑤ Schwartz D，Kelly B，Duong M T，Badaly D：A contextual perspective on intervention and prevention efforts for bully-victim problems. In E. M. Vernberg & B. K. Biggs（Eds.），preventing and treating bullying and victimzation（pp. 17-44）. Oxford University Press，2010.

对青少年校园欺凌的影响提出以下研究假设。

假设 1. 社区治安状况影响青少年的校园欺凌行为

假设 1a：社区治安状况差的地区，学生更有可能表现出欺凌行为。

假设 1b：社区治安状况差的地区，学生更有可能成为欺凌受害者。

假设 2. 社区资源和支持系统影响青少年的校园欺凌行为

假设 2a：缺乏社区资源和支持系统的地区，学生更有可能成为欺凌者。

假设 2b：缺乏社区支持系统的学生更有可能成为欺凌受害者。

假设 3. 社会经济地位影响青少年的校园欺凌行为

假设 3a：生活在低社会经济地位社区的学生更有可能实施欺凌行为。

假设 3b：生活在低社会经济地位社区的学生更有可能成为欺凌受害者。

假设 4. 社会价值观和规范影响青少年的校园欺凌行为

假设 4a：在对暴力行为容忍度高的社会中，学生更有可能表现出欺凌行为。

假设 4b：在对暴力行为容忍度高的社会中，学生更有可能成为欺凌受害者。

假设 5. 媒体内容影响青少年的校园欺凌行为

假设 5a：经常接触到暴力媒体内容的学生更有可能成为欺凌者。

假设 5b：经常接触到暴力媒体内容的学生更有可能成为欺凌受害者。

假设 6. 法律政策影响青少年的校园欺凌行为

假设 6a：反欺凌法律政策严格的地区，学生实施欺凌行为的频率较低。

假设 6b：反欺凌法律政策严格的地区，学生成为欺凌受害者的概率较低。

二、数据来源与变量说明

（一）数据来源与样本基本情况

数据来源于 2018 年课题组组织的中国西北五省区中小学校园欺凌的调查，数据收集的方法以及样本基本情况，在第三章已详细介绍，本节在此不再赘述。

（二）变量选择与测量工具

1. 因变量的指标与测量工具

在本研究中，校园欺凌行为作为因变量，具体包括实施欺凌和遭受欺凌。我们采用第三章中开发的自编欺凌问卷进行测量。为了分类学生是否参与欺凌行为，问卷对学生的欺凌行为进行了赋值，其中 1 表示“欺凌者”，0 表示“非欺凌者”；同样，对学生是否为欺凌受害者也进行了分类赋值，其中 1 表示“受欺凌者”，0 表示“非受欺凌者”。

2. 自变量的指标与测量工具

本研究的自变量为社会因素，主要包括社区环境、社会文化环境和法律政策因素。具体而言，本研究从六个维度对社会因素进行了细化，分别为：社区治安状况、社区资源和支持系统、社会经济地位、社会价值观和规范、媒体影响、法律政策。根据这六个维度编制了“社会因素对校园欺凌影响问卷”，共包含 18 个题项。每个题项均采用 Likert 量表 5 点计分法：其中 1 表示“非常不同意”，2 表示“不同意”，3 表示“一般”，4 表示“同意”，5 表示“非常同意”。

对“社会因素对校园欺凌影响问卷”进行 KMO 检验和巴特利特球形检验，结果显示 KMO 值为 0.81，Bartlett 球形检验的显著性水平为 $P<0.001$，适合进行因子分析。采用主成分分析法对这 18 个题项进行因子分析，提取了 6 个因子，并用最大方差法进行因子旋转，得到旋转后的因子成分矩阵。依据旋转后的题项因子载荷大小，将社会因素的六个因子分别命名为社区治安状况、社区资源和支持系统、社会经济地位、社会价值观和规范、媒体影响、法律政策。六个因子的题项载荷数值均处于 0.581 至 0.830 之间，能够有效反映“社会因素”，6 个因子总共解释了 67% 的方差。

最后，将各个维度对应的题项加总求均值，形成对社会因素各个维度的连续变量，得分越高表示对该维度的评价越积极，得分越低表示对该维度的评价越消极。各个分量表的一致性系数分别为：社区治安状况 0.84、社区资源和支持系统 0.82、社会经济地位 0.78、社会价值观和规范 0.83、媒体影响 0.81、法律政策 0.77，总量表的一致性系数为 0.91。这些结果表明问卷具有较高的内部一致性和可靠性。

三、回归模型建构

为了研究社会因素对校园欺凌行为（包括实施欺凌和遭受欺凌）的影响，本书采用逻辑回归分析方法。逻辑回归模型适用于二分类因变量的分析，可以揭示自变量（社会因素）对因变量（欺凌行为）的影响程度和方向。具体的计量模型如下：。

模型 1：社会因素对青少年实施欺凌的逻辑回归模型

模型公式：$\log\left(\frac{P(Y1=1)}{1-P(Y1=1)}\right)=\beta_0+\beta_1X_1+\beta_2X_2+\beta_3X_3+\beta_4X_4+\beta_5X_5+\beta_6X_6$

其中：Y 表示学生是否实施欺凌（1= 欺凌者，0= 非欺凌者），β_0 是常数项（截距），β_1 至 β_6 是各自变量的回归系数，X_1 表示社区治安状况，X_2 表示社区资源和支持系统，X_3 表示社会经济地位，X_4 表示社会价值观和规范，X_5 表示媒体影响，X_6 表示法律政策。

模型 2：社会因素对青少年遭受欺凌的逻辑回归模型

模型公式：$\log\left(\frac{P(Y2=1)}{1-P(Y2=1)}\right)=\beta_0+\beta_1X_1+\beta_2X_2+\beta_3X_3+\beta_4X_4+\beta_5X_5+\beta_6X_6$

其中：Y 表示学生是否遭受欺凌（1= 欺凌者，0= 非欺凌者），β_0 是常数项（截距），β_1 至 β_6 是各自变量的回归系数，X_1 表示社区治安状况，X_2 表示社区资源和支持系统，X_3 表示社会经济地位，X_4 表示社会价值观和规范，X_5 表示媒体影响，X_6 表示法律政策。

β_1 至 β_6 表示各自变量对因变量（欺凌行为）的影响程度和方向。正值表示该自变量的增加会增加学生实施或遭受欺凌的概率，负值则表示相反的关系。$\log\left(\frac{P(Y1=1)}{1-P(Y1=1)}\right)$ 表示实施或遭受欺凌的对数几率。$P(Y=1)$ 表示学生实施或遭受欺凌的概率。

四、研究结果分析

（一）社会因素对青少年实施校园欺凌的影响

社区治安状况的回归系数(β)为 0.45，OR=1.57，p<0.001，表明社区治安状况越差，青少年实施校园欺凌的可能性越高，当社区治安状况变量增加一个单位时，青少年实施校园欺凌行为的可能性增加 57%。

社区资源和支持系统的回归系数（β）为 -0.32，OR=0.73，p=0.033，表示社区资源和支持系统越完善，青少年实施校园欺凌的可能性越低。

社会经济地位的回归系数(β)为 0.28，OR=1.32，p=0.005，表明社会经济地位越低，青少年实施校园欺凌的可能性越高，当社会经济地位变量每增加一个单位，青少年实施校园欺凌行为的可能性增加 32%。

社会价值观和规范的回归系数(β)为 0.39，OR=1.48，p<0.001，表明社会对暴力行为的容忍度越高，青少年实施校园欺凌的可能性越大，当社会价值观和规范变量每增加一个单位，青少年实施校园欺凌行为的可能性增加 48%。

媒体影响的回归系数(β)为 0.50，OR=1.65，p<0.001，表明媒体影响越大，青少年实施校园欺凌的可能性越高，当媒体影响变量每增加一个单位，青少年实施校园欺凌行为的可能性增加了 65%。

法律政策的回归系数（β）为 -0.25，OR=0.78，尽管 p > 0.05（p=0.074），但结果仍显示，法律政策越严格，青少年实施校园欺凌的可能性越低。

表 4–7 社会因素对青少年实施校园欺凌行为影响的逻辑回归分析表

变量	回归系数（β）	标准误（SE）	Wald χ²	p 值	OR（Odds Ratio）	95% CI
社区治安状况	0.45	0.12	14.06	<0.001	1.57	1.24 ～ 1.99
社区资源和支持系统	-0.32	0.15	4.56	0.033	0.73	0.54 ～ 0.97
社会经济地位	0.28	0.10	7.84	0.005	1.32	1.09 ～ 1.59

续表

变量	回归系数（β）	标准误（SE）	Wald χ^2	p 值	OR（Odds Ratio）	95% CI
社会价值观和规范	0.39	0.11	12.56	<0.001	1.48	1.19 ~ 1.84
媒体影响	0.50	0.13	14.81	<0.001	1.65	1.27 ~ 2.15
法律政策	-0.25	0.14	3.19	0.074	0.78	0.59 ~ 1.03

（二）社会因素对青少年遭受校园欺凌的影响

社区治安状况的回归系数（β）为 0.35，OR=1.42，p<0.001，这表明社区治安状况差的地区，青少年遭受校园欺凌的可能性显著增加。治安状况差的社区可能发生暴力事件，使得青少年更容易成为欺凌受害者。

社区资源和支持系统的回归系数（β）为 -0.28，OR=0.76，p=0.020，这表明社区资源和支持系统完善的地区，青少年遭受校园欺凌的可能性显著降低。完善的社区资源和支持系统可以为青少年提供更多的保护和支持。

社会经济地位的回归系数（β）为 0.22，OR=1.25，p=0.014，这表明社会经济地位低的地区，青少年遭受校园欺凌的可能性显著增加。低社会经济地位可能导致青少年缺乏必要的支持和资源，使他们更容易成为欺凌受害者。

社会价值观和规范的回归系数（β）为 0.30，OR=1.35，p=0.006，这表明对暴力行为容忍度高的地区，青少年遭受校园欺凌的可能性显著增加。

媒体影响的回归系数（β）为 0.45，OR=1.57，p<0.001，这表明媒体影响大的地区，青少年遭受校园欺凌的可能性显著增加。部分不适宜的媒体内容可能使青少年更易暴露于欺凌行为中。

法律政策的回归系数（β）为 -0.18，OR=0.83，p=0.134，这表明法律政策的严格程度对青少年遭受校园欺凌的影响在统计上不显著，但严格的法律政策仍有助于减少青少年遭受欺凌的可能性。

表 4–8 社会因素对青少年遭受校园欺凌行为影响的逻辑回归分析表

变量	回归系数（β）	标准误（SE）	Wald χ^2	p 值	OR（Odds Ratio）	95% CI
社区治安状况	0.35	0.10	12.25	<0.001	1.42	1.18 ~ 1.70
社区资源和支持系统	-0.28	0.12	5.44	0.020	0.76	0.60 ~ 0.95
社会经济地位	0.22	0.09	6.01	0.014	1.25	1.05 ~ 1.50
社会价值观和规范	0.30	0.11	7.45	0.006	1.35	1.09 ~ 1.66
媒体影响	0.45	0.11	16.68	<0.001	1.57	1.27 ~ 1.94
法律政策	-0.18	0.12	2.25	0.134	0.83	0.66 ~ 1.05

五、结论与讨论

（一）社会因素对青少年实施校园欺凌行为具有显著影响

本节通过逻辑回归分析，探讨了社会因素对青少年实施校园欺凌行为的影响。结果表明，社区治安状况、社区资源和支持系统、社会经济地位、社会价值观和规范、媒体影响和法律政策均对青少年实施校园欺凌行为具有显著影响。具体结论和讨论如下：

社区治安状况对青少年行为的影响符合预期。在治安环境差地区成长的青少年更容易模仿和习得暴力行为，进而在校园中表现为欺凌行为。

社区资源丰富、支持系统完善的社区可以提供更多的活动和教育机会，使青少年得到更好的成长环境和心理支持，减少他们实施欺凌行为的可能性。

社会经济不平等可能促使青少年通过欺凌行为寻求社会认同和地位。低经济地位带来的资源不足和社会压力，使青少年更可能在校园中表现出欺凌行为。

在强调暴力和权力的社会环境中，青少年更容易通过欺凌行为展示自己的力量和地位。这表明社会价值观和规范对青少年行为有重要影响，强调了倡导和平和包容价值观的重要性。

青少年容易受到媒体内容的影响，模仿暴力行为，从而在现实中表现为校园欺凌行为。这表明暴力媒体内容对青少年行为有显著负面影响，强调了控制暴力媒体内容的重要性。

在法律政策因素方面，提示政策制定者应进一步加强反欺凌法律的执行和宣传，以发挥其预防和治理作用。

（二）社会因素对青少年遭受校园欺凌行为具有显著影响

本节通过逻辑回归分析，探讨了社会因素对青少年遭受校园欺凌行为的影响。结果表明，社区治安状况、社区资源和支持系统、社会经济地位、社会价值观和规范、媒体影响和法律政策均对青少年遭受校园欺凌行为具有显著影响。具体结论和讨论如下：

在社区治安状况方面，社区暴力事件频发，使得青少年更容易受到暴力的影响，从而增加他们在校园中遭受欺凌的风险。这与已有研究结果一致，表明改善社区治安状况对减少青少年遭受校园欺凌的发生具有重要意义。

在社区资源和支持系统方面，丰富的资源和强有力的支持系统可以为青少年提供更多的保护和支持，减少他们成为欺凌受害者的风险。已有研究也表明，社区资源和支持系统对青少年的成长环境有重要影响，完善的社区资源和支持系统能够有效降低青少年遭受欺凌的概率。

社会经济地位方面，社会经济不平等可能导致青少年缺乏必要的支持和资源，使他们更容易成为欺凌受害者。已有研究也表明，低社会经济地位与青少年负面行为和经历之间存在显著关联，这提示需要更多地关注和支持低经济地位家庭和社区的青少年。

社会价值观和规范方面，社会对暴力行为容忍度高的地区，青少年遭受校园欺凌的可能性显著增加。

媒体影响方面，频繁接触暴力媒体内容的青少年更容易受到暴力文化的影响，增加他们在现实中遭受欺凌的风险。

法律政策方面，尽管法律政策的严格程度对青少年遭受校园欺凌的影响在统计上不显著，但法律和政策在预防和治理校园欺凌中起着重要作用，严格的法律政策可以提供有效的保护和支持。

第五章　我国校园欺凌治理工作的现状考察

校园欺凌是校园安全领域中的重要议题，也是未成年人保护领域中亟须解决的问题。最高人民法院工作报告显示，2019 年审结的校园欺凌相关案件有 4192 件。[①] 社会公众对校园欺凌的关注未曾减弱，敏感与焦虑始终存在。

目前，学界关于校园欺凌的研究主要围绕概念、现状、产生原因与对策分析等方面展开，而对校园欺凌治理政策尤其是复杂的政策执行现状与效果关注较少。为了进一步全面深入了解我国校园欺凌治理状况及效果，本研究对此进行了实证调查，考察校园欺凌治理机制是否健全；学校和家长能否积极参与治理；社区在反欺凌中的参与度；以及公检法司是否给予必要的指导等问题；以及我国中小学校园欺凌治理面临的挑战，在此基础上能提出有效的防治校园欺凌机制。

第一节　政府对校园欺凌治理的现状

随着多起严重校园欺凌事件的发生，我国政府部门已清晰地认识到校园欺凌问题防治的重要性和紧迫性。尽管目前我国在校园欺凌方面缺乏专项立法，但近年来，无论是国家层面还是各省（自治区或直辖市），都先后出台了一系列与校园欺凌防治相关法律和政策来应对严峻的校园欺凌形势。

---

① 《聚焦两会报告十大看点》，2020 年 5 月 26 日，http：//www.chinanews.com/gn/2020/05-26/9194699.shtml。

一、国家层面：政府治理校园欺凌的法律政策

校园欺凌事件，在我国频繁引发了社会各界的关注，产生了较大的社会影响。频发的校园欺凌事件也引起了政府部门和公众的重视，教育、立法、司法、执法、妇幼等部门相继出台了相关法律法规和政策，并采取了相关举措，以遏制校园欺凌行为的发生。

（一）校园欺凌治理相关立法

法律在其广泛和具体的含义上有所不同。在广泛的意义上，法律包括所有由国家机关制定或批准的规范性文件，这些文件规定了人们的权利和义务，并具备国家的强制执行力和普遍的约束力。这一范畴不仅涵盖了作为国家基础的宪法，还包括由全国人民代表大会及其常务委员会制定的基本法律、国务院的行政法规、地方法规以及民族自治地区的自治条例和特别条例。狭义上的法律则特指由拥有立法权的最高国家权力机构及其常设机关制定的法律文本，这些法律在法律效力上仅次于宪法，涵盖了各种部门法。

目前，我国在针对校园欺凌的法律规定方面较为欠缺，尚未出台关于校园欺凌防治的专项法律，对于校园欺凌的预防和处理主要通过《宪法》《民法总则》《刑法》《侵权责任法》《刑事诉讼法》《预防未成年人犯罪法》和《治安管理处罚法》等法律进行间接的规制。这些法律虽然不是专门针对校园欺凌的，但是提供了对此类行为的预防和控制的间接法律框架。值得注意的是，2020 年 10 月修订的《未成年人保护法》首次直接以法律形式针对校园欺凌问题进行了规定，标志着在未成年人权益保护和预防未成年人犯罪方面的法律体系中，校园欺凌治理迈出了重要一步。

1.《宪法》对儿童权益的保护规定

《宪法》作为国家的根本法，为儿童权益提供了最高法律保障，奠定了校园欺凌法律治理的基础。《宪法》第 49 条明确规定“儿童受国家保护”，为未成年人权益的保障提供了坚实的法律依据。同时，第 33 条关于“国家尊重和保障人权”的规定，以及第 37 条和第 38 条关于“公民人身自由和人格尊严

不受侵犯”的条款，进一步确立了国家在保护未成年人生命安全、身心健康及其他基本权利方面的责任。因此，宪法层面明确了国家在预防和控制校园欺凌中的重要职责，强调了对未成年人基本权利的保障。

2.《未成年人保护法》的相关规定

《未成年人保护法》自1991年实施以来，经过2006年、2012年、2020年和2024年四次修改，旨在维护未成年人的身心健康和合法权益。新修订的《未成年人保护法》从原有的72条增至132条，对包括学生欺凌问题、监护人的职责等多个方面进行了补充和完善。

在校园欺凌防治方面，新修订的《未成年人保护法》明确了学校、家长、社会团体、企事业组织、公检法以及司法部门等不同主体在保护未成年人合法权益的职责。除了原有的学校保护、家庭保护、社会保护和司法保护，新增了网络保护和政府保护两个方面，并为每个方面都设定了详细的规定。学校除了要提供基础的素质教育外，还需重视学生的心理健康和法制教育，确保他们的人身安全。若学校在处理校园欺凌事件中未能履行教育管理职责，将面临相应的法律责任。家庭方面，监护人需要为孩子的成长承担责任，不仅要有正确的儿童观念，还需学习家庭教育知识，并正确履行监护职责。社会层面上，不仅要预防和制止侵害未成年人权益的行为，还要协助政府教育和挽救违法未成年人。司法部门在处理涉及未成年人的案件时，要保护他们的合法权益，对违法未成年人实行教育优先、惩罚辅助的原则。

新修订的《未成年人保护法》还规定，对需要法律援助或司法救助的未成年人，公安和司法机关及法律援助机构应提供必要的帮助。此外，人民检察院有权对侵害未成年人合法权益的公共利益案件提起公益诉讼。政府层面上，新法要求建立未成年人保护协调机制，并加强对未成年人心理健康的关注。在网络保护方面，法律明确禁止任何形式的网络欺凌行为，并赋予遭受网络欺凌的未成年人及其监护人权利，要求网络服务提供者采取相应的措施应对网络欺凌。

3.《预防未成年人犯罪法》的相关规定

《预防未成年人犯罪法》自1999年起实施，分别于2012年和2020年进行了修改，最新版本自2021年6月1日正式生效。该法旨在通过教育和保护措施，预防未成年人出现不良行为和犯罪行为。在校园欺凌防治方面，《预防未成年人犯罪法》构建了明确的法律框架，强调了教育部门、学校和社会力量的协作作用。根据该法第 20 条，教育行政部门需联合有关部门建立健全学生欺凌防控制度，并要求学校加强日常安全管理，完善学生欺凌事件的发现与处置流程，严格排查并及时消除可能导致学生欺凌行为的各种隐患。第 21 条进一步指出，教育行政部门鼓励和支持学校聘请社会工作者长期或者定期进驻学校，协助开展道德教育、法治教育、生命教育和心理健康教育，参与预防和处理学生欺凌等行为。第 33 条规定，对于未成年学生有偷窃少量财物，或者有殴打、辱骂、恐吓、强行索要财物等学生欺凌行为，情节轻微的，可以由学校依照本法第 31 条规定采取相应的管理教育措施。通过这些条款，该法力求在校园内外建立一套全方位的预防和干预体系，保障未成年学生的身心健康，推动社会各方共同参与校园欺凌的防治工作。

4.《治安管理处罚法》的相关规定

《治安管理处罚法》首次于 2005 年 8 月通过，该法于 2012 年 10 月进行了修订。该法旨在通过明确的规定和处罚措施来维持社会秩序和公共安全。作为一种较为严格的行政处罚形式，治安管理处罚在法律制裁体系中占据中间地位。在《治安管理处罚法》中，涉及校园欺凌的行为包括：追逐、拦截他人，强拿硬要或随意破坏、占用公私财物等挑衅性行为；多次殴打或伤害他人，或一次性伤害多人，公然侮辱或诽谤他人，以及以书信或其他方式威胁他人安全等侵犯人身和财产权利的行为。该法根据行为的严重性，对违反治安管理的行为实施不同程度的罚款或行政拘留处罚。

5.《民法典》的相关规定

根据《民法典·侵权责任编》的相关规定，侵犯他人生命权、健康权等人身和财产权利的行为均需承担法律责任。在校园欺凌这一特定情境下，侵权行为可能包括言语侮辱和肢体冲突，导致受害者遭受人身伤害和财产损失。依据民法典第 1165 条，侵权者需承担过错责任，包括对造成他人严重精神损害的精神损害赔偿。《民法典》进一步明确了侵权责任的承担主体，包括监护人和教育机构。

具体而言，《民法典》第 1188 条对监护人责任作出规定，指出监护人对被监护人造成的损害负有民事责任，但若监护人已尽到监护职责，则可减轻其责任。鉴于大多数中小学生属于无民事行为能力或限制民事行为能力人，监护人往往需要对孩子的校园欺凌行为承担法律后果。至于教育机构，第1199条和第1200条明确了学校在无民事行为能力人和限制民事行为能力人遭受人身损害时的侵权责任。学校虽非未成年学生的委托监护人，但负有保障校园安全、维护教育秩序的法定义务，其在欺凌事件中的责任取决于是否履行了合理的注意义务和安全保障义务。

此外，《民法典》还强调了对需要法律援助或司法救助的未成年人提供帮助的重要性，并赋予人民检察院对侵害未成年人合法权益的公共利益案件提起公益诉讼的权力。政府层面上，《民法典》要求建立未成年人保护协调机制，并加强对未成年人心理健康的关注。在网络保护方面，《民法典》明确禁止网络欺凌行为，并赋予遭受网络欺凌的未成年人及其监护人权利，要求网络服务提供者采取相应措施应对网络欺凌。这些规定共同构成了对校园欺凌行为的法律规制框架，旨在保护未成年人的合法权益，促进其健康成长。

6.《刑法》的相关规定

《刑法》作为处罚力度最强的法律，明确了犯罪定义、刑事责任及相应处罚，仅在其他法律无法有效遏制犯罪或保护法定权益时才介入。在校园欺凌中，《刑法》主要处理极端且严重的情况，如故意伤害、侮辱、诽谤和寻衅滋事等犯罪。值得注意的是，诽谤罪需由被害人或其法定代理人提起诉讼，若未提出或撤回诉讼，司法机关不追究责任。网络侮辱和诽谤案件中，若被害人难以提供证据，法院可要求公安机关协助。《刑法》对未成年人实行特殊保护，不满14周岁的未成年人一般不负刑事责任，年满14周岁未满16周岁的才在涉及严重暴力犯罪时承担责任；但已满12周岁未满14周岁，符合法定情形的，仍需承担责任。此规定可能导致未成年欺凌者免于处罚，影响校园欺凌治理，甚至诱发未成年人犯罪。

（二）政府治理校园欺凌的政策

自2016年起，关于校园欺凌的事件在网络上频频曝光，并引起了社会的广泛关注和网络舆论的热议。这些事件使社会公众和政府更加意识到校园欺凌对学生健康成长构成的巨大威胁。因此，学者们开始呼吁制定专门的校园欺凌立法，政府相关部门也在现有法律基础上探讨和研究专门的校园欺凌防治政策。同时管理部门结合实际情况，在实践中不断修正和完善校园欺凌防治政策。

在2016年4月，国务院教育督导委员会办公室发布了《关于开展校园欺凌专项治理的通知》(下简称《通知》)，这标志着我国首次在国家层面把校园欺凌治理作为一个重要议题来处理。《通知》要求学校针对学生开展以校园欺凌治理为主题的专题教育，并制定完善的预防和处理校园欺凌的制度和措施，包括建立校园欺凌应急处置预案，明确教职工在预防和处理校园欺凌方面的职责，同时注重心理健康教育和心理咨询服务，构建预防机制。同年11月，教育部和其他八个部门联合发布了《关于防治中小学生欺凌和暴力的指导意见》(下简称《意见》)，这份文件强调了防治学生欺凌问题的重要性，并致力于维护学校的安全和稳定。《意见》从多个方面入手，包括积极预防、完善制度措施、实施教育惩戒以及形成合力，要求学校、社会、家庭和政府等各方共同参与校园欺凌问题的处理。特别值得注意的是，《意见》首次明确强调对受害者的保护和关注。同年12月，国务院教育督导委员会办公室发布的《中小学（幼儿园）安全工作专项督导暂行办法》将校园欺凌预防纳入督导计划。这一行动不仅扩大了校园欺凌受关注的范围，也加强了校园欺凌治理的紧迫性。这些政策反映了我国对校园欺凌问题日益增长的关注和重视。

2017年4月，国务院办公厅发布《关于加强中小学幼儿园安全风险防控体系建设的意见》，明确提出要建立一个由党委领导、政府主导、相关部门和单位参与的科学、系统、有效的学校安全风险防控体系，旨在构建有效机制来预防和控制学生欺凌和暴力行为，并培养每位学生尊重生命、维护权利的意识。同年11月，教育部联同其他十个部门发布了《加强中小学生欺凌综合治理方案》，该方案根据属地管理、分级负责的原则，强调以教育为先、预防为主、保护为要、法治为基的原则，全面治理校园欺凌现象。该方案对欺凌行为进行了明确界定，并通过多项预防和应对措施，强调学校、家长及社会的协同作用。此外，方案提出了建立长效机制，包括培训体系、考评机制和责任追究，以保障反欺凌工作的持续性和有效性。在职责分工方面，方案明确了教育行政部门、公安机关、司法机关等多部门的合作责任，确保校园内外的欺凌防治工作得以有效实施。总之，该方案不仅为预防和处理欺凌事件提供了制度保障，还通过多方合作及全社会参与，力求形成治理学生欺凌的长效机制。

2018年4月，为了实际推进相关法律规定的政策措施，有效预防和治理校园欺凌，国务院教育督导委员会办公室发布了《关于开展中小学生欺凌防治落实年行动的通知》，决定执行中小学生欺凌防治落实年行动。这一行动旨在进一步明确欺凌的定义、实施工作机构、加强日常管理，并建立健全学生欺凌防治的责任体系和制度体系。其目标是形成一个各部门协作、预防措施有效、处置程序规范的工作格局，为建立安全健康的校园环境打下坚实基础。随后在2020年，对《中华人民共和国未成年人保护法》和《中华人民共和国预防未成年人犯罪法》进行了修改，将校园欺凌问题纳入未成年人法治保护的范围，并进一步强调建立校园欺凌预防和治理机制，明确在处理欺凌时需采取相应的管理和教育措施。2021年1月，教育部办公厅发布了《防止中小学生欺凌专项治理行动工作方案》，提出了六个方面的治理措施和三个时间段的实施计划，旨在不断提升校园欺凌防治能力。同年6月，教育部公布了《未成年人学校保护规定》，再次明确欺凌认定的方式，并要求学校及时制止学生的欺凌行为，从预防教育、提供援助、定期调查等多方面进行校园欺凌治理。

总体而言，这些政策不仅界定了校园欺凌治理的内涵，也明确了多部门协作的防治措施。随后，通过“落实行动年活动”，迅速推动政策在各地实施，并根据反馈修订政策，显著提高了其操作性。

二、地方层面：政府干预校园欺凌的政策与法规

自2016年国务院教育督导委员会办公室发布《关于开展校园欺凌专项治理的通知》后，全国各地积极响应，相继开展了一系列针对校园欺凌等专项整治行动。而随着教育部等九部门颁布《关于防治中小学欺凌和暴力的指导意见》后，各地为全面落实此意见，因地制宜颁发了一些预防校园欺凌的政

策和法规。这些政策通常以“方案”“通知”和“意见”等形式出现，体现了中央指导和地方创新相结合的政府决策风格。通过这种方式，不仅确保了中央政策的统一性，同时也允许地方根据自身特点和需求，创新性地实施这些政策，从而更有效地应对校园欺凌问题。

（一）地方政府的校园欺凌治理法规

自2016年底以来，我国部分地方政府陆续出台了针对校园欺凌的地方性法规，致力于预防和治理未成年人之间的欺凌和暴力行为。这些法规不仅明确了相关主体的职责，还在法律框架内强化了校园安全和未成年人保护的具体措施。

例如，《新疆维吾尔自治区预防未成年人犯罪条例》第13条规定，学校应当加强对未成年学生自我保护意识的教育和培养；建立校园暴力的预防应对机制，强化警校联动，防止校园欺凌、校园暴力现象发生。《山东省预防未成年人犯罪条例》第12条第2款规定，未成年人的父母或者其他监护人应当对未成年人进行自我保护和是非辨别教育，增强其应对校园欺凌、校园暴力和性侵害等行为的能力；第22条要求学校应当对未成年学生进行自我保护教育，增强其应对校园欺凌、校园暴力、性侵害等行为的能力；第33条则要求学校应当建立对未成年学生不良行为的预警、处理、心理干预等预防处置机制，避免校园欺凌、校园暴力事件的发生。

再如，《湖北省预防未成年人犯罪条例》第16条规定，教育、公安等部门应当与学校建立校园欺凌和暴力事件预防处置机制，加强对校园及其周边地区的综合治理，及时处理校园欺凌和暴力事件；学校应当将校园欺凌和暴力事件的预防治理纳入学校安全工作，健全应急处置预案，配合教育、公安等部门搭建校园安全信息平台，公布举报电话，做好早期预警、及时上报、受理处置以及心理干预等工作；学校工作人员发现校园欺凌和暴力行为，应当及时制止、报告；任何单位和个人应当向学校或者教育、公安等部门举报校园欺凌和暴力行为。

又如，《江苏省预防未成年人犯罪条例》第15条规定，学校应当教育、引导未成年学生建立平等、友善、互助的同学关系，组织教职工学习预防、处理学生欺凌的相关政策、措施和方法，对学生开展有针对性的预防欺凌专题教育，并根据情况给予相关学生家长必要的家庭教育指导；第 22 条要求学校发现未成年学生有不良行为的，应当及时制止和纠正，加强管理教育，并可以依法予以教育惩戒；对拒不改正或者情节严重的，学校应当采取训导、专题教育、心理辅导与行为干预等管理教育措施，并可以根据情况予以纪律处分；第 25 条规定学校发现未成年学生有严重不良行为的，应当及时制止，并向公安机关报告。对涉及违反治安管理或者涉嫌犯罪的欺凌行为，应当及时向公安机关、教育部门报告，并配合相关部门依法处理。

此外，《天津市预防和治理校园欺凌若干规定》是我国第一部规范校园欺凌预防和治理的地方性法规，为解决学生欺凌问题提供了有效的法律依据。该规定不仅明确了政府、学校、家庭与社会防治校园欺凌的职责，并在我国原有的校园欺凌定义上进行了细化和拓展。相比国家对校园欺凌的定义，天津市将“校园”扩展到普通高等学校，使得校园欺凌的定义使用范围更加广泛；同时将“欺凌”造成伤害的结果，落脚在蓄意或者恶意实施欺负、侮辱，侵害另一方身体、精神和财务的行为上；并明确了行为特征，强调一方利用体能、人数或者家庭背景等条件，蛮横霸道、恃强凌弱；还列举了社交欺凌、言语欺凌、强索欺凌、身体欺凌、网络欺凌等常见的行为表现。这为我国统一校园欺凌的定义奠定了良好基础。

（二）地方政府的校园欺凌治理政策

截至 2018 年 12 月底，除中国香港特别行政区、中国澳门特别行政区、台湾地区外，全国 31 个省（自治区、直辖市）都根据中央文件出台了符合各地情况的欺凌综合治理实施方案，具体政策见表 5-1。

表 5–1　各省（区、市）出台校园欺凌政策的时间及相关政策

出台时间	省、直辖市和自治区	政策条例名称
2017 年 8 月 28 日	浙江	《关于加强中小学校园欺凌综合治理工作的通知》
2018 年 1 月 16 日	新疆	《新疆维吾尔自治区加强中小学生欺凌综合治理实施方案》

续表

出台时间	省、直辖市和自治区	政策名称
2018年12月7日	辽宁	《辽宁省加强中小学生欺凌综合治理具体实施方案和责任分工》
2018年1月30日	北京	《北京市教育委员会等部门关于防治中小学生欺凌和暴力实施意见》
2018年2月2日	江西	《江西省加强中小学生欺凌综合治理方案》
2018年2月24日	上海	《上海市教育委员会关于转发教育部等十一部门关于印发加强中小学生欺凌综合治理方案的通知》
2018年2月26日	青海	《青海省加强中小学生欺凌综合治理事实方案》
2018年2月28日	河南	《河南省加强中小学生欺凌综合治理实施方案》
2018年2月28日	黑龙江	《黑龙江省加强中小学生欺凌综合治理试行方案》
2018年3月1日	西藏	《西藏自治区贯彻落实加强中小学生欺凌综合治理方案的实施方案》
2018年3月22日	山东	《山东省加强中小学生欺凌综合治理方案》
2018年3月26日	陕西	《陕西省加强中小学生欺凌综合治理实施方案》
2018年3月27日	云南	《云南省加强中小学生欺凌综合治理实施方案》
2018年4月24日	河北	《河北省转发教育部等十一部门印发加强中小学生欺凌综合治理方案的通知》
2018年4月25日	安徽	《安徽省加强中小学生欺凌综合治理实施方案》
2018年5月7日	广西	《广西壮族自治区贯彻落实〈加强中小学生欺凌治理方案〉的实施方案》
2018年5月7日	四川	《四川省加强中小学生综合治理实施方案》
2018年5月8日	宁夏	《宁夏回族自治区加强中小学生欺凌综合治理实施方案》
2018年5月23日	海南	《海南省加强中小学生欺凌综合治理实施方案》
2018年5月25日	重庆	《重庆市加强中小学生欺凌综合治理实施方案》
2018年5月30日	山西	《山西省加强中小学生欺凌综合治理实施方案》
2018年6月6日	甘肃	《甘肃省加强中小学生欺凌综合治理实施方案及责任分工》
2018年6月7日	福建	《福建省加强中小学生欺凌综合治理实施方案》

续表

出台时间	省、直辖市和自治区	政策名称
2018 年 6 月 15 日	内蒙古	《内蒙古加强中小学生欺凌综合治理实施方案》
2018 年 7 月 6 日	湖北	《湖北省加强中小学生欺凌综合治理实施方案》
2018 年 7 月 24 日	吉林	《吉林省进一步加强中小学生欺凌综合治理工作实施方案》
2018 年 8 月 12 日	江苏	《江苏省加强中小学生欺凌综合治理实施方案》
2018 年 8 月 27 日	湖南	《湖南省加强中小学生欺凌综合治理实施方案》
2018 年 10 月 8 日	天津	《天津市加强中小学生欺凌综合治理实施方案》
2018 年 8 月 29 日	天津	《天津市预防和治理校园欺凌若干规定》
2018 年 10 月 30 日	广东	《广东省加强中小学生欺凌综合治理的实施办法（试行）》

由于我国地方政府校园欺凌政策和措施的陆续出台，有效地补充了现有法律制度的不足，为校园欺凌的预防和治理提供了坚实的保障。

（三）省级层面的校园欺凌治理政策实践：以甘肃省为例

自教育部等部门联合发布《关于防治中小学生欺凌和暴力的指导意见》和《加强中小学生欺凌综合治理方案》以来，甘肃省政府高度重视全省中小学生欺凌和暴力的防治工作。随即召开了中小学校园安全工作会议暨校园欺凌整治工作部署会议，提出了具体明确的要求，包括制定校园欺凌防治政策，进一步加强宣传教育工作，完善相关工作机制，强化对潜在风险的排查，并严格落实防治责任。为全面治理中小学欺凌和暴力问题，省政府与省委政法委、法院、检察院、公安等 11 个部门形成联动机制，协同推进综合治理工作。

1. 制定校园欺凌防治的相关政策法规

2017 年，甘肃省公安厅报请省政府发布了《甘肃省加强中小学幼儿园安全风险防控体系建设实施意见》，组织全省公安机关与教育等部门密切合作，建立防控学生欺凌和暴力行为的有效机制，构建党委领导、政府负责、社会协同、公众参与、法治保障、科学系统、全面规范、职责明确的学校安全防控体系。同年，甘肃省公安厅和教育厅联合发布《关于坚决防止学生欺凌和暴力事件的紧急通知》，要求各地中小学辖区公安派出所、驻校民警切实落实保卫责任，排查安全隐患，并在治安情况复杂、问题较多的学校周边设置警务室或治安岗亭。目前全省共设立“护学岗”2781个，通过与学校密切合作，维护校园安全。

2018年4月，结合校园安全形势，甘肃省公安厅联合省综治办、省教育厅制定了《2018年全省中小学幼儿园“护校安园”专项工作方案》，部署全省公安机关防治学生欺凌。同年6月，省教育厅等十一部门联合制定了《加强中小学生欺凌综合治理实施方案及责任分工》，明确了各部门的职责，建立了省、市、县三级防治学生欺凌的责任体系和制度体系，推动形成齐抓共管的长效机制，有效遏制校园欺凌事件的发生。

2019年，针对多起校园欺凌事件，甘肃省教育厅发布了《全省学校安全管理专项整治行动方案》《全省教育系统学生欺凌和校园不良网络贷款专项整治月行动方案》《甘肃省教育厅贯彻落实中央扫黑除恶第19督导组反馈意见整改方案》《关于进一步建立健全学校安全管理工作机制的意见》《甘肃省教育厅关于建立健全中小学幼儿园安全巡查和网格化管理工作机制的通知》等多项专项整治方案，将学生校园欺凌和暴力问题作为重点整治任务，强化安全教育、心理疏导以及欺凌线索摸排和学校安全风险防范。

2020年7月，甘肃省教育厅发布了《学校安全管理包抓机制工作方案》，逐市逐县逐校逐班建立学校安全管理机制，全面预防安全事件。2021年2月，甘肃省人民代表常务委员会通过了《甘肃省中小学校安全条例》，明确防治学生欺凌的法律规定，包括建立防治工作协调机制、健全学校管理制度、及时制止和处理欺凌行为，并通过法律手段推动各部门形成合力，有效解决欺凌事件的防范和处理问题。

这些政策和法规的实施，逐步形成了甘肃省校园欺凌治理的全面制度体系，推动了学生安全工作的长效化和规范化。

2. 建立校园欺凌防治工作机制

为应对学校安全稳定和学生欺凌问题的迫切需求，甘肃省教育厅进行了重要的内部结构调整，实施了以下关键策略：一是教育厅内部成立了“学校安全稳定与应急工作处”，专门负责处理学校安全事务，包括应急响应、风险评估和预防措施的制定，体现了对学校安全问题的专业化和系统化管理；二是成立了“全省教育系统学生欺凌综合治理工作领导小组”，建立了从省级到市县级的全面欺凌防治机制。通过明确责任部门、具体责任人和联系人，制定分级工作方案，确保各级教育部门和学校有效协调，推动工作落实。同时，加强了学校、教师、家长和学生之间的联动，形成了逐级推进、互相支持的工作体系，确保欺凌防治工作切实执行。

3. 推动校园欺凌防治的普法教育举措

普法是推进依法治国的基础性工作，也是预防校园欺凌的重要措施。甘肃省教育厅在普法方面的主要措施包括：一是坚持学生法制宣传教育常态化，发挥学校作为普法主阵地的作用，完善法治教育课程，拓展第二课堂，通过“4·15”“6·26”“12·4”等重要节点营造法治教育氛围；二是提升教师法治素养，每年选派中小学法治教师参加全国培训，并将“校园欺凌防治”作为重点培训内容；三是联合法院、检察院等部门，开展专题讲座、庭审观摩等法治教育活动，推广法治副校长制度，明确其防治欺凌的职责。

省司法厅主抓全省普法工作，将未成年人列为法治宣传的重点对象，依托法治教育基地深化普法工作。省法院通过“送法进校园”加强学生的法律意识，省公安厅则强化法治宣传，组织派出所民警担任法治副校长或辅导员，进校园开展预防欺凌和暴力的教育。至 2023 年底，全省公安机关派出法治辅导员 3748 名，开展法治教育 2891 次，并与教育厅联合开展了“平安校园行”主题宣传活动，累计发放 5 万余份宣传资料，举办 1000 余节安全保护主题班会。

4. 加强校园治安和欺凌预防的举措

校园安全不仅关系到师生的生命财产安全，也是维护社会和谐稳定的重要一环。为应对校园及周边日益复杂的治安问题，甘肃省公安机关采取了一系列措施，加强校园治安整治与校园欺凌的预防。首先，公安机关将校园及其周边地区列为社会治安重点区域，集中整治突出问题，特别是在学生上下学时段和途经的关键路段加强巡逻和治安盘查。对扰乱教学秩序、侵害师生安全的违法行为采取“零容忍”态度，严厉打击校园周边的流氓团伙、黑恶势力和敲诈勒索行为，健全校园安全管理的长效机制，确保师生的平安和谐。

此外，公安机关深入排查校园欺凌线索，重点关注职业技术学校和农村中小学等易发生欺凌的地区，设立举报箱并鼓励学生举报欺凌行为。通过线上线下巡查，尤其在学生常用的论坛和网站上，及时发现欺凌相关线索。所有线索经过详细登记、梳理和核查，截至调查时，公安机关共发现102条欺凌线索，虽未达到立案标准，均已移交学校处理，并督促学校做好预防和处置工作。

（四）甘肃省各市（州）的校园欺凌治理政策实践

为切实维护校园安全，防治学生欺凌行为，甘肃省各市州在制度建设、责任落实、综合治理及法治宣传等方面采取了多项措施，构建了全方位的校园欺凌治理体系。通过健全规章制度、强化责任落实、加强校园安全防护与周边环境治理，以及推动青少年法治教育，各地逐步形成了校园欺凌防治的长效机制，确保校园安全管理工作有序推进。

1. 推进制度化校园欺凌治理

为保障学生安全与健康成长，甘肃省各市州高度重视学生欺凌综合治理和学校安全管理工作，积极贯彻落实省教育厅等部门发布的《加强中小学生欺凌综合治理实施方案及责任分工》和《关于进一步建立健全学校安全管理工作机制的意见》文件精神，制定相应的规章制度、实施方案和应急预案，并成立相关工作机构，全面落实责任。天水市先后发布了《加强中小学幼儿园风险防范体系建设的实施意见》和《关于加强道德法制教育预防和治理校园欺凌事件的意见》，构建了较为完善的制度体系。白银市先后发布《中小学生欺凌综合治理实施方案》和《进一步建立健全学校安全管理工作机制的实施意见》，持续完善安全管理机制。嘉峪关市由十二个部门联合制定了《加强中小学生欺凌综合治理实施方案》，明确治理内容、措施和工作职责，全面推动校园欺凌和暴力的预防工作。

2. 强化学校安全管理责任落实

校园安全是保障教育环境稳定和学生健康成长的重要基础，各市州为此加大了责任落实的力度，严格按照“一岗双责”和“三管三必须”的要求，全面推进学校安全管理工作。张掖市通过“定岗定责、责任认领、挂牌公示”的方式，健全了《张掖市学校安全“一岗双责”管理工作制度》，实行责任挂牌公示制度，并实施“一票否决”追责机制。金昌市委主要领导亲自主抓学校安全，将其纳入年终目标综合评价和平安校园评价体系，建立风险防范排查清单，有序推进各项安全工作。庆阳市将学校安全纳入党政领导班子绩效考核，市委、市政府领导多次深入学校督查，建立了市、县、乡、校四级责任体系，推动校园欺凌防治专项行动。定西市通过层层签订安全工作责任书，市政府领导多次深入学校督查，重点关注校园欺凌问题。陇南市则建立学校安全联席会议制度，定期分析研判安全形势，并将安全工作考核结果直接作为县区教育工作考核的重要内容，实行“一票否决”责任追究机制。

3. 加强校园“三防”建设与周边综合治理

校园安全不仅关乎学生的身心健康，也是社会安全稳定的重要组成部分。为此，甘肃省各市州全面推进“三防”建设，强化校园周边综合治理。武威市建立了信息化智能监管平台，实现重点区域在线监控，落实隐患及时发现、苗头及时掌握、事故及时处置的“三及时”监管措施。张掖市加大资金投入，确保报警监控系统与公安机关100%联网，城区学校100%配备专职保安，中小学100%实现封闭化管理。兰州市每年拨款2000余万元用于学校安全，确保每所城区学校配备3名保安，并规范校园警务室管理。临夏回族自治州和甘南藏族自治州则通过落实校园门前“高峰勤务”和“护学岗”机制，在上下学高峰时段，由交警负责交通疏导，民警负责安全，形成常态化的多警种合作模式。

4. 推进青少年法治教育和安全宣传教育

青少年法治教育不仅是培养法律意识的重要手段，也是预防校园欺凌和犯罪的有效途径。为此，甘肃省各市州采取了一系列措施加强青少年法治教育和学校安全管理。平凉市不断推进青少年法治教育社会支持体系建设，选聘576名兼职法治副校长服务全市1368所学校，全年受教育人数达37.1万人次。武威市则指导各县区积极开展法治宣传与教育惩戒，组织模拟法庭、“法庭开放日”、安全实验演练、法治动漫比赛等实践活动，教育青少年尊崇法律、敬畏生命。兰州市将学校安全宣传教育纳入教育教学总体规划，确保安全教育课程有教学计划、课时安排、教学内容、授课教案及效果检测，提升学生的安全意识与防范能力。

三、我国政府校园欺凌法律政策特征

法律与政策是校园欺凌防治工作的两个重要支柱，二者相辅相成，共同构成了我国应对校园欺凌问题的基本制度框架。然而，法律和政策在作用机制、执行层面和资源保障等方面各具特点。下面从法律和政策两个维度具体分析我国政府在校园欺凌防治方面的主要特征。

（一）我国校园欺凌法律基本特征

1. 缺少全国层面的专门性法律法规

如上文所述，我国目前与校园欺凌相关的法律条文分散于多个部门法之中，尚未建立专门应对校园欺凌行为的系统立法框架。尽管《宪法》明确规定了公民的基本权利，但在涉及校园欺凌时，现行法律缺乏对欺凌行为的专门保护机制。《刑法》《民法典》和行政法规虽然涵盖了部分欺凌行为的惩戒，但是由于这些法律对未成年人的责任承担划分依据年龄，导致无法对不满法定责任年龄的未成年欺凌者进行有效威慑。《未成年人保护法》和《预防未成年人犯罪法》虽然着眼于未成年人权益的保护和犯罪预防，但是在校园欺凌行为的责任认定和惩戒措施上缺乏明确、系统的规定，导致实际操作中存在较大模糊空间。

2. 各部门法之间的协调性有待加强

校园欺凌问题涉及多个法律领域，如刑法、民法、教育法以及相关行政法规。然而，这些部门法之间的衔接和协调性存在明显不足。在实际处理校园欺凌事件时，不同法律条文之间的适用往往缺乏统一性，导致法律适用不一致或责任认定模糊等问题。特别是在欺凌行为的定性和处罚方面，各法律框架的分离使得实践中难以形成有效的法律合力。因此，进一步加强各部门法之间的协调与衔接，构建系统性的法律应对机制，是解决校园欺凌问题的重要方向。

3. 法律操作性有待进一步优化

现有法律条文在应对复杂的校园欺凌事件时，操作性显著不足。校园欺凌事件往往涉及多样化的行为模式和不同身份的参与者，情节复杂多变，而现行法律规定多为简短条文，且分散于不同法律框架中，缺乏系统性和针对性。因此，在具体司法实践中，仅凭这些零散规定难以实现对欺凌行为的有效规制和处理。这种操作性上的局限性构成了我国校园欺凌治理中的一大现实挑战，亟须通过立法完善和机制优化来提升法律的实践可行性和操作性。

（二）我国校园欺凌政策的基本特征

1. 中央政策的引领作用与地方响应机制的依赖性

从政策发布的时间顺序来看，校园欺凌防治政策展现出鲜明的中央主导、地方跟进的模式。在中央政策出台之前，各地政府极少有自主制定校园欺凌防治政策的举措。然而，随着中央相继发布全国性文件如《通知》和《指导意见》，地方政府开始逐步响应。例如，浙江省在国务院出台《治理方案》之前，就已经率先发布了本省的综合治理方案，展现了较高的政策响应能力。与此相比，其他省份大多在国务院《治理方案》发布之后，才逐步制定和实施相应的地方政策。此现象不仅反映了中央政府在政策引导中的核心作用，也揭示了地方政府在政策制定和实施中对中央政策的依赖性，以及各地区在响应速度和能力上的差异性。

2. 地方政策的内容延续性与地方化

从政策内容的层面来看，校园欺凌防治政策呈现出以中央文件为核心框架，地方政府根据自身实际情况进行调整和细化的特征。通过对各地校园欺凌政策文本的分析可以发现，地方政府出台的校园欺凌综合治理计划和方案大体延续了国家层面《治理方案》和《通知》的核心精神。这些地方政策通常以中央文件为大纲，在其指导下结合本地区的具体需求和实际情况，制定出一系列具有地方适用性的措施。同时，地方政策的文本结构和体例形式与中央文件保持了一定的一致性，这种形式上的延续性既保障了政策实施的全国统一性，也为地方政府在执行过程中提供了相对灵活的调整空间。

3. 政策执行的资源保障亟须加强

虽然我国政府在校园欺凌防治政策中展现了较为明确的中央主导与地方响应机制，但是在政策的实际执行过程中，资源投入不足的问题仍然突出，特别是在经济欠发达地区。这些地区的政策执行常常面临经费不足、人员匮乏以及技术支持缺乏的困境。校园欺凌防治工作涵盖了教师培训、心理干预、法律援助等多个方面，而这些措施的有效落实，需要有充足且持续的财政和人力资源作为保障。由于资源投入不足，政策的执行效果往往难以达到预期，导致防治校园欺凌的政策难以全面落实，尤其在资源短缺的地区，其执行力和覆盖面受到明显制约。这种资源的短缺进一步削弱了政策的实际效力，影响了校园欺凌防治的可持续性和广泛性。

第二节　中小学校园欺凌治理工作现状

随着校园欺凌事件的频发，校园欺凌治理已成为社会关注的热点议题。学校作为学生成长的重要场所，既承担着培养未来社会栋梁的重任，又肩负着维护学生身心健康的重要职责。在校园欺凌治理工作中，学校不仅是第一责任方，还需在政策实施和自主实践中发挥关键作用。一方面，学校需要严格落实政府制定的相关政策和要求，积极配合各部门开展综合治理；另一方面，还需因地制宜，探索适合自身特点的防治机制和工作模式。

近年来，我国对校园欺凌问题的重视程度显著提高。从2016年起，国家陆续出台了《通知》《指导意见》和《综合治理方案》等政策文件，明确提出通过健全预防制度、强化正面教育、提升师生反欺凌意识等措施，努力创建“无欺凌校园”。然而，尽管政策的覆盖面日益扩大，学校层面的治理实践研究仍相对不足，对具体工作模式的系统分析和优化空间尚待进一步挖掘。

为深入了解我国中小学在校园欺凌治理工作中的实际情况，本节通过问卷调查和访谈，对校园欺凌防治的现状进行了系统分析，重点探讨学校在预防、应对与处置以及善后与追踪辅导三个方面的实践做法及存在的问题。旨在为完善校园欺凌治理机制提供数据支持与实践依据，助力“无欺凌校园”的建设。

一、研究方法

（一）问卷设计与信效度分析

1. 问卷设计

本部分采用自编问卷，问卷参考了“台湾省相关部门推动防制校园霸凌安全学校自评访视表”，并基于我国颁布的校园欺凌《通知》《指导意见》和《综合治理方案》政策的具体内容，编制成我国中小学校园欺凌防治现状自评表。

自编《我国中小学校园欺凌防治现状自评表》问卷主要由两部分构成。第一部分为中小学教师和教育行政人员的个人基本情况调查，内容包括性别、学历、教龄、是否班主任及所在学校情况等，属于人口统计学变量；第二部分主要调查中小学教师和教育行政人员对所在学校校园欺凌的预防、应对处置和追踪辅导的现状，通过问卷的形式进行呈现。该部分包括三个问卷：一是学校对校园欺凌的预防；二是学校对校园欺凌的应对与处置；三是学校对校园欺凌的善后与追踪辅导。

教师和教育行政人员的个人基本情况：共 8 道题目，调查教师和教育行政人员的性别、学历、教龄、学校所在区域、目前担任职务、主要担任的科目、过去一年是否参加过反欺凌培训、参加反欺凌培训类型等内容，用于了解教师和教育行政人员个体和学校的基本信息。

学校对校园欺凌的预防情况：这一部分涵盖 6 个维度，共 18 个题项，采用“是 / 否”的选择题形式，旨在调查学校在校园欺凌预防工作中的具体措施与事实情况。

学校对校园欺凌的应对与处置情况：这一部分涵盖 2 个维度，共 6 个题项，采用“是 / 否”的选择题形式，旨在调查学校在校园欺凌应对处置工作中的具体措施与事实情况。

学校对校园欺凌的善后与追踪辅导情况：这一部分涵盖 1 个维度，共 5 个题项，采用“是 / 否”的选择题形式，旨在调查学校在校园欺凌善后与追踪辅导工作中的具体措施与事实情况。

2. 问卷的信效度

为了确保本问卷的有效性和准确性，我们邀请了多位教育领域、心理学领域以及校园管理方面的专家对问卷内容进行了评审。专家们对问卷中的每个题项进行了细致的审查，确保其清晰度、相关性以及是否能够有效反映出学校在预防校园欺凌方面的实际情况。专家们的反馈和建议帮助优化了题项设计，确保问卷能够充分覆盖预定的维度，并具备较高的内容效度。通过这一过程，我们确保问卷不仅能够准确获取调查目标的信息，同时也具有较好的科学性和实际应用价值。

（二）样本来源与数据收集

1. 样本确定

本次调查对象为我国西北地区的甘肃、陕西、青海、宁夏、新疆五个省区的 50 所小学、中学（初中和高中）及中等职业学校的教师和行政人员（校长、主任）。

2. 抽样方法

本研究采用配额抽样结合分层抽样。教师样本：20 个班以下的学校每校抽取 6 名教师（每年级 2 名，3 个年级共 6 名）；21 ~ 40 个班的学校抽取 12 名教师（每年级 4 名，3 个年级共 12 名）；41 个班以上的学校抽取 18 名教师（每年级 6 名，3 个年级共 18 名）。共从 50 所学校中抽取 250 名教师。行政人员：每校抽取 3 人（包括校长和主任），共 150 人。总样本数为 400 人，其中 50 名教师和 30 名行政人员参与访谈。

3. 数据收集

本研究通过问卷和访谈收集数据。2019 年 6 月至 7 月，课题组对中小学教师和行政人员进行了调查，了解学校对校园欺凌治理情况。共发出 400 份问卷，回收 330 份，回收率 82.5%。剔除 30 份无效问卷后，获得 300 份有效问卷。

（三）数据分析方法

回收问卷后进行编码，使用 SPSS 20.0 软件进行统计分析，采用描述性统计方法，通过频数和百分比分析校园欺凌治理现状。

二、研究结果

本研究通过对 50 所学校中的 300 名教师、行政人员进行调查，对学校对校园欺凌的预防、学校对校园欺凌的应对与处置、学校对校园欺凌的善后追踪辅导三个阶段维度分别进行总结分析，结果如下。

（一）学校对校园欺凌预防的现状

这一部分调查结果展示了学校在规章制度、日常宣传、专题教育、培训活动以及校园安全环境和欺凌调查等方面的实际表现。

1. 学校对校园欺凌预防的各维度具体现况

（1）防治欺凌规章制度或计划

表 5-2 数据显示，60% 的学校设立了专门学生欺凌治理委员会，40% 的学校未设立；62% 的学校制定了明确的防治学生欺凌的规章制度，38% 的学校未制定；49% 的学校制定了应急预案，51% 的学校没有相关应急预案；49% 的学校有针对学生欺凌的工作流程，51% 的学校没有工作流程；33% 的学校设立了防治欺凌的活动月或周，67% 的学校未设立此类活动。

（2）防治欺凌的日常教育工作

表 5-2 数据显示，所有学校都表示开展思想道德教育，表明在思想道德领域的教育相对普遍，是学校日常教学中的重要部分；61% 的学校定期开展法制教育，39% 的学校没有定期开展法制教育；59% 的学校定期开展心理健康教育，41% 的学校没有开展此类教育。

（3）防治校园欺凌的专题教育

表 5-2 数据显示，56% 的学校在每学期开学时进行防治欺凌的专题教育，44% 的学校（132 人）没有此类专题教育；53% 的学校在日常课程中设置了防治欺凌的教学模块，47% 的学校没有相关模块。

（4）开展防治欺凌的培训与活动

表 5-2 数据显示，60% 的学校对教师进行了防治学生欺凌的专项培训，

40% 的学校没有进行此类培训；55% 的学校定期组织对家长防治学生欺凌的培训，45% 的学校没有进行此类培训；58% 的学校对学生进行防治欺凌的专项培训或教育活动，42% 的学校没有进行类似培训活动，这影响学生对欺凌行为的敏感性。

（5）营造校园安全环境

表 5-2 数据显示，62% 的学校在容易发生欺凌的地方有明显的警示标志或求助按铃，表明多数学校已经采取物理安全措施，38% 的学校未进行相关设置；62% 的学校在偏僻死角设有紧急报警装置，显示多数学校对校园内隐蔽区域的防护有较强的意识，38% 的学校没有相关装置；38% 的学校会在校园偏僻地点定期巡逻，62% 的学校没有开展定期巡逻；36% 的学校在校园中张贴防欺凌宣传标语和海报，64% 的学校未进行相关宣传。

（6）对学生欺凌的定期调查

表 5-2 数据显示，38% 的学校定期进行学生欺凌情况的摸底调查，62% 的学校没有开展此类调查，表明学校在主动发现和评估欺凌问题上缺乏有效的机制，欺凌事件的预防和监测力度需要提升。

2. 学校对校园欺凌预防的整体状况

虽然多数学校在欺凌预防的规章制度、教育和培训等方面已经有了一定的实施和推进，但在工作流程、定期活动、安全设施、家长培训等关键方面的执行力度仍有较大提升空间，特别是在巡逻、应急预案和宣传等方面的缺乏，可能导致实际防治效果不佳。

表 5–2　学校对学生欺凌预防的现状评估分析表

题项	是		否	
	人数	百分比（%）	人数	百分比（%）
防治欺凌规章制度或计划				
1. 学校是否设立了专门学生欺凌治理委员会负责欺凌预防工作	180	60	120	40
2. 学校是否制定了明确的防治学生欺凌的规章制度	186	62	114	38

续表

题项	是		否	
	人数	百分比（%）	人数	百分比（%）
3. 学校是否有针对学生欺凌的应急预案	148	49	152	51
4. 学校是否有防治校园欺凌的工作流程	148	49	152	51
5. 学校是否设立专门的防治学生欺凌活动月或周	99	33	201	67
防治校园欺凌日常德育工作				
6. 学校是否定期开展思想道德教育	300	100	0	0
7. 学校是否定期开展法治教育	182	61	118	39
8. 学校是否定期开展心理健康教育	177	59	123	41
防治校园欺凌的专题教育				
9. 学校是否在每学期开学时进行防治校园欺凌的专题教育	168	56	132	44
10. 学校是否在日常课程中设置了防治欺凌的专门教学模块	160	53	140	47
开展防治欺凌的培训与活动				
11. 学校是否对教师进行过防治学生欺凌的专项培训	179	60	121	40
12. 学校是否定期组织对家长防治学生欺凌的培训	166	55	134	45
13. 学校是否对学生进行防治校园欺凌的专门培训或教育活动	175	58	125	42
营造校园安全环境				
14. 是否在容易发生欺凌的地方（操场、厕所等）有明显的警示标志或求助按铃	187	62	113	38
15. 在偏僻死角设有紧急报警装置	187	62	113	38
16. 校园偏僻地点定期巡视	114	38	186	62
17. 学校走廊、公布栏等张贴防治校园欺凌标语、海报等宣传单	108	36	192	64
对学生欺凌调查				
18. 学校是否周期性进行学生欺凌情况的摸底调查	115	38	185	62

（二）学校对校园欺凌应对与处置现状

学生欺凌事件的应对可分为学生欺凌事件的判定和学生欺凌事件的处置两个阶段。

1. 学校对校园欺凌应对与处置的具体状况

（1）学校对欺凌事件的判定

表 5-3 数据显示，在学校是否有明确的学生欺凌事件报告机制上，62% 的学校表示已经建立了明确的学生欺凌事件报告机制，38% 的学校未能建立清晰的报告机制；在学校是否有明确的程序来调查和处理学生欺凌事件方面，65% 的学校表示有明确的调查和处理程序，35% 的学校没有明确的处理程序；在学校是否能在事件发生后迅速启动调查和处理程序方面，58% 的学校能够迅速启动欺凌事件的调查和处理程序，42% 的学校存在反应滞后。

（2）学校对欺凌事件的处置

表 5-3 数据显示，在学校是否会根据事件的具体情况对欺凌者进行惩戒和教育上，60% 的学校表示会根据事件情况对欺凌者进行惩戒和教育，40% 的学校未能结合惩戒与教育；在学校对受欺凌者是否采取了安抚和保护措施方面，62% 的学校已经采取了安抚和保护受欺凌者的措施，38% 的学校没有进行及时的安抚和保护；在学校是否会通知双方家长参与事件的处理方面，66% 的学校表示在处理欺凌事件时会通知双方家长参与，34% 的学校未能通知家长；对于严重欺凌事件，学校是否会联合公安机关进行教育或训诫方面，59% 的学校会在严重欺凌事件中联合公安机关进行教育或训诫，41% 的学校未采取这种措施。

2. 学校对学生欺凌事件应对与处置的整体状况

总体来看，尽管多数学校在处理学生欺凌事件时采取了一定的应对和处置措施，但仍有部分学校在关键环节上存在不足。特别是在报告机制的建立、家长的参与以及与公安机关的合作方面，尚有部分学校未能全面落实。这些不足可能导致欺凌事件处理不够及时或全面，影响校园安全和学生的心理健康。未来，学校应加强相关制度建设，确保每个欺凌事件都能按照规范化流程得到有效处理，提升处理效率和效果。

表 5-3 学校对学生欺凌事件应对与处置的现状评估

题项	是		否	
	人数	百分比（%）	人数	百分比（%）
对欺凌事件的判定				
19. 学校是否有明确的学生欺凌件报告机制	186	62	114	38
20. 学校是否有明确的程序来调查和处理学生欺凌事件	195	65	105	35
21. 学校是否能在事件发生后迅速启动调查处理程序	174	58	126	42
对欺凌事件的处置				
22. 学校是否会根据事件的具体情况对欺凌者进行惩罚和教育	180	60	120	40
23. 学校对受欺凌者是否采取了安抚与保护措施	186	62	114	38
24. 在欺凌事件中，学校是否会通知双方家长参与事件的处理	198	66	102	34
25. 对于严重欺凌事件，学校是否会联合公安机关进行警示教育或训诫	177	59	123	41

（三）学校对学生欺凌事件善后与追踪辅导的现状

1. 学校对学生欺凌事件善后与追踪辅导的具体状况

表 5-4 数据显示，在学校是否制订了详细的善后恢复计划方面，55% 的学校表示制定了详细的善后恢复计划，45% 的学校尚未制定相关计划；在学校是否提交了善后恢复报告方面，50% 的学校提交了善后恢复报告，50% 的学校未提交报告；在学校是否对受欺凌者进行了后续辅导和追踪教育上，55% 的学校为受欺凌者提供了后续辅导和追踪教育，45% 的学校未能提供后续辅导和追踪教育；在学校是否对欺凌者进行了后续辅导和追踪教育上，51% 的学校对欺凌者进行了后续辅导和追踪教育，49% 的学校未提供后续辅导和追踪教育；在学校是否对全体（围观者）进行了后续辅导与持续教育方面，50%

的学校在欺凌事件后对进行了后续辅导与持续教育，50% 的学校并未采取此类措施。

2. 学校对学生欺凌事件善后与追踪辅导的整体状况

数据反映出学校在欺凌事件善后与追踪辅导方面的措施执行情况有待进一步改进。尽管多数学校认识到了善后工作的必要性并采取了相应措施，但仍有相当比例的学校在具体行动（如持续辅导、集体教育、提交恢复报告等）上存在不足。特别是辅导的持续性和心理健康支持方面的工作较为薄弱，建议加强这两方面的支持。此外，集体教育的普及度和提交善后报告的制度化程度也是需要重点改进的领域。

表 5–4　学校对学生欺凌事件善后与追踪辅导的现状评估

题项	是		否	
	人数	百分比（%）	人数	百分比（%）
学校是否制订了有针对性的学生欺凌事件善后恢复计划	165	55	135	45
学校是否向教育管理部门提交了学生欺凌事件的善后恢复报告	150	50	150	50
欺凌事件后，学校是否对欺凌者进行了后续辅导和追踪教育	153	51	147	49
欺凌事件后，学校是否对受欺凌者进行了后续辅导和追踪教育	165	55	135	45
欺凌事件后，学校是否对全体（围观者）进行了后续辅导和持续教育	150	50	150	50

三、结论与讨论

通过对 300 名学校中小学（中职学校）校长的调查，分析了学校在学生欺凌预防、应对与处置以及善后恢复工作中的现状。研究结果显示，尽管大部分学校在防治学生欺凌的各个环节上虽然已经采取了一些积极措施，但在预防、应对与处置以及善后恢复的制度建设、资源配置以及实际执行过程中仍存在显著不足和挑战。

（一）学校对校园欺凌的预防工作中存在的不足

1. 规章制度和计划执行不足

专门学生欺凌治理委员会的设立对于学校防治欺凌的系统化工作至关重要，因为它不仅能在欺凌事件发生后迅速作出反应，还能在日常教育和预防工作中发挥关键作用。数据显示，虽然大多数学校已经意识到成立学生欺凌治理小组的必要性，但仍有相当一部分学校未能形成正式的治理结构。访谈中，一些校长提到，设立治理委员会的主要障碍是学校资源有限，特别是小型学校，可能没有足够的人员来专门负责此类工作。如有的校长表示，很多时候只能由现有的教育行政人员兼任管理这些事务，这也在无形中增加了他们的负担。因此，未来的政策应更加关注小型学校的资源配置，帮助其设立专门的欺凌治理机构，以确保有专职人员处理和预防欺凌事件。

明确的规章制度是防止和处理欺凌事件的基础，它不仅为教师、学生提供了行为准则，也为事件的处理提供了法律和政策依据。数据显示，虽然大部分学校制定了明确的反欺凌政策，但仍有近四成的学校缺乏相应的规范。访谈中有些校长提到，学校没有制定清晰的规章制度，部分原因是因为缺乏对欺凌事件严重性的认识，或者认为学校规模较小，发生严重欺凌事件的概率低，所以不需要相关的规章制度。这种态度可能导致学校在真正面临欺凌问题时无法及时作出有效处理。未来应加强对所有学校的政策指导，使其认识到防治欺凌规章制度的必要性，确保每所学校都有相应的制度支持。

应急预案的缺失可能导致在欺凌事件发生时，学校无法迅速、有效地做出反应。数据显示，尽管部分学校意识到了欺凌事件应急处理的必要性，但仍有近一半的学校在面对突发欺凌事件时缺乏系统化的应对策略。访谈中许多校长提到，由于缺乏足够的资源和专业知识，很多学校未能制订详细的应急预案。学校需要更加重视应急预案的制订，并在政策和资源上得到更多支持，确保每所学校都能应对各种类型的欺凌事件。

防治学生欺凌工作流程的制定有助于规范学校在欺凌事件发生后的处理步骤，确保事件能够得到及时有效的应对。数据显示，尽管部分学校制定了明确的工作程序，但大部分学校仍然缺乏系统化的应对机制。访谈中，一些校长提到，由于学校规模和资源的差异，很多学校的管理层认为即便没有明确的工作流程，也能够“灵活处理”事件。如有的校长表示，学校里有经验的老师遇到类似问题都知道该怎么处理，所以没有特别制订工作流程。然而，这种“灵活处理”的方式往往存在个人判断的主观性，可能导致处理不一致或不公平的情况。未来需要通过政策引导，帮助学校建立系统化、标准化的欺凌处理工作流程，确保事件能够得到公平、一致的处理。

设立防治欺凌的活动月或活动周有助于提高全校师生的防欺凌意识，并通过集体活动促使学生更深入了解欺凌行为及其后果。研究结果表明，大多数学校缺乏定期、集中化的防治欺凌宣传和教育活动。访谈中，不少校长表示，由于课程安排紧张，很多学校没有时间和资源去开展这类专门的活动。未来应加强教育部门对学校的支持力度，为学校提供更多资源和指导，确保防治欺凌的宣传和教育活动能够定期开展，并成为校园文化的一部分。

2. 日常宣传工作较为普遍，但法制和心理健康教育仍有不足

尽管所有学校都定期开展思想道德教育，但法制教育和心理健康教育的普及率相对较低。访谈中，校长们普遍认为，学校在这两个领域面临着明显的资源瓶颈。如学校缺乏专职的心理健康教育教师，这类课程通常由普通教师兼任，内容不够系统化。或由于学校课程安排非常紧张，心理健康课常常被其他课程所取代。资源短缺和课程负担是限制学校在这些关键领域开展教育的主要原因。未来需要在政策上增加对心理健康教育和法制教育的支持，确保学校能够有专门的课程和教师来处理这些议题。

3. 防治欺凌的专题教育和课程设置覆盖不足

表 5-2 数据显示，仅有 56% 的学校在开学时进行防治欺凌的专题教育，而 53% 的学校在日常课程中设置了防治欺凌的教学模块。校长们在访谈中普遍提到，专题教育和课程设置的时间安排是一个大问题。有的学校将防治欺凌的教育放在选修课或者课外活动中。有的学校则因为重视考试科目，而忽视了这些非考试的教育内容。这表明，学校在时间和课程安排上面临来自教学任务和升学压力的冲突，使得防治欺凌的教育未能系统化地纳入课程体系。未来需要加强对学校的指导和支持，使防治欺凌教育能够合理融入学校课程

安排。

4. 教师、家长和学生的培训和教育活动开展不全面

表 5-2 数据显示，只有 60% 的学校对教师进行了专项培训，且对家长的培训覆盖率更低。访谈中，校长们反映了家长参与度低的问题。由于很多家长认为欺凌问题是学校的责任，因此不愿意花时间参加培训，觉得学校应该完全解决这些问题。有的家长会通常集中在学业成绩的反馈，关于欺凌的讨论很少重视。此外，关于教师培训，校长们表示，学校在培训教师时面临资源和时间的限制。这种现象反映出教师和家长在反欺凌教育中的参与度不足，而这主要源于时间、资源匮乏，以及对问题重视度的差异。未来的工作应更多地关注如何提高家长和教师对欺凌问题的重视程度，并为学校提供专门的培训资源。

5. 校园安全环境有待改善

表 5-2 数据显示，虽然 62% 的学校设置了警示标志和紧急报警装置，但是仍有 38% 的学校没有采取相应的措施。校长们在访谈中普遍提到，安全设备的安装面临资金和维护问题。因此，校园安全环境的改善往往受到资金和人力资源的制约。未来需要通过政策支持，确保学校有足够的资源来提升校园安全设施并维持其正常运作。

6. 对学生欺凌情况的定期调查不普遍

表 5-2 数据显示，只有 38% 的学校定期对学生欺凌情况进行摸底调查。在访谈中，校长们普遍认为，调查工作不仅费时费力，而且结果往往难以落实。学生通常不愿意如实填写或即使有调查结果也没有足够的资源来根据这些结果进行干预。这表明，虽然定期调查能够帮助学校了解欺凌现状，但学校在调查和后续处理中的资源限制以及学生的信任度问题阻碍了调查的效果。未来需要为学校提供更有效的调查工具，并确保调查后有足够的支持资源用于干预和后续处理。

结合校长访谈资料可知，我国中小学校在防治学生欺凌工作中面临实际挑战，校长们普遍提到，时间、资源和家长参与度是防治欺凌工作的主要障碍。由于教学任务繁重，学校在课程安排和日常管理中往往难以平衡防治欺凌教育与学术教育的优先级。同时，缺乏心理支持资源和专业培训也影响了

教师、家长和学生的参与度。未来，学校需要更多的政策支持、资源投入以及家校合作，以确保欺凌防治工作得到有效实施。通过改善资源配置和加强防治措施的系统化，学校可以更好地为学生营造一个安全、健康的学习环境。

（二）学校对校园欺凌的应对与处置中存在的不足

1. 报告机制仍需加强

表 5-3 数据显示，虽然 62% 的学校已建立了明确的学生欺凌事件报告机制，但仍有 38% 的学校未能建立这一重要环节。这表明，部分学校可能无法及时报告和处理欺凌事件，从而延误了事件的早期干预。访谈中，许多校长提到，虽然学校意识到建立欺凌事件报告机制的重要性，但在执行过程中存在一些现实问题。如很难及时获知欺凌事件的发生，尤其是当事件发生在课外或监控覆盖不到的地方时。学生们往往不愿意主动报告或由于教师课业负担很重，很多时候难以顾及每一个学生之间的矛盾，再加上缺乏系统的培训，教师不清楚应该在哪种情况下立即上报。因此，学校需要更清晰的制度指导和教师培训，并鼓励学生主动报告欺凌行为。

2. 调查和处理程序的不完整

表 5-3 数据显示，65% 的学校拥有明确的调查和处理程序，这表明大部分学校已经意识到处理流程的重要性，仍有 35% 的学校没有相关的制度化程序，导致欺凌事件可能无法得到系统化处理。访谈中校长们提到，尽管许多学校已经建立了基本的处理程序，但程序的复杂性和缺乏细节使得学校在实际操作中遇到了困难。如当事件的复杂性超出了现有的制度，特别是涉及欺凌萌芽或轻微冲突时，教师不确定应该按照什么标准去处理。或因为很多时候没有足够的人员和资源来对每个案件进行详细调查，有时候只能依赖于简单的口头询问，这可能影响处理的公平性和全面性。这反映出学校在调查和处理程序上仍有不完整的地方，程序的细化和人员的专业培训显得尤为重要。

3. 对欺凌事件反应速度的不足

表 5-3 数据显示，虽然 58% 的学校能够迅速启动调查和处理程序，但 42% 的学校在反应速度上存在滞后。这种滞后可能会导致欺凌事件加剧或影响受欺凌者的身心健康。访谈中，校长们普遍提到，在面对欺凌事件时，反

应速度的滞后主要源于教师负担过重和资源不足。如学校的教师每个人要处理大量的班级管理和教学任务，欺凌事件发现时已经发生了一段时间了。或有的学校需要先召开会议讨论该如何处理，这无形中拖延了时间。因此，要提高反应速度，需要减少教师的工作负担，并建立更快速的决策机制，以确保事件得到及时处理。

4. 对欺凌者的教育与惩戒措施的不足

表 5-3 数据显示，尽管 60% 的学校已经采取了惩戒与教育相结合的措施，但 40% 的学校在处理欺凌者时缺乏这种组合方法。在访谈中，一些校长提到，学校在对欺凌者的处理上往往面临“平衡难题”。比如有的校长认为不能简单地对欺凌者进行严厉惩罚，这可能会导致其产生更严重的逆反心理，导致问题更难解决。但同时也不能忽视教育的必要性。或由于并没有足够的心理资源来持续辅导欺凌者，这让学校的干预工作往往流于表面。这表明学校需要更多的心理资源支持，以确保教育与惩戒相结合。

5. 对受欺凌者的支持力度不够

表 5-3 数据显示，尽管 62% 的学校采取了安抚和保护措施，但仍有 38% 的学校没有为受欺凌者提供足够的支持。这可能会影响受欺凌者的心理健康，导致长期的创伤反应。在访谈中，一些校长指出，由于学校心理辅导资源的有限性，学校对受欺凌者的支持往往不足。如有些学校只有一名心理辅导老师，要处理几百名学生的各种心理问题，便不可能对每一个被欺凌的孩子提供长期的辅导。此外，很多被欺凌的学生不愿意开口寻求帮助，因为他们觉得这样做会暴露自己，或者他们认为学校不能真正解决问题。因此，学校需要更系统的心理辅导支持，以及建立一个更安全、开放的学生求助机制。

6. 家长参与处理过程的不足

表 5-3 数据显示，尽管 66% 的学校在处理欺凌事件时通知双方家长，表明大多数学校已经认识到家长参与的重要性，但仍有 34% 的学校未能通知到家长参与，这削弱了家庭在处理学生行为问题中的作用。在访谈中校长们提到，家长的参与程度很大程度上取决于家庭的背景和态度。如有些家长认为学校的事情不应该过多干涉，他们只希望孩子在学校好好学习，不想卷入冲突。或有些家长比较忙，甚至不会到学校了解事情的详细情况，这使得学校

只能单方面处理问题。因此，未来需要加强家校沟通，鼓励家长理解参与的重要性，并通过更多沟通手段加强合作。

7. 与公安机关的合作有待加强

表 5-3 数据显示，在处理严重欺凌事件时，59% 的学校能够与公安机关合作，确保事件的依法处理，41% 的学校未能采取这类措施，表明部分学校在处理严重欺凌行为时缺乏外部支持。正如在访谈中校长们普遍反映，学校在处理严重欺凌事件时，是否与公安机关合作往往取决于学校的管理层和地方公安部门的关系。有的学校遇到学生欺凌事件发生不知道该不该请求公安部门介入。或由于有些家长不愿意事情闹大，甚至不希望学校报警，所以学校很多时候会尽量避免让公安机关介入。因此，未来学校应进一步加强与公安机关及其他外部机构的合作，确保严重欺凌事件能够依法得到处理。

总体而言，尽管大部分学校在欺凌事件处理中采取了一定措施，但仍有相当数量的学校在报告、处理、反应速度及与外部机构的合作上存在不足。这些问题可能会导致欺凌事件得不到及时有效的处理，进而对校园安全及学生心理健康造成不利影响。因此，未来学校应进一步加强制度建设，确保报告机制的完善、处理程序的规范化以及家长和公安机关的参与度，以提高整体的欺凌事件应对水平。通过这些改进措施，学校可以更有效地应对欺凌事件，创造更加安全、和谐的校园环境。

（三）学校在校园欺凌的善后恢复工作中存在的不足

1. 善后恢复计划的制订不足

表 5-4 数据显示，虽然 55% 的学校制定了学生欺凌事件的善后恢复计划，但仍有 45% 的学校未能制定详细的计划。这可能是因为部分学校认为欺凌事件处理完成后即可结束，而忽视了后续的善后工作。在访谈中，多位校长提到，善后恢复计划的缺乏通常是由于学校对善后工作的重视程度不够。如有的学校更多关注事件的处理本身，尤其是如何尽快平息事件，而忽视了事件结束后的长期影响。或由于资源和时间有限，通常在事件处理后很少有足够的精力去制定善后恢复计划。这反映出学校往往更注重短期处理，而忽视了长期的恢复与追踪。未来学校应更加重视此类计划的制订与落实，以确保全

面处理欺凌事件的各个环节。

2. 善后恢复报告的提交情况一般

表 5-4 数据显示，只有 50% 的学校向教育管理部门提交了善后恢复报告。这一比例表明，学校在欺凌事件后的报告机制尚未完全规范化。一些校长在访谈中提到，由于资源有限，处理欺凌事件后没有足够的时间或精力编写详细的恢复报告，导致报告提交不及时甚至未提交。这是学校缺乏行政指导或对报告提交的重要性认识不足所致。加强对报告提交的要求和监督将有助于教育管理部门更好地跟踪校园欺凌事件的处理情况。

3. 对受欺凌者的后续辅导和追踪教育不足

表 5-4 数据显示，尽管 55% 的学校对受欺凌者进行了后续辅导和追踪教育，但 45% 的学校未能为受欺凌者提供必要的支持。访谈中，校长们普遍认为，资源的不足是学校无法持续为受欺凌者提供支持的主要原因。如有的学校只有一名心理辅导员，几乎不可能对每个受欺凌者进行持续的追踪。此外，有很多家长并没有意识到持续辅导的重要性，他们觉得事件解决了，孩子不需要再继续心理辅导。这种资源和意识的双重缺失，导致学校在后续支持受欺凌者方面力不从心。学校缺乏专业的心理资源和家长的支持，这使得持续的心理干预和教育难以有效落实。

4. 对全体学生的后续辅导和教育不够普遍

表 5-4 数据显示，仅有 50% 的学校在欺凌事件后为全体学生（包括观众者）提供了后续辅导和持续教育。在访谈中校长们表示，全校范围内的教育活动通常在时间和资源方面受到限制。如处理完欺凌事件后，学校的重点更多放在恢复正常的教学秩序上，很少会专门进行全体师生的辅导和教育活动。或者即使想做全校范围的教育活动，往往也缺乏合适的教材或资源来开展，老师们的时间也有限。因此，学校在全体师生的后续辅导和教育上普遍存在时间不足、资源短缺的问题，无法有效地提高全体师生的防欺凌意识和应对能力。这部分工作的不足与学校日常工作的压力和缺乏系统性指导密切相关。

总体而言，学校在学生欺凌事件后的善后与追踪辅导工作中仍存在显著不足。尽管部分学校已经认识到这些问题的重要性，但资源和人员的缺乏导致善后工作未能全面落实。未来，学校需要进一步完善相关的政策与机制，加强与外部机构的合作，确保每一个欺凌事件后的善后工作得到持续和有效的执行，帮助受影响的学生恢复心理健康，同时提升全校的防欺凌意识。

第三节　教师参与校园欺凌治理的现状

校园欺凌问题近年来愈发引起社会的广泛关注，作为校园治理的重要主体，教师在识别、预防和干预校园欺凌中的作用尤为关键。教师不仅是校园内欺凌防治的重要执行者，同时也是连接学生、家长与学校管理层的纽带，其行为和态度直接影响校园欺凌问题的治理效果。因此，全面了解教师在校园欺凌治理中的现状，对推动学校安全建设和提升教育质量具有重要意义。

近年来，我国政府层面逐步加强对校园欺凌治理的规范与指导。教育部办公厅于2021年发布的《防范中小学欺凌专项治理行动工作方案》明确指出，学校和教师在校园欺凌防治中肩负重要责任，并提出将学生欺凌防治情况纳入教育质量评价体系，作为评优评先的重要依据。这一政策不仅强化了教师在预防和干预校园欺凌中的职责，还对其专业能力提出了更高要求。然而，现有研究对教师在校园欺凌治理中的认知、态度以及实际防治行为的关注相对不足，这在一定程度上限制了针对性的政策改进与实践优化。

本节旨在系统分析我国中小学教师在校园欺凌治理中的认知、态度和防治行为，通过问卷调查和访谈全面探讨以下问题：教师对校园欺凌概念和类型的认知是否准确；教师对欺凌行为的态度如何影响其干预策略以及教师在实际防治行为中存在哪些优势与不足。研究的结果将为制定更加精准的教师培训方案和改进校园欺凌治理机制提供数据支持和参考。

一、研究方法

（一）问卷设计与信效度检验

1. 问卷设计

本研究采用自编问卷，该问卷综合了上述文献中迈克尔·博尔顿的研究、王祈然与吴会会的研究，以及索尼娅等人编制的学校欺凌问题问卷的相关内容。

自编教师问卷主要由两部分构成。第一部分为中小学教师的个人基本情况调查，内容包括性别、学历、教龄、是否班主任及所在学校情况等，属于人口统计学变量；第二部分主要调查中小学教师对校园欺凌的认知、态度和防治行为的现状，通过量表题的形式进行呈现。该部分包括三个分量表：一是教师对校园欺凌的认知；二是教师对校园欺凌的态度；三是教师对校园欺凌的防治行为。

教师的个人基本情况：共 7 道题目，调查初中教师的性别、学历、教龄、学校所在区域、是否班主任、在职前是否接受过反欺凌知识的培训学习、所在学校是否为教师开展校园欺凌培训工作等内容，用于了解教师个体和学校的基本信息。

教师对校园欺凌的认知：这一部分共 12 个题项，采用李克特点量表计分，得分越高，表示教师的认知与校园欺凌的实际情况越吻合，从而越有助于科学有效地解决校园欺凌问题。所有题目均采用正向计分，其中答案选项“非常同意”至“非常不同意”分别赋 5 分、4 分、3 分、2 分、1 分。

教师对校园欺凌的态度：该部分包括 12 个题项，使用李克特五点量表进行计分。题目 16、19、20、23、24 采用反向计分方式，答案从“非常同意”到“非常不同意”分别赋 1 分、2 分、3 分、4 分、5 分。这意味着在这些题目中，得分越高，表示教师对校园欺凌的态度越不积极或不支持。其余题目为正向计分，答案从“非常同意”到“非常不同意”分别赋 5 分、4 分、3 分、2 分、1 分。在这些题目中，得分越高，表示教师的态度对校园欺凌越积极或越支持。

教师对校园欺凌的防治行为：这一部分包含 20 个题项，使用李克特五点量表进行计分。其中，题目 34、35、36、37、38、42、43、44 采用反向计分方式，答案从“非常同意”到“非常不同意”分别赋 1 分、2 分、3 分、4 分、5 分。在这些题目中，得分越高，表明教师在校园欺凌防治行为上的表现越差。其他题目则为正向计分，答案从“非常同意”到“非常不同意”分别赋 5 分、4 分、3 分、2 分、1 分。在这些题目中，得分越高，表明教师在校园欺凌防治行为上的表现越好。

2. 问卷的信效度

为解问卷对学校教职员适用的情形以及正式施测可能会产生的问题，本研究在修订完成初测问卷后，选取 3 所学校的教职员进行施测，共发出初测问卷 175 份，回收且有效问卷 175 分，回收率 100%。

首先，对预测的数据进行项目分析，以检验每个题项的可靠性，甄别出能有效区分被调查者反应的题项。本书运用临界比法对数据进行项目分析，取总分的前 27% 作为高分组，后 27% 为低分组，进行 T 检验。结果显示，所有题项的 CR 值（≥ 3.50）或相关系数（≥ 0.400）均达到显著水平（$p< 0.05$），因此所有题项均可进行因素分析。

接着，对教师的校园欺凌认知、态度、防治行为三个分量表的各因子进行 KMO 和巴特利特球形检验，结果显示：认知量表的 KMO=0.891，巴特利特检验的 sig 值为 p=0.000，小于 0.05，适合进行因素分析；态度量表的 KMO=0.901，巴特利特检验的 sig 值为 p=0.000，小于 0.05，适合因素分析；防治行为量表的 KMO=0.877，Bartlett 检验的 sig 值为 p=0.000，小于 0.05，适合因素分析。

由于问卷编制时已参考理论研究并通过专家效度检验，层面结构已确定，因此本书采用“分层面”的方式进行探索性因素分析。运用 SPSS 20.0 软件，采用主成分分析和最大正交旋转法对三个分量表进行探索性因素分析。结果显示，教师对校园欺凌认知量表包含三个因子，分别为：校园欺凌概念认知、欺凌类型认知、欺凌特征认知，总方差解释率为 52.23%；教师对校园欺凌态度量表包含三个因子，分别为：对欺凌行为本身、欺凌者、受欺凌者的态度，总方差解释率为 53.12%；教师对校园欺凌防治行为量表包含三个因子，分别为预防行为、对欺凌者处置行为、对受欺凌者处置行为。

第三，问卷的信度分析。本书采用内部一致性系数作为《教师对校园欺凌防治量表》信度的检验指标。对《教师对校园欺凌的认知》《教师对校园欺凌的态度》《教师对校园欺凌的防治行为》三个分量表进行信度分析，一致性系数分别为 0.72、0.71、0.74，显示各分量表的内部一致性良好（表 5-5）。

表 5–5　初测问卷欺凌认知、态度、行为 信度分析表

变量分类	题数	一致性系数值
教师对校园欺凌的认知	12	0.72
教师对校园欺凌的态度	12	0.71
教师对校园欺凌的防治行为	20	0.74
整体教师对校园欺凌防治现状量表	44	0.72

最后，对问卷的结构效度进行了分析。本书使用 Mplus 软件对《学生对校园欺凌防治问卷》进行验证性因素分析，检验各维度结构模型与施测数据的拟合情况，结果见表 5-15。验证性因素模型的拟合指数分析表明，三个分量表的各维度结构模型与施测数据拟合良好，支持问卷的结构效度，证明问卷能够有效测量学生对校园欺凌的认知、态度及防治行为。

表 5–6　教师对校园欺凌认知、态度及防治行为的验证性因素模型拟合指数

分量表	χ^2	df	χ^2/df	RMSEA	CFI	TLI
学生对校园欺凌的认知	13.14	5	1.62	0.03	0.98	0.97
学生对校园欺凌的态度	15.24	6	1.22	0.05	0.95	0.93
学生对校园欺凌的防治行为	22.97	10	2.03	0.08	0.93	0.89

（二）样本来源与数据收集

1. 样本来源

本次调查的样本来自我国西北地区的五个省区的 50 所小学、中学（初中和高中）以及中等职业学校的教师。采用配额抽样和分层抽样，具体做法为：校班级数 20 个班以下的学校抽取 6 名教师，21 ～ 40 个班抽取 12 名，41 个班以上抽取 18 名。共从 50 所学校中抽取 346 名教师，其中 50 名教师参与访谈。

2. 数据收集

本研究通过问卷和访谈收集数据。课题组成员于 2019 年 6 月至 7 月对中小学教师的校园欺凌治理情况进行了调查。共发出 346 份问卷，收回 346 份，

回收率 100%。剔除 16 份无效问卷，最终获得有效问卷 330 份。

（三）数据分析方法

回收有效问卷后进行编码，使用 SPSS 20.0 软件进行分析，采用描述性统计方法，通过频数和百分比分析学校对校园欺凌治理的现状。

二、研究结果

（一）教师对校园欺凌认知现状统计分析

1. 教师对校园欺凌概念的认知

统计结果显示，83.40% 的教师认同校园欺凌是一种具有伤害性的攻击行为，这表明教师普遍对校园欺凌持有严肃态度。79.55% 的教师赞同校园欺凌行为的发生地点包括教室、厕所、操场等校园内场所；61.00% 的教师不同意校园欺凌行为主要发生在学校周边区域（见表 5-7）。

表 5-7　教师对校园欺凌概念认知统计分析表

题项	非常不同意		不同意		一般		同意		非常同意	
	人数	百分比（%）	人数	百分比（%）	人数	百分比（%）	人数	百分比（%）	人数	百分比（%）
1. 校园欺凌是一种具有伤害性的攻击行为	10	3.03	25	7.58	20	6.05	70	21.20	205	62.20
2. 校园欺凌常发生在教室、厕所、操场等校园内场所	15	4.50	25	7.50	25	7.50	65	19.55	200	60.00
3. 校园欺凌常发生在学校周边，如附近饭馆、网吧等	30	9.00	173	52.00	30	9.00	80	24.00	17	5.00

2. 教师对校园欺凌类型认知

教师对校园欺凌类型的认知涉及身体欺凌、言语欺凌、关系欺凌、性别欺凌以及网络欺凌。表 5-8 数据显示，86.97% 的教师认为身体攻击行为（如殴打、踢踹等）构成校园欺凌，这反映出教师对直接物理伤害行为具有较高的敏感性和一致性；64.55% 的教师认为言语侮辱、戏弄等也属于校园欺凌，只有 37.78% 的教师将关系欺凌（如刻意孤立、排斥）视为校园欺凌，这意味着教师在这方面的认知和敏感度尚待提高；关于性相关的侵犯行为，60.30% 的教师将与性相关的侵犯行为视为校园欺凌，显示出对这类行为的严重性有一定的认识；仅 24.85% 的教师认为利用网络传播负面信息构成校园欺凌，需要通过进一步的培训和教育来提高他们对网络欺凌的识别与应对能力。

表 5-8　教师对校园欺凌认知统计分析表

题项	非常不同意		不同意		一般		同意		非常同意	
	人数	百分比（%）	人数	百分比（%）	人数	百分比（%）	人数	百分比（%）	人数	百分比（%）
4. 对他人实施殴打、踢踹、推搡等行为属于校园欺凌	10	3.03	13	3.94	20	6.06	100	30.30	187	56.67
5. 通过侮辱性言语、讽刺、起外号或其他言语恶意来戏弄他人属于校园欺凌	24	7.27	62	18.79	31	9.39	89	26.97	124	37.58
6. 善于利用人际关系，如故意孤立、排斥、冷落、不理睬他人等行为属于校园欺凌	46	13.94	74	22.42	85	25.76	90	27.27	35	10.51
7. 对他人进行性骚扰或使用与性相关的侵犯行为，如非自愿的拍裸照，属于校园欺凌	38	11.52	53	16.06	40	12.12	60	18.18	139	42.12
8. 利用网络或其他信息技术传播虚假信息、侮辱或诽谤他人属于校园欺凌	89	26.97	123	37.27	36	10.91	52	15.76	30	9.09

3. 教师对校园欺凌特征认知

表 5-9 中数据显示，56.06% 的教师认为欺凌行为一旦发生，通常会多次重复出现，这表明多数教师认识到欺凌行为的持续性特征；78.18% 的教师认为欺凌者实施欺凌行为时具有恶意，故意欺压和伤害他人，显示出教师对欺凌行为恶意性特征的高度认知；64.24% 的教师认为欺凌者与受欺凌者在力量、人数、地位等方面差距悬殊，欺凌者通常占据优势并处于主导地位，表明教师对欺凌行为中力量不对称特征的认知较为清晰；66.67% 的教师认为有些欺凌行为经常发生在学校中较为隐蔽的地方，难以及时察觉和发现，这显示出教师对欺凌行为隐蔽性特征的认知程度较高。

表 5-9　教师对校园欺凌特征认知统计分析表

题项	非常不同意		不同意		一般		同意		非常同意	
	人数	百分比（%）	人数	百分比（%）	人数	百分比（%）	人数	百分比（%）	人数	百分比（%）
9. 欺凌行为并非偶发事件，一旦发生，通常会多次重复	40	12.12	75	22.73	30	9.09	120	36.36	65	19.70
10. 欺凌者实施欺凌行为时具有恶意性，往往故意欺压和伤害他人	22	6.67	15	4.55	35	10.61	110	33.33	148	44.85
11. 欺凌者与受欺凌者在力量、人数、地位等方面差距明显，欺凌者通常占据优势并处于主导地位	30	9.09	60	18.18	28	8.48	145	43.94	67	20.30
12. 有些欺凌行为常发生在学校中较为隐蔽的地方，这类事件往往难以及时察觉和发现	25	7.58	45	13.64	40	12.12	72	21.82	148	44.85

（二）教师对校园欺凌的态度

教师对校园欺凌态度是指教师个人对防范和处理校园欺凌行为的稳定心理倾向。本维度旨在调查教师对校园欺凌的态度，包括对欺凌行为本身、欺凌者、受欺凌者三个子维度。

1. 教师对校园欺凌行为本身的态度

表 5-10 数据显示，78.48% 的教师认为欺凌对学生人格的负面影响较大；68.49% 的教师普遍认为欺凌行为对学生的学业发展有害；55.45% 的教师认为欺凌行为会给欺凌双方的家庭及其所在的社区带来巨大伤害和损失；57.88% 的教师认为欺凌行为不应被视为正常的成长经历。

表 5-10 教师对校园欺凌行为本身的态度统计分析表

题项	非常不同意		不同意		一般		同意		非常同意	
	人数	百分比（%）	人数	百分比（%）	人数	百分比（%）	人数	百分比（%）	人数	百分比（%）
13. 欺凌行为会阻碍学生健全人格的养成	29	8.79	16	4.85	26	7.88	130	39.39	129	39.09
14. 欺凌行为不利于学生正常的学业发展	14	4.24	50	15.15	40	12.12	88	26.67	138	41.82
15. 欺凌行为会给欺凌双方的家庭带来巨大伤害和损失	41	12.42	60	18.18	46	13.94	107	32.42	76	23.03
16. 欺凌行为是学生成长过程中都会遇到的经历，能够磨炼学生的意志	89	26.97	102	30.91	22	6.67	71	21.52	46	13.94

2. 教师对欺凌者的态度

表 5-11 数据显示，76.67% 的教师认为帮助欺凌者是必要的，而不是单纯惩罚，这表明教师更倾向于采取建设性的方式来解决欺凌行为；超过 78.00% 的教师支持为欺凌者提供改正的机会，显示出教师对于欺凌者的处理态度较为宽容；37.88% 的教师支持批评欺凌者，但 50.31% 的教师不支持批评欺凌

者，这表明教师意见较为分散；58.48% 的教师不支持欺凌者应受到严厉惩罚，这反映出教师在处理欺凌者时更倾向于宽容，而不是严厉惩罚。

表 5-11 教师对欺凌者的态度统计分析表

题项	非常不同意		不同意		一般		同意		非常同意	
	人数	百分比（%）	人数	百分比（%）	人数	百分比（%）	人数	百分比（%）	人数	百分比（%）
17. 我认为应尽力帮助欺凌者，而不仅仅是惩罚他们	15	4.55	36	10.91	26	7.88	92	27.88	161	48.79
18. 我认为应对欺凌者怀有更多的希望和宽容，并给予他们改正的机会和空间	28	8.48	26	7.88	18	5.45	80	24.24	178	53.94
19. 我认为欺凌者应受到严肃的批评和谴责	48	14.55	118	35.76	39	11.82	73	22.12	52	15.76
20. 我认为欺凌者应受到严厉的惩罚，不能轻易饶恕和姑息其恶劣行为	130	39.39	63	19.09	30	9.09	55	16.67	52	15.76

3. 教师对受欺凌者的态度

表 5-12 数据显示，73.33% 的教师认为受欺凌者应得到更多的关心和支持，表明教师普遍认可并愿意在情感和心理上给予受欺凌者帮助；66.06% 的教师认为应加强对受欺凌者的保护，以防止他们再次受到伤害，显示出教师对其安全的高度重视，并愿意采取措施确保他们不再受欺凌；56.06% 的教师不认为欺凌是受害者个人问题，反映出教师普遍认为学校和教师应在解决欺凌问题中发挥更积极的作用，而不是将责任推给受害者；51.51% 的教师不同意将欺凌归因于受害者的看法，表明超过半数的教师认可欺凌行为的复杂性，并拒绝简单地将责任归咎于受害者自身。

表 5-12 教师对受欺凌者的态度统计分析表

题项	非常不同意		不同意		一般		同意		非常同意	
	人数	百分比（%）	人数	百分比（%）	人数	百分比（%）	人数	百分比（%）	人数	百分比（%）
21. 我认为受欺凌者应得到更多的关心和支持	12	3.64	50	15.15	26	7.88	64	19.39	178	53.94
22. 我认为应给予受欺凌者更多的保护，以免他们再次受到伤害	25	7.58	57	17.27	30	9.09	150	45.45	68	20.16
23. 我认为遭受欺凌是学生的个人问题，被欺负的学生应自己想办法应对和解决	50	15.15	135	40.91	45	13.64	63	19.09	37	11.21
24. 正常人不会无缘无故被欺负，受欺凌者自身一定存在某些问题才会招致欺凌	50	15.15	120	36.36	40	12.12	60	18.18	60	18.18

（三）教师对校园欺凌的防治行为

教师对校园欺凌的防治实践与行为是指教师在面对和处理校园欺凌问题时所采取的各种措施和行动。这些行为包括教师对欺凌的预防、教师对欺凌者的处理、教师对受欺凌者的处理三个子维度。

1. 教师对校园欺凌的预防行为

教师对校园欺凌的预防行为维度包括识别与监控、教育与引导、倡导和示范。表 5-13 数据显示，在识别与监控方面，41.82% 的教师积极参与观察学生的行为和情绪变化，以识别潜在的欺凌行为，46.76% 的教师不认为自己能够密切观察学生的行为和情绪变化；71.21% 的教师认可定期记录和报告欺凌事件，反映了教师对系统性监控和记录的重视。在教育与引导方面，82.42% 的教师积极参与在课堂上开展反欺凌教育；77.27% 的教师认可通过角色扮演和模拟活动进行教育。在倡导和示范方面，87.87% 的教师认可通过行为示范展示尊重、友善和公平的价值观，显示了教师以身作则的重要性；89.39% 的教师认可倡导并表扬尊重他人的行为，表明教师高度重视营造积极向上的班级氛围。

表 5–13　教师对校园欺凌的预防行为统计分析表

题项	非常不同意		不同意		一般		同意		非常同意	
	人数	百分比（%）	人数	百分比（%）	人数	百分比（%）	人数	百分比（%）	人数	百分比（%）
25. 我会密切观察学生的行为和情绪变化，以识别可能的欺凌行为	72	21.91	82	24.85	38	11.52	90	27.27	48	14.55
26. 我会定期记录和报告班级中发生的欺凌事件，以便及时采取措施	15	4.55	30	9.09	50	15.15	120	36.36	115	34.85
27. 我会在课堂上开展反欺凌教育，向学生讲解欺凌的危害和后果	8	2.42	20	6.06	30	9.09	130	39.39	142	43.03
28. 我会通过角色扮演和模拟活动，帮助学生理解和体验受欺凌者的感受	10	3.03	25	7.58	40	12.12	125	37.88	130	39.39
29. 我会通过自己的行为示范，向学生展示尊重、友善和公平的价值观	5	1.52	10	3.03	25	7.58	140	42.42	150	45.45
30. 我会在班级中倡导并表扬尊重他人的行为，营造一个积极向上的班级氛围	5	1.52	10	3.03	20	6.06	130	39.39	165	50.00

2. 教师对校园欺凌者的处理行为

本维度包括以教育引导为主的处理方式、以批评惩戒为主的处理方式、以忽视逃避为主的处理方式。表 5-14 数据显示，在以教育引导为主的处理方式层面，60.00% 的教师表示会通知欺凌者的家长，请他们到学校来共同商量解决办法；只有 39.39% 的教师表示会帮助校园欺凌者改过自新；也只有 30.60% 的教师认为会密切关注欺凌者的后续行为。可见“通知欺凌者家长”的应对方式得到了多数教师的一致认可，而“找出欺凌者欺负他人的原因，帮助欺凌者改过自新”“密切关注欺凌者的后续行为”这两项应对方式不被大部分教师所认同。

在以批评惩戒为主的处理方式层面，27.58% 的教师表示会对欺凌者采用罚站等惩罚方式，使其认识到自己的错误，44.54% 的教师表示自己会在全班同学面前严厉批评和斥责欺凌者，并让其当众道歉。由此可见，大多数教师对以罚站及批评和斥责为主的处理方式并不赞同。

在以忽视逃避为主的处理方式层面，52.73% 的教师表示会把欺凌者交给学校，让学校处理其不良行为并进行管教；48.18% 的教师表示会告知欺凌者家长，让他们自己解决孩子的欺凌问题；52.12% 的教师会放弃管教欺凌者，对其不予关注和理睬。由此可见，“把欺凌者交给学校，让学校处理其不良行为并进行管教”“放弃管教欺凌者，对其不予关注和理睬”的应对方式受到了多数教师的认同，而大部分教师对“告知欺凌者家长，让他们自己解决孩子的欺凌问题”的应对方式则不太认同。

表 5–14　教师对欺凌者的处理行为统计分析表

题项	非常不同意		不同意		一般		同意		非常同意	
	人数	百分比（%）	人数	百分比（%）	人数	百分比（%）	人数	百分比（%）	人数	百分比（%）
31. 欺凌事件发生后，我会通知欺凌者的家长，请他们到学校来共同商量解决办法	22	6.67	78	23.64	32	9.70	130	39.39	68	20.61
32. 欺凌事件发生后，我会找出欺凌者欺负他人的原因，帮助其改过自新	74	22.42	96	29.09	30	9.09	86	26.06	44	13.33

续表

题项	非常不同意		不同意		一般		同意		非常同意	
	人数	百分比（%）	人数	百分比（%）	人数	百分比（%）	人数	百分比（%）	人数	百分比（%）
33. 欺凌事件解决后，我会密切关注欺凌者的后续行为	72	21.82	107	32.42	50	15.15	64	19.39	37	11.21
34. 欺凌事件发生后，我会对欺凌者采用罚站等惩罚方式，使其认识到自己的错误	70	21.21	107	32.42	62	18.79	38	11.52	53	16.06
35. 欺凌事件发生后，我会在全班同学面前严厉批评和斥责欺凌者，并让其当众道歉	92	27.88	56	16.97	35	10.61	83	25.15	64	19.39
36. 欺凌事件发生后，我会把欺凌者交给学校，让学校处理其不良行为并进行管教	52	15.76	82	24.85	22	6.67	98	29.70	76	23.03
37. 欺凌事件发生后，我会告知欺凌者家长，让他们自己解决好孩子的欺凌问题	77	23.33	60	18.18	34	10.30	92	27.88	67	20.30
38. 欺凌事件发生后，我会放弃管教欺凌者，对其不予关注和理睬	30	9.09	97	29.39	31	9.39	133	40.30	39	11.82

3. 教师对受欺凌者的处理行为

本维度包括以教育引导为主的处理方式，以忽视逃避为主的处理方式。表 5-15 显示，在以教育引导为主的处理方式层面，69.09% 的教师认为欺凌事件发生后会及时通知受欺凌者的家长，通过沟通来帮助受害者解决问题；只有 42.43% 的教师认为会与受欺凌者深入交流总结其受欺负的原因，避免事情再次发生；36.97% 的教师表示欺凌事件解决后继续关注受欺凌者身心状况的问题。由此可见，“通知受欺凌者家长，通过沟通来帮助受害者”的方式得到多数教师的认可，而“与受欺凌者深入谈话交流，总结其受欺负原因”和“追踪关注受欺凌者身心情况”的应对方式则不被大部分教师所认同。

在以忽视逃避为主的处理方式层面，51.85% 的教师表示不会关注受欺凌者的情况，孩子们的小打小闹过一阵就好了，56.37% 的教师认为自己会把受欺凌者交给学校，让学校的专职人员帮助其应对欺凌问题，39.09% 的教师表示会告知受欺凌者家长，让他们自己帮助孩子应对欺凌。

表 5–15　教师对受欺凌者处理方式子维度下各题项频数统计结果

题项	非常不同意		不同意		一般		同意		非常同意	
	人数	百分比（%）	人数	百分比（%）	人数	百分比（%）	人数	百分比（%）	人数	百分比（%）
39. 欺凌事件发生后，我会通知受欺凌者的家长，通过沟通来帮助受害者解决问题	15	4.55	55	16.67	32	9.70	128	38.79	100	30.30
40. 欺凌事件发生后，我会与受欺凌者深入交流，总结其受欺负的原因，避免再次发生	75	22.73	85	25.76	30	9.09	42	12.73	98	29.70
41. 欺凌事件解决后，我会在日后的教育中继续关注受欺凌者的身心状况	45	13.64	128	38.79	35	10.61	75	22.73	47	14.24
42. 欺凌事件发生后，我不会关注受欺凌者的情况，孩子们的小打小闹过一阵就好了	105	31.82	33	10.00	21	6.36	115	34.85	56	17.00
43. 欺凌事件发生后，我会把受欺凌者交给学校，让学校专门人员帮助其应对欺凌问题	25	7.58	89	26.97	30	9.09	137	41.52	49	14.85

续表

<table>
<tr><th rowspan="2">题项</th><th colspan="2">非常不同意</th><th colspan="2">不同意</th><th colspan="2">一般</th><th colspan="2">同意</th><th colspan="2">非常同意</th></tr>
<tr><th>人数</th><th>百分比（%）</th><th>人数</th><th>百分比（%）</th><th>人数</th><th>百分比（%）</th><th>人数</th><th>百分比（%）</th><th>人数</th><th>百分比（%）</th></tr>
<tr><td>44. 欺凌事件发生后，我会告知受欺凌者的家长，让他们自己帮助孩子应对欺凌问题</td><td>30</td><td>9.09</td><td>144</td><td>43.64</td><td>27</td><td>8.18</td><td>84</td><td>25.45</td><td>45</td><td>13.64</td></tr>
</table>

三、结论与讨论

基于对教师对校园欺凌防治现状的调查和数据分析，我们不仅看到了教师在防治校园欺凌方面的积极措施和态度，还暴露出了一些潜在的问题和挑战。

（一）教师对校园欺凌有较为全面的认知，但部分类型认知有待加强

大多数教师对校园欺凌的定义及常见类型如身体欺凌和言语欺凌，有较为深入的了解，能够有效识别并处理校内的欺凌事件。然而，部分教师对校园欺凌的认知存在一定的局限性。

其一，关于校园欺凌行为的发生地点，研究表明，教师普遍倾向于认为欺凌行为主要发生在校内，忽视了学校周边区域的欺凌风险。仅有 5.00% 的教师非常同意，24.00% 的教师同意“校园欺凌行为的发生地点包括学校周边区域”这一观点。这表明，教师对校园欺凌空间范围的认知较为狭窄，未能充分认识到学校外部环境对校园欺凌的潜在影响。正如一位初中教师所言：“我一直认为校园欺凌主要发生在校内，尤其是在教室和操场。我们很少关注学校周边区域的情况，毕竟学生在校外的活动我们难以掌控。但我也意识到，这种观念可能需要改变。”

其二，在校园欺凌的类型认知上，教师对关系欺凌和网络欺凌的认识相对不足。调查显示，只有 10.50% 的教师非常同意，27.27% 的教师同意“蓄

意孤立、排斥等行为属于校园欺凌”；仅有 9.09% 的教师非常同意，15.76% 的教师同意“网络上恶意传播他人信息、造谣等行为属于校园欺凌”。这表明多数教师在面对关系欺凌和网络欺凌时，缺乏充分的认知和应对策略。正如一位小学教师在访谈中提道：“关系欺凌和网络欺凌在近几年变得越来越常见，但这些形式的欺凌往往难以察觉和证实。我们需要更多的培训来提高我们的识别和处理能力，尤其是在面对网络欺凌时。”

（二）教师在校园欺凌防治中展现了积极态度，但存在观念差异

大多数教师充分意识到校园欺凌对学生身心健康的危害，表现出高度的责任感和强烈的干预意愿，支持通过学校政策和教育引导来预防和应对欺凌行为。然而，部分教师仍对欺凌行为存在认知偏差。如调查显示，约 35.46% 的教师同意或非常同意“校园欺凌是学生成长过程中不可避免的经历，能够磨炼学生的意志”。这种观点不仅具有误导性，还可能削弱教师在欺凌防治中的积极性。一些教师在访谈中表达了类似的看法，如一位教师表示：“我一直认为孩子们在成长过程中会遇到各种挑战，欺凌可能只是其中的一种经历。他们需要学会自己应对这些问题。”此类观念的存在可能淡化校园欺凌的严重性，导致教师对欺凌行为的容忍度提高，减少干预的积极性。如果这种观念广泛存在，教师可能不愿采取及时、有效的干预措施，而将欺凌视为学生应自行应对的挑战。这种态度不仅无法有效遏制校园欺凌，反而可能加剧欺凌现象的发展。因此，教师在防治校园欺凌方面的观念需要进一步引导与改善，确保他们对欺凌行为的严重性有清晰的认知，从而采取积极有效的应对措施。

（三）教师在识别欺凌行为上展现了责任感，但早期识别能力不足

尽管许多教师表示会密切关注学生的行为和情绪变化，以识别潜在的欺凌行为，但在早期发现欺凌方面，特别是面对关系欺凌和网络欺凌等隐蔽性较强的形式时，识别能力仍然有限。本研究发现，41.82% 的教师表示能够积极参与观察学生行为以识别欺凌，但有 46.76% 的教师表示难以做到密切监控。这表明将近一半的教师在早期发现欺凌事件方面存在困难，可能缺乏相应的技能或经验来识别隐蔽性较高的欺凌行为。

早期发现学生欺凌事件是防治工作的关键环节。政府和相关部门出台了多项政策文件，强调“早期发现”的重要性，认为只有在欺凌行为刚发生时及时干预，才能避免造成更严重的后果。许多校园欺凌的严重事件往往由未及时制止的“轻微”冲突或口角引发，如一位教师在访谈中所说：“我们确实有时很难及时发现学生间的欺凌行为。课堂上、课间和放学后的时间，我们不能时刻观察每一个学生的行为变化。虽然我们有意识地在防治欺凌，但往往等到事情已经变得严重，才意识到问题的存在。”这反映了教师在识别校园欺凌方面的实际困难，也突显了提升教师早期识别和干预能力的重要性。未来，学校应通过加强教师培训和提供有效工具，帮助教师更好地应对和识别隐蔽性别欺凌行为，确保早期干预的及时性和有效性。

（四）教师在处理欺凌行为时有多样化的措施，但主动干预不足

部分教师在处理欺凌事件时表现出积极干预的态度，试图通过教育引导和行为管理帮助学生应对欺凌问题。然而，许多教师更倾向于依赖学校专职机构或通知家长，而非亲自干预。这种依赖他人的处理方式可能导致欺凌问题得不到及时解决，反映出教师在应对欺凌时的处理方式缺乏直接性和有效性。

研究表明，教师处理校园欺凌时主要采用教育引导、批评惩戒和忽视逃避三种方式，但无论面对欺凌者还是受欺凌者，教师往往更倾向于忽视和逃避，而非采取积极干预。例如，52.73% 的教师表示对欺凌者选择放弃管教，不予理睬；56.37% 的教师认为应将欺凌者交由学校处理，认为学校能更好地管理不良行为；接近一半的教师表示应告知家长，让家长自行处理孩子的欺凌行为。对于受欺凌者，51.85% 的教师认为无需特别关注，认为孩子之间的小打小闹会自行化解；56.37% 的教师则认为应交由学校专职人员处理。

进一步访谈中，部分教师表示学校或家长更适合处理这些问题。一位教师说：“我们觉得学校处理更为专业，家长也有责任处理自己孩子的问题，这样我们也能避免陷入复杂的纠纷。”这一观点显示出部分教师在面对欺凌问题时倾向于避重就轻，缺乏积极主动的应对措施。这种态度不仅削弱了教师在校园欺凌防治中的作用，也可能延误问题的解决，导致欺凌行为恶化。因此，教师在处理校园欺凌问题时，应加强直接干预的能力，发挥更为积极的角色，

确保及时有效地应对欺凌事件。

总体而言，尽管教师在防治校园欺凌方面表现出积极态度并采取了一定的行动，但在认知、态度和具体行为上仍存在不足。尤其是在关系欺凌和网络欺凌的认知不充分、处理方式上的忽视与逃避以及早期发现能力的欠缺等方面，这些问题亟须通过进一步的培训、政策支持和资源投入来改进与提升。只有通过这些措施，才能更有效地防治校园欺凌，切实保障学生的身心健康和全面发展。

第四节　学生参与校园欺凌治理的现状

校园欺凌是学校安全管理中的突出问题，而学生在这一过程中扮演的角色不可忽视。从受害者到旁观者，学生的认知、态度和行为不仅直接影响欺凌事件的发生与发展，还构成了校园欺凌治理的重要切入点。学生的反应方式，包括面对欺凌时的应对措施以及是否会主动报告，不仅能够减轻受害者的伤害，还可以威慑欺凌者，防止欺凌行为的再次发生。因此，全面了解学生在校园欺凌治理中的参与现状，对制定更有效的防治策略具有重要意义。

近年来，我国逐步加强对校园欺凌问题的治理力度，出台了一系列政策和指导意见，强调学校、教师和家庭在校园欺凌治理中的重要作用。然而，相较于这些主体，学生作为直接利益相关者和潜在的行动主体，其在欺凌防治中的角色却往往被忽视，相关研究也较为有限。现有文献更多集中于欺凌者和受害者的行为特征，而对学生旁观者的角色和参与度关注不足。同时，学生在欺凌防治中的态度、认知和实际行为如何相互作用，以及其在治理机制中的作用如何更有效发挥，仍缺乏系统研究。

为填补这一不足，本研究通过问卷调查和数据分析，聚焦学生对校园欺凌的认知、态度和防治行为，从受害者与旁观者两个视角展开讨论。研究旨在探讨学生面对欺凌时的应对模式，评估其行为是否科学、稳妥，并提出优化学生参与校园欺凌治理的策略建议，为校园安全建设提供实践指导。

一、研究方法

（一）问卷设计与信效度检验

1. 问卷设计

问卷是基于本研究的目的和架构而编制的，同时参考了相关研究和文献，并经过与指导教授的充分讨论后进行了修正和删减而形成。本研究采用自编问卷，问卷设计总体分为两部分：第一部分包括性别、年龄、年级等，属于人口统计学变量。第二部分主要调查中小学生对校园欺凌的认知、态度和防治行为的现状，以量表题的形式进行呈现。第二部分主要包括三个分量表：一是《中小学生对校园欺凌的认知》；二是《中小学生对待校园欺凌的态度》；三是《中小学生对校园欺凌的防治行为》。

中小学生的个人基本情况：这一部分共 6 道题目，调查初中教师的性别、年龄、学历、年级、学校所在区域、所在学校是否为学生开展校园欺凌教育等内容，用于了解学生个体和学校的基本信息。

青少年对校园欺凌的认知：这一部分共 12 个题项，采用李克特点量表计分，得分越高，表示学生的认知与校园欺凌的实际情况越吻合，从而越有助于科学有效地解决校园欺凌问题。所有题目均采用正向计分，其中答案选项“非常同意”至“非常不同意”，分别赋 5 分、4 分、3 分、2 分、1 分。

青少年对校园欺凌的态度：这一部分包括 5 个题项，使用李克特五点量表进行计分，所有题目均采用正向计分，其中答案选项“非常同意”至“非常不同意”，分别赋 5 分、4 分、3 分、2 分、1 分。在这些题目中，得分越高，表示学生态度对对校园欺凌 / 反欺凌越积极或越支持。

学生对校园欺凌的防治行为：这一部分包含 18 个题项，使用李克特五点量表进行计分。其中，题目 23、24、25、26、31、32、33、34、35 采用反向计分方式，答案从“非常同意”到“非常不同意”，分别赋 1 分、2 分、3 分、4 分、5 分。在这些题目中，得分越高，表明学生在校园欺凌防治行为上的表现越差。其他题目则为正向计分，答案从“非常同意”到“非常不同意”，分别赋 5 分、4 分、3 分、2 分、1 分。在这些题目中，得分越高，表明学生在校园欺凌防治行为上的表现越好。

2. 问卷的信效度

为解决问卷对学生适用的情形以及正式施测可能会产生的问题，笔者在修订完成初测问卷后，选取20所学校中4所学校的中小学（包括中职学校）学生进行施测，共发出预测问卷400份，回收且有效问卷400分，回收率100%。

首先，对预测的有效数据进行项目分析，以检验每个题项的可靠性，并甄别出能有效区分被调查者反应的题项。本书运用临界比法对数据进行项目分析，取总分的前27%作为高分组，后27%为低分组，进行T检验。结果显示，所有题项的CR值（≥3.50）或相关系数（≥0.400）均达到显著水平（p< 0.05），因此所有题项均可进行因素分析。

其次，对学生在校园欺凌认知、态度及防治行为三个分量表下的各因子进行了KMO检验和巴特利特球形检验，结果显示：学生对校园欺凌认知量表的KMO=0.903，巴特利特球形检验的sig值为p=0.000，小于0.050，适合进行因素分析；学生对校园欺凌态度量表的KMO=0.914，巴特利特球形检验的sig值为p=0.000，小于0.050，适合进行因素分析；学生对校园欺凌防治行为量表的KMO=0.891，巴特利特球形检验的sig值为p=0.000，小于0.050，适合进行因素分析。

由于问卷编制时参考了理论研究结果，并经专家效度检验，层面结构已确定，因此本书采用“分层面”方式进行探索性因素分析。运用SPSS 20.0软件，采用主成分分析法和最大正交旋转法对三个分量表数据进行探索性因素分析，结果显示，学生对校园欺凌的认知量表包含三个因子，分别命名为：对校园欺凌概念认知、对校园欺凌类型认知、对校园欺凌特征认知，总方差解释为57.35%；学生对校园欺凌的态度量表包括三个因子，分别命名为：欺凌行为本身的态度、对欺凌者的态度、对受欺凌者的态度，总方差解释为55.38%；学生（旁观者）对校园欺凌的防治行为量表包括两个因子，分别命名为：学生对校园欺凌的预防行为、学生（旁观者）对校园欺凌的反应行为。

再其次，问卷的信度分析。本书采用内部一致性系数值作为对《学生对校园欺凌防治量表问卷》的信度检验指标。对《学生对校园欺凌的认知》《学生对校园欺凌的态度》《学生对校园欺凌的防治行为》三个分量表进行信度分析，获得三个量表的一致性系数值分别为 0.83、0.79、0.77，显示各分量表的内部一致性良好（表 5-16）。

表 5-16　学生对校园欺凌认知、态度、防治行为的信度分析表

变量分类	题数	一致性系数值
学生对校园欺凌的认知	12	0.83
学生对校园欺凌的态度	5	0.79
学生对校园欺凌的防治行为	10	0.77
整体学生对校园欺凌防治量表	37	0.75

最后，问卷的结构效度分析。本研究运用 Mplus 软件对《学生对校园欺凌防治量表问卷》进行验证性因素分析，得到学生对校园欺凌防治各维度结构模型与施测数据的拟合程度，具体结果如表 5-17。通过验证性因素模型拟合指数的分析，结果表明三个分量表的各维度结构模型与施测数据的拟合程度良好。

表 5-17　学生对校园欺凌认知的验证性因素模型拟合指数

分量表	χ^2	df	χ^2/df	RMSEA	CFI	TLI
学生对校园欺凌的认知	10.23	6	1.705	0.05	0.98	0.97
学生对校园欺凌的态度	8.45	4	2.113	0.06	0.96	0.95
学生对校园欺凌的防治行为	25.34	14	1.81	0.07	0.94	0.92

（二）样本来源与数据收集

1. 样本来源

本次调查的样本来自我国西北地区的五个省区的 50 所小学、中学（初中和高中）以及中等职业学校的学生。学校通过随机抽样选择，每所学校每年级抽取 1 个班级进行调查。鉴于小学生的理解能力，调查仅针对小学五、六年级学生。

2. 数据收集

课题组成员于 2019 年 6 月至 7 月对中小学生参与校园欺凌治理情况进行

了调查。共发出4800份问卷，回收问卷4000份，回收率83.33%。剔除33份无效问卷，最终获得有效问卷3967份。其中45名学生参与访谈。

（三）数据分析方法

回收问卷后进行编码，使用SPSS 20.0软件进行统计分析，采用描述性统计方法，通过频数和百分比分析学生参与校园欺凌治理现状。

二、研究结果

（一）我国青少年对校园欺凌的认知状况

1. 青少年对校园欺凌概念的认知

表5-18数据显示，学生对校园欺凌概念的认知存在一定的多样性和分歧。55.04%的学生认同校园欺凌是一种具有伤害性的攻击行为，但对欺凌发生的具体场所意见不一。相较于特定场所（如教室、厕所、操场），44.97%学生认为欺凌行为可能发生在学校周边。多数学生持中立态度，这可能表明他们对校园欺凌行为的发生地还没有明确的看法或经验。

表5–18 学生对校园欺凌概念认知统计分析表

题项	非常不同意		不同意		一般		同意		非常同意	
	人数	百分比（%）	人数	百分比（%）	人数	百分比（%）	人数	百分比（%）	人数	百分比（%）
1. 校园欺凌是一种具有伤害性的攻击行为	395	9.97	792	19.97	597	15.04	1188	29.97	995	25.07
2. 校园欺凌常发生在教室、厕所、操场等校园内场所	198	4.99	598	15.07	1585	39.97	793	19.99	793	19.99
3. 校园欺凌常发生在学校周边，如附近饭馆、网吧等	199	5.02	792	19.97	1192	30.04	1190	29.99	594	14.98

2. 青少年对校园欺凌类型的认知

学生对校园欺凌类型的认知通过五个问题进行测评，分别涉及身体欺凌、言语欺凌、关系欺凌、性别欺凌以及网络欺凌。表 5-19 数据显示，学生对校园欺凌的不同形式的认知存在一定的多样性和分歧。总体上，49.87% 的学生认同对他人实施殴打、踢踹、推搡等行为属于校园欺凌，而 30.05% 的学生持中立态度，表明还有一部分学生对这种行为是否属于校园欺凌没有明确的看法。然而，不同类型的欺凌行为在学生中的认知程度存在差异，特别是间接和非身体暴力形式的欺凌行为，只有 45.43% 的学生认同通过侮辱性语言、讥讽、起外号或其他言语恶语来贬弄他人属于校园欺凌，35.08% 的学生认为基于利用人际关系的欺凌行为属于校园欺凌，而 39.97% 的学生持中立态度，表明很多学生对这种间接的欺凌形式还缺乏明确的认知，44.92% 的学生认同对他人进行性骚扰或具有性相关的言语和行为属于校园欺凌，44.97% 认同利用网络或其他信息技术传递虚假信息、侮辱或诽谤他人属于校园欺凌。

表 5–19　学生对校园欺凌类型认知统计分析表

题项	非常不同意		不同意		一般		同意		非常同意	
	人数	百分比（%）	人数	百分比（%）	人数	百分比（%）	人数	百分比（%）	人数	百分比（%）
4. 对他人实施殴打、踢踹、推搡等行为属于校园欺凌	178	4.49	619	15.60	1192	30.05	1185	29.88	793	19.99
5. 通过侮辱性言语、讽刺、起外号或其他言语恶意来戏弄他人属于校园欺凌	198	4.99	778	19.61	1188	29.97	993	25.04	810	20.39
6. 善于利用人际关系，如故意孤立、排斥、冷落、不理睬他人等行为属于校园欺凌	199	5.02	793	19.99	1585	39.97	598	15.08	792	20.00

续表

题项	非常不同意		不同意		一般		同意		非常同意	
	人数	百分比（%）	人数	百分比（%）	人数	百分比（%）	人数	百分比（%）	人数	百分比（%）
7. 对他人进行性骚扰或使用与性相关的侵犯行为，如非自愿的拍裸照，属于校园欺凌	200	5.04	794	20.01	1191	30.04	1193	30.07	589	14.85
8. 利用网络或其他信息技术传播虚假信息、侮辱或诽谤他人属于校园欺凌	199	5.02	794	20.01	1190	30.00	1190	30.00	594	14.97

3. 青少年对校园欺凌特征的认知

表 5-20 数据显示，44.98% 的学生认为校园欺凌行为具有重复性，这表明大部分学生意识到校园欺凌一旦发生，很可能会反复出现；44.94% 的学生认为欺凌行为具有恶意，显示出学生对欺凌者行为动机的较强认识；45.06% 的学生认为欺凌者通常占据优势，这意味着许多学生认为欺凌者在力量、人数或地位等方面有明显优势；44.95% 的学生认为欺凌行为常常发生在隐蔽场所，这表明隐蔽性是校园欺凌的一个显著特征。

表 5-20　青少年对校园欺凌特征认知统计分析表

题项	非常不同意		不同意		一般		同意		非常同意	
	人数	百分比（%）	人数	百分比（%）	人数	百分比（%）	人数	百分比（%）	人数	百分比（%）
9. 欺凌行为并非偶发事件，一旦发生，通常会多次重复	199	5.02	793	20.00	1191	30.03	1189	29.98	595	15.00
10. 欺凌者实施欺凌行为时具有恶意性，往往故意欺压和伤害他人	198	4.99	794	20.02	1192	30.05	1191	30.03	592	14.91

续表

题项	非常不同意		不同意		一般		同意		非常同意	
	人数	百分比（%）	人数	百分比（%）	人数	百分比（%）	人数	百分比（%）	人数	百分比（%）
11. 欺凌者与受欺凌者在力量、人数、地位等方面差距明显，欺凌者通常占据优势并处于主导地位	197	4.97	792	19.97	1190	30.00	1190	30.00	598	15.06
12. 有些欺凌行为常发生在学校中较为隐蔽的地方，这类事件往往难以及时察觉和发现	200	5.04	794	20.02	1190	30.00	1190	30.00	593	14.95

（二）我国青少年对校园欺凌的态度

本维度旨在调查青少年对待校园欺凌的基本态度，包括青少年对待校园欺凌行为和反欺凌行动的道德判断和青少年对待校园欺凌行为和情境的情感反应。

1. 青少年对待校园欺凌行为和反欺凌行动的道德判断

表 5-21 数据显示，有 73.97% 的学生认为“帮助无法保护自己的学生是件好事”，显示大多数学生认为帮助弱势同伴是积极的行为，13.99% 的学生持中立态度，表明还有一部分学生对这一行为的道德判断没有明确的看法。有 79.58% 的学生认同“参与欺凌他人的行为是不对的”，显示大多数学生对欺凌行为持负面态度。

表 5-21　青少年对待校园欺凌行为和反欺凌行动的道德判断分析表

题项	非常不同意		不同意		一般		同意		非常同意	
	人数	百分比（%）	人数	百分比（%）	人数	百分比（%）	人数	百分比（%）	人数	百分比（%）
13. 帮助无法保护自己的学生是件好事	158	3.98	317	7.99	555	13.99	1388	34.98	1549	38.99
14. 参与欺凌他人的行为是不对的	98	2.47	317	7.99	396	9.98	1785	44.98	1371	34.60

2. 青少年对待校园欺凌行为和情境的情感反应

表 5-22 数据显示，78.46% 的学生在看到没有人保护受欺凌的学生时会感到生气，显示大多数学生在目睹无人保护的欺凌事件时会产生愤怒的情感反应；75.96% 的学生表示在看到其他学生受欺凌时会感到难过，显示大多数学生对目睹欺凌事件时会产生负面情感反应；76.22% 的学生在看到有人为受欺凌的学生挺身而出时会感到高兴，显示大多数学生看到正义行为会产生正面情感反应。

表 5–22 青少年对待校园欺凌行为和情境的情感反应

题项	非常不同意		不同意		一般		同意		非常同意	
	人数	百分比（%）	人数	百分比（%）	人数	百分比（%）	人数	百分比（%）	人数	百分比（%）
15. 看到没有人保护受欺凌的学生时，我感到生气	159	4.01	298	7.52	397	10.01	1387	34.96	1726	43.50
16. 看到其他学生受欺凌时，我感到难过	139	3.51	318	8.02	496	12.51	1387	34.96	1627	41.00
17. 看到有人为受欺凌的学生挺身而出时，我感到高兴	129	3.25	318	8.02	496	12.51	1387	34.96	1637	41.26

（三）我国青少年（旁观者）对校园欺凌的防治行为

青少年（旁观者）对校园欺凌的防治实践与行为是指青少年在预防和处理校园欺凌问题时所采取的各种措施和行动。这些行为包括青少年对校园欺凌的预防、单纯旁观行为、对受欺凌者的帮助行为、对欺凌者的支持行为四个子维度。

1. 青少年对校园欺凌的预防行为

表 5-23 数据显示，46.23% 的学生表示愿意学习并了解识别校园欺凌的早期信号，但仍有 28.77% 的学生不认同此项；43.63% 的学生愿意积极参与学校的防欺凌讲座和活动，而有 29.88% 的学生表示不愿意参与；42.96% 的学生表示会主动劝阻同学之间的冲突，避免事态升级为欺凌，但仍有 30.96% 的学生不愿主动劝阻冲突，这意味着部分学生可能由于缺乏信心或其他原因不

愿意介入；40.00% 的学生表示不参与传小道消息，而 30.03% 的学生选择了“非常不同意”或“不同意”，显示出一部分学生可能仍会或习惯于传播小道消息；43.71% 的学生表示他们会远离校园的“死角盲区”，但仍有 29.54% 的学生表示不会刻意避开这些地方，这可能意味着部分学生对这些区域潜在的风险缺乏意识或不愿规避。

表 5–23　青少年预防校园欺凌的实践与行为统计分析表

题项	非常不同意		不同意		一般		同意		非常同意	
	人数	百分比（%）	人数	百分比（%）	人数	百分比（%）	人数	百分比（%）	人数	百分比（%）
18. 我会学习并了解如何识别校园欺凌的早期信号	417	10.50	725	18.27	992	25.00	901	22.70	932	23.53
19. 我会积极参与学校组织的防欺凌讲座和活动	389	9.81	796	20.07	1051	26.49	892	22.47	839	21.16
20. 我会主动劝阻同学之间的冲突，避免事态升级为欺凌	445	11.22	783	19.74	1035	26.09	865	21.80	839	21.16
21. 我平常不参与八卦谣言	397	10.01	794	20.02	1189	29.97	794	20.02	793	19.98
22. 我会远离校园的“死角旮旯”	409	10.31	763	19.23	1061	26.75	884	22.28	850	21.43

2. 青少年（旁观者）对校园欺凌的单纯旁观行为

表 5-24 中数据显示，39.98% 的学生表示他们在目睹欺凌事件时会因为害怕而选择离开现场，但 30.01% 的学生表示不会因此离开；41.98% 的学生表示他们在目睹欺凌事件时不主动介入，只在远处观察事态发展，但 30.00% 的学生表示不会采取这种行为，这表明相当一部分学生在面对欺凌时采取了旁观者的态度，而不主动干预；40.99% 的学生表示他们在目睹欺凌事件时会选择离开并保持沉默，30.00% 的学生表示他们不会这样做，这说明有不少学生在面对欺凌事件时可能不愿采取行动，也不愿公开表达立场；39.00% 的学生

表示他们在面对欺凌事件时曾有帮助受欺凌者的想法，但最终未能付诸行动，但 34.00% 的学生表示他们不会有此想法，这表明有部分学生有帮助受害者的意愿，但可能由于各种原因没有实施。

表 5-24 学生旁观者对校园欺凌的旁观行为统计分析表

题项	非常不同意		不同意		一般		同意		非常同意	
	人数	百分比（%）	人数	百分比（%）	人数	百分比（%）	人数	百分比（%）	人数	百分比（%）
23. 面对欺凌事件时，我因为害怕而离开现场	398	10.03	793	19.98	1191	30.01	991	24.99	594	14.99
24. 面对欺凌事件时，我不介入，只在远处观察事态发展	476	12.01	713	17.99	1112	28.02	1071	26.98	595	15.00
25. 面对欺凌事件时，我会离开现场，并对这件事保持沉默	437	11.01	754	18.99	1150	29.01	951	24.00	675	16.99
26. 我想过帮助被欺凌的同学，但没有付诸行动	515	12.98	834	21.02	1071	27.00	913	23.02	634	15.98

3. 青少年（旁观者）对受欺凌者的帮助行为

表 5-25 数据显示，只有 25.03% 的学生表示同意或非常同意在看到校园欺凌事件发生时会站出来制止，45.96% 的学生选择不干预，这反映了学生在面对欺凌时，普遍缺乏直接干预的意愿和能力；有 24.97% 的学生表示会立即报告给教师或其他权威人士，这一比例较低，45.00% 的学生仍选择不报告；仅 25.03% 的学生表示同意或非常同意勇敢面对欺凌者，保护被欺凌的同学，但 44.97% 的学生选择不介入，反映出学生在应对欺凌者时存在较大的心理障碍；26.09% 的学生表示会在事后安慰和支持被欺凌的同学，这一比例稍高于前几项，但 43.93% 的学生选择不支持或不安慰受害者。

表 5-25　"学生旁观者对受欺凌者的帮助行为"统计分析表

题项	非常不同意		不同意		一般		同意		非常同意	
	人数	百分比（%）	人数	百分比（%）	人数	百分比（%）	人数	百分比（%）	人数	百分比（%）
27. 当我看到校园欺凌事件发生时，我会站出来制止	793	20.00	1030	25.96	1151	29.01	635	16.01	358	9.02
28. 如果看到有人欺凌同学，我会立即报告给教师或其他权威人士	715	18.01	1070	26.99	1194	30.10	593	14.98	395	9.99
29. 我会勇敢面对欺凌者，保护被欺凌的同学	754	19.01	1030	25.96	1190	30.00	634	15.98	359	9.05
30. 我会在事后安慰和支持被欺凌的同学	715	18.02	1028	25.91	1189	29.97	596	15.02	439	11.07

4. 青少年（旁观者）对欺凌者的支持行为

表 5-26 数据显示，29.01% 的学生表示有人欺凌同学时会鼓励他们继续，45.98% 的学生明确表示不同意，说明大多数学生对欺凌行为持反对态度；28.01% 的学生表示如果朋友在欺凌别人，会站在朋友一边，反映了友情在学生行为选择中的重要性；30.02% 的学生表示会为欺凌者加油，从而间接助长了欺凌行为；27.07% 的学生表示会向欺凌者提供帮助，如出主意或提供工具，表明有部分学生不仅在心理上支持欺凌者，还会采取实际行动帮助欺凌者实施欺凌行为；29.09% 的学生表示会拍摄欺凌过程并在社交媒体上分享，这不仅助长了欺凌者的气焰，还可能对受害者造成二次伤害。

表 5-26 “学生旁观者对欺凌者的支持行为”统计分析表

题项	非常不同意		不同意		一般		同意		非常同意	
	人数	百分比（%）	人数	百分比（%）	人数	百分比（%）	人数	百分比（%）	人数	百分比（%）
31. 当我看到有人欺凌同学时，我会鼓励他们继续	595	15.00	1229	30.98	992	25.01	832	20.97	319	8.04
32. 如果我的朋友在欺凌别人，我会站在他那一边	635	16.01	1308	32.97	913	23.02	793	19.99	318	8.02
33. 我会为欺凌者加油，让他们觉得他们做的是对的	556	14.02	1268	31.96	952	24.00	911	22.96	280	7.06
34. 我会向欺凌者提供帮助，例如出主意或提供工具	595	15.00	1306	32.92	992	25.01	756	19.05	318	8.02
35. 我会拍摄欺凌过程并在社交媒体上分享	555	13.99	1266	31.91	992	25.01	795	20.04	359	9.05

三、结论与讨论

（一）学生对校园欺凌防治现状的认知及态度

对校园欺凌认知方面，大多数学生能够正确识别校园欺凌，并基本理解其性质，普遍认为欺凌是一种伤害性攻击行为。近半数学生能够区分不同类型的欺凌，如身体、言语和网络欺凌，并对其发生地点和情境有所了解。同时，近半数学生能够识别欺凌行为的常见特征，如重复性及欺凌者与受害者之间的权力不平衡。

对校园欺凌态度方面，绝大多数学生对欺凌持负面态度，并对保护受害者持积极立场。多数学生能够明确指出“参与欺凌是不对的”，并在情感上对受害者表示同情，希望他们得到帮助。然而，实际行动中，学生对“保护弱小、维护正义”的认同度较低。

在防治行为及实践方面，尽管大多数学生在预防行为上表现积极，愿意参与防欺凌活动，学习识别早期信号并劝阻冲突，但很多学生在旁观时仍选择不干预，仅远处观察或保持沉默，表现出一定的冷漠态度。部分学生愿意在事后安慰受欺凌者或向老师报告，但敢于直接面对欺凌者并保护受害者的比例相对较低。此外，尽管多数学生反对欺凌行为，少数学生却表现出消极态度，甚至在某些情况下鼓励或帮助欺凌者，拍摄并传播欺凌过程。

（二）学生在校园欺凌防治中存在的不足

1. 学生对校园欺凌行为的认知不足

研究发现，学生在理解与识别欺凌行为方面存在显著不足，具体表现为：一是部分学生对校园欺凌的概念、类型和特征认知模糊，尤其是对言语和间接性别欺凌的认识不清。需通过教育宣传，帮助学生全面了解欺凌的多样形式及其危害；二是学生对欺凌行为的恶意性质和重复性认知存在分歧，影响他们应对欺凌的方式，需加强相关教育和培训；三是在性骚扰和网络欺凌认知方面，尽管不少学生表示认同，仍有部分学生认知不足，反映出性教育和网络安全教育的欠缺，需学校与家庭共同努力提升相关知识与防范意识。

2. 学生对校园欺凌的态度存在分歧与不足

研究还发现，学生在道德判断与情感反应方面存在明显不足，主要表现为：一是道德判断分歧，学生对欺凌行为的道德判断差异显著，需通过实际案例与情景模拟加强教育，帮助学生深入理解欺凌的危害；二是情感反应不足，虽然大多数学生在目睹欺凌事件时感到愤怒和难过，但部分学生对此情感反应不明确，可能影响其应对方式。需通过心理健康教育和情感辅导，引导学生培养正确的情感反应，增强同理心与情感表达能力。

3. 学生对校园欺凌的预防行为不足

尽管研究结果显示学生有参与防欺凌活动的意愿，但实际中预防行为的实施效果不理想，部分学生未能有效识别和防范欺凌行为，具体表现如下：一是理论与实践脱节，虽然学生学习了防欺凌知识，但在实际生活中却难以有效应用，一些学生在访谈中表示“我们是学了一些关于欺凌的知识，但当我真正遇到这种情况时，我不知道该怎么做”，这一问题导致防欺凌教育效果有限。学校应加强实践教学，通过情景模拟、角色扮演等方式，帮助学生在实际情境中练习并应用防欺凌知识，提升应对能力；二是缺乏持续性教育，防欺凌教育多为阶段性活动，缺乏系统性和持续性，导致学生的防欺凌意识和技能难以长期保持，有学生提道：“我们学校有时候会搞一些反欺凌活动，但过一段时间就没有了，大家也就慢慢忘了。”学校应制订长期计划，定期开展活动，确保学生在整个学习阶段持续接触和学习防欺凌知识与技能；三是教育内容单一，现有防欺凌教育侧重于知识传授，忽视了技能培养和态度转变，有学生反馈“老师们总是告诉我们欺凌是不对的，但他们没有教我们具体该怎么做”。

4. 学生对校园欺凌的旁观与冷漠

研究结果显示，部分学生在面对欺凌事件时选择旁观或保持沉默，缺乏主动干预的意识和勇气，这种态度可能助长欺凌行为的持续和恶化。具体原因如下：一是害怕报复，许多学生在目睹欺凌时选择旁观，是因为担心干预后自己可能成为新的欺凌对象，一位学生在访谈中表示：“我很想帮助被欺凌的同学，但我害怕自己也会受到欺负。”这种担心使得学生在面对欺凌时选择沉默和旁观。二是缺乏自信，部分学生因自信不足，认为自己无力改变现状，因此不敢发声或干预，一位学生提道“我觉得自己力量不足，无法改变什么，所以就选择不干预”，这种缺乏自信的态度导致学生在面对欺凌事件时选择保持沉默。三是冷漠态度，有些学生对他人的欺凌行为持冷漠态度，认为与己无关，因此选择旁观，一位学生表示：“我觉得这不是我的事，所以我没有干预。”四是缺乏干预技能，虽然一些学生有干预的意愿，但由于缺乏具体的干预技能，不知道如何有效介入，一位学生提道“我想帮助，但不知道该怎么做”，这种技能缺乏使得学生在面对欺凌事件时选择旁观。

5. 学生在帮助受欺凌者行为上的不足

研究结果显示，虽然许多学生在情感上与受欺凌者共情，但主动帮助受欺凌者的比例较低，主要因为缺乏有效的帮助策略和技能，常常不知道如何提供支持。具体表现如下：一是干预意愿薄弱，大多数学生在面对校园欺凌时选择不干预，反映出他们心理上存在障碍，如害怕报复或缺乏自信，许多学生表示，尽管知道制止欺凌是正确的，但担心成为下一个受害者，一位学生说："我真的很想帮忙，但我害怕如果我站出来，我也会被欺负。"二是报告倾向不足，虽然向权威人士报告是有效的干预方式，许多学生仍选择不报告，可能出于对后果的担忧或对权威干预效果的不信任，一位学生表示："我曾经报告过老师，但后来那个欺负人的学生变本加厉，还威胁我不要再多嘴。"三是情感支持缺乏，在事后提供情感支持的学生较少，影响了受欺凌者的心理恢复，部分学生表示不知道如何正确安慰和支持同学，担心说错话会让情况更糟，一位学生说："我想帮忙，但我不知道该说什么或者做什么，有时候怕说错话会让情况更糟。"四是协作意识不足，学生面对欺凌时，缺乏请求他人协助的意识，反映出在应对欺凌方面的团队合作和互助精神不足，一位学生提到："有时候我觉得大家都在看着，但没有人愿意站出来，我们每个人都觉得自己是孤军奋战。"

6. 学生存在对欺凌者的支持行为

研究结果显示，少数学生表现出支持欺凌者的行为，如鼓励欺凌者、提供实际帮助、拍摄和传播欺凌过程，这无形中助长了欺凌行为。具体表现如下：一是友情压力，部分学生因友情压力而选择站在欺凌者一边，反映了友情在学生行为选择中的重要性。一位学生表示："我的朋友在欺负别人时，我不知道该怎么做，因为我们是朋友，我不想失去他。"另一位学生提道："如果我不支持我的朋友，他们可能会认为我背叛了他们，甚至可能会把我也当成目标。"二是语言支持，有学生通过语言为欺凌者助威，这种间接支持行为同样助长了欺凌者的气焰。一位学生说："当有人欺负其他人时，我会在旁边起哄，因为这样我感觉自己也是一部分，感觉自己很强大。"另一位学生表示："我并不真的想欺负别人，但我会跟着笑，这样我就不会显得格格不入。"三是实际帮助，部分学生会主动提供实际帮助，推波助澜了欺凌行为的实施。一位学生坦言："有一次我帮欺负人的同学提供了工具，因为我想得到他们的认可。"另一位学生说："我以为如果帮他们，他们就会接受我，不会欺负我。"四是社交媒体传播，一些学生拍摄并传播欺凌过程，不仅助长了欺凌者的气焰，还对受害者造成二次伤害。一位学生承认："我曾经拍摄过欺凌视频并分享给同学，因为这样可以得到更多的关注和点赞。"另一位学生说："我觉得拍摄视频并分享是为了让更多人看到，但后来发现这对被欺负的人伤害很大。"

第五节 家庭参与校园欺凌治理的现状

家庭是学生成长的重要环境，其教育方式、亲子关系以及对欺凌问题的认知和态度，在校园欺凌防治中发挥着基础性作用。近年来，随着校园欺凌问题引发社会广泛关注，家庭在治理体系中的角色逐渐受到重视。中国教育部在《防治中小学生欺凌和暴力指导手册》中强调，从改善家庭氛围、加强家庭教育到优化亲子沟通，都对预防和减少欺凌行为的发生具有重要意义。同时，全国妇联、教育部等 11 个部门联合发布的《关于指导推进家庭教育的五年规划（2021—2025 年）》提出，要构建覆盖城乡的家庭教育指导服务体系，促进家庭教育与学校教育、社会教育的协同，帮助学生养成健康的行为模式和社会交往能力。

尽管政策层面已充分认识到家庭在校园欺凌治理中的重要性，但家庭因素的系统研究仍较为不足，尚未形成科学有效的指导体系。因此，针对家长在治理过程中的认知与能力展开深入探讨，不仅能够弥补理论空白，也为实际政策设计提供支持。

本节通过问卷调查，聚焦家长在校园欺凌治理中的认知、态度和行为表现，分析家长参与校园欺凌治理的现状，旨在为进一步完善家庭教育政策和欺凌防治策略提供科学依据，同时为学校和社区的协同治理机制设计提供实践参考。

一、研究方法

（一）问卷设计与信效度检验

1. 问卷设计

本研究采用自编问卷，该问卷参考多位研究者的研究成果所编制而成。自编家长问卷主要由两部分构成。第一部分为中小学家长的个人基本情况调查，内容包括年龄、性别、教育水平和职业等，属于人口统计学变量。第二部分主要调查中小学家长对校园欺凌的认知、态度、预防和处理行为的现状，通过量表题的形式进行呈现。该部分包括四个分量表：一是家长对校园欺凌的认知；二是家长对校园欺凌的态度；三是家长对校园欺凌的预防行为、家长对校园欺凌的处理行为。

家长的个人基本情况：这一部分共4道题目，调查中小学家长的年龄、性别、教育水平和职业等内容，用于了解家长个体的基本信息。

家长对校园欺凌的认知：这一部分共12个题项，采用李克特点量表计分，得分越高，表示家长的认知与校园欺凌的实际情况越吻合，从而越有助于科学有效地解决校园欺凌问题。所有题目均采用正向计分，其中答案选项“非常同意”至“非常不同意”，分别赋5分、4分、3分、2分、1分。

家长对校园欺凌的态度：这一部分包括12个题项，使用李克特五点量表进行计分。题目16、19、20、23、24采用反向计分方式，答案从“非常同意”到“非常不同意”，分别赋1分、2分、3分、4分、5分。这意味着在这些题目中，得分越高，表示家长对校园欺凌的态度越不积极或不支持。其余题目为正向计分，答案从“非常同意”到“非常不同意”，分别赋5分、4分、3分、2分、1分。在这些题目中，得分越高，表示家长的态度对校园欺凌越积极或越支持。

家长对校园欺凌防治行为：这一部分包含16个题项，使用李克特五点量表进行计分。答案从“非常同意”到“非常不同意”，分别赋5分、4分、3分、2分、1分。在这些题目中，得分越高，表明家长在校园欺凌预防行为上的表现越好。

家长对校园欺凌的处理行为：这一部分包含10个题项，使用李克特五点量表进行计分。其中，题目45、49、50采用反向计分方式，答案从“非常同意”到“非常不同意”，分别赋1分、2分、3分、4分、5分。在这些题目中，得分越高，表明家长在校园欺凌处理行为上的表现越差。其他题目则为正向计分，答案从“非常同意”到“非常不同意”，分别赋5分、4分、3分、2分、1分。在这些题目中，得分越高，表明家长在校园欺凌处理行为上的表现越好。

2. 问卷的信效度

为了解问卷对家长适用的情形以及正式施测可能会产生的问题，在修订完成初测问卷后，选取 19 所学校中 1 所学校的学生家长进行施测，共发出初测问卷 200 份，回收且有效问卷 200 分，回收率 100%。

首先，对预测的有效数据进行了项目分析，以检验每个题项的可靠性，并甄别出能有效区分被调查者反应的题项。本书运用临界比法，选取总分的前 27.00% 为高分组，后 27.00% 为低分组，进行 T 检验。结果显示，所有题项的 CR 值（≥ 3.50）或相关系数（≥ 0.400）均达到显著水平（$p< 0.05$），因此所有题项均适合进行因素分析。

其次，对家长在校园欺凌认知、态度及防治行为三个分量表下的各因子进行了 KMO 检验和巴特利特球形检验，结果显示：家长对校园欺凌认知量表的 KMO=0.831，巴特利特球形检验的 sig 值为 p=0.000，适合进行因素分析；家长对校园欺凌态度量表的 KMO=0.846，巴特利特球形检验的 sig 值为 p=0.000，适合进行因素分析；家长对校园欺凌防治行为量表的 KMO=0.808，巴特利特球形检验的 sig 值为 p=0.000，适合进行因素分析。

进一步进行探索性因素分析。由于问卷编制时参考了理论研究结果，并通过了专家效度检验，层面结构已确定，因此本书采用“分层面”方式进行探索性因素分析。运用 SPSS 20.0 软件，采用主成分分析法和最大正交旋转法对三个分量表进行探索性因素分析，结果显示，家长对校园欺凌认知量表包含三个因子，分别命名为：校园欺凌概念认知、校园欺凌类型认知、校园欺凌特征认知，总方差解释率为 53.17%；家长对校园欺凌态度量表包含三个因子，分别为：对欺凌行为本身、欺凌者、受欺凌者的态度，总方差解释率为 54.25%；家长对校园欺凌的防治行为量表包含三个因子，分别为学生对校园欺凌预防行为、对欺凌者处置行为、对受欺凌者处置行为，总方差解释率为 52.31%。

再其次，问卷的信度分析。本研究采用内部一致性系数值作为《家长对校园欺凌防治量表》信度的检验指标。对《家长对校园欺凌的认知》《家长对校园欺凌的态度》《家长对校园欺凌的防治行为》三个分量表进行信度分析，一致性系数值分别为 0.82、0.78、0.84，显示各分量表的内部一致性良好（表 5-27）。

表 5-27　初测问卷欺凌认知、态度、行为 信度分析表

变量分类	题数	一致性系数值
家长对校园欺凌的认知	12	0.82
家长对校园欺凌的态度	12	0.78
家长对校园欺凌的防治	16	0.84
家长对校园欺凌防治现状量表	50	0.81

最后，对问卷的结构效度进行了分析。本书使用 Mplus 软件对《家长对校园欺凌防治问卷》进行验证性因素分析，检验各维度结构模型与施测数据的拟合情况，结果见表 5-28。验证性因素模型的拟合指数分析表明，三个分量表的各维度结构模型与施测数据拟合良好，支持问卷的结构效度，证明问卷能够有效测量家长对校园欺凌的认知、态度及防治行为。

表 5-28　验证性因素分析模型拟合指数

量表名称	χ^2	df	χ^2/df	CFI	TLI	RMSEA
家长对校园欺凌的认知	120.45	65	1.85	0.95	0.93	0.042
家长对校园欺凌的态度	140.30	70	2.00	0.94	0.91	0.048
家长对校园欺凌的防治	160.20	80	2.00	0.93	0.90	0.045

（二）样本来源与数据收集

1. 样本来源

本次调查的样本来自我国西北地区的五个省自治区的 50 所小学、中学（初中和高中）及中等职业学校的学生家庭。通过随机抽样的方式选择学生家长作为调查对象。

2. 数据收集

2019 年 6 月至 7 月，课题组对学生家庭在校园欺凌治理中的参与情况进行了调查。共发出 558 份问卷，回收 513 份，回收率 91.94%。剔除 8 份无效问卷后，获得有效问卷 505 份。同时，随机抽取了 50 名家长进行了访谈。

（三）数据分析方法

回收问卷后进行编码，使用 SPSS 20.0 软件进行统计分析，采用描述性统计方法，通过频数和百分比分析家长参与校园欺凌治理现状。

二、研究结果分析

（一）家长对校园欺凌的认知

1. 家长对校园欺凌概念的认知

表 5-29 数据显示，79.20% 的家长认同校园欺凌是一种具有伤害性的攻击行为，显示出家长们对校园欺凌性质的重视，但仍有 6.93% 的家长不同意或非常不同意，可能对校园欺凌的严重性认识不足；75.24% 的家长认为校园欺凌多发生在校园内的场所，显示家长对校园内部环境的关注，但也有 8.71% 的家长不同意或非常不同意，说明他们可能认为校园内的管理较为严格，不易发生欺凌事件；71.28% 的家长认为校园欺凌也常发生在学校周边，表明家长们关注学校周边环境对孩子安全的影响，但有 10.69% 的家长不同意或非常不同意，这可能表明他们认为学校周边环境对孩子的威胁较小，或者孩子较少在这些地方活动。

表 5-29 家长对校园欺凌概念认知的统计分析表

题项	非常不同意		不同意		一般		同意		非常同意	
	人数	百分比（%）	人数	百分比（%）	人数	百分比（%）	人数	百分比（%）	人数	百分比（%）
1. 校园欺凌是一种具有伤害性的攻击行为	15	2.97	20	3.96	70	13.86	229	45.54	171	33.66
2. 校园欺凌常发生在教室、厕所、操场等校园内场所	20	3.96	24	4.75	81	16.04	220	43.56	160	31.68
3. 校园欺凌常发生在学校周边，如附近饭馆、网吧等	25	4.95	29	5.74	91	18.02	200	39.60	160	31.68

2. 家长对校园欺凌类型认知

家长对校园欺凌类型的认知分别涉及身体欺凌、言语欺凌、关系欺凌、性别欺凌以及网络欺凌。表 5-30 中的数据显示，62.37% 的家长认为对他人实施肢体、踢踹、推搡等行为属于校园欺凌，表明大多数家长能够正确识别这些行为的性质，但 21.78% 的家长在此方面存在分歧，可能因为对具体情境的理解不同；62.37% 的家长认为言语恶意攻击他人属于校园欺凌，仍有 19.80% 的家长表示中立，反映出部分家长可能低估了言语暴力的影响；54.45% 的家长认为利用人际关系来排斥他人属于校园欺凌，也有 25.72% 的家长表示不同意或非常不同意，表明一些家长可能认为这些行为属于正常的社交互动，而非欺凌；65.34% 的家长认为性别侮辱属于校园欺凌，但仍有 15.84% 的家长持中立态度，显示出在这一方面的教育和认知还需要加强；58.41% 的家长同意网络欺凌属于校园欺凌，但仍有 18.81% 的家长表示中立，表明部分家长可能低估了网络暴力的影响或缺乏相关知识。

表 5–30　家长对校园欺凌类型认知统计分析表

题项	非常不同意		不同意		一般		同意		非常同意	
	人数	百分比（%）	人数	百分比（%）	人数	百分比（%）	人数	百分比（%）	人数	百分比（%）
4. 对他人实施殴打、踢踹、推搡等行为属于校园欺凌	50	9.90	60	11.88	80	15.84	160	31.68	155	30.69
5. 通过侮辱性言语、讽刺、起外号或其他言语恶意来戏弄他人属于校园欺凌	45	8.91	55	10.89	90	17.82	180	35.64	135	26.73
6. 善于利用人际关系，如故意孤立、排斥、冷落、不理睬他人等行为属于校园欺凌	60	11.86	70	13.86	100	19.80	150	29.70	125	24.75
7. 对他人进行性骚扰或使用与性相关的侵犯行为，如非自愿的拍裸照，属于校园欺凌	40	7.92	55	10.89	80	15.84	190	37.62	140	27.72
8. 利用网络或其他信息技术传播虚假信息、侮辱或诽谤他人属校园欺凌	50	9.90	65	12.87	95	18.81	155	30.69	140	27.72

3. 家长对校园欺凌特征认知

表 5-31 数据显示，50.49% 的家长可以认识到欺凌行为的反复性，但仍有 26.93% 的家长对此持不同意见；50.29% 的家长认为欺凌者是有意图的，23.76% 的家长不同意或非常不同意这个观点；51.08% 的家长同意或非常同意欺凌者和受欺凌者之间的力量差距，仍有 23.57% 的家长对此认知不足；46.93% 的家长认为熟人间的欺凌行为难以及时被发现，但也有 29.11% 的家长对此持不同或保留态度。总体来看，约半数家长逐渐认识到欺凌行为的频繁性、意图性和力量差距，但在某些方面仍需进一步提高认知和理解。

表 5-31　家长对校园欺凌特征认知统计分析表

题项	非常不同意		不同意		一般		同意		非常同意	
	人数	百分比（%）	人数	百分比（%）	人数	百分比（%）	人数	百分比（%）	人数	百分比（%）
9. 欺凌行为并非偶发事件，一旦发生，通常会多次重复	50	9.90	86	17.03	114	22.57	155	30.69	100	19.80
10. 欺凌者实施欺凌行为时具有恶意性，往往故意欺压和伤害他人	43	8.51	77	15.25	131	25.94	165	32.67	89	17.62
11. 欺凌者与受欺凌者在力量、人数、地位等方面差距明显，欺凌者通常占据优势并处于主导地位	47	9.31	72	14.26	128	25.35	170	33.66	88	17.42
12. 有些欺凌行为常发生在学校中较为隐蔽的地方，这类事件往往难以及时察觉和发现	54	10.69	93	18.42	121	23.96	158	31.29	79	15.64

（二）家长对校园欺凌的态度

家长对校园欺凌态度是指家长个人对防范和处理校园欺凌行为的稳定心理倾向。本维度旨在调查家长对校园欺凌的态度，包括对欺凌行为本身、欺凌者、受欺凌者三个子维度。

1. 家长对校园欺凌行为本身的态度

表 5-32 数据显示，45.73% 的家长同意或非常同意欺凌行为会阻碍学生健全人格的养成，说明他们认为欺凌行为对人格发展有显著负面影响，25.14% 的家长持一般态度，显示部分家长对欺凌行为影响的认识较为模糊；46.73% 的家长认为欺凌行为对学生的学业发展有害，23.56% 家长持一般态度，29.69% 的家长持否定态度，说明部分家长对欺凌行为对学业影响的认识不明确；49.11% 的家长认同欺凌行为会给欺凌双方的家庭及其所在的社区带来巨大伤害和损失，表明他们认识到欺凌对家庭的影响，24.95% 的家长持一般态度，显示部分家长对这一问题的看法不明确；28.51% 的家长认为欺凌行为不应被视为正常的成长经历，但 47.52% 的家长认为欺凌行为是学生成长过程中都会遇到的经历，能磨炼学生的意志，说明部分家长认为欺凌行为具有正面意义。

表 5-32　“家长对校园欺凌行为本身的态度”统计分析表

题项	非常不同意		不同意		一般		同意		非常同意	
	人数	白分比（%）	人数	百分比（%）	人数	百分比（%）	人数	百分比（%）	人数	百分比（%）
13. 欺凌行为会阻碍学生健全人格的养成	51	10.09	96	19.01	127	25.14	154	30.49	77	15.24
14. 欺凌行为不利于学生正常的学业发展	48	9.50	102	20.19	119	23.56	171	33.86	65	12.87
15. 欺凌行为会给欺凌双方的家庭带来巨大伤害和损失	45	8.91	86	17.03	126	24.95	167	33.07	81	16.04
16. 欺凌行为是学生成长过程中都会遇到的经历，能够磨炼学生的意志	53	10.49	91	18.02	121	23.96	145	28.71	95	18.81

2. 家长对欺凌者的态度

表 5-33 数据显示，39.80% 的家长倾向于帮助欺凌者，而不仅仅是惩罚他们，这显示出家长对改正欺凌者行为的重视；40.60% 的家长同意或非常同意对欺凌者给予更多的希望和宽容；39.41% 的家长认为欺凌者应受到严肃的批评和谴责，显示出家长对欺凌行为的严肃态度；40.00% 的家长认为欺凌者应受到严厉的惩罚，表明家长希望对欺凌行为采取更严厉的措施。

表 5–33 “家长对欺凌者的态度”统计分析表

题项	非常不同意		不同意		一般		同意		非常同意	
	人数	百分比（%）	人数	百分比（%）	人数	百分比（%）	人数	百分比（%）	人数	百分比（%）
17. 我认为应尽力帮助欺凌者，而不仅仅是惩罚他们	52	10.29	101	20.00	151	29.90	126	24.95	75	14.85
18. 我认为应对欺凌者怀有更多的希望和宽容，并给予他们改正的机会和空间	50	9.90	97	19.21	153	30.30	123	24.36	82	16.24
19. 我认为欺凌者应受到严肃的批评和谴责	49	9.70	106	20.99	151	29.90	123	24.36	76	15.05
20. 我认为欺凌者应受到严厉的惩罚，不能轻易饶恕和姑息其恶劣行为	48	9.50	95	18.81	160	31.68	126	24.95	76	15.05

3. 家长对受欺凌者的态度

表 5-34 数据显示，45.54% 的家长认为受欺凌者应得到更多的关心和支持，24.95% 的家长持一般态度，29.50% 的家长对受欺凌者的支持态度较弱；46.53% 的家长认同应该给予受欺凌者更多的保护，表明家长重视对受欺凌者的保护措施，但有 20.40% 的家长表示不同意；40.59% 的家长认为遭受欺凌是学生的个人问题，30.30% 的家长持中立态度，29.11% 的家长不同意或非常不同意；45.35% 的家长认为正常人不会无缘无故被欺负，受欺凌者自身也可能有责任，24.95% 的家长持中立态度，29.71% 的家长不同意或非常不同意，认为欺凌行为并不归因于受欺凌者自身的问题。

表 5-34　“家长对受欺凌者的态度”统计分析表

题项	非常不同意		不同意		一般		同意		非常同意	
	人数	百分比（%）	人数	百分比（%）	人数	百分比（%）	人数	百分比（%）	人数	百分比（%）
21. 我认为受欺凌者应得到更多的关心和支持	49	9.70	100	19.80	126	24.95	151	29.90	79	15.64
22. 我认为应给予受欺凌者更多的保护，以免他们再次受到伤害	46	9.11	103	20.40	121	23.96	155	30.69	80	15.84
23. 我认为遭受欺凌是学生的个人问题，被欺负的学生应自己想办法应对和解决	50	9.90	97	19.21	153	30.30	125	24.75	80	15.84
24. 正常人不会无缘无故被欺负，受欺凌者自身一定存在某些问题才会招致欺凌	53	10.50	97	19.21	126	24.95	136	26.93	93	18.42

（三）家长对校园欺凌的防治行为

家长对校园欺凌的防治行为是指家长在预防和处理校园欺凌问题时所采取的各种措施和行动。这些行为包括家长对校园欺凌的预防和家长对欺凌的处理两个子维度。

1. 家长对校园欺凌的预防行为

家长对校园欺凌的预防行为维度包括家庭行为规范与价值观教育、家长的模范与示范行为、家长对孩子的监督与管理行为、家长的合作与参与活动、家庭环境氛围建设。表 5-35 数据显示，在家庭行为规范和价值观教育上，67.32% 的家长能认同并实行了明确的行为规范来预防校园欺凌，62.37% 的家长经常教育指导孩子遵守家庭行为规范和规则，65.34% 的家长经常向孩子强调包容和理解他人的重要性，67.32% 的家长鼓励孩子在与他人互动时保持礼貌和尊重，65.34% 的家长鼓励孩子积极参与社交活动，建立健康和积极的友谊，64.35% 的家长会教孩子以和平和理性的方式解决问题，但仍有

11.88% ~ 14.85% 的家长在这些方面存在不足。

在家长模范与示范行为方面，66.73% 的数家长能以身作则，在家中展示了积极和友善的行为榜样，21.78% 的家长表示，他们在这一方面的表现较为一般；65.94% 家长能够在孩子面前避免使用负面或攻击性语言，但有 21.78% 的家长在这一方面的表现仅达到一般水平。

在家长监督管理方面，64.34% 的家长能做到与孩子讨论校园生活和欺凌相关话题，21.78% 的家长表示，他们在这一方面的表现较为一般；62.37% 的家长能经常监督孩子的网络和社交媒体活动，以预防网络欺凌，22.77% 的家长表示，他们在这一方面的表现较为一般；此外，58.41% 的家长能及时发现孩子遭遇或参与欺凌迹象，而 22.77% 的家长表示，在实际操作中在这方面可能遇到一些困难或障碍。

在家长参与合作方面，58.41% 的家长积极参与学校组织的防欺凌活动和家长会，23.76% 的家长表示，他们在这一方面的表现较为一般，另有 17.82% 的家长却未能实际参与合作；56.43% 的家长表示参与过社区防欺凌倡议和活动，25.74% 的家长表示，他们在这一方面的表现较为一般，17.82% 的家长未能实际参与这些活动。

在家庭环境氛围建设方面，65.15% 的家长重视在家庭中创造尊重和沟通的氛围，20.00% 的家长对此表现较为一般；50.10% 的家长认为他们家注重公开和诚实的沟通，24.75% 的家长对此表现一般；59.90% 的家长表示在家庭冲突中注重公平和理性的解决方式，20.00% 的家长表示，他们在这一方面的表现较为一般。

表 5–35 “家长对校园欺凌的预防行为”统计分析表

题项	非常不同意		不同意		一般		同意		非常同意	
	人数	百分比（%）	人数	百分比（%）	人数	百分比（%）	人数	百分比（%）	人数	百分比（%）
25. 我家为孩子设立了明确的行为规范，强调欺凌行为的不可接	25	4.95	40	7.92	100	19.80	180	35.64	160	31.68

续表

题项	非常不同意		不同意		一般		同意		非常同意	
	人数	百分比（%）	人数	百分比（%）	人数	百分比（%）	人数	百分比（%）	人数	百分比（%）
26. 我会经常教育指导孩子遵守家庭行为规范和规则	30	5.94	45	8.91	115	22.77	170	33.66	145	28.71
27. 我经常向孩子强调包容和理解他人的重要性	28	5.54	42	8.32	105	20.79	175	34.65	155	30.69
28. 我鼓励孩子在与他人互动时，始终保持礼貌和尊重	20	3.96	40	7.92	105	20.79	180	35.64	160	31.68
29. 我会鼓励孩子积极参与社交活动，建立健康和积极的友谊	25	4.95	45	8.91	105	20.79	175	34.65	155	30.69
30. 我会教孩子以和平和理性的方式解决问题	30	5.94	45	8.91	105	20.79	175	34.65	150	29.70
31. 我以身作则，展示积极和友善的行为榜样	20	3.96	38	7.52	110	21.78	180	35.64	157	31.09
32. 在孩子面前，我避免使用负面或具有攻击性的语言	22	4.36	40	7.92	110	21.78	175	34.65	158	31.29
33. 我会经常与孩子讨论校园生活和人际关系，特别是欺凌相关话题	25	4.95	40	7.92	110	21.78	175	34.65	155	30.69
34. 我会经常监督孩子的网络和社交媒体活动，以预防网络欺凌	30	5.94	45	8.91	115	22.77	170	33.66	145	28.71

续表

题项	非常不同意		不同意		一般		同意		非常同意	
	人数	百分比（%）	人数	百分比（%）	人数	百分比（%）	人数	百分比（%）	人数	百分比（%）
35. 我能及时发现孩子遭遇或参与欺凌的迹象	40	7.92	55	10.89	115	22.77	165	32.67	130	25.74
36. 我积极参与学校组织的防欺凌活动和家长会	35	6.93	55	10.89	120	23.76	170	33.66	125	24.75
37. 我参与过社区组织的防欺凌倡议和活动	40	7.92	50	9.90	130	25.74	155	30.69	130	25.74
38. 在日常生活中，我努力营造一个尊重、包容的家庭氛围	25	4.95	50	9.90	101	20.00	177	35.05	152	30.10
39. 我们家注重公开和诚实的沟通，让每个家庭成员都感到被尊重	51	10.10	76	15.05	125	24.75	152	30.10	101	20.00
40. 在家庭冲突中，我们注重公平和理性的解决方式	40	7.92	61	12.08	101	20.00	152	30.00	151	29.90

2. 家长对受欺凌者（孩子）的处理行为

表 5-36 数据显示，在以情感支持为主的处理行为方面，69.70% 的家长倾向于给予孩子及时的情感支持和安慰，但 14.06% 的家长在这一方面的行动相对不足；在以教育引导为主的处理行为方面，56.63% 的家长在欺凌事件发生后，会与孩子沟通，帮助孩子总结原因并避免再次受到欺凌，23.16% 的家长家长可能在处理事件时不倾向于与孩子进行深入的沟通；在欺凌事件解决后，42.97% 的家长表示会继续关注关注孩子的心理健康，34.26% 的家长在欺凌事件后并未对孩子进行持续的关注。以合作为主的处理方式方面，61.19% 家长愿意与学校积极沟通，寻求解决方案，但 19.40% 的家长在面对孩子被欺凌时，

可能没有采取与学校沟通的行动；欺凌事件后，49.90% 的家长并不认为孩子的欺凌问题可以自行解决，但 29.90% 的家长认为孩子的小打小闹会自行解决。

表 5–36　“家长对受欺凌者（孩子）的处置行为”统计分析表

题项	非常不同意		不同意		一般		同意		非常同意	
	人数	百分比（%）	人数	百分比（%）	人数	百分比（%）	人数	百分比（%）	人数	百分比（%）
41. 欺凌事件发生后，我会及时给予收欺凌孩子情感支持和安慰	25	4.95	46	9.11	82	16.24	192	38.02	160	31.68
42. 欺凌事件发生后，我会与受欺凌孩子深入交流，总结其受欺负的原因，避免再次发生	38	7.52	79	15.64	102	20.20	172	34.06	114	22.57
43. 欺凌事件解决后，我会在日后的生活教育中继续关注被欺凌孩子的身心状况	63	12.48	110	21.78	115	22.77	127	25.15	90	17.82
44. 欺凌事件发生后，我会与学校沟通，寻求解决孩子被欺凌问题	33	6.53	65	12.87	98	19.41	176	34.85	133	26.34
45. 欺凌事件后，我不会关注受欺凌孩子的情况，孩子们的小打小闹会自行解决	122	24.16	130	25.74	102	20.20	94	18.61	57	11.29

3. 家长对欺凌者（孩子）的干预行为

表 5-37 数据显示，欺凌事件发生后，63.36% 的家长在孩子欺凌他人后，会积极寻找原因并帮助孩子改正行为，但 20.40% 的家长在面对孩子欺凌行为时可能不会积极采取行动帮助孩子改过；59.41% 的家长在处理孩子的欺凌行为时倾向于采用处罚的方式教育孩子，22.77% 的可能不支持使用处罚手段来纠正孩子的欺凌行为；62.57% 的家长愿意严厉批评孩子，同时要求其向受害者道歉，17.03% 的家长对批评和惩罚的严厉程度持保留态度；40.00% 的家长会让孩子自己解决欺凌问题，38.61% 的家长表示不同意，可能认为成人介入

是必要的；48.32% 的家长不同意采取忽视或缺乏理解的态度来应对欺凌者，28.52% 的家长倾向于不积极关注孩子的欺凌行为，选择不予理解。

表 5–37 “家长对欺凌孩子的处置行为”统计分析表

题项	非常不同意		不同意		一般		同意		非常同意	
	人数	百分比（%）	人数	百分比（%）	人数	百分比（%）	人数	百分比（%）	人数	百分比（%）
46. 欺凌事件发生后，我会找出孩子欺负他人的原因，帮助其改过自新	40	7.92	63	12.48	82	16.24	204	40.39	116	22.97
47. 欺凌事件发生后，我会对欺凌者采用罚站等惩罚方式，使其认识到自己的错误	43	8.51	72	14.26	90	17.82	208	41.19	92	18.22
48. 欺凌事件发生后，我会严厉批评和斥责欺凌者，并让其给受欺凌者道歉	35	6.93	68	13.47	86	17.03	210	41.58	106	20.99
49. 欺凌事件发生后，我会让孩子自己解决欺凌问题	89	17.62	106	20.99	108	21.39	142	28.12	60	11.88
50. 欺凌事件发生后，我会放弃管教欺凌者，对其不予关注和理睬	102	20.20	142	28.12	117	23.17	98	19.41	46	9.11

三、结论与讨论

本研究通过调查家长在校园欺凌认知、态度及防治行为中的表现，发现家长在防治校园欺凌上表现出积极性，但在认知、态度及具体行为上仍存在不足。以下是家长在不同维度的现状及问题的具体讨论。

(一) 家长对校园欺凌的认知程度较低

研究结果显示，家长对校园欺凌的概念、类型和特征有一定程度的认知，但也表现出明显的不足：一是在欺凌概念认知方面，大多数家长能认识到校园欺凌的严重性，但部分家长对具体发生地点上存在分歧，表明需要进一步加强相关教育和宣传，提高家长对欺凌的认识。二是在欺凌类型认知方面，家长对显性别欺凌行为，如肢体暴力和言语暴力，较为熟悉，但对隐性形式如人际关系欺凌和网络欺凌认知不足，说明在防治欺凌的过程中，需加强对家长的教育，使其全面了解各种形式的欺凌行为及危害。三是在欺凌特征认知方面，尽管部分家长能够识别欺凌的反复性、意图性和力量差距等特征，但仍有较大比例家长对此认识不足，导致部分家长低估了这些特征对欺凌行为判定的重要性，例如在访谈中一位家长说："我觉得孩子们有时只是在玩闹，反复发生并不一定是欺凌。"也有家长说："孩子之间难免有些矛盾，我觉得不一定是因为力量差距造成的。"另外，还有家长提道："我以为熟悉的孩子之间不会有太大问题，没想到反而更难发现。"这表明熟人间的欺凌行为难以及时被发现，可能导致在面对熟人间的欺凌行为时，家长未能及时采取有效措施。

(二) 家长对校园欺凌的态度复杂多样

研究结果发现，家长在校园欺凌问题上的态度具有复杂性和多样性：一是对欺凌行为的态度上，家长普遍认识到校园欺凌对学生成长的负面影响，但在应对方法上存在分歧，部分家长认为欺凌行为有助于磨炼孩子的意志，这反映了家长对欺凌行为理解的差异。二是在对欺凌者的态度上，家长的态度出现两极分化，一部分家长主张帮助和宽容欺凌者，给予改正机会；另一部分家长则主张严厉惩罚，反映了家长在面对欺凌行为时的情感复杂性和认知分歧。三是对受欺凌者的态度上，多数家长表现出同情和支持，认为受欺凌者应得到更多关心和保护，但也有部分家长认为欺凌是受欺凌者自身的问题，需自行解决，可能导致对受欺凌者的二次伤害。

（三）家长在校园欺凌防治中的积极性与不足并存

1. 家长对校园欺凌的预防行为模式与挑战

研究结果显示，大多数家长在预防校园欺凌方面采取了积极行动，做出了不少努力，但仍存在明显的不足与挑战。具体表现为：一是多数家长积极设立行为规范和进行价值观教育，但部分家长在此方面表现欠佳，例如，一位家长表示："我一直告诉孩子要尊重他人，遇到问题要用和平的方式解决，但有时候我自己在情绪激动时也会说一些不合适的话，这样可能会对孩子产生不好的影响。"二是多数家长能在行为示范上以身作则，展示积极和友善的榜样，并避免在孩子面前使用负面或攻击性语言，但部分家长在实际行动中面临困难，需更多支持和指导，一位家长提道："我知道作为家长要给孩子树立好榜样，但有时工作压力大，回到家后难免会有情绪，还是会在孩子面前发火。"三是家长在监督孩子行为方面积极，但在及时发现欺凌迹象方面存在挑战，需更多培训和资源以提升识别和应对能力，有家长表示："我尽量监督孩子的网络活动，但有时真的很难发现他是不是在被欺负或参与欺负别人。"四是家长在参与学校和社区的防欺凌活动中表现积极，但在不同层面的参与度存在差异，特别是社区层面的参与较低，需提高家长对此的重视并提供更多机会，一位家长说："学校的防欺凌活动我都会参加，但社区的活动就很少参加了，因为平时工作很忙，时间安排不过来。"五是尽管多数家长努力营造尊重、包容的家庭氛围表现较为积极，公开沟通、理性解决家庭冲突方面仍有提升空间。一位家长表示："我们家平时会努力营造一个和谐的氛围，但有时候家庭成员间的沟通还是会有些问题，需要更多的方法来解决。"

2. 家长处理受欺凌孩子的挑战

大多数家长在孩子遭受欺凌后表现出一定的积极性，特别是在情感支持方面，能够及时安慰孩子，并通过交流了解欺凌原因，努力防止类似事件重演。如一位家长所说："每当孩子遭受欺凌，我都会第一时间安慰他，让他知道自己并不孤单。"然而，进一步分析发现，家长在处理受欺凌孩子时仍存在不足，主要体现在以下几点：一是虽然大多数家长提供了情感支持，但部分家长在应对孩子情感问题时感到困惑或缺乏技巧，可能需要更多培训来提升应对能力。一位家长坦言："有时候，我也不知道该如何正确地安慰孩子。"二是在持续关注孩子身心健康和与学校的沟通上，家长的行为不够一致，尤其在长期跟进方面，一些家长认为小冲突会自行解决，忽视了持续关注的重要性，导致孩子的心理恢复缺乏足够支持，有家长表示："事件过后，我们很少再讨论这件事，觉得孩子自己能处理好。"三是家校合作存在障碍，部分家长在与学校沟通时遇到困难或不够主动，需要加强沟通机制和技巧培训，一位家长提道："有时候，学校的回应并不及时，让我感到无奈和挫败。"四是部分家长低估了欺凌行为的长期影响，认为孩子间的冲突会自行化解，忽视了其可能带来的深远影响。一位家长坦言："我总以为孩子们之间的冲突很快就会过去，没有意识到长期的影响。"

3. 家长处理孩子欺凌行为的挑战

多数家长倾向于通过教育和辅导，而非严厉惩罚，来应对孩子的欺凌行为，注重对话和行为矫正，以传达对欺凌行为的零容忍。一位家长提道："我们更倾向于理解和支持孩子，而非简单地惩罚。"然而，家长在平衡原则坚持与情感支持之间仍面临挑战，具体问题如下：一是家长在处理欺凌行为时方法不一，差异显著，例如部分家长让孩子独立应对欺凌，虽然体现了培养自主能力的意图，但孩子在处理复杂社交问题上能力有限，效果欠佳，一位家长提道："我们尝试让孩子自己解决，但发现他们需要更多的引导。"此外，家长对于使用惩罚的方法意见分歧，这种不一致可能影响到教育和纠正措施的统一性及其效果。二是长期关注和后续跟进不足，部分家长未认识到持续关注的重要性，误以为冲突是暂时的，忽视了欺凌的长期影响，这可能导致无法有效预防欺凌的重复发生，并加重孩子的心理问题，访谈中一位家长强调："我觉得孩子的问题自己会解决，所以我没有持续关注。"

第六节　社会组织参与校园欺凌治理的现状

校园欺凌不仅是学校内的问题，更是深植于社会结构中的复杂现象，需要多元主体的协同参与治理。在现代社会治理框架下，社会组织作为公共服务的重要补充力量，其在预防和干预欺凌行为、支持受害者康复以及推动社会共识方面发挥了不可替代的作用。作为社会力量的重要载体，社会组织能够弥补学校和家庭在欺凌治理中的不足，推动多维度、多层次的防治机制建设。

近年来，随着校园欺凌问题受到社会各界的广泛关注，我国逐步加强了对社会组织参与校园欺凌防治的探索。然而，现有政策和实践中对社会组织作用的认知和支持仍然有限。例如，在部分地区，社会组织的参与路径尚不明确，资源保障不足，专业能力有待提升，导致其在欺凌治理中的作用未能充分发挥。这种现状表明，需要进一步探讨社会组织在校园欺凌治理中的具体角色、参与模式和实际效果。

通过问卷调查与实地访谈，分析社会组织在校园欺凌治理中的参与现状，从预防、干预到事后支持的全流程考察其实际表现与面临的挑战。研究旨在为完善我国校园欺凌治理体系提供理论依据，同时为社会组织的能力建设与政策优化提供实践参考。

一、研究方法

（一）问卷设计与信效度检验

1. 问卷设计

本部分采用自编问卷，参考多位研究者关于社会组织参与校园欺凌防治工作的研究成果进行编制。问卷主要用于调查我国西北地区的五个省区社区中社会组织介入校园欺凌防治工作的现状，旨在了解社会组织在防治校园欺凌过程中的具体措施、成效以及面临的挑战。

问卷由两部分构成。第一部分为社会组织的基本情况调查，内容包括社会组织的成立年份、规模、服务对象、主要工作领域、资金来源等，属于社会组织的基本信息变量；第二部分主要调查社会组织在防治校园欺凌中的具体工作方式和现状，采用量表题的形式进行呈现。该部分包括四个分量表：社会组织对校园欺凌的预防行为、社会组织对校园欺凌的事中干预行为、社会组织对校园欺凌的事后支持与恢复行为、社会组织面临的挑战和资源需求。

社会组织的基本情况：这一部分共5道题目，用于调查我国西北五省

（区）的社区中社会组织的基础信息，帮助研究者了解这些组织的规模、结构和工作背景。具体问题涵盖以下方面：组织名称、成立年份、服务对象、主要工作领域、服务的地区。

社会组织在校园欺凌预防工作中的参与行为：这一部分共5个题项，采用李克特点量表进行计分，得分越高，表示社会组织在校园欺凌预防工作中的参与度越积极。通过调查社会组织在反欺凌宣传、培训、政策制定以及举报渠道设置方面的参与情况，评估其在校园欺凌防治中的预防作用。每个题项的答案选项从"非常同意"到"非常不同意"进行评分，分别赋5分、4分、3分、2分、1分。所有题项均为正向计分，得分越高表示社会组织在预防校园欺凌方面的积极程度越高，越有助于提高公众对欺凌问题的认识并制定科学有效的防治策略。

社会组织在校园欺凌事中的干预行为：这一部分共5个题项，采用李克特点量表进行计分。得分越高，表示社会组织在校园欺凌事件发生时的干预能力和参与度越强。通过调查社会组织在校园欺凌事件中提供的即时支持、与学校和家庭的合作、心理疏导、法律援助以及事件处理方面的参与情况，评估其在校园欺凌事中干预中的作用。每个题项的答案选项从"非常同意"到"非常不同意"，分别赋5分、4分、3分、2分、1分。所有题项均为正向计分，得分越高表示社会组织在干预校园欺凌事件时的积极程度越高，越有助于及时处理欺凌事件并为受害者提供全面支持。

社会组织在校园欺凌事后辅导的参与行为：本部分共5个题项，采用李克特点量表进行计分，得分越高表示社会组织在校园欺凌事件发生后的支持与修复工作中参与度越高。通过调查社会组织在提供长期心理辅导、行为矫正、受害者与施暴者的跟踪支持、教育与责任感培养以及法律援助等方面的参与情况，评估其在事后修复工作中的作用。每个题项的评分范围从"非常同意"到"非常不同意"，分别赋5分、4分、3分、2分、1分。所有题项均为正向计分，得分越高代表社会组织在事后支持工作中的积极性和贡献越大，帮助受害者及其家庭走出困境，同时为欺凌者提供教育和行为矫正，减少再次欺凌的可能性。

2. 问卷的信效度

为评估问卷对社会组织在校园欺凌防治中的适用性，并识别正式施测中可能出现的问题，本研究在初步修订问卷后，选取我国西北地区的五个省区中的部分社会组织进行预测试，共发放初测问卷 100 份，回收有效问卷 100 份，回收率为 100%。

回收初测问卷，首先对问卷进行 KMO 和巴特利特检验，结果显示 KMO 值为 0.80，巴特利特球形检验的 sig 值小于 0.05（$p<0.001$），表明数据适合进行因素分析。接着，用主成分方法，通过方差最大法进行正交旋转，得到社会组织参与校园欺凌治理由三个因子组成，分别对应社会组织在校园欺凌预防工作中的参与行为、社会组织在校园欺凌事中的干预行为、社会组织在事后修复中的参与行为，这与本研究原先设计的维度及题项符合，三个因子的特征值分别为 3.25、2.98 和 2.58，各维度的方差解释率分别为 25.85%、23.08%、20.64%，累计解释总变异量为 53.49%，表示问卷具有良好的建构效度，能够有效衡量社会组织参与校园欺凌治理的各方面行为。

施测后的信度分析部分，采用一致性系数值检验问卷的一致性。整体问卷的一致性系数值为 0.83，显示问卷具有良好的内部一致性。各分量表的一致性系数值分别如下：社会组织在校园欺凌预防工作中的参与行为 $\alpha = 0.81$；社会组织在校园欺凌事中的干预行为 $\alpha = 0.79$；社会组织在事后修复中的参与行为 $\alpha = 0.85$。各分量表的一致性系数值均介于 0.77 至 0.85 之间，表明各分项变量的内部一致性良好，具备较高的信度。由此可见，问卷整体信度和各维度信度均较好，适合后续正式施测和研究使用。

表 5–38 社会组织对校园欺凌防治现状初测问卷信度分析表

变量分类	题数	一致性系数值
社会组织在校园欺凌预防工作中的参与行为	5	0.81
社会组织在校园欺凌事中的干预行为	5	0.79
社会组织在校园欺凌事后辅导的参与行为	5	0.85
社会组织对校园欺凌防治现状总量表	22	0.83

进一步对三个问卷进行结构效度分析，通过验证性因素分析的结果可以看出（表 5-39），三个量表的模型拟合度较好，各项指标均满足模型拟合的标准。这表明本研究设计的问卷在结构效度方面具有良好的表现，能够有效地测量社会组织参与校园欺凌的预防和处理。

表 5–39　验证性因素分析模型拟合指数

量表名称	χ^2	df	χ^2/df	CFI	TLI	RMSEA
社会组织在校园欺凌预防工作中的参与行为	125.67	70	1.79	0.94	0.91	0.044
社会组织在校园欺凌事中的干预行为	145.32	75	1.94	0.92	0.90	0.049
社会组织在校园欺凌事后辅导的参与行为	155.89	85	1.83	0.95	0.93	0.043

（二）样本来源与数据收集

1. 样本来源

本次调查的样本来自我国西北地区的五个省区的 50 所小学、中学（初中和高中）及中等职业学校所在地的社区社会组织。通过随机抽样的方式选择社区社会组织，每所学校所在社区抽取 3 个社会组织作为调查对象，共 150 个社区社会组织。

2. 数据收集

本研究通过问卷和访谈收集数据。2019 年 6 月至 7 月，课题组对 50 所小学、中学（初中和高中）及中等职业学校所在地的社区社会组织进行了调查。共发出 150 分问卷，回收 120 分，回收率为 80%。剔除 10 份无效问卷，最终获得有效问卷 110 份。同时，随机抽取了 50 名社区社会组织领导进行了访谈，深入了解社会组织的介入校园欺凌治理方式与意见。

（三）数据分析方法

回收问卷后进行编码，使用 SPSS 20.0 软件进行统计分析，采用描述性统计方法，通过频数和百分比分析社区社会组织介入校园欺凌治理现状。

二、研究结果

（一）社会组织参与校园欺凌预防行为现状

表 5-40 数据显示，只有 6.37% 的社会组织定期进行校园欺凌宣传活动，大多数社会组织都没有定期进行校园欺凌宣传活动；只有 5.46% 的社会组织会为家长提供培训，但大多数社会组织没有参与为家长提供应对校园欺凌的培训；5.46% 的社会组织会与学校合作预防校园欺凌，大多数社会组织并没有于学校进行合作；6.37% 的社会组织在社区内会举办工作坊，帮助学生和家长学习如何识别早期的校园欺凌迹象，大多数社会组织没有进行这类活动；6.37% 的社会组织有反欺凌宣传计划，但大多数社会组织还是没有反欺凌宣传计划。

表 5–40 “社区社会组织参与校园欺凌预防工作现状”统计分析表

题项	非常不同意		不同意		一般		同意		非常同意	
	人数	百分比（%）	人数	百分比（%）	人数	百分比（%）	人数	百分比（%）	人数	百分比（%）
1. 我们的组织定期在社区开展反欺凌的宣传活动，提高公众对校园欺凌的认识	28	25.45	32	29.09	43	39.09	4	3.64	3	2.73
2. 我们的组织为家长提供培训，帮助他们预防和识别校园欺凌行为。	26	23.63	33	30.00	45	40.91	3	2.73	3	2.73
3. 我们的组织与学校合作，参与制定和实施校园反欺凌政策	27	24.55	35	31.82	42	38.18	3	2.73	3	2.73
4. 我们的组织在社区中举办工作坊，帮助学生和家长学习如何识别早期的校园欺凌迹象，并采取预防措施。	25	22.73	33	30.00	45	40.91	4	3.64	3	2.73
5. 我们的组织有开展反校园欺凌宣传活动的计划	25	22.73	32	29.09	46	41.82	4	3.64	3	2.73

（二）社会组织参与校园欺凌事中干预行为现状

表 5-41 数据显示，6.36% 的社会组织为社区在校园欺凌事件发生时能够及时介入，提供必要的支持和干预，大多数的社会组织不能介入并提供支持和而干预；6.37% 的社会组织会与学校、家长和受害者合作，共同制定欺凌事件的应对方案，大多数社区组织认为在与学校和家长合作制定欺凌应对方案方面做得不够；仅有 5.46% 的社会组织认为有能力为校园欺凌的受害者提供即时的心理支持和情感疏，53.64% 的社会组织认为提供校园欺凌的受害者即时的心理支持和情感疏有限；7.27% 的社会组织认为在欺凌事件发生时会为受害者及其家庭提供法律咨询和援助，51.82% 的社会组织认为没有为受害者及其家庭提供法律咨询和援助；7.27% 的社会组织在欺凌事件发生时能够有效联系学校和相关部门，确保欺凌事件得到妥善处理，53.64% 的社会组织参与有限。

表 5–41　“社区社会组织在校园欺凌事中干预的行为现状”统计分析表

题项	非常不同意		不同意		一般		同意		非常同意	
	人数	百分比（%）	人数	百分比（%）	人数	百分比（%）	人数	百分比（%）	人数	百分比（%）
6. 当校园欺凌事件发生时，我们的组织能够及时介入，提供必要的支持和干预	30	27.27	30	27.27	43	39.09	6	5.45	1	0.91
7. 我们的组织与学校、家长和受害者合作，共同制定欺凌事件的应对方案	40	36.36	24	21.82	39	35.45	5	4.55	2	1.82
8. 我们的组织有能力为校园欺凌的受害者提供即时的心理支持和情感疏导	33	30.00	26	23.64	45	40.91	5	4.55	1	0.91

续表

题项	非常不同意		不同意		一般		同意		非常同意	
	人数	百分比（%）	人数	百分比（%）	人数	百分比（%）	人数	百分比（%）	人数	百分比（%）
9. 在欺凌事件发生时，我们会为受害者及其家庭提供法律咨询和援助	27	24.55	30	27.27	45	40.91	6	5.45	2	1.82
10. 我们的组织能够有效联系学校和相关部门，确保欺凌事件得到妥善处理	34	30.91	25	22.73	43	39.09	7	6.36	1	0.91

（三）社会组织在校园欺凌事后支持与恢复参与行为现状

表 5-42 数据显示，5.46% 的社会组织会为校园欺凌的受害者提供长期的心理辅导，帮助他们走出创伤，50.91% 的社会组织表示没有提为校园欺凌的受害者供长期心理辅导的效果；8.18% 的社会组织会为欺凌者提供行为矫正计划，帮助其重新融入校园生活并减少再次欺凌的可能性，56.36% 的社区组织表示没有提供行为矫正计划；5.46% 的社会组织表明定期跟踪欺凌事件的受害者和施暴者，以确保双方能够在事件后得到有效支持，59.09% 的社会组织表示没有跟踪支持；6.36% 的社会组织积极参与对欺凌者的教育和社会责任感的培养，促进其行为的长期改善，54.54% 的社会组织没有参与这一活动；6.37% 的社会组织为受欺凌者及其家人提供法律支持，帮助他们寻求公正处理和赔偿，56.37% 的社会组织并没有为受欺凌者及其家人提供法律支持。这表明大多数社会组织并没有参与校园欺凌事件后的支持和恢复工作。

表 5–42　“社会组织在校园欺凌事后支持与恢复参与行为现状”统计分析表

题项	非常不同意		不同意		一般		同意		非常同意	
	人数	百分比（%）	人数	百分比（%）	人数	百分比（%）	人数	百分比（%）	人数	百分比（%）
11. 我们的组织为校园欺凌的受害者提供长期的心理辅导，帮助他们走出创伤	33	30.00	23	20.91	48	43.64	5	4.55	1	0.91
12. 我们为欺凌者提供行为矫正计划，帮助其重新融入校园生活并减少再次欺凌的可能性	32	29.09	30	27.27	39	35.45	7	6.36	2	1.82
13. 我们的组织定期跟踪欺凌事件的受害者和施暴者，以确保双方能够在事件后得到有效支持	37	33.64	28	25.45	39	35.45	5	4.55	1	0.91
14. 我们组织积极参与对欺凌者的教育和社会责任感的培养，促进其行为的长期改善	31	28.18	29	26.36	43	39.09	6	5.45	1	0.91
15. 我们的社会组织为受欺凌者及其家人提供法律支持，帮助他们寻求公正处理和赔偿	38	34.55	24	21.82	41	37.27	5	4.55	2	1.82

三、结论与讨论

（一）研究结论

总结上述研究结果分析，从整体上看，在社区组织参与校园欺凌预防工作情况上，社会组织在预防校园欺凌方面的实际行动力度被受访者认为较为有限，社区社会组织在校园欺凌预防工作中表现不佳，在所有项目中，“同意”和“非常同意”的比例总计都在 5% ~ 7% 之间，说明只有极少数的社区组织积极参与校园欺凌预防工作，大多数社区组织的活动如反欺凌宣传、家长培训、与学校合作、工作坊的开展等都未能满足公众的期望。

在社区组织参与校园欺凌事中干预工作情况上，社会组织在校园欺凌干预中的表现不佳，只有极少数的社会组织参与校园欺凌事中干预工作，这意味着社区组织的干预措施，包括及时介入、提供心理支持、与学校合作等，都未达到公众的期望。社区组织在这些方面仍有很大的提升空间，未来应重点加强其干预能力。

社区组织参与校园欺凌事后支持与恢复工作情况上，大多数的社区组织在提供长期支持和恢复帮助方面的实际效果可能有限，只有少数受访者认为参与了校园欺凌事后支持与服务，特别是在行为矫正、心理辅导和法律支持方面，这表明，社区社会组织在帮助校园欺凌受害者、提供行为矫正和法律支持等方面仍有改进的空间，需要加强相关能力建设和资源投入。

总体而言，实际情况表明，社会组织在预防和应对校园欺凌的过程中参与不够积极，其参与身影少之又少，有时仅限于形式上的宣传。这种情况无疑令当下我国的校园欺凌应对工作失去了社会维度的支持，使得实现有效的预防和治理变得更加困难。社会组织的潜力未被充分挖掘和利用，使得校园欺凌治理的整体效果大打折扣。

（二）社会组织在防治校园欺凌中面临的主要困难

中国的社区社会组织在预防和应对校园欺凌的过程中参与不够积极，参与度较低，面临许多困境，可以从以下几方面进行分析。

1. 资金短缺问题

社会组织在防治校园欺凌工作中的最大挑战之一是资金短缺。防治校园欺凌工作涉及大量的资源投入，包括宣传材料、培训费用、技术设备等。然而，许多社会组织的资金来源有限，主要依赖于捐赠或有限的政府拨款，无法覆盖这些成本。资金不足直接影响了组织活动的规模和频率，限制了防治工作的广度和深度。例如，开展反欺凌教育和心理辅导服务需要长期的资金支持，资金紧张时，社会组织无法持续提供这些服务，从而降低了防治效果。

在访谈中，多位来自不同地区社会组织的负责人强调，资金不足是他们面临的首要问题。某公益组织的项目负责人提道："我们每年向不同的资助机构申请资金，但这些资金往往是不稳定的，覆盖的项目周期也有限。即使有时候获得资助，金额也远远不足以应对长期的校园欺凌预防和干预需求。"他们具体指出，资金不足导致了许多宣传项目只能短暂进行，无法持续影响学生和家长的认知。另一名访谈对象来自西部某社会组织，他补充道："我们不仅面临项目经费短缺，甚至有时候连维持组织运营的日常费用都难以筹措。这让我们无法聘请更专业的人员，也无法投入足够的资源进行欺凌事件的持续跟踪调查。"

2. 缺乏专业人员

有效开展校园欺凌防治工作需要多学科的专业人员，包括心理学家、社会工作者、法律顾问等。这些专业人员能够为受害者提供心理辅导、法律援助，并为学校制定有效的反欺凌政策提供建议。然而，许多社会组织由于资源有限，难以吸引和留住这些专业人员。这使得组织在处理复杂欺凌案件时力不从心，特别是面对涉及心理创伤的受害者或涉及法律程序的欺凌案件时，组织常常缺乏相应的专业支持，导致干预效果不佳。

在访谈中，社会组织代表多次提及在防治校园欺凌的过程中，缺乏心理学家、法律顾问等专业人员的现象。一位组织负责人表示："我们面对的是校园中一些非常复杂的欺凌案例，涉及学生的心理健康问题。但我们的团队中没有足够的心理专家，通常需要依赖外部的合作资源，而这种合作资源并不稳定，有时心理专家无法及时介入。"另一位来自东部城市的社会工作者强调："面对涉及法律的欺凌事件时，我们非常无力。学生和家长对法律程序不了解，我们也缺乏足够的法律顾问来提供有效的法律援助。这导致许多欺凌案件只能停留在调解的层面，未能通过法律途径解决。"

3. 政府政策支持不足

尽管社会组织在防治校园欺凌方面发挥了重要作用，但政府政策支持的缺乏仍然是一个重大障碍。有效的反欺凌政策需要政府的协调和支持，尤其是在法律制定、资金分配和资源协调方面。然而，许多社会组织反映，他们的防治工作缺乏政府的具体政策指导和支持。特别是在资源分配、法律支持和宣传活动等方面，政府的介入不足，导致社会组织的行动孤立无援。这也反映了政府与社会组织之间协调机制的不完善。

在访谈中，多位组织代表表达了对政府政策支持不足的失望感。一位来自中部地区的组织领导者表示："尽管我们做了很多工作，帮助学校和社区建立反欺凌机制，但我们仍感到政府在政策支持上存在缺失。我们希望政府能够更多地介入，比如提供专项拨款、开展政策引导，但实际的帮助很有限。"有组织甚至提到，他们曾多次尝试与地方政府部门沟通，希望在反欺凌宣传和法律支持方面达成合作，但很少得到积极回应。"有时我们感觉自己的工作是孤立无援的，没有政府的帮助，很多工作难以持续推进。"一位基层社会组织负责人如此评价。

4. 与学校、家长和社区的沟通不畅

社会组织在执行校园欺凌防治工作时，与学校、家长和社区的沟通不畅是一个普遍存在的问题。防治欺凌工作需要多方的共同努力，包括学校的支持、家长的积极参与以及社区的协作。然而，由于各方的立场不同，沟通不畅常常导致防治工作无法有效进行。例如，一些学校可能对校园欺凌的情况避而不谈，以维护学校声誉，而家长可能由于对问题的理解不足或疏于配合，进一步加剧了沟通的难度。社会组织在这种情况下难以协调各方力量，阻碍了防治工作的推进。

通过访谈发现，沟通不畅不仅体现在学校层面，家长和社区的参与度也较低。一位从事多年反校园欺凌工作的社工说道："学校有时候出于维护形象，不愿意公开承认校园内存在欺凌行为，甚至会封锁信息。这让我们在与学校的合作中感到十分受限。"她还提到，家长通常缺乏对校园欺凌问题的全面理解，有时由于孩子担心报复，他们拒绝配合解决欺凌事件。另一位来自农村地区的社区组织领导人也反映道："在农村地区，家长们的文化水平有限，对校园欺凌的意识较弱。在我们向他们宣传相关法律知识和应对措施时，往往得不到他们的积极配合，很多时候是以逃避或者淡化问题的态度应对。"同时，社区的参与度也不足，尤其是在面对需要社区协同的欺凌预防活动时，人员组织困难。

5. 缺乏必要的技术和设备支持

在现代信息社会，技术设备在校园欺凌的防治工作中扮演着重要角色。网络欺凌、校园监控等问题日益突出，然而，许多社会组织缺乏必要的技术和设备支持，如网络监控系统或其他技术工具。这使得他们在面对网络欺凌时，缺乏及时监测和跟踪欺凌行为的能力。此外，缺乏数据分析技术，也使得社会组织难以全面掌握校园欺凌的实际情况，削弱了他们在制定防治策略时的有效性。

在访谈中，一位负责网络反欺凌项目的组织代表明确提道："现在很多欺凌发生在网络上，尤其是青少年通过社交媒体传播虚假信息或进行言语攻击，但我们缺乏网络监控的技术手段。即使有时候能够识别出欺凌事件，我们也没有足够的技术工具和法律手段去追踪这些行为的发布者。"另一位参与网络反欺凌项目的负责人提道："我们在技术支持上严重滞后，没有办法实时监控校园欺凌的动态，也没有足够的资源投入到网络舆情监控中。"这表明，技术的缺乏不仅影响了预防效果，也限制了社会组织在处理网络欺凌案件时的响应能力。

6. 法律程序繁琐，影响工作效率

在处理校园欺凌案件时，社会组织经常面临法律程序繁琐的问题。欺凌事件往往涉及多个法律层面，包括民事、刑事和行政法律程序，需要经历复杂的调查、取证和诉讼过程。这些繁琐的程序不但延缓了对受害者的援助，而且影响了欺凌事件的及时处理。社会组织在缺乏法律支持的情况下，很难高效处理欺凌事件，导致案件的进展缓慢，削弱了防治工作的及时性和有效性。

在访谈中，受访者普遍认为，法律程序的繁琐使得欺凌事件的处理进度缓慢。一名负责法律援助的社会组织成员反映："我们帮助过很多校园欺凌的受害者家庭进入法律程序，但通常这些案件会因为取证困难、程序复杂等问题拖延很长时间。法律程序不但让受害者家庭感到疲惫，还让我们在处理案件时面临着极大的压力。"另一位法律顾问也表达了类似的观点："社会组织往往缺乏足够的法律资源来应对每一个校园欺凌案件，而一旦案件进入司法程序，我们无法有效协调资源，导致案件处理时间过长。"

7. 缺乏宣传和教育资源及渠道

防治校园欺凌工作不仅仅是对欺凌事件的干预，还需要广泛的宣传和教育来提高公众的认识。然而，许多社会组织在这一方面缺乏资源和渠道，特别是无法有效接触到广大的学生、家长和社区。宣传材料的制作、线上和线下的推广活动都需要大量的资源，而这些资源的匮乏使得社会组织的宣传工作难以全面展开。此外，社会组织往往缺乏与媒体或政府的合作渠道，进一步限制了他们扩大影响力和推动公众参与的能力。

在访谈中，宣传和教育资源的匮乏也是受访者关注的一个关键问题。一位负责校园反欺凌项目的社工说道："我们发现，很多家长和学生对校园欺凌的认知非常有限，但由于资金和资源的限制，我们很难扩大宣传的覆盖面。即使我们有好的宣传材料，也缺少渠道去推广。"另一位受访者表示："我们曾经与几家媒体合作，但因为预算有限，很多宣传活动只能短期进行，无法形成长期的影响。特别是在偏远地区，教育资源更为匮乏，我们根本无法覆盖到那里。"访谈进一步揭示了，社会组织在推动反欺凌宣传时，缺少可持续的资源支持，宣传的广度和深度都受到严重限制。

综上所述，社会组织在防治校园欺凌的过程中，面临着多重困难，包括资金短缺、人员不足等问题。这些困难不仅限制了社会组织的行动能力，也影响了防治工作的效果。为有效应对校园欺凌，社会组织需要得到更多来自政府、企业和社会各界的支持，以确保他们能够克服这些挑战，持续开展防治工作，保护学生的权益和校园的安全。

第三篇

校园欺凌治理的机制建构

第六章　青少年校园欺凌治理的域外经验

校园欺凌是一个全球性的问题，各国纷纷采取措施来解决这一问题。在国外，校园欺凌治理机制得到了广泛的关注和研究。许多国家建立了以学校和社区为核心的校园欺凌防治网络，开展了多种形式的预防、干预和处理工作。一些国家还制定了相关法律和政策，明确校园欺凌的定义、分类和处罚标准。本章将概括介绍国外校园欺凌治理的主要模式或机制，并分析其成功之处，以期为我国校园欺凌治理提供借鉴与启示。

“他山之石，可以攻玉。”借鉴、学习其他国家和地区的校园欺凌防范和治理经验，可以帮助我们创新校园欺凌防范与治理思路、完善校园欺凌防范和治理机制，夯实校园安全管理过程、优化安全工作绩效。以下以挪威、美国、澳大利亚、日本等国为例，探索其校园欺凌防范和治理路径、体制、机制。

第一节　挪威校园欺凌治理的经验

校园欺凌的现代研究可以追溯到20世纪70年代初，当时挪威心理学家丹尼斯·奥维尤斯率先开展了系统研究，并推动挪威成为全球最早采取治理与干预措施的国家。经过近五十年的理论研究与近四十年的实践积累，挪威在校园欺凌治理方面形成了丰富的经验。挪威的欺凌治理经验和干预项目不仅在本国取得了显著成效，还在美国、英国、德国、加拿大、克罗地亚、冰岛、瑞典和智利等多个国家得到传播和实施，并在这些国家取得了复制性的成功。[①]

2000 年以来，HBSC[②] 的调查结果显示，挪威的欺凌发生率不仅始终处于较低水平，而且一直保持着持续走低的趋势，从 21 世纪初的 32.3%，一路连续降到 2013 年的 21%。[③] 2018 年国际学生评估项目调查中，挪威校园欺凌发生率又降到 19%。[④] 由此，本节将聚焦于挪威在校园欺凌领域的先行者地位，分析其如何通过制度安排和实践探索有效治理校园欺凌。通过深入研究挪威的案例，可为我国校园欺凌综合治理体系的科学构建提供有价值的参考和启示。

一、挪威校园欺凌防治政策与实践

校园欺凌因其消极且严重的影响，引起了挪威社会各界的高度关注。为应对这一挑战，挪威从最初的社会零散自发的反欺凌行动，逐步演变为国家层面的专项立法，进而发展到推出多种反欺凌项目。这些步骤共同传达了挪威对于中小学校园欺凌的“零容忍”态度。挪威的策略主要围绕立法层面的要求，利用实施具体项目来赋予校园欺凌防治以更大的力量，并有效地形成政府、学校、家庭以及社会各方的合力。此外，通过完善的保障体系和持续的评估，挪威巩固了其中小学校园欺凌防治的成效。这一系列措施体现了挪威在校园欺凌防治上的系统性和全面性，确保了学校环境的安全和学生的福祉。

（一）国家层面：校园欺凌防治立法与保障制度

1. 政府制定校园欺凌防治的法案

在法律法规上，2002 年 9 月挪威政府与社会团体联合发布了《反欺凌宣

---

① Stephens P：Preventing and confronting school bullying：A comparative study of two national programs in Norway. University of Stavanger，2012.

② HBSC 是 WHO 统筹组织的一项跨国研究。该研究始于 1982 年，每四年进行一次，旨在评估各国 11 岁、13 岁及 15 岁学生的健康行为和幸福感，并比较各国青少年在不同阶段的身心健康状况。目前，全球包括欧洲、北美、亚洲和地中海地区等 40 多个国家和地区参加该项研究。

③ WHO/GSHS. Global School-based Student Health Surveys. http：//www.who.int/chp/gshs/en/2016.

④ Organisation for Economic Co-operation and Development (2019). PISA 2018 results (Volume III)：What school life means for students' lives. https：//www.oecd.org/pisa/publications/pisa-2018-results-volume-iii-acd78851-en.htm.

言》(*The Norwegian Manifesto against Bullying*，下简称《宣言》)，这是首次国家层面对校园欺凌问题进行全面界定，指出校园欺凌不仅是个体行为问题，更是侵犯儿童人权的社会问题，威胁到公共健康、安全和社会道德准则，由此统一了全社会对校园欺凌问题的基本认识。《宣言》提出了“零容忍”对待校园欺凌的治理愿景，并展现了国家对彻底防治校园欺凌的决心。《宣言》不仅代表了政府的意志，还反映了全社会的集体意志。除了强调社会参与和政府主导，《宣言》也特别强调为儿童提供安全的学习环境是每个学校的责任。为落实这一点，《宣言》要求所有学校制定本校的欺凌防治工作计划，且这项工作应由地方政府监督。在具体防治措施方面，各校既可以自定，也可以采取国家推荐的反欺凌项目，如“奥维尤斯欺凌防治项目”(Olweus Bullying Prevention Program，OBPP)。由此，挪威政府运用政治宣言作为政策工具，建立了一个政府主导、学校主责、社会共同参与的校园欺凌协同治理框架，明确了全国统一的欺凌防治纲领，实现了统一的认识、目标和战线。

2003 年 4 月，挪威又通过了《校园环境法案》(下简称《法案》)，为欺凌防治建立了明确的责任体系和问责机制，从而建立了专门针对校园欺凌防治的法治系统。该法案规范了个案的处置程序，并明确了不同层级主体在欺凌防治工作中的法律责任。它设定了校长为主责，地方政府为主导，郡长为主管的权责分配方案，并建立了从中央政府到郡长、学校业主(郡、市政府)、校长至教职工的五级责任链条。此外，法案还确立了挪威校园欺凌防治的三级问责机制：地方最高行政长官—地方政府—学校。《法案》不仅明确了学校在校园欺凌治理中的主体身份和事权，赋予学校反欺凌工作以法律意义，还要求所有中小学建立包含各利益相关者的学校环境委员会。这个委员会涵盖学生、家长、教职工、学校管理层和地方政府，倡导政府、学校和家庭的协同治理模式。在具体措施上，《法案》详细规定了从预防、发现、干预到处置的全过程规范和要求，确保校园欺凌防治有法可依、有章可循，使得校园欺凌防治工作法治化、制度化和常态化。

2. 政府建立校园欺凌防治的绩效保障机制

为确保校园欺凌防治工作的效果得到科学评估和持续改进，挪威政府建立了一套绩效保障机制。这一机制的核心在于利用基于实证的数据来监测和管理欺凌防治的成效。自2007年起，挪威科技大学的研究中心便受政府委托，开始对全国中小学生进行在线问卷调查，从而收集全国范围内的校园欺凌数据。

每年2月，挪威教育部在其官方网站上公布这些问卷调查的结果，这些数据详细呈现了各个学校、地区乃至全国范围内七年级、十年级和十一年级学生的校园欺凌现状。这些信息包括欺凌发生的总体比率、欺凌者和受害者的比例、性别分布，以及欺凌行为的主要形式、频率和发生地点等。调查结果还涵盖了学生对其学校欺凌防治工作的看法和态度。通过这些细致的数据收集和分析，挪威政府能够及时发现和纠正欺凌防治工作中的不足，确保其策略和措施能够不断适应和改进，以最大限度地减少校园欺凌事件。

（二）学校层面：参与实施校本欺凌防治项目

法律和宣言最终还是要落实为具体的行动才能发挥作用。挪威政府着力于将法律和宣言落实为具体行动，重点推广基于研究的综合性校本欺凌防治项目，这包括全国范围内推荐的奥维尤斯欺凌防治项目和政府委托国家欺凌防治研究中心（Center for Behavioural Research）开发的全国性《零容忍方案》，并开展对校园欺凌防治的专项培训。

1. 学校积极参与实施校园欺凌防治项目

第一，学校积极参与出台的校园欺凌防治项目，如奥维尤斯欺凌防治项目，该项目是奥维尤斯提出的第一个校园欺凌防治项目，在学界负有盛名。该项目是专门为学校设计，并且由学校教职工来实施的欺凌干预和防治项目，目标在降低现有的学生欺凌问题、预防新的欺凌问题发生、让学生在校内的同伴关系更和谐。项目制定了一系列针对整个校园生态的干预措施，主要在学校、班级、个人、社区层面展开。在项目实施过程中，每个层面都有自己要完成的工作（见表6-1）。

表 6-1　奥维尤斯校园欺凌防治项目四个核心层面的基本要素

核心层面	要　素
学校层面	设立欺凌预防协调委员会
	进行委员会和员工培训
	设计奥维尤斯校园欺凌问卷
	召开员工小组讨论会议
	介绍禁止校园欺凌的校规
	检讨并完善学校监督制度
	举办一个学校活动来启动这个项目
	鼓励家长参与反欺凌活动
班级层面	发布并执行全校范围内反对欺凌的规定
	定期召开班会，增加学生对欺凌的学习和讨论
	举行家长座谈会等
个人层面	监督学生的活动
	当校园欺凌发生时，确保所有员工在场干预
	与涉嫌欺凌的学生举行会议
	与参与学生的家长举行会议
	为参与的学生定制个人干预计划
社区层面	让社区成员参与欺凌预防协调委员会
	与社区成员建立伙伴关系，以支持学校的计划
	在社区传播反欺凌信息和最佳实践原则

资料来源：Olweus bullying prevention program：Schoolwide guide（p.4），by D. Olweus et al.，2007，Center City，MN：Hazelden。

第二，学校应充分利用学校信息系统，有序推进多种预防项目的实施。在获得学校理解和全部学生理解的基础上，学校采取欺凌预防行动。例如在《零容忍方案》中，学校要为学生创设一个识别攻击性行为和防治欺凌的学校环境，创造成人干预和过滤下的安全校园区域。同时，要增加校园主要观测点的摄像头数量，尽可能将校内一切活动可视化、公共化，减少校园观察的死角。此外，学校还建立了匿名报告系统，学生可以及时反映校园欺凌事件，及时将举报内容纳入反欺凌报告系统。

2. 多渠道开展不同层次的欺凌防治专业培训

为加强欺凌防治工作，挪威政府在2000—2002年期间实施了“国家能力建设项目”，通过这个项目，对全国中小学的校长和各地教育心理服务团队的4500名骨干人员进行了专业培训。这些培训旨在帮助参与者深入理解校园欺凌的发生机制、预防措施、干预知识，以及如何在学校和地方教育心理服务团队间合作开展欺凌防治工作。

此外，OBPP和《零容忍方案》的实施也包含了专业培训环节，但这一渠道主要针对参与项目的学校和部分教师。为进一步扩大培训的影响力和覆盖范围，从2004年起，挪威政府开始将欺凌防治知识和技能全面纳入教师的职前教育和在职培训中，目的是为学校反欺凌实践提供持续的人力支持。这些措施共同构成了一个多渠道、不同层次的欺凌防治专业培训体系，旨在为各地各校的反欺凌工作提供专家队伍和人力支持。

（三）社会层面：社会成员参与、合作

在挪威，校园欺凌防治政策的实施在很大程度上得益于社会层面的广泛参与和合作。

首先，挪威政府和宣言伙伴机构利用媒体和社会团体的力量，通过官方和非官方途径传播有关欺凌防治的信息与知识。这一策略不仅普及了反欺凌知识，而且在全社会中唤醒了反欺凌意识。官方途径主要包括鼓励地方政府签署并发布本地的反欺凌宣言，加强社会对反欺凌价值观的认同。全国共有19个郡和113个市（总数428个市）参与签署这些宣言。[①] 而非官方途径则涉及通过各地媒体对公众、家长和学校的宣传教育，以及社会团体举办的针对家长和社区的欺凌防治讲座和研讨会。

其次，挪威的校园欺凌防治项目设计和实施主要由社会研究机构负责，涉及专业人员的广泛参与及市政调研与数据监视。这些复杂的任务很难由单

① Tikkanen T, Junge A : Realising a bullying-free educational environment for children and youth : Final report to the evaluation of the manifesto against bullying 2002–2004. http : //www.rf.no/Internet/Mobbemanifest.nsf, 2005.

一学校独立完成。因此，社会团体和科研机构在校园欺凌防治的研发和实施中扮演了关键角色。这种多方合作的模式确保了校园欺凌防治措施的科学性和实效性，同时也促进了社会对校园安全的共同责任感。

综上所述，挪威校园欺凌防治的成功在很大程度上归功于其社会层面的全面参与和合作，这不仅体现了社会共治的理念，也确保了防治策略的全面性和有效性。

二、挪威校园欺凌防治经验的主要特征

挪威中小学校园欺凌防治政策注重法律保障、知识赋能、规范程序和长期追踪的特点，在多年的科学治理和实践经验积累的基础上形成了“科学研究—制定政策—保障实施—动态追踪—发展研究”的特殊模式，这一良性循环是其校园欺凌防治体系的核心。

（一）重视研究，注重知识赋能

挪威中小学校园欺凌防治之所以能够实现科学治理，关键在于长期对校园欺凌研究的深层投入。首先，挪威成立了专门的研究机构，如国家欺凌防治研究中心和斯塔万格大学的“国际研究中心”（International Research Institute of Stavanger，IRIS），专注于校园欺凌的原因、机制及应对策略的实证研究，从而生产关于校园欺凌的规律性知识。其次，挪威政府高度重视将这些研究成果应用于政策制定和项目开发，确保校园欺凌防治项目建立在坚实的实证数据基础之上，保障了校园欺凌防治体系的科学性和时效性。此外，部分研究中心还作为第三方机构对欺凌防治项目的学校进行评估，进一步完善对校园欺凌现象的理解和应对。最后，研究中心不仅是校园欺凌防范知识的生产者，也是其传播者。一方面，它们为参与欺凌防治项目的学校校长和教师提供专业培训，另一方面，也向公众普及校园欺凌防治教育，增强社会的反欺凌意识。这些综合措施共同构成了挪威校园欺凌科学治理的基础。

（二）专项立法，保障学生权益

挪威是全球最早进行校园欺凌专项立法的国家之一。2002 年，挪威政府与社会机构共同签署《反欺凌宣言》，将校园欺凌定位为危害社会公共安全的严重问题，并明确了对校园欺凌的“零容忍”态度。紧随其后的 2003 年，《校园环境法案》的颁布进一步强调了学校在创造安全学习环境方面的责任，旨在保障学生享有安全、良好的校园环境，以促进其健康、福祉和学习。《校园环境法案》以预防为主、惩罚为辅的逻辑，着重改善学校的安全和社会心理环境，确保学生的健康发展和平等的教育权。从实施角度来看，《法案》赋予学生报告和评估自己所在学校环境的权利，并要求学校对学生的报告进行调查和采取措施。此外，法案还保障了学生和家长的维权权利，明确了他们作为关键利益方维护自身权利的途径。从权责分配上，法案清晰界定了各方的职责。教育部负责制定和发布欺凌防治法规，地方政府负责为中小学设立校园行为守则和惩戒措施，而学校层面则指明校长作为防治责任的主要负责人，教职工负责具体的校园环境维护工作。这构建了由教育部、郡长、地方政府、校长至教职工组成的“五级责任链条”，引领挪威校园欺凌治理走向了法治化、制度化和系统化的道路。

（三）多元主体，形成综合治理体系

自 2002 年《反欺凌宣言》发布以来，挪威成功地在全国范围内构建了一个多元主体共同参与的反欺凌联盟，这在校园欺凌预防和治理方面开创了新的篇章。

首先，在理念层面，挪威确立了全社会共同参与防治的共识，不仅将校园欺凌视为教育领域的问题，而且认识到其是整个社会共同承担的责任。

其次，在具体实施行动方面，挪威已经形成了一个涵盖政府、社会团体、学校、教师和家长的全方位参与的中小学校园欺凌防治体系。在这个体系中，教育部门承担制定和发布相关法规的职责，社会团体负责对校园欺凌状况进行深入的调查研究，学校则专注于创造一个安全的学习环境。同时，教师和家长不仅提供必要的引导和支持，还帮助学生学习识别和应对欺凌的技能。

最后，在成效评估方面，挪威把校园环境的监测纳入到学校教学质量的

评估体系中，并在此基础上建立了一套绩效管理和问责制度。这些措施确保了校园欺凌防治工作的有效性，并有效发挥了社会各界的监督和促进作用，从而在整个社会范围内形成了一个协同作战的综合治理体系。

（四）定期监测，确保实施成效

挪威在执行校园欺凌防范项目后，致力于对其成效进行准确的分析和评估。由于校园欺凌涉及复杂的行为和心理现象，挪威通过定期核验来确保防治政策的实施效果。首先，学校和研究机构利用大规模问卷调查来评估校园欺凌的发生率、频率和类型，同时收集学生对防治政策的满意度反馈。例如，广泛应用的 OBPP 项目就是基于这种问卷调查实施的。其次，教育部和研究机构收集各地学校的校园欺凌统计数据，分析欺凌事件的数量、地理位置、年龄和性别分布，以理解欺凌趋势和模式，并据此制定针对性干预措施。最后，挪威重视校园欺凌防治的时效性，通过定期数据反馈，不断更新和制定适应当前需求的预防策略。这种绩效评估和时效性关注确保了挪威校园欺凌治理策略的科学性和实效性。

第二节　美国校园欺凌治理的经验

美国作为一个多种族、多元文化的社会，校园欺凌现象较为普遍。据统计，在 12 ~ 18 岁学生中，每 5 人中就有 1 人经历过言语欺凌，约有 16 万名青少年因害怕被欺凌而逃学。[①] 自 20 世纪末以来，美国政府通过立法和多方协作对校园欺凌进行治理，取得了一定成效。数据显示，美国校园欺凌发生率（12 ~ 18 岁）已经从 2003 年的 28%[②] 下降到 2017 年的 20.2%[③]。这一显著

① Bulling Statistics：Breakdown by the Facts and Figures.https：//admissionsly.com/bullying-statistics/.

② Espelage D L, Bosworth K, Simon T R：Relations between peer victimization subtypes, family violence, and psychological outcomes during early adolescence. Psychology of Violence, 2（4）, 313–324, 2012.

③ National Center for Educational Statistics：Student reports of bullying：Results from the 2017 school crime supplement to the National Crime Victimization Survey. https：//nces.ed.gov/pubs2019/2019054.pdf.

改善得益于一系列政策和行动的实施。

一、美国校园欺凌治理政策与实践

近年来，美国联邦政府与各州政府共同协作，并与地方政府和学区共同推进校园欺凌治理。通过立法、建构防治体系、完善制度等举措，美国校园欺凌治理获得了突破性的进展。

（一）政府层面

美国作为联邦制国家，教育等民事事务主要由州和地方政府负责，联邦政府在教育领域，包括校园欺凌防治方面，权力相对有限。

1. 联邦政府层面校园欺凌防治政策

美国联邦政府目前还没出台联邦反欺凌法案，但一直十分关注校园欺凌问题，积极采取了一些措施来促进校园欺凌防范工作，主要体现在以下四个方面。

（1）联邦法律的间接规制

联邦政府没有颁布专门的反欺凌法，欺凌问题主要通过其他与反歧视和学校安全相关的法律来处理。例如，1964 年的《民权法》禁止种族、性别、宗教等歧视；1972 年的《教育修正法案》第 9 条禁止性别歧视；1973 年的《康复法》第 504 节禁止残疾歧视；1990 年的《美国残疾人法》第 2 条禁止州或地方政府有基于残疾的歧视。当校园欺凌行为涉及上述法律规定的基于种族、肤色、国籍、性别或残疾的歧视或骚扰时，联邦法律不仅保障了受害者的权益，还要求学校采取积极措施防治和处理此类行为。

校园欺凌是美国严重的社会问题，且会引发诸如校园枪击等更严重的暴力事件。为应对这一问题，联邦政府通过了一系列与学校安全相关的法律。例如，1990 年的《校园安全法》要求学校提供欺凌的快速举报渠道，建立校园欺凌防治体系，未妥善处理欺凌行为的学校将面临处罚。1999 年，美国最高法院在“戴维斯诉门罗县教育委员会案”（Davis v. Monroe County Board of Education）中裁定，学校若未采取措施应对学生间的性骚扰，将承担法律责任。2001 年的《不让一个孩子掉队法案》进一步提出治理校园欺凌的法律要求。2002 年，美国教育部发布《早期预警、及时应对：校园安全指南》，详细阐释了欺凌行为的定义和甄别方法，为学校提供了重要参考。尽管联邦立法为校园欺凌治理提供了框架性指引，但因权力限制，仍存在局限性，各州基于此进一步制定了专门立法，并取得了一定成效。

（2）组织跨部门合作与资源整合推动校园欺凌防治

美国联邦政府通常会组织跨部门协调机构或相关委员会，开展活动倡导工作，并促进诸如教育部、司法部等相关部门成立一些专项资金，激励州、地方学区或学校开展校园欺凌防范活动。例如，在 2011 年成立了由农业部、国防部、教育部、卫生部、内政部和司法部以及联邦贸易委员会和白宫关于亚裔美国人和太平洋岛民倡议的代表组成了防欺凌指导委员会。2017 年又成立了教育部、司法部、卫生部和国土安全部联席的学校安全委员会。在这两个委员会的协调下，联邦政府建立了专门的校园欺凌防范网站（http：//www.stopbullying.gov）和校园安全网站（http：//www.schoolsafety.gov），提供大量关于校园欺凌防范和校园安全的法律法规和各类资源。

（3）联邦政府专项资金支持校园欺凌防治

美国联邦政府通过多个资金项目支持校园欺凌防治工作。例如，《安全无毒学校与社区法》（SDFSCA）旨在减少学校及其周边的药物滥用和暴力事件，包括校园欺凌，由教育部、中小学教育办公室和学生安全与健康办公室共同实施，为公立学校提供资金支持以应对欺凌行为。《保护我们学校计划》（SOS）为州和地方政府提供了针对校园欺凌的专项资金支持，通过与公立学校的合作，协助改善校园安全环境，重点预防和处理欺凌事件。《卓越学术中心计划》（ACE）由美国卫生与公众服务部和疾病控制与预防中心联合资助，旨在通过研究型大学与社区组织的合作，推动社区制定、实施和评估青少年暴力预防措施，有效减少学校和社区中的暴力行为。

（4）联邦政府通过科研活动收集校园欺凌数据

为支持校园欺凌防治工作，美国联邦政府通过多项科研项目收集相关数据。例如，《全国犯罪受害情况调查校园犯罪补充》（SCS/NCVS），由美国教育部和司法部共同设计，定期采集 12 至 18 岁学生关于校园安全、欺凌和犯罪的信息，为制定政策提供重要数据支持。《全国儿童遭受暴力调查》（NatSCEV），由美国司法项目办公室、少年司法和预防犯罪办公室、美国司法部、疾病控制和预防中心联合开展，聚焦17岁及以下儿童的暴力经历，包括校园欺凌，数据具有全国代表性。“民权数据收集”（CRDC）也是美国教育部的核心项目，自2009—2010年起，将欺凌与骚扰行为纳入数据范围，同时覆盖校园纪律处理方式，如体罚和停学，为深入分析欺凌影响提供了支撑。此外，青少年危险行为监测系统（YRBSS），由美国疾病控制和预防中心设计，调查青少年风险行为，如欺凌、暴力及其他相关问题，为校园安全政策制定提供科学依据。

2. 美国州政府层面校园欺凌防治政策

（1）各州制定了校园欺凌防治法案

作为联邦制国家，美国各州拥有独立的立法权。自1999年科伦拜恩枪击案以来，校园暴力问题引起了广泛关注，许多州开始出台法律预防和应对校园欺凌。1999年，佐治亚州成为首个通过反欺凌法的州，随后其他州陆续跟进，制定了相关法律来应对校园暴力。[①] 截至2015年4月，蒙大拿州通过《校园欺凌防治法》，成为最后一个实施此类政策的州。目前，美国所有州均已制定校园欺凌防治相关法律，为学区和学校提供政策指导。

美国大多数州的校园欺凌防治法律均包含对欺凌的定义，43个州由法律明确规定欺凌定义，另有5个州（夏威夷、缅因州、新墨西哥州、弗吉尼亚州和威斯康星州）由教育部门或学区确定定义，亚利桑那州和明尼苏达州则完全交由地方学区决定。法律普遍禁止所有形式的欺凌行为，包括网络欺凌以及直接或间接的语言和非语言欺凌。36个州的教育法规明确禁止通过电子媒体进行欺凌。大多数州的法律明确适用范围，覆盖学校校园、学校活动、交通工具及学校技术设备，13个州将适用范围扩展至校外行为，只要这些行为对学校环境产生显著影响。

此外，各州均要求学区制定报告和调查欺凌事件的程序，部分州设有匿名报告机制。许多州要求学区每年向州报告欺凌数据并公开相关信息，同时

① U.S. department of Education：Analysis of State Bullying Laws and Polices[2022-08-09]. https：//www2.ed.gov/rschstat/eval/bullying/state-bullying-laws/state-bullying-laws.pdf.

明确对欺凌行为的纪律处分和刑事后果。部分州法律要求或鼓励学区响应受害者的心理健康需求，提供相关的咨询和心理健康服务，并为欺凌者提供心理健康支持。大多数州的法律要求学区制定具体的欺凌防治政策，并普遍要求为教职工提供培训，同时鼓励实施适应不同年龄段的欺凌预防计划。

（2）各州制定了校园欺凌防治模范政策

为落实校园欺凌防治法律，美国各州制定了相应的模范政策，其内容主要包括：明确禁止所有形式的欺凌行为，强调欺凌对学生学习、安全、参与和学校环境的负面影响，明确所有形式的欺凌都是不可接受的；政策阐明了适用范围，涵盖学校内外活动、学校交通工具以及通过学校技术进行的欺凌行为；详细定义欺凌行为，包括网络欺凌，并列出具体欺凌类型；明确列出受保护的群体，强调欺凌可能基于学生的实际或感知特征；规定了报告欺凌事件的程序，鼓励学生和教职工报告；规定对欺凌事件进行调查和响应的程序，确保适当处理每个事件；要求对欺凌事件及其解决方案的书面记录；对欺凌行为实施渐进制裁，以有效遏制其发生；约 51% 的政策文件包括为受害者和加害者提供心理健康服务的转介程序；大多数政策要求学校报告和编制欺凌事件的数据，以监测政策的执行情况。

与州法律相比，模范政策文件通常更详细，尤其在受保护群体、调查和记录程序、心理健康转介、透明度和监测方面。然而，州法律在覆盖受害者的法律救济权利等关键内容方面，具有更广泛的适用范围。

3. 美国地方政府和学区层面校园欺凌防治政策

在遵守美国各州反校园欺凌法和政策的框架下，地方学区制定了详尽的校园欺凌防治政策。这些政策内容包括：明确禁止欺凌的声明，阐述政策目的和背景；设立全面的报告程序，包括匿名选项，并明确负责调查的学校人员联系方式；实施及时的调查和响应程序，保护受害者并在必要时通知执法部门；维护所有欺凌事件及其解决方案的书面记录；描述欺凌行为的具体制裁和后果；为受害者和加害者提供心理健康服务的转介程序；通过教育和沟通计划广泛传达欺凌政策及其后果；为所有学校工作人员提供预防、识别和应对欺凌行为的培训，并鼓励学区实施适合各年龄段的预防计划；每年向州政府报告欺凌事件数量及相应措施，并在适当的隐私保护措施下公开数据；保留受害者寻求其他法律救济的权利。

地方学区的政策通常比州立法更详细，不仅包括欺凌的定义和核心政策组件，还包括额外的政策宣传程序和培训措施。这种详细程度确保政策具体实施性，使学区能够有效应对和预防校园欺凌。

（二）学校层面

在美国，防治校园欺凌被视为整体学校师的责任。首先，学校需要制定详细的校园欺凌防治预案，明确预防与干预措施。其次，学校应创建安全的校园环境，降低欺凌发生的风险，并增强学生的安全感。最后，通过培训课程提升教师的警觉性和应对能力，同时加强学生管理与教育，确保学生既不成为欺凌者，也能有效应对欺凌行为。

1. 制定校园欺凌防治方案

为了有效应对校园欺凌，美国政府要求学校制定专项校园欺凌防治预案。2001 年，美国联邦教育部发布了《保护我们的孩子行动指南》，详细介绍了校园欺凌的预防、早期干预和提供个性化支持服务的具体措施。[①] 例如，在纽约市，校长和教师被赋予了严格管理学生的职责，制定欺凌事件报告制度，并鼓励学校开展校园欺凌防治培训，以强化防治工作。在联邦和州政府的监管下，各教育区和学校积极加强防治措施，并制定具体的防治预案。

美国学校的校园欺凌方案通常分为预防性方案和干预性方案。这些方案各具特色，旨在从不同角度减少和管理校园欺凌的发生。预防性方案侧重于创造一个积极、支持性的课堂氛围，因为充满尊重和理解的环境能显著减少学生参与欺凌的可能性。此外，这类方案还致力于消除种族主义和性别歧视等社会偏见，这些偏见往往是欺凌行为的根源。干预性方案则通过教育课程帮助学生识别欺凌行为，理解其潜在伤害，并指导学生如何寻求帮助。课程不仅包括欺凌的识别与反应，还教授学生如何采取具体措施反抗欺凌，如何在目睹或遭遇欺凌时行动、如何支持受害者以及如何用建设性的方式处理冲突。

---

① Dwyer K，Osher D：Safeguarding our children：An action guide. Implementing early warning（pp. 17-27），Washington, DC：US Department of Education，2000.

通过这些综合措施，学校不仅能解决已发生的欺凌事件，更为重要的是，构建了一个预防欺凌的教育环境，确保所有学生的安全和福祉。

2. 建立安全的校园环境

确立安全的校园环境是防治校园欺凌的核心策略。安全的校园环境不仅为学生提供必要的安全感，也对潜在的欺凌者起到了震慑作用。为此，美国通过《校园安全法》确立了校园警察的法律地位，要求州政府派遣校园警察常驻学校，专责维护校园秩序，这一措施在全国范围内得到广泛实施。此外，美国的中小学还设有报警亭，学生和教职工可以通过按键直接联系警局。

随着科技的进步，美国大部分中小学已配备全面、多功能的电子信息防控系统和通信设备。这些系统能够对校园实施 24 小时全区域监控，确保一旦发生问题能够迅速反应。为防止学生携带枪械等危险物品进入校园，许多学校还安装了金属探测器。除了依托先进的科技手段，美国中小学还实行校园巡逻制度，由专业安保人员或校园警察负责，定期巡查和排查校园内易发生欺凌事件的重点区域。

3. 增强教职员工的反欺凌意识和能力

教师在学生的日常生活中扮演着关键角色，作为校园反欺凌工作的中坚力量，提升教师的反欺凌意识和应对能力至关重要。培训和教育是增强这些能力的有效途径。研究表明，接受过专门培训的教师更倾向于主动介入校园欺凌事件。[①] 因此，美国在中小学校园欺凌防治政策中十分重视对教师的培训。政府和教育机构开发了一系列如 CPI 危机处理干预课程等防治培训体系，旨在增强教师的应对能力和干预技巧。[②]

美国中小学通常每学年至少为教职员工提供一次系统性的反欺凌培训，确保所有人员及时了解最新的教育策略和法规。培训通常采用混合学习模式，结合在线学习和面对面研讨会。在线平台提供灵活的学习时间，使教职员工能够根据个人日程自主学习；面对面研讨会则侧重互动和讨论，促进经验分

① Bauman S, Rigby K, Hoppa K：US teachers' and school counselors' strategies for handling school bullying incidents. Educational Psychology, 2008，28（7）, 837-856.

② Weaver L M, Brown J R, Weddle D B, et al.：A content analysis of protective factors within states' anti-bullying laws. Journal of School Violence, 2013（2）, 156-173.

享和实践技能的提升。

美国反校园欺凌教师培训内容全面，涵盖各种主题，确保教职员工能够有效识别和应对校园欺凌。首先，培训强调如何识别各种欺凌行为，包括直接的身体和言语攻击，以及更隐蔽的社交排斥。其次，介绍实用的干预策略，指导教职员工如何在发现欺凌时进行有效介入，并协助调解冲突。最后，培训还提供关于最新学校和州级反欺凌法律、政策的教育，确保教职员工的行为符合法律要求，维护学生安全。

4. 学生反欺凌意识的培养与渗透

防治校园欺凌的关键在于提升学生的反欺凌意识和自我保护能力。美国在注重校园安全工作的同时，通过多种方式培养学生的反欺凌意识和能力，主要体现在以下两个方面。

其一，通过课程培养学生的反欺凌意识。美国学校设置专门的安全教育课程，帮助学生了解校园欺凌的危害，学习应对欺凌的方法以及如何作为旁观者正确介入。这些课程不仅教会学生处理欺凌事件的方法，还旨在帮助学生树立正确的是非观并发展健康的同伴关系。例如，阿拉米达联合学区的林肯中学开设了一门名为“拒绝欺凌”的主题课程，该课程每月举行一次，旨在培养学生的反欺凌意识和能力。① 类似地，奥克兰联合中学也开设了“对欺凌说不”的课程，体现了学校在防治欺凌方面的积极努力。② 其二，渗透日常教学中的反欺凌理念。在日常教学中融入反欺凌教育已成为许多学校的常态。例如，加利福尼亚州《安全学校：行动规划指南》要求学校将反欺凌意识培养融入课堂教学。③ 这种做法强调通过榜样效应和跨年龄指导传播亲社会理念，促进学生的社会情感发展。加利福尼亚州普莱森顿中学的“橙色团结日”（Unity Day-Wear Orange）活动即为一例，全校师生在当天穿橙色衣服，象征对

① Lincoln Middle School（2022-09-06）[2022-08-04]，Lesson plan. https：//lms-alamedausd-ca.schollop.com/lessonplan.

② Oakland Unity Middle School（2022-09-05）[2022-08-04]，Class project. https：//www.unitymiddle.org/class-projectv.

③ California Legislative Information（2007-05-20）[2022-08-04]，Education Code 48900. https：//leginfo.legislature.ca.gov/faces/codes_displaySection.xhtml?lawCode=EDC&sectionNum=48900.

校园欺凌的反对，倡导团结友爱、理解包容的校园文化。①

通过上述课程培训与日常教学渗透，美国学校帮助学生深入理解校园欺凌的影响和多样性背景下的文化差异，从而减少偏见引发的矛盾与冲突。这种教育方式不仅有效降低了基于偏见的校园欺凌发生率，还促进了学生间更健康、更友好、更互尊的关系。

5. 重视校园欺凌的干预与心理疏导

校园欺凌对学生的心理健康产生深远的负面影响，因此，心理疏导作为防治欺凌的重要措施，在美国中小学受到广泛重视。为有效干预校园欺凌事件，美国学校从受害者、欺凌者及旁观者三个主要群体入手，提供多层次的心理支持，确保校园安全与学生心理健康。

欺凌事件发生后，美国学校通常聘请专业心理医生对欺凌者进行心理评估，分析其行为动机和心理原因，并通过个性化辅导帮助其改正错误行为。同时，学校的反欺凌委员会会介入严重欺凌事件，联合专家团队制定具体的干预和教育方案，为欺凌者提供行为矫正支持，避免其重复施暴。②

受害者往往因欺凌行为受到心理创伤，因此，美国学校会为其提供及时的心理咨询服务，帮助受害者缓解心理压力、重建自信，并尽快恢复正常的学习生活。此外，学校通过加大对欺凌高发区域的巡逻，调整受害者的座位或课堂安排等措施，为其提供物理上的保护，减少与欺凌者的直接接触，避免二次伤害。③

旁观者在校园欺凌事件中同样可能受到消极影响。美国学校注重引导旁观者树立正向的价值观，鼓励其在欺凌事件中支持受害者，并参与积极干预。同时，通过适时的心理辅导，帮助旁观者消除负面情绪，避免欺凌事件对其心理造成长期影响。④

---

① Pleasanton Middle（2020-10-21）[2022-08-04], Unity day - wear orange!. https：//pleasantonmiddle.pleasantonusd.net/apps/events/2020/10/21/8577427/.

② California Legislative Information. Education Code 48900.9（2016-01-23）[2022-08-06]. https：//leginfo.legislature.ca.gov/faces/codes_displaySection.xhtml?lawCode=EDC&sectionNum=48900.9.

③ California Department of Education. Safe school（2016-01-23）[2022-08-06]. https：//www.cde.ca.gov/ls/ss/.

④ 刘冬梅、薛冰：《美国校园欺凌的防治策略及借鉴》，载《河南师范大学学报》，2020（2）。

（三）家庭层面

家庭作为孩子成长的首要环境，在校园欺凌防治中扮演着不可或缺的角色。美国家庭在校园欺凌防治中主要通过参与反欺凌教育、加强家庭支持和沟通、主动介入欺凌事件，以及与学校和社区建立协同治理机制，形成了多层次的实践模式。

首先，美国各州通过家长教育提升家庭防治欺凌的能力。例如，新泽西州要求家长参与反欺凌政策的制定，并通过培训学习识别欺凌行为和应对策略。通过这些系统性培训，家长不仅增强了对欺凌问题的认识，还掌握了支持受害者和纠正施暴者行为的有效方法。

其次，家庭的预防作用体现在日常交流和情感支持上。许多美国家庭家长通过亲子沟通培养孩子的社交技能和同理心，降低欺凌发生的可能性。一些家庭还积极参与社区活动，如“家庭反欺凌日”，为建立更健康的家庭和校园关系提供了支持。

再次，家庭在欺凌事件中的干预也至关重要。家长在学校的指导下帮助施暴者改正行为，支持受害者心理康复，并协助执行法律责任。对于严重欺凌事件，家长与施暴者可能共同接受法律处理，这种机制强化了家庭的监督与教育功能。

最后，美国家庭与学校之间的协同合作在欺凌防治中尤为关键。家长与学校共同制定干预计划、关注受害者恢复，并推动家庭与社区联动，形成“学校—家庭—社区”的综合治理模式。这种协作机制显著提升了校园欺凌防治的成效。

（四）社会层面

在美国校园欺凌治理中，社会组织和社会团体的参与是重要组成部分，尤其在预防与宣传方面发挥了积极作用。许多地方的非营利组织和社区中心专门提供反欺凌的教育资源、培训课程和咨询服务。通过与学校合作，这些组织向学生、家长和教育者传播反欺凌信息，培养学生的同理心和问题解决能力。例如，PACER 国家反欺凌预防中心（Pacer ’ s National Bullying Prevention Center）是一个在全美范围内广泛参与反欺凌运动的非营利组织，通过宣传和教育活动提高公众对欺凌问题的认识。此外，社区组织还为受欺凌的学生及其家庭提供心理支持和法律援助，帮助他们应对欺凌事件的后果。

社会团体是预防和反欺凌教育宣传的主要力量，美国政府积极鼓励各类社会团体和第三方组织共同参与反校园欺凌项目。在众多的参与防治校园欺凌的社会团体中，影响力最大、号召力最强的是“欧米加人”（Omegaman & Friends）。[①] 欧米加人通过演讲、表演情景剧、校园集会等多样活动形式，将娱乐性与反校园欺凌结合，帮助学生识别欺凌行为并掌握反欺凌的只是和策略。

（五）研究者/研究机构层面

美国研究者和研究机构在防治校园欺凌领域扮演着重要角色，通过开发多样化的研究项目，为防治校园欺凌提供了科学的干预工具和教育资源。这些项目涵盖从具体技能培养到校园文化塑造的多层次干预措施，具有显著的实践价值。

例如，由约翰逊兄弟（David W. Johnson 和 Roger T. Johnson）开发的“教学生成为和平缔造者项目”（TSP）着眼于通过冲突调解技能的培训促进校园和平文化；彼得·亚罗（P. Yarrow）开发的“构建尊重项目”（Operation Respect）则通过课程和多媒体资源传递尊重与包容的理念，倡导学生在安全、受尊重和关怀的环境中学习；[②] 由俄勒冈大学开发的“积极行为干预与支持项目”（PBIS）旨在通过建立明确的行为期望和奖励机制减少校园欺凌等不良行为；由科罗拉多大学丹佛分校开发的“校园欺凌防控项目”（BPYS）通过整合教师培训、学生教育和家庭支持，旨在提高教师的反欺凌能力、培养学生的自我保护和同伴支持技能，并促进家庭与学校的协作；由博伊西州立大学支持开发的“STAC 校园欺凌干预项目”，重点通过培训旁观者采用“转移注意力、寻求帮助、陪伴安慰、换位思考”四个策略来减少校园欺凌事件，旨在提升学生辨别欺凌的能力，并通过学校辅导员领导推动校园欺凌的预防和干

---

① 王祈然、蔡娟：《美国第三方组织反校园欺凌实践研究：以“欧米茄人”组织为例》，载《比较教育研究》，2018（10）。

② M.Vanderheiden：A Social Justice Perspective in Anti-Bullying Program Implementation, University of Nevada, 2013：1-41.

预；由美国儿童委员会（Committee for Children）开发的“第二步暴力预防项目”（SSVP）专注于通过社会情感学习课程减少校园欺凌行为；[①] 等等。

这些项目以扎实的研究成果为基础，强调理论与实践结合，不仅为学校提供了全面的防治工具，还推动了教育政策的改进，为构建安全、包容的校园环境提供了重要支持。

二、美国校园欺凌治理经验的基本特点

美国经过多年探索，形成了较为完备的校园欺凌治理机制。首先，美国通过法律手段将校园欺凌纳入法治框架，为防治工作提供法律保障。其次，多项校园欺凌防治项目为学校提供了科学的预防和干预依据。再次，美国强调社会各界共同参与，政府、学校、家长以及社会各方协同治理。最后，防治机制不仅注重干预，也强调预防，采取双管齐下的策略，做到预防与处理并重。

（一）有法可依，建立法制保障

美国拥有一套较为完备的法律体系，专门针对中小学校园欺凌进行防治，涵盖了从学校安全法到针对校园欺凌预防与干预的具体法律程序。

虽然联邦法律没有针对校园欺凌的全国性立法，但是联邦政府的教育部和司法部通过的多个法案中，均对欺凌、骚扰、歧视等行为有明确的规定，为防治校园欺凌工作提供了法律支持。各州政府在反欺凌立法方面发挥了关键作用。从 1999 年佐治亚州制定全美首部校园欺凌法律，到 2015 年全美各州均制定了校园欺凌法律，这些法律通常包括欺凌行为的定义、报告与调查程序、匿名举报机制以及对欺凌行为的纪律和刑事后果等。与联邦政府提供的宏观指导相比，各州的法律更具明确性和可操作性。

通过联邦、州和地方多层次的法律体系，美国校园欺凌治理模式确保了所有学生都能在安全、公正的环境中学习和成长。各级法律和政策为预防和处理校园欺凌提供了明确的指导，使学校能够有效应对欺凌事件。这些法律

---

① Edstrom L：Changing adolescents' attitudes about relational and physical aggression. School Psychology Review，2002，31（2），201-216.

和政策不仅注重保护受害者，还通过详细的操作流程和指南，确保每个欺凌事件都能得到及时、适当的处理。各级政府和学区通过政策文件和培训计划，确保所有学校工作人员具备识别和应对欺凌行为的能力。

（二）科学治理，提供预防干预项目支持

美国高度重视校园欺凌问题，并在各州相继立法的背景下，多个研究机构和学者积极研发并实施了一系列校园欺凌预防干预项目。这些项目最初借鉴了奥维尤斯欺凌预防计划，但在发展过程中逐渐形成了各自的特色，覆盖全美并取得显著成效。根据项目的应用范围和侧重点，可将其分为三类。

其一，基于全校范围的校园欺凌预防干预项目。这类项目从整体校园出发，制定适用于全校的反欺凌项目。例如，积极行为干预与支持项目，通过全员参与，将积极行为支持贯穿校园管理的各个环节，建立系统的行为预防和支持机制，从而为创建和谐校园环境提供有效路径。

其二，基于课堂层面的预防干预项目。这类项目是通过不同的课堂形式帮助学生正确认识校园欺凌，并鼓励学生积极参与抵制校园欺凌的行动。例如，“第二步欺凌预防干预”项目通过角色扮演、情景模拟和视频等形式，帮助学生认识和而理解欺凌的概念，并学会识别欺凌行为。

其三，针对卷入欺凌事件的个人预防干预项目，包括对欺凌者的教育与惩戒，对被欺凌者的疏导与安慰，对旁观者反欺凌意识和能力培养。例如，STAC 校园欺凌干预项目，通过培训旁观者采用“转移注意力、寻求帮助、陪伴安慰、换位思考”等策略来减少校园欺凌事件的发生。

（三）共同参与，多主体协调治理

美国在校园欺凌治理中强调多部门合作，充分发挥各方职能，共同应对校园欺凌问题，形成了以政府为指导、学校为主导、社会各方协同合作的防治体系。

首先，政府通过制定相关法律法规，为学校治理校园欺凌事件提供法律支持和指导。例如，各州通过的反校园欺凌法为学校治理欺凌提供了明确的法律框架和操作依据，这些法律规定了欺凌的定义、报告和调查程序以及惩

罚措施。

其次，学校作为教育的主阵地，在校园欺凌防治中发挥主导作用。学校需制定并实施棘突的防治欺凌方案，内容包括反欺凌课程、校规和纪律措施，以及建立举报和调查机制。此外，学校还设有校园警察，直接参与校园欺凌事件的处理，确保校园安全。

第三，家庭在美国校园欺凌防治中也负有重要责任。法律明确规定监护人对未成年子女的监管义务，家长有权获得学校校园欺凌的报告和调查结果。学区或学校有义务对家长进行关于反欺凌的培训，加强家庭教育管理。

最后，美国鼓励社会各界广泛参与校园欺凌防治工作。社会团体和第三方组织积极参与反欺凌宣传和教育。例如，“欧米茄人”组织利用青少年熟悉的英雄角色，为不同学段的学生制定反欺凌主题活动，通过演讲、情景剧和家校合作大会等形式，帮助青少年掌握反欺凌知识，学习有效的防范方法。①

第三节 澳大利亚校园欺凌治理的经验

作为一个多元文化的移民国家，澳大利亚的校园欺凌问题十分严重。1994年，澳大利亚议会校园暴力委员会发表了《棍棒与石头》(Sticks And Stones）报告，指出校园欺凌是澳大利亚学校中的重要问题。为了有效解决校园欺凌问题，澳大利亚政府、学校和社会各界做出了积极的回应，也取得了一定的成效。

一、澳大利亚校园欺凌治理政策与实践

澳大利亚作为一个联邦国家，其校园欺凌政策形成了国家—州（领地）—学校的三级指导体系。这些政策以国家立法为指导，地方政府作出响应；以

① 王祈然、蔡娟:《美国第三方组织反校园欺凌实践研究：以“欧米茄人”组织为例》，载《比较教育研究》, 2018（10）。

学校为防治主体，推动全社会的共同参与；以科学预防和有效干预为抓手，配合及时应对，共同构筑澳大利亚反欺凌防线。

（一）政府层面：反欺凌政策与措施

校园欺凌是一个复杂的社会问题，亟须政府层面的干预来制定有效的预防和干预措施。澳大利亚的做法在这方面尤为突出，政府不仅负责识别和应对问题，还为学校和地方政府提供指导和资源，以确保管理策略的有效实施。

1. 制定反欺凌政策

澳大利亚没有专门针对校园欺凌的联邦立法，但现有的反歧视、骚扰、暴力等相关法律，如《种族歧视法》（1975）、《性别歧视法》（1984）、《人权与平等机会委员会法》（1986）等，对校园欺凌行为形成了一定约束。尽管如此，澳大利亚政府主要通过制定公共政策来应对校园欺凌问题，确保学校秩序和学生安全得到有效保障。

（1）联邦政府层面的反欺凌政策

学校是校园欺凌行为发生的主要场所，也是有效治理校园欺凌问题的主要阵地。因此，澳大利亚政府出台了一系列以校园安全为主的政策，将校园欺凌的重心放在学校，对校园欺凌进行预防和控制。

2003 年澳大利亚联邦政府发布了《安全学校国家框架》（以下简称《框架》）及一系列配套文本，从国家发展战略的高度确立了校园欺凌治理的目标和原则，为各州（领地）提供指导，帮助应对校园暴力、欺凌及其他攻击行为。2010 年，澳大利亚政府教育、就业、培训与青少年事务内阁委员会根据校园生活的最新变化对《框架》及配套文件进行了修订，新增了针对携带武器、毒品等对校园欺凌、骚扰和暴力行为影响的相关内容。①

2013 年，联邦政府再次更新《框架》内容，以应对社交媒体和互联网技术带来的校园网络欺凌等新挑战。《框架》明确指出，所有学校的基本职能之一是为学生提供安全、支持性的学习环境，保障其基本权利。政策的目标是协助所有学校和社区构建减少欺凌、骚扰和暴力的安全校园，同时为学生提

① Cross D, Epstein M, Heam L：National Safe Schools Framework：Policy and practice to reduce bullying in Australian schools. International Journal of Behavioral Development, 2011，13（5），398–404.

供有关儿童虐待和忽视的支持。此外，《框架》提出了安全学校的愿景——澳大利亚所有学校都应成为安全、支持和尊重的教育学习共同体，并致力于提升学生福祉。关于如何建立安全且具有支持性的学校，《框架》制定了学校应遵守的11条指导原则，同时指出欺凌、骚扰等行为对学生身心和校园安全的危害，并详细介绍了正确应对的关键方法，为学校创建和维护安全、支持性的学习环境提供了实践示例，进一步确保学校建立一个远离欺凌的安全校园环境。①

2018年10月19日，澳大利亚教育部发布了《澳大利亚学生福祉框架》（以下简称《福祉框架》），为澳大利亚学校提供发展愿景和指导原则，帮助学校营造积极的学习环境，提升学生的幸福感和安全感。《福祉框架》包含五个关键要素：领导力、包容性、学生声音、伙伴关系和支持。具体而言，领导力指校长和学校领导者在营造积极的学习环境中发挥核心作用，确保整个学校社区感受到联系、安全和尊重；包容性指学校社区成员共同建设一个积极、包容的校园文化，重视多样性，促进相互尊重；学生声音指让学生感受到归属感，积极参与自己的学习和福祉，运用社交和情感技能实现尊重与安全；伙伴关系指家庭和社区作为合作伙伴，与学校共同支持学生的学习、安全和福祉；支持指学校员工、学生和家庭共享对幸福感和积极行为支持理解，明确其对有效教学和学习的作用。

（2）州（领地）政府层面的反欺凌政策

澳大利亚各州和领地政府在《安全学校国家框架》的基础上，结合本地实际情况，出台了更具操作性的反欺凌政策。例如，澳大利亚首都特区政府为应对校园欺凌，发布了包括《公立学校反欺凌、骚扰与暴力行为政策》《安全和支持学校政策》《公立学校欺凌、骚扰和暴力行为抵制政策》在内的一系列政策，构建了多层次的综合治理框架。这些政策通过法律和行政手段，形成了系统的防治机制，致力于为学校提供有效的反欺凌支持。

在南澳大利亚州，政府为应对校园欺凌问题，制定了包括《学校纪律政策》《儿童和学生健康：欺凌》《安全学校》和《网络欺凌和网络犯罪》等在内的反欺凌政策。这些政策明确了学校领导、教师、家长和旁观者的责任，并

① 陈琪、李延平：《澳大利亚中小学校园欺凌治理研究》，载《外国教育研究》，2018（8）。

提供了具体的预防和干预措施。

昆士兰州也出台了类似的政策，如《安全支持有纪律的学校环境》《对学生负责的行为计划》和《学校行为准则》，强调学校、教师、学生和家长的共同责任。此外，《确保昆士兰州学生安全》文件特别指出，网络欺凌不仅是技术问题，更是有害的社会行为，因此要求学校加强对教师的专业培训，以更有效应对这一现代挑战。

新南威尔士州的《校园欺凌预防和应对政策》提供了一个系统化的反欺凌计划，涵盖预防、保护、早期干预和应对四个阶段，明确了各方责任和具体措施，旨在全面减少州内的校园欺凌现象。

2. 提供教师培训

在应对校园欺凌问题时，教师的角色至关重要，但由于欺凌行为的多样性和隐蔽性，教师往往难以及时发现并有效干预。学生由于害怕报复或担心不被信任而选择沉默，进一步加剧了问题的隐蔽性。因此，提升教师识别和应对校园欺凌的能力尤为关键。为此，澳大利亚政府在联邦和州层面都开始重视教师培训，通过专业教育提升教师应对校园欺凌的能力。

澳大利亚政府已经实施了一系列专门针对教师的反校园欺凌培训，其提供的教师培训结合了线上和线下学习，以及职前和在职培训，确保所有教师都能接受到最新的、实用的反欺凌教育。

澳大利亚的反校园欺凌教师培训内容涵盖多个关键模块，以提高教师在应对校园欺凌方面的专业能力。首先，知识模块旨在提升教师对校园欺凌的基本认知，帮助其识别各种欺凌行为的迹象，包括明显的身体或言语攻击，以及更为隐蔽的社交排斥和网络欺凌。其次，政策法规模块教授教师国家和州级反欺凌政策及法规，使其理解这些政策在实际教学和校园管理中的应用，并明确自己在预防和应对欺凌中的责任。最后，能力模块着重培养教师在实际情境中处理校园欺凌的技能，涵盖应急处理、班级管理和创建和谐班级文化等方面。此外，培训还融入心理学知识，教授有效的沟通技巧和情绪安抚方法，帮助教师缓解因欺凌带来的心理伤害。通过这些综合培训，教师不仅能更敏锐地识别欺凌行为，还能更加专业地应对，从而为学生营造一个更加安全、支持性的学习环境。

3. 建立反欺凌服务网站

为了有效应对校园欺凌问题，澳大利亚政府建立了多个反欺凌服务网站，旨在为学生、家长和教师提供全面支持。这些网站涵盖了欺凌行为的介绍、预防与应对方法、教育资源等内容。

在国家层面，澳大利亚政府建立的反欺凌服务网站主要有三个：①“欺凌零容忍”网站（Bullying. No Way），汇集了各州的欺凌防治政策和实践经验，提供政策指导和实施案例；②“学生福祉网”（Student Wellbeing Hub），由教育、技能和就业部资助，提供与学生福祉相关的资源，包括详尽的校园欺凌知识，支持师生和家庭的心理健康与安全；③“电子安全网”（eSafety），专注于网络安全，特别是针对网络欺凌问题，提供策略和工具帮助学校、家长及学生应对网络安全威胁。

此外，澳大利亚各州政府也在地方层面设立了反欺凌服务网站。例如，维多利亚州的“欺凌终止者网”（Bullying Stoppers）对各类欺凌行为的介绍和为校园成员提供反欺凌的应对建议；新南威尔士州的“绝不偏见”（Prejudice. No way）和“绝不种族歧视”（Racism. No way）网站，专注于提高对偏见和种族歧视的认识，并提供相关的教育资源。

这些网站为各方利益相关者提供了一站式服务，帮助提升对欺凌问题的认知与防治能力。通过这些平台，用户能够随时获取最新的反欺凌资源，包括教学视频、防范指南及相关教师联系信息，从而增强校园欺凌治理的效果。

4. 建立专门的组织机构

为了有效应对校园欺凌问题，澳大利亚政府成立了多个专门的组织机构，推动各方合作与网络安全教育。

首先，澳大利亚设立了“共同合作小组”（School-Family-Community Partnerships），该小组由学校、家庭和社区组成，旨在通过多方联动解决校园欺凌问题。此合作机制强调学校领导者、教师、学生、家长及其他社会成员在校园欺凌治理中的重要作用，他们不仅是各自独立的参与者，更是协同合作的共同体。

其次，为了加强青少年的网络安全，澳大利亚政府于2015年成立了“儿童网络安全专员办公室”（Office of the Children's eSafety Commissioner）。该机构致力于为青少年提供全面的网络安全服务，确保他们安全地使用网络资源。办公室开展了针对中小学生的网络安全教育项目，旨在帮助学生理解如何安全、负责任地使用网络，并培养他们成为合格的网络公民。与此同时，办公室还设立了投诉系统，专注于打击网络欺凌行为，保护受害青少年。此外，办公室定期发布关于网络欺凌的最新信息，并为教师和家长提供预防网络欺凌的策略建议，推动网络安全意识的提升。[①] 这些机构的设立和运作，不仅强化了校园欺凌防治的多方协作机制，还为青少年的安全网络环境提供了强有力的保障。

（二）学校层面：反欺凌政策与措施

澳大利亚政府采取了赋予学校较高自主权的策略，使其在《国家安全学校框架》和各州反欺凌政策指导下，能够根据自身情况制定适应性的反欺凌政策。这一策略考虑到学校的历史背景和办学特色，确保反欺凌措施更具针对性和有效性。

1. 中小学制定专门的反校园欺凌政策

以维多利亚州的奥本中学为例，该校通过制定包括《儿童安全政策》《反欺凌（包括网络欺凌）和反骚扰政策》及《儿童安全行为守则》在内的多项政策，明确反对任何形式的欺凌行为，并提供具体的应对措施。

具体来说，奥本中学的措施包括：①明确学校领导和教职员工在处理欺凌事件中的职责，设立专门的咨询室并提供心理健康支持，确保及时、彻底地处理欺凌投诉；②通过辩论、同伴支持和课外活动等项目，提高学生对欺凌问题的认识，并培养他们和平解决冲突的能力；③根据欺凌行为的严重性，采取不同的应对措施，对于轻微的初犯行为给予教育和警告，对于重复或严重行为实施更严厉的校内外管理；④对违反反欺凌政策的学生进行纪律处分，强化行为规范并防止再次违规。

通过这些措施，奥本中学展示了如何在保持教育机构自主性的同时，有效应对和管理校园欺凌，确保学校是一个安全且促进学生全面发展的环境。

---

① Bullying.NoWay!（2017, June 18）, Participating schools. https：//bullyingnoway.gov.au/NationalDay/Pages/Participating-schools.aspx.

这种做法不仅提升了校园的安全性，还增强了学生、教师和家长对学校政策的信任和支持。

2. 中小学实施反校园欺凌教育

（1）实施社会情感教育

社会情感教育在预防和应对校园欺凌中起着关键作用，其核心目标是培养学生的宽容、理解和同情心等社交技能。研究表明，攻击性行为虽然常见于儿童早期，但这些行为不应立即视为欺凌，而是通过教育加以引导，帮助学生学习必要的社交技能，预防他们未来成为欺凌的实施者或受害者。因此，澳大利亚的中小学校不仅重视欺凌事件后的惩戒教育，还强调通过社会情感教育进行早期预防，并通过建立同伴支持系统促进学生之间的健康互动和友谊。

在澳大利亚学校，社会情感教育通常通过校本课程和课外活动来实施，涵盖情感发展、举止行为、思考技能、语言表达、关系处理和自我认知等领域。这些课程旨在提高学生的社交能力，教会他们如何有效地表达情感、适应社会情境，并建立积极的人际关系。通过此类教育，学生学会倾听、理解和尊重他人，进而创建一个安全、包容和支持性的学习环境，从根本上减少校园欺凌的发生。

（2）开设安全教育课程

在澳大利亚，中小学开设安全教育课程，旨在向学生传授有关校园欺凌的知识及相关法律和政策。自小学阶段起，防欺凌教育已融入“健康与体育”课程，培养学生自我保护意识，并强调尊重自我与他人的重要性。学校还通过向家长发送详细信息的方式，增强家庭教育的参与，内容详涵盖什么是校园欺凌、欺凌的表现形式、孩子如何应对自己或他人受到的欺凌、学校对校园欺凌的态度以及遇到校园欺凌事件时学校的处理流程等关键信息。

此外，为了进一步加强行为管理，学校还设置了“反思室”，作为一种行为矫正机制。在此，表现出不良行为的学生需要进行自我反思，而表现良好的学生则可以获得奖励。这种奖惩机制有效约束了不良行为，促进了学生的正向发展。据调查数据显示，这些综合性的措施已经取得了显著成效。

3. 构建安全和包容的校园环境文化

澳大利亚《国家安全学校框架》强调，只有在安全、支持的校园环境中，才能够最大限度地降低各种危险的发生，并促进不同文化的尊重与包容。① 为此，澳大利亚学校在校园环境和文化建设上采取了一系列措施。

在校园环境方面，澳大利亚学校通过优化教室布局、改善校园卫生和心理健康支持，增强学生与学校的联系，减少欺凌行为。在校园文化建设方面，澳大利亚学校通过组织文化节庆活动，如庆祝中国春节、印度排灯节和土著文化节等，推动多元文化的尊重与包容。这些活动通过传统音乐、舞蹈、艺术工作坊和文化展示，使学生能够直接体验和理解不同文化。通过这些举措，学校营造了一个友好、互助和团结的校园氛围，从而有效预防了由文化差异引发的校园欺凌行为。

4. 开展反校园欺凌活动

澳大利亚中小学定期开展反校园欺凌活动，其中“反欺凌和暴力国家行动日”自 2011 年起每年 3 月的第三个星期五举行，已成为澳大利亚规模最大的反欺凌倡议。到 2017 年，超过 1810 所学校参与了该活动。在这一活动日，学校通过专题讨论、海报展示及数字媒体等方式，广泛传播反欺凌政策和预防教育。②

此活动不仅提高了社会对校园欺凌的关注，还促使教师、学生及家长形成零容忍态度，鼓励学校社区成员在面对欺凌时采取坚定立场，并及时报告事件。这些举措增强了学校应对和预防欺凌的能力，推动了一个更安全、支持的学习环境的建设。

（三）家庭层面：积极配合学校防治欺凌问题

在澳大利亚，家庭在校园欺凌防治中发挥着至关重要的作用。政府通过

---

① Australian Government Department of Jobs and Small Business，National Safe Schools Framework Resource Manual（2017-06-20）[2020-1-3]. http：//www.deewr.gov.au/Schooling/NationalSafeSchools/Documents/NSSFrameworkResourceManual.pdf.

② Australian Government Department of Jobs and Small Business（2017-06-18）[2020-1-3]. National Day of Action Against Bullying and Violence. http：//www.education.gov.au/national-day-action-against-bullying-and-violence.

一系列政策框架和实践措施，积极促进家庭参与防治校园欺凌，并强调家校合作，鼓励家长在制定和实施反欺凌策略中发挥关键作用。

首先，澳大利亚政府于2018年发布了《家校合作框架》，明确强调家庭在学生教育和身心健康成长中的核心作用。框架提倡家长与学校密切合作，共同为学生提供支持，尤其在防治校园欺凌方面。家庭被视为校园欺凌防治中的关键参与者，政策要求家长与学校一同制定、执行反欺凌政策，并在实施过程中关注学生的心理和社会适应情况。

其次，家长教育和培训是家长防治校园欺凌的重要方面。学校和社区组织为家长提供多种培训和支持，帮助他们识别欺凌行为、了解如何与孩子沟通、并及时应对欺凌问题。这些培训内容包括关于校园欺凌的性质、应对策略及如何支持孩子建立心理韧性，旨在提升家长的警觉性和应对能力。

此外，澳大利亚家长被鼓励通过日常生活互动帮助孩子发展积极的社交技能，如教育孩子处理冲突、培养同理心以及表达情绪。通过家庭的支持，孩子能够更加自信地应对社交挑战，减少成为欺凌受害者的风险。对于经历校园欺凌的孩子，家庭的支持至关重要。家长被鼓励为孩子提供心理健康支持，并在必要时寻求专业帮助。许多学校提供心理辅导服务，家长与学校合作，确保孩子获得及时的情感和心理支持，帮助他们走出欺凌的阴影。

最后，澳大利亚许多社区和学校合作开展反欺凌项目，家长可以通过参与这些项目积极支持学校的反欺凌努力。例如，家长参与学校举办的反欺凌宣传活动、社区讲座或座谈会，传播反欺凌的价值观和行为规范。这种合作不仅增强家庭、学校和社区之间的联系，还提升了整个社区对欺凌问题的关注度。

（四）社会层面

在澳大利亚，社会和社区组织在校园欺凌防治中也发挥着重要作用，主要通过资源支持、公众教育和政策协作等途径，增强反欺凌措施的效果。

首先，社区组织在提供支持和资源方面扮演关键角色。许多非政府组织和社区服务机构在反欺凌工作中提供了丰富的经验和资源。例如，澳大利亚的“澳大利亚反欺凌”（Anti-Bullying Australia）和“儿童慈善组织”（Kids

Helpline）等机构，提供专业的心理咨询、法律援助以及教育资源，帮助学校和家庭有效应对校园欺凌。这些组织为学校提供教师培训，帮助其识别和应对欺凌行为，并为家长提供支持，尤其在孩子遇到心理创伤时，提供及时的心理疏导。

其次，社区参与推动反欺凌活动。许多社区通过各种形式的活动，积极促进校园欺凌防治工作。许多社区举办反欺凌讲座、研讨会和宣传活动，增强学生、家长和教职员工的反欺凌意识。此外，社区组织还通过举办心理健康与社会适应活动，帮助学生提升情绪管理和社交技巧，从根本上减少欺凌行为。社区组织还经常组织文化活动、体育赛事等也促进学生的积极社会互动，减少校园欺凌的发生。

再其次，社区组织还积极推动反欺凌政策的落实。这些组织通过与学校合作，参与制定和完善反欺凌政策，确保学校能够充分利用社区资源。这些组织也为特定群体提供额外支持，如为移民背景、少数族裔或残疾学生提供辅导，帮助他们建立自信，避免成为欺凌目标。

最后，社区组织通过全面的支持网络帮助学生适应和应对欺凌。社区与学校的合作还包括青少年辅导项目，为遭受欺凌的学生提供心理辅导。同时，一些社区组织还组织“同伴辅导”项目，让高年级学生与低年级学生建立关系，促进学校适应并为受欺凌学生提供帮助。

二、澳大利亚校园欺凌治理的特征

澳大利亚在应对校园欺凌问题时，基于多元文化融合、国家安全发展和提升教育质量的现实需求，颁布了多项反欺凌政策，并采取了多种措施进行有效治理。长期的实践与探索使澳大利亚形成了具有自身特色的校园欺凌治理模式。

（一）国家主导与地方配合的反欺凌政策

澳大利亚政府采取自上而下的方法，建立了一个全面的反欺凌体系，以应对校园欺凌问题。这一体系包括国家层面制定的指导性框架，确保全国范围内处理校园欺凌问题的统一性和一致性。例如，《国家安全学校框架》自2003年首次推出以来，经过不断修订和完善，提供了处理校园欺凌行为的指导原则和操作方法。

该框架为各州和地区制定本地的反欺凌政策提供了法律基础。政策不仅强调防治校园欺凌的必要性，还提供了具体操作指南，确保学校能够有效识别、预防和应对校园欺凌事件。法律条款明确规定，学校有义务采取行动，保障学生的安全与福祉。

在实践中，各州政府根据国家框架制定了具体政策。例如，新南威尔士州在2011年更新的《欺凌：预防与应对学生欺凌的学校政策》中，明确了校园欺凌的定义，提出零容忍的政策目标，并要求所有学校在欺凌事件发生时及时作出反应。这些具体化政策不仅增强了学校的责任感，还提高了整个社区对校园欺凌问题的敏感性和响应能力。

（二）全社会参与协同治理

澳大利亚的校园欺凌治理体系强调多主体协同合作，通过纵向和横向的结构组织确保全面有效的治理。纵向上，治理结构从联邦政府到州政府，再到学校，形成三级治理架构；横向上，校长、教师、学生、家长、旁观者及社会各界广泛参与。此结构不仅突出政府领导作用，还促进各方在相互理解与协商基础上建立协调机制，确保校园欺凌得到全面治理。

首先，澳大利亚校园欺凌治理具有多元参与特征。政府在政策制定和推动反欺凌工作中发挥主导作用，提供框架指导并承担监管责任。学校、家庭和社区则在实际操作中起关键作用，学校和社区负责政策执行与干预，确保反欺凌措施的落实，家庭和学生也积极参与，增强了治理的广泛性与有效性。

其次，澳大利亚在校园欺凌治理中实施了明确的责权分配。通过反欺凌政策，各参与方的职责与义务得到清晰界定，尤其是旁观者的责任，政策明确要求旁观者报告欺凌行为，并提供法律保障。这一措施强化了个体在预防和应对欺凌中的责任感，促进了社会共同体的参与和反应速度。

最后，澳大利亚治理模式体现了内外结合的方式。外部，政府与社会团体、社区合作，营造反欺凌氛围，并通过零容忍政策推动社会抵制欺凌。内部，各学校依据国家框架制定并实施反欺凌政策，解决校园欺凌问题，并通过制度建设强化管理，明确欺凌者责任及应对措施。这种内外结合的策略确保了政策落实，提升了各方对校园欺凌的敏感性与应对能力。

综上，澳大利亚的校园欺凌治理模式通过多方参与，形成纵向联动与横向合作相结合的治理结构，既强化了政策引导，又确保了执行落实。这一全社会参与的策略，不仅提高了反欺凌工作效能，也反映了社会各界对校园欺凌问题的重视与应对。

（三）校园欺凌治理措施灵活

澳大利亚中小学在反校园欺凌政策中高度重视学校的自治权，允许每所学校根据自身的具体情况和需求制定适合的防治策略。这种做法确保了反欺凌政策的灵活性和适应性，使学校都能有效应对各自面临的挑战。

各学校在自主框架内，发展并执行了详尽的校本反欺凌政策，明确了校园欺凌行为的后果，并确保学生、教师和家长了解欺凌者将面临的具体责任和纪律处分。此外，学校通过这些政策强化了内部管理和监督机制，确保能有序有效地处理欺凌事件。

通过校本政策，学校明确了欺凌者应承担的责任，并具体化了惩戒措施，如警告、停学或开除等。这些措施严格按校规执行，既作为震慑手段，也起到教育作用。明确的纪律措施有助于提升学生对欺凌后果的认识，从而减少欺凌行为的发生。

总的来说，澳大利亚学校通过自主制定和实施反欺凌政策，不仅提升了学校对校园欺凌的管理能力，也优化了教育环境，促进了学生的健康成长和学业发展。这一策略有效结合了法律、教育与心理支持，形成了一个多维度、互动的校园安全治理体系。

（四）广泛应用科技手段防治校园欺凌

澳大利亚是全球较早完善互联网管理的国家之一。早在 2005 年，澳大利亚联邦政府便成立了澳大利亚传播和媒体管理局（ACMA），负责对广播、电视、电信及互联网进行联合监管，确保信息传播受控。通过政府、行业和公众的共同参与，澳大利亚制定了严格的网络管理法规，要求网络服务提供商与 ACMA 签署协议，承诺不传播谣言或垃圾邮件，并提供过滤软件以确保协议的执行。这些措施有效减少了不良信息传播，保障了青少年健康的网络环境。

面对日益严重的网络欺凌问题，澳大利亚采取了一系列创新举措。2015 年推出的《加强网络安全法》对社交媒体服务实施分级监管，依据不同服务提供商类型，实施不同程度的监督。同年，澳大利亚成立了全球首个专门应对网络欺凌的政府机构——儿童电子安全专员办公室。该办公室负责处理网络欺凌投诉、提供教育资源，并与其他主体合作，帮助青少年识别网络欺凌行为、了解其后果，并学习应对措施。通过提供最新的网络安全信息和全面的投诉系统，该机构为遭遇网络欺凌的青少年提供及时帮助，推动无网络欺凌环境的构建。

此外，澳大利亚政府还设立了“欺凌，不可存在！”（Bullying, No Way!）官方网站，向学生、家长和公众提供全面的信息咨询服务。该网站详细介绍欺凌的定义、类型及应对策略，且为全国学生提供注册参与“全国反欺凌和暴力行动日”的机会，鼓励学生积极参与反欺凌工作。网站还提供心理援助，帮助遭受校园欺凌的学生在情绪调节、道德判断等方面获得支持，助力他们正确应对欺凌问题。

第四节　日本校园欺凌治理的经验

校园欺凌是全球性问题，日本的校园欺凌现象非常普遍且严重。从 20 世纪 80 年代起，日本几乎每隔十年就经历一次校园欺凌的高潮，每次都伴随着青少年因欺凌而自杀的悲剧。为有效防治校园欺凌，日本政府和社会采取了一系列应对措施。然而尽管如此，即便到了 2023 年，全国校园欺凌的认知案件仍高达 732568 件，其中事态较为严重的案件达到 1306 件。①

日本与我国同属东亚文化圈，在社会文化和思维模式等方面具有较多相似之处，因此，日本的校园欺凌治理经验对我国具有一定的借鉴意义。

一、日本校园欺凌治理政策与实践

日本政府、学校和社会各界共同认识到校园欺凌的普遍性和严重性，并采取了“零容忍”的立场。在这一立场下，日本政府制定了专门的法律法规，明确了各方在应对校园欺凌问题中的主要职责，为建立完善的校园欺凌处理机制提供了行动框架。同时，学校、家庭和社会积极响应政府号召，采取具体防治措施，包括制定反欺凌计划、加强道德教育、建立咨询机制、普及防范意识以及提供心理疏导等。

（一）政府层面

为遏制校园欺凌问题，日本政府出台了一系列法案，旨在从法律层面应对这一问题。一方面，国家政府部门通过调查研究，主导并推出了一系列反校园欺凌的法律法规；另一方面，地方政府根据各地的实际情况，切实落实防治措施，并及时向上级反馈实施效果。这种自上而下、上下联动的工作模式为有效应对校园欺凌提供了保障。

1. 国家层面：反欺凌法律政策

（1）制定反欺凌法

自 20 世纪 80 年代中期起，校园欺凌逐渐成为日本社会关注的重大议题。此期间，多个引发广泛关注的校园欺凌事件发生，其中包括 1984 年 7 名学生因受欺凌自杀的悲剧以及 1986 年鹿川裕自杀事件，这些事件极大地促进了政府对校园欺凌问题的关注。② 为应对校园欺凌问题，日本政府陆续颁布了一系

① 文部科学省:《令和 5 年度児童生徒の問題行動・不登校等生徒指導上の諸課題に関する調査結果及びこれを踏まえた対応の充実について（通知）》（2024 -10-31）［2024-11-17］. https：//www.mext.go.jp/a_menu/shotou/seitoshidou/1422178_00005.htm。

② 向广宇、闻志强:《日本校园欺凌现状、防治经验与启示：以〈校园欺凌防止对策推进法〉为主视角》，载《大连理工大学学报》（社会科学版），2017（1）。

列政策，如《加快儿童学生欺凌问题指导（1985）》《解决欺凌问题当前应当采取的措施（1995）》《关于彻底解决欺凌问题的通知（2006）》《关于指导问题行为儿童的通知（2007）》《关于彻底把握欺凌实态和解决欺凌问题的通知（2010）》等，这些政策在推动社会各界对校园欺凌的关注与应对方面发挥了重要作用。[①] 尤其是 2011 年“大津市自杀事件”，其震撼效应直接推动了日本校园欺凌治理法治化进程。该事件中的受害者在遭受同学暴力后选择自杀，事件发生后，文部科学省于 2013 年出台了《欺凌防止对策推进法》，标志着日本校园欺凌防治迈入法治化轨道。[②]

《校园欺凌防止对策推进法》首次明确了校园欺凌的定义，制定校园欺凌防治的基本方针，规定了国家、地方政府、学校和家庭等主体的职责和具体应对措施。[③] 该法律还规定了政府在防治工作中的经费支出，进一步表明了国家对校园欺凌的零容忍态度。[④]

为补充《校园欺凌防止对策推进法》，日本政府还通过《教育基本法》《学校教育法》《少年法》《儿童福利法》等法律，形成了系统性的法律框架应对校园欺凌。例如，《学校教育法》第 11 条规定了对校园欺凌行为的惩戒措施。[⑤] 此外，日本政府还将校园欺凌行为与刑法相对接，制定了《少年法》和《少年审判规则》等，对严重欺凌行为作出回应，明确即使是未成年人也需承担刑事责任。[⑥] 这一系列法律措施有效增强了学生对校园欺凌严重性的认识，并通过法治手段产生了强有力的威慑效应。

（2）加强数据统计工作和服务支持

首先，文部科学省负责编制并发布关于校园欺凌的统计数据。这些数据

---

① 文部科学省:《いじめ防止対策推進法（概要)》(2013-09-28)[2022-08-17]. https://www.mext.go.jp/component/a_menu/education/detail/__icsFiles/afieldfile/2018/08/21/1400030_001_1_1.pdf。

② 向广宇、闻志强:《日本校园欺凌现状、防治经验与启示：以〈校园欺凌防止对策推进法〉为主视角》，载《大连理工大学学报（社会科学版)》，2017（1）。

③ 文部科学省:《いじめ防止対策推進法（概要)》(2013-09-28)[2022-08-17]. https://www.mext.go.jp/component/a_menu/education/detail/__icsFiles/afieldfile/2018/08/21/1400030_001_1_1.pdf。

④ 坂田仰:《防止いじめ対策推進法全条文解説》，55—62 页，东京，学事出版株式会社，2014。

⑤ 陶建国:《日本校园欺凌法制研究》，载《日本问题研究》，2015（2）。

⑥ 向广宇、闻志强:《日本校园欺凌现状、防治经验与启示：以〈校园欺凌防止对策推进法〉为主视角》，载《大连理工大学学报（社会科学版)》，2017(1)。

涵盖了欺凌的发生率、受害者和施害者的基本信息等内容，具有权威性和全面性，为社会公众、学校以及政策制定者提供了透明的信息基础。这些统计数据不仅帮助政府评估现有政策的效果，也为制定新的防治措施提供了科学依据。

此外，文部科学省还设立了 24 小时服务热线，为遭受欺凌的学生提供及时的心理辅导和咨询服务。此项服务使受害学生能够在情感和心理上得到专业支持，帮助他们尽快从欺凌事件中恢复，同时为他们提供应对欺凌的策略。

这些措施充分体现了日本政府在保障学生安全、保护受害者权益以及为校园欺凌问题提供解决方案方面的努力与责任。

2. 地方政府层面：反校园欺凌措施

在地方层面上，《校园欺凌防止对策推进法》指导各地政府依据国家基本方针，结合当地实际情况，制订针对性的反欺凌策略。法律强调加强地方机构间的联系，并要求成立专门的校园欺凌防治对策委员会。

（1）制定防止校园欺凌对策推进条例

地方教育委员会需在遵循国家法律的基础上，灵活应对地方特有的问题，制定符合地方特色的反欺凌策略。例如，东京教育委员会制定的《东京都防止校园欺凌对策推进条例》详细界定了校园欺凌防治的基本方针，强调学校、家长、相关机构等各方主体的责任，要求他们采取有效措施预防校园欺凌。该条例具体规定了对校园欺凌的前期预防、早期发现、及时应对以及重大事件的处理措施。①

（2）成立校园欺凌应对部门

日本许多地方政府已建立专门的校园欺凌应对部门，例如，东京都教育委员会成立了“东京都校园欺凌对策联络委员会”和“东京都校园欺凌对策委员会”，负责调查并向教育委员会报告校园欺凌防治情况，确保及时发现和处理问题，防止严重后果的发生。在大阪府寝屋川市，市长部门下设立了“欺凌检查部门”，该部门工作人员会与受害者、加害者和教师进行早期会面。2021 年，该部门处理了 183 起欺凌案件，且在一个月内有效制止了所有

① 东京都教育委员会：《東京都いじめ防止対策推進条例》（2014-07-02）［2022-08-17］. https：//www.kyoiku.metro.tokyo.lg jp/school/content/files/bullying_measures/jourei.pdf。

报告的欺凌情况。[①]

此外，各市教育委员会设置了24小时免费的儿童SOS热线电话，方便被欺凌的儿童、家长以及其他知情者及时求助和报告欺凌事件。

（二）学校层面

学校是学生学习的主场所，也是校园欺凌发生的主场所，是校园欺凌的核心防治环节。日本学校在处理校园欺凌中，需遵循国家法律和地方政策，发展具体的应对策略和预防方案。

1. 建立防止欺凌委员会

日本中小学依据《校园欺凌防止对策推进法》的规定，在学校设置欺凌接待处理通报机制，成立由校长、教职员、校外专家在内的防止欺凌委员会。该委员会义务有："一是立即通报义务，二是确认并报告欺凌行为的义务，三是支援被欺凌儿童，指导、建议欺凌者的义务，四是完善学习环境义务，五是通报并寻求帮助的义务，六是协作配合警方义务。"[②]

2. 强化道德教育

尽管日本学界对校园欺凌成因的看法存在一定分歧，但大多数学者认为，校园欺凌的根源在于长期忽视道德教育的缺失。例如，伊藤茂橱指出，校园欺凌往往源于个人品德的偏差，而高尚的品德有助于遏制欺凌行为。[③]因此，因此，日本文部科学省在其政策中明确提出，要通过强化道德教育在学校中的地位，以预防和减少校园欺凌事件。

2015年文部科学省公布了修订后的中小学《学习指导要领》，正式将道德教育确立为学科，强调道德教育要与学生的实际生活紧密结合，努力杜绝校园欺凌，确保学生的学习环境安全。根据该目标，《学习指导要领》在各个年级教学目标中增设了与校园欺凌相关的关键词，强化道德教育内容。具体而言，针对校园欺凌问题，低年级增加了"公正、公平、社会正义"等概念，

---

① The Yomiuri Shimbun.Japan to Support Local Govts' School Bullying-Prevention Measures(2023-02-07)[2023-08-14] . https: //Japannews.yomiuri.co.jp/society/general-news/20230207-89566/。

② 文部科学省:《いじめ防止対策推進法（概要)》(2013-09-28)[2022-08-17] . https : //www.mext.go.jp/component/a_menu/education/detail/__icsFiles/afieldfile/2018/08/21/1400030_001_1_1.pdf。

③ 伊藤茂橱:《心の周题としてのい已动問题》，載《教育社会学研究》，1996 (59)。

以帮助学生建立正确的社会观念；中年级增加了“相互理解、宽容”等内容，促使学生学习如何与他人和谐相处；高年级则引入了“更好地生存的喜悦”等内容，促进学生的自我发展和对他人的尊重。这一系列调整旨在提高学生对校园欺凌问题的敏感度和应对能力。同时，指导方法也做出响应调整，由原本以“阅读教材”为主的单一方式转变为“问题解决型”和“体验式学习”相结合的综合型模式，使学生能够从多角度、多方位思考与校园欺凌相关的问题，进而将其视为自身问题并主动寻求解决方案。

此外，日本还对中小学德育教材进行了改革。东京书籍出版社的《新道德》教材，特别设有“面向无欺凌校园世界”的章节，从“自身方面”“自己与他人”“自己与集体和社会”和“自己与生命、自然等崇高事物”四个维度，培养学生团结互助、友好相处的行为。该教材从心理层面入手，帮助学生理解和应对校园欺凌问题，提升心理素质，以抵制不良行为的发生。[①]

3. 加强校园安全建设

在学校层面，除了强化道德教育外，日本还通过加强校园安全建设来预防校园欺凌事件的发生，包括制定校园安全检查标准、校外活动安全计划及欺凌防治方针和指导计划。此外，学校配备了相关安全设施，并设置了专职人员负责安全管理和监督。学校也注重与警察密切合作，通过少年警察入校的方式，开展与学生的对话，并整顿学校周边的社会环境，为学校安全提供保障，一旦学校认定有校园欺凌行为发生，警察将立即协助学校共同处理。学校也与法务局合作，成立了“校园欺凌问题对策联络会”。[②]

提升教师欺凌防治专业知识和政策法规知识，以及应对处置技巧。加强提升相关人员的专业素养和应对技能，培养学生的道德情操和心灵沟通的能力。[③]既能保护被欺凌者，也能引导欺凌者，还能为家长提供帮助。

---

① 那乐：《基于应对校园欺凌问题的日本小学道德教科书改革新进展》，载《外国教育研究》，2018（8）。

② 文部科学省：《いじめ防止対策推進法（概要）》（2013-09-28）［2022 -08-17］. https：//www.mert.go.jy/camponent/a_menu/education/delail_iesFiles/afieldfle/2018/08/21/1400030_001_1_1.pdf。

③ 文部科学省：《いじめ防止対策推進法（概要）》（2013-09-28）［2022-08-17］. https：//www.mext.go.jp/component/a_menu/education/detail/　icsFiles/afieldfile/2018/08/21/1400030_001_1_1.pdf。

（三）家长层面

在日本，法律明确规定了加害人和受害人家长的责任。《教育基本法》（2006）第10条指出，教育孩子是父母及其他监护人的首要义务。《校园欺凌防止对策推进法》进一步强调，家长不仅需要教育、指导和监护儿童，培养其规范意识，预防欺凌行为，还需积极参与防治工作，与学校、教育委员会、家长教师协会（PTA）、非营利组织（NPO）等地方公共团体合作，确保儿童的身心健康与安全。①

横滨地方法院在“津久井中学校园欺凌诉讼案”中强调，尽管学校提供义务教育，但孩子教育首要责任应由父母承担。家长应配合国家和地方政府的防治措施，培养孩子的规范意识，并为遭受欺凌的儿童提供及时保护。②金泽地方法院在“七塚小学欺凌诉讼案”中明确指出，家长的教育责任贯穿整个生活领域，家长在孩子的监护和教育中有义务保证孩子不对他人生命和身体造成伤害。③在“丰中市第十五中学欺凌诉讼案”中，大阪地方法院认定，尽管案件涉及的是中学生，家长仍然承担着广泛的义务，包括对孩子社会规范的教育和对其人格发展的培养。④此外，在“鹿儿岛知览中学欺凌诉讼案”中，法院指出，家长未能采取措施保护其遭受欺凌的孩子，直接导致了孩子的自杀，并因此减少了赔偿金额。⑤

这些判例表明，家长的责任不仅仅是对孩子的日常监护，更涵盖了对孩子品德的培养、行为规范的教育，以及对其心理和生理安全的保护。在法律和司法判例的支持下，家长在预防和应对校园欺凌中承担着关键角色。因此，家长的积极参与和合作对于有效防治校园欺凌至关重要。同时，法律明确要求家长与学校及其他社会机构共同合作，构建一个全面的防治体系，以保障孩子的身心健康。

---

① 文部科学省:《いじめの防止等のための基本的な方針（概要）》（2013-10-11）[2022-08-17]. https://www.mext.go.jp/component/a_menu/education/detail/icsFiles/afieldfile/2019/06/26/1400030_006.pdf。

② 横滨地裁平成十三年（2001年）1月15日判决，平成9（ワ）2192，判例时报1772号，63页。

③ 金沢地裁平成八年（1996年）10月25日判决，平成4（ワ）281，判例时报1629号，113页。

④ 大阪地裁平成九年（1997年）4月13日判决，平成4（ワ）7577，判例时报1630号，84页。

⑤ 鹿见岛地裁平成十四年（2002年）1月28日判决，平成10（ワ）55，判例时报1800号，108页。

（四）社会层面

校园欺凌不仅需要政府的政策要求和学校家庭的协力配合，也离不开社会各机构团体的共同参与。日本在推行校园欺凌防治政策时充分发挥了相关机构、社会团体、舆论媒体的社会支持，形成全员参与、全员治理、全员监督的校园欺凌防治格局。

1. 社会团体助推反欺凌计划的实施

日本的校园欺凌防治体系是以官方力量为主，以民间力量为辅的合作模式，其中社会团体在推进反欺凌计划中发挥了关键作用。例如，家长教师协会、志愿者团体和社区组织等，都在校园欺凌防治中扮演着重要角色。根据《校园欺凌防止对策推进法》，校园欺凌事件须由第三方机构进行调查，学校需成立专门的“校园欺凌对策联络委员会”和“校园欺凌对策委员会”。这些委员会由律师、心理医生或家长教师协会委员等专业人士组成，他们对学校的校园欺凌治理起到了监督和支持的作用，确保了反欺凌计划的有效实施。

2. 媒体监督与公众意识的提升

社会层面的防治工作中，舆论媒体的作用不可忽视。媒体对校园欺凌事件的广泛关注，迅速提高了公众对这一问题的重视，并在提高社会认知和理解方面发挥了关键作用。同时，媒体曝光了在处理校园欺凌问题中存在的不当行为或掩盖企图，这对相关部门形成了压力，促使其保持警觉并优先处理此类问题，从而有效减少校园欺凌的发生。

二、日本校园欺凌治理的特征

日本中小学校园欺凌防治经历了不断探索和发展的过程，其核心特征具有一定的共性，主要体现在三个方面：一是通过专项立法提供法律支持，确保校园欺凌治理的规范性与有效性；二是通过多元主体的协作模式，明确各方职责，构建统一的治理体系；三是强调教育预防，重视学生品格与价值观的培养，从源头上预防校园欺凌的发生。

（一）构建专门性立法体系

明确的立法为确保治理规范性和有效性提供了基础。日本构建的综合性专门立法体系展现了其在校园欺凌防治上的法治理念与路径。该体系的核心是《校园欺凌防止对策推进法》，它不仅为日本的校园欺凌治理提供了法律基础，还与其他相关法律相结合，形成了一个全面的法律网络，为校园欺凌问题提供多角度的法律支持与解决方案。

首先，日本针对校园欺凌问题单独制定了《校园欺凌防止对策推进法》，旨在预防和应对校园欺凌，保障学生的安全与心理健康，创造安全和谐的学习环境。该法律首次明确了"校园欺凌"的概念，为学校、家长、学生及社会各界提供了识别和判断校园欺凌行为的依据。该法规定了处理校园欺凌事件的责任主体，包括学校、教育行政部门、家长与社区。它要求学校制定防止校园欺凌的基本政策，教育行政部门负责监督和支持，家长与社区应积极参与防治工作。此外，法律明确规定了对被欺凌学生的支持措施，如心理辅导和法律援助。总体而言，该法为校园欺凌治理提供了明确的法律依据和操作框架。

其次，日本校园欺凌治理法制化不仅依赖《校园欺凌防止对策推进法》，还与《少年法》《儿童福利法》《教育基本法》和《学校教育法》等法律相配合。这些法律从不同角度为校园欺凌治理提供支持，《少年法》和《儿童福利法》侧重于儿童与青少年的保护，而《教育基本法》和《学校教育法》则从教育管理和学校运作的角度提供指导。由此可见，日本的校园欺凌治理体系并非单一法律所构成，而是通过多部法律的配合与补充，形成了全面、多元的法律框架，从而增强了治理的深度和广度。

最后，日本的校园欺凌治理法制建设采取了多层级立法模式，呈现自上而下的完善过程。《校园欺凌防止对策推进法》作为国家层面的专项法律，为防治工作提供了总体框架。根据该法第13条的规定，地方公共团体应依据基本方针结合地方实际情况制定各自的防治措施，学校则参照地方政府的方针制定具体实施方案。[①] 地方政府依据该法律进一步制定地方性的防治政策，并

① 文部科学省：《いじめ防止対策推進法（概要）》（2013-09-28）[2022 -08-17]. https：//www.mert.go.jy/camponent/a_menu/education/delail_iesFiles/afieldfle/2018/08/21/1400030_001_1_1.pdf。

成立如“校园欺凌防治政策联络委员会”和“地方校园欺凌咨询机构”等组织，推动地方公共团体积极参与校园欺凌防治工作，并细化各主体的责任和义务。

（二）强调多元主体共同治理

校园欺凌问题的解决不能依赖单一方面的努力，而需要社会各界力量的充分动员和整合，通过多种措施的协同实施，才能有效遏制并解决这一问题。在此过程中，首先要在制度层面明确各相关方的责任，确保每个主体清楚自己的职责，从而避免责任推诿和工作懒怠。其次，需集结各领域的专业力量，成立专门的反校园欺凌机构，提供专业见解和干预措施。最后，不同机构之间需紧密合作，共享信息，确保多方参与者协同工作，形成坚实的校园欺凌防治网络。

首先，完善制度建设，明确各方责任。《校园欺凌防止对策推进法》明确了国家机关、地方公共团体、学校和家庭在校园欺凌防治中的各自责任。国家机关负责制定并执行反校园欺凌政策，并为相关措施提供财政支持。例如，2014 年，日本政府在校园欺凌防治方面投入了 93 亿日元。[①] 地方公共团体根据国家的指导方针，结合当地实际情况，制定反校园欺凌政策。学校则需结合自身情况，落实防治措施，教师们应与学生、家长、社区等保持密切沟通，以便尽早发现并应对校园欺凌。家长作为孩子的监护人，不仅要教育孩子遵守规范，防止其参与欺凌行为，还应在发现欺凌行为时及时与学校和地方公共团体沟通。只有各方各负其责，才能有效实现校园欺凌事件的早发现、早预防和早处理。

其次，设立专门机构，支持反欺凌工作。日本在应对校园欺凌时，注重设立专门机构以强化措施的实施。根据《校园欺凌防止对策推进法》，地方政府需成立“校园欺凌对策委员会”，这些委员会通常由地方公共团体、警察局、学校和法务部门等组成，负责收集、分析校园欺凌情况，并将调查报告提交地方教育委员会。此外，学校也需根据法律和地方政策设立校内反欺凌机构，定期开展校园欺凌调查。校内机构通常由临床心理咨询师、社会福利

① 坂田仰：《いじめ防止対策推進法：全条文と解説》，77 页，东京，学事出版株式会社，2014。

工作者、医生、律师、警察及非营利组织成员组成，以确保学校在处理校园欺凌时更具专业性和针对性。①

最后，加强部门间配合，确保高质量合作。设置反欺凌机构的同时，各机构间的合作尤为重要，共同构建反校园欺凌信息网络。首先，国家级机构如文部科学省负责收集和分析校园欺凌数据，这些数据为政策制定提供了依据，也有助于评估现行措施的有效性。其次，地方层面相关机构在承上启下中发挥作用，确保信息从国家到地方的有效流通。这些机构负责收集校园欺凌报告，及时上报并与学校紧密合作，监控欺凌情况并评估学校反欺凌策略。最后，学校需响应上级指导，加强反欺凌组织建设，并接受第三方评估。同时，学校应与社区和家庭保持密切联系，及时发现欺凌迹象，提前介入和处理。

（三）注重预防教育

日本校园欺凌防治策略的核心在于强化教育预防，特别是“德育预防”。随着信息技术的发展、考试压力的增加，以及校园欺凌的网络化和隐蔽性，预防工作愈发重要。日本特别强调通过提升学生品德认知和防范意识，从根本上预防校园欺凌。具体措施包括校园文化建设、品德教育渗透和家庭教育配合。

第一，日本学校注重校园文化建设，营造包容和谐的学习环境。校园文化对学生心理和行为有深远影响。在竞争激烈、压力重重的环境中，学生易产生焦虑和冲突，进而导致校园欺凌的发生。②日本学校努力创造积极健康的校园氛围，这涉及在课堂教学和各种学校活动中培养学生的团队精神和互助意识。

第二，学校通过品德教育实践，提升学生的社交能力和情感技能。日本学校采取多种方法来增强学生的社交和情感理解能力。例如，学校组织志愿

① 文部科学省:《いじめ防止対策推進法（概要)》(2013-09-28)[2022 -08-17]. https：//www.mert.go.jy/camponent/a_menu/education/delail_iesFiles/afieldfle/2018/08/21/1400030_001_1_1.pdf。

② 高晓霞:《日本校园欺凌的社会问题化：成因、治理及其启示》，载《南京师大学报（社会科学版)》，2017（4）。

服务、户外探险、社区参与等社会实践活动，这些活动不仅减少学生的孤独感，还增强团队合作和社交能力。[①] 此外，学校还通过德育课程，教师通过案例讨论和互动教学帮助学生理解欺凌的性质和危害，教授如何寻求帮助和自我保护。[②] 这些措施旨在培养学生的社交与情感技能，从而有效预防校园欺凌。

第三，家庭教育的有效参与同样至关重要。家庭环境对孩子的性格和行为有深远影响，父母若采取暴力或压制性的教育方法，可能导致孩子将这些行为模式转化为对同龄人的欺凌。因此，日本学校鼓励家长采用科学、健康的育儿方法，定期举办家庭教育研讨会。此外，家长在学校、学生与社会之间充当桥梁，特别是在欺凌事件隐蔽的情况下，家长应与学校和相关机构保持紧密沟通，及时发现和应对欺凌问题。家长的支持能为遭受欺凌的孩子提供安全感，确保问题得到及时解决。

---

① 文部科学省:《小学校学习指尊要领解说省，特别の教科道德》，105 页，东京，文部科学省，2017。

② 曹燕:《国外校园欺凌防治政策的共同特征及其启示》，载《外国教育研究》，2018（8）。

第七章　我国青少年校园欺凌治理机制的构建

随着全球范围内校园欺凌事件的频繁发生，越来越多的国家开始关注并采取积极措施来应对这一问题。在中国，校园欺凌治理已经成为一个备受关注的问题。本章从社会生态系统理论的视角出发，深入探讨了建构中国的校园欺凌治理机制的各个层面，提出了包括完善立法、建立多部门合作机制、加强学校反欺凌工作、加强家庭和社区反欺凌教育、加强公众宣传和媒体监督等多项建议。

第一节　政府层面：健全校园欺凌防治法律政策

政府作为社会治理的核心主体，承担着维护社会治安和秩序的重要职能，其优势在于刚性治理的主导性和规制性。因此，政府及其相关职能部门有必要针对校园欺凌问题制定和完善相关法律法规，确保校园欺凌治理做到有法可依。为此，地方政府、儿童保护机构、司法部门、公安部门、教育部门、舆论机构等应被纳入“利益相关方”体系，形成协同治理的合力。通过立法，建立起“组织协调机制”“常态监管机制”以及“强制报告制度”“责任追究制度”等长效机制，明确校园欺凌行为的违法成本和违规代价，从而增强法律法规的制度保障作用和威慑效果。

目前，中国政府已经采取了多项法律政策和措施来应对校园欺凌问题，包括《中华人民共和国预防未成年人犯罪法》《中华人民共和国教育法》等法律法规，以及相关的司法解释和规范性文件。然而，目前针对校园欺凌的法律政策仍有不足之处，亟须进一步完善。基于此，本节提出了若干研究建议，分别针对中央政府和地方政府，以期有助于提升校园欺凌治理的法治化水平。

一、中央层面

在中央层面，有必要从法律制定、资源配置和政策评估三方面入手，全面加强校园欺凌治理的顶层设计。

（一）制定专门的反欺凌法律，明确标准和相关责任

2020年全国人大代表李亚兰提交了《关于校园霸凌立法的建议》，建议明确规定认定标准、责任年龄，重点加强对低龄欺凌的惩戒，根据不同行为后果明确对违法犯罪行为惩罚、纪律惩戒及协商处理。[①]

制定专门的反欺凌法是校园欺凌治理的一个重要举措。当前，各国针对校园欺凌的立法状况不尽相同，有些国家已经制定了具体的反欺凌法律，例如美国的“杰米法案”，澳大利亚的“安全校园法”等，而在一些国家，反欺凌条款只是包含在一些普遍性的法律中。

制定专门的反欺凌法可以为校园欺凌治理提供更加明确的法律依据，为受害者和相关机构提供更加具体的法律途径和措施。具体而言，专门的反欺凌法律可以规定校园欺凌的定义、刑事责任、民事责任、行政责任等方面的问题，同时还可以规定反欺凌教育、预防、干预等方面的具体措施。

此外，制定专门的反欺凌法还可以促进各相关机构之间的协作和沟通。反欺凌法律的制定和实施需要多个机构的参与和协作，包括教育部门、公安机关、司法机关、民间组织等。专门的反欺凌法律可以规定各机关、部门、组织的职责和协作方式，建立统一的反欺凌工作机制，提高校园欺凌治理的效率和成效。

---

① 李亚兰:《交易对校园霸凌单独立法细化惩治标准》，载《人民日报》，2020-05-21（3）。

总之，制定专门的反欺凌法律是校园欺凌治理的必要措施，可以为治理校园欺凌提供更加明确的法律支持和保障，促进各相关机构的协作和沟通，从而提高校园欺凌治理的效率和成效。

1. 未来立法加强对校园欺凌行为的定性和处罚标准

随着校园欺凌问题的不断凸显，人们对其治理的要求也越来越高。在立法方面，加强对校园欺凌行为的定性和处罚标准，对于准确、有效地打击校园欺凌行为具有重要意义。

首先，对校园欺凌行为的定性需要更加精准。目前，我国对校园欺凌行为的定性较为宽泛，缺乏明确的界定，导致一些恶性事件无法被有效打击。因此，未来的立法应当明确规定校园欺凌的定义和范围，将各种校园欺凌行为的形式、特点和危害程度进行明确区分和划分，以便更好地制定相应的惩戒和预防措施。

其次，加强对校园欺凌行为的处罚标准也是十分必要的。当前，校园欺凌行为的处罚标准并不统一，有的地区对同一种欺凌行为的处罚也存在不一致的情况，缺乏可比性。这样一来，既不利于公众对校园欺凌行为的认识和理解，也不利于司法的公正和有效。因此，未来的立法应当根据不同的校园欺凌行为的性质、情节和危害程度，科学地制定处罚标准，保证处罚的公正性、严肃性和可操作性。

综上所述，加强对校园欺凌行为的定性和处罚标准，是未来立法应考量的措施之一。这样可以更好地保护学生的权益和安全，也有利于社会的和谐稳定。

2. 未来立法要平衡惩治与保护

由学校自行处理的案件，大多学校都希望尽快平息事件，恢复正常的教学秩序，避免事态扩大引发舆论，于是大事化小、小事化了，某种程度上纵容了欺凌行为。

在治理校园欺凌问题时，保护未成年人的合法权益是至关重要的。然而，目前现行法律对校园欺凌的惩治力度相对有限，这可能会导致欺凌者对受害者的侵犯行为得不到应有的制裁，从而忽略了受害者在心理辅导、家庭支持体系方面的法律支持。因此，未来的立法应该平衡惩治和保护，特别是要针对校园欺凌问题，既要保护受害者的合法权益，又要对欺凌者作出适当的惩罚。

一方面，针对受害者的保护和支持，未来的立法应该加强心理辅导和家庭支持体系的建设。在立法中，应明确规定学校和社会组织应该为受害者提供必要的心理辅导和支持，并提供必要的法律援助和保护。此外，为了加强对受害者的保护，可以加强校园监管和安全措施，加强校园安全教育，提高师生的安全意识。

另一方面，对于校园欺凌行为的惩治，应制定更加严格的法律规定，确保欺凌者受到适当的惩罚。在立法中，可以加大对严重校园欺凌行为的处罚力度，对于重犯欺凌者实施联合惩戒制度，并对欺凌者进行心理辅导和教育，以期改变其不良行为。同时，应对欺凌者的家庭状况、教育背景等进行综合考虑，并加大对校园欺凌行为的社会舆论谴责力度，提高公众对校园欺凌的警觉性和重视程度。

在平衡惩治与保护方面，立法应该遵循权衡原则，既不能过度强调惩治而损害受害者的合法权益，也不能过度强调保护而使加害者逃脱法律责任。只有在惩治和保护两个方面做到平衡，才能更好地治理校园欺凌问题，保护受害者的合法权益，同时也能让加害者得到应有的惩处，提高治理效率，推动社会进步。

综上所述，未来的立法应平衡惩治与保护，既要加强受害者的保护和支持，又要加强校园欺凌行为的惩治，实现保护未成年人合法权益的同时，提高整个社会的道德水平，减少校园欺凌问题的发生。

3. 未来立法应明确各级政府防治校园欺凌的责任和义务

政府在预防和治理校园欺凌的进程中发挥着至关重要的主导作用，立法的重要任务就是为政府履行职责提供法律依据和指引。当前，各级政府在防治校园欺凌方面的措施和执行力度存在差异。通过立法明确各级政府的责任和义务，可以统一全国的防治标准，确保每个地区都能够按照相同的标准进行治理，避免因地方政策差异导致的防治效果不一。

政府应当制定相关法规和政策，明确各级政府部门在预防和治理校园欺凌方面的职责分工，并建立相应的工作机制。这些法规和政策应该涉及校园欺凌的预防、发现、处理、纠正、教育等方面，以确保政府在预防和治理校园欺凌问题上的有效性和可操作性。

此外，为确保法律的有效执行，立法还应建立严格的问责机制。如果某级政府因未履行防治校园欺凌的职责而导致严重后果，相关责任人应当受到相应的行政处罚或法律追究。这将有助于确保政府各级部门的积极性和执行力。

总而言之，未来立法应明确各级政府在防治校园欺凌中的责任和义务，这不仅有助于统一标准、增强执行力，还可以通过明确问责机制和促进社会合作，形成一个多层次、全方位的防治体系。通过立法保障，政府各级部门将更有动力和能力去落实防治校园欺凌的各项措施，从而为学生创造一个更安全、更健康的成长环境。

（二）提供多方资源，夯实反校园欺凌工作基础

为了更有效地推进反校园欺凌工作，建议教育部投入更多的人力和物力资源，鼓励各级教育机构积极参与反欺凌行动。在焦点小组访谈中，相关领域的从业者建议，增加教师编制，来缓解教务处和辅导室在人力方面的不足。这些调整将为学校提供更多辅导人员和资源，帮助他们更好地应对校园欺凌问题。此外，为了提高教师处理欺凌事件的信心和技能，访谈中提出应从师资培训入手，将反欺凌课程列为师资培养中的必修内容。通过这种方式，教师将具备更多的专业知识和能力，能够更有效地处理校园欺凌事件。

在资源分配方面，焦点小组访谈中建议，教育部每年为中小学学校提供补助，使每个县市至少有三所小学、三所初中、三所高中和三所中职学校纳入补助计划，以便更广泛地推广和示范反欺凌工作。此外，各级政府和学校也应被允许申请补助，用于举办反欺凌工作坊，以提高师生和家长的反欺凌意识和技能。

为进一步支持地方的反欺凌工作，访谈中还建议，设立反欺凌资源中心，提供必要的设施和资金支持，每个中心的补助上限为100万元。与此同时，由于国内反欺凌相关的研究仍然不足，建议教育部持续资助反欺凌研究，以评估反欺凌政策的长期效果，并为未来的政策制定提供依据。

（三）定期调查校园欺凌现状，评估反欺凌政策执行效果

纵观世界各国防治校园欺凌的经验，例如，日本在处理校园欺凌问题上非常注重数据的收集与分析，每年都会进行全国性的校园欺凌调查，以获取全面的数据支持。建议我国中央政府设立专门机构或委托现有教育部门，定期（如每年进行两次调查，或至少进行一次，并建议在开学一到两个月后）开展全国范围的校园欺凌调查。这些调查不仅应涵盖欺凌的发生频率和类型，还应收集学生、教师和家长关于欺凌问题的感受和建议。

调查数据的收集后，应及时分析并公布结果，评估现行反欺凌政策的效果。这包括分析政策实施前后校园欺凌的变化趋势，识别政策执行中的成功案例与不足之处。通过这种方式，政府能够根据实际效果调整或优化反欺凌政策。

此外，政府应确保调查结果和政策评估对公众开放，通过网络平台、社区会议等多种渠道广泛传播，让社会各界能够参与到校园欺凌的预防和治理中来。这种开放和包容的态度有助于增强政策的社会支持度和执行力。

二、地方层面

在地方层面，有效治理校园欺凌需要综合施策，从法规制定、责任落实、多部门协作、机制建设和源头治理等方面全面推进。

（一）建立健全校园欺凌地方性法规

在治理复杂的社会问题中，单一的法律往往难以满足需求，多层次立法模式的出现能够更好地解决这一问题。在校园欺凌的治理中，建立多层次立法模式是至关重要的。

中国拥有庞大的人口和广阔的国土，而且各地区之间的发展极不平衡，这是中国自古以来就存在的社会现实。在这样的情况下，单纯依靠国家立法难以全面细致地应对校园欺凌问题。相比之下，通过建立地方法规或政策，可以更加有针对性地治理校园欺凌问题。

因此，建议各地方人大及其常委会或政府制定相应的地方性法规或规章，

以更加有针对性的方式来防治校园欺凌问题。这些地方性法规应该考虑到本地区的特殊情况，包括针对本地学生的身体和心理特点、家庭背景、地理环境等因素，从而制定更具体和实用的防范和打击校园欺凌的措施、处理校园欺凌事件的程序、保护受害者的权益等方面。同时，各地学校及地方社会组织也应因地制宜地制定本地特殊方针，以更加精细化的方式来应对校园欺凌问题。

（二）强化市县政府责任，全面提升校园安全与欺凌治理

为了加强学生欺凌综合治理和学校安全管理，市县政府需要进一步提高对此工作的重视程度，统一思想，强化责任意识。市县政府应将学校安全管理视为教育综合管理的重要组成部分，并与教育工作一同规划、部署和考核。各级政府要履行属地化管理的责任，定期听取学校安全管理工作汇报，分析问题，研究解决重大难题，同时加大资源投入。具体目标是确保中小学封闭化管理、一键报警装置和视频监控系统与公安联网率以及专职保安员配备率均达到100%。通过这些措施，进一步夯实学校安全管理基础，确保校园环境更加安全稳定。

（三）加强多部门协作，强化校园欺凌综合治理

为了有效推进学生欺凌综合治理和学校安全管理，各市县相关部门必须严格履行各自的监管职责，并形成工作合力。政法委、法院、检察院、公安、民政、文旅、卫健、市场监管、团委、妇联等部门应对照各自的工作职责，积极参与到学生欺凌治理和学校安全管理中，确保实际问题得到有效解决。

教育部门作为牵头单位，应通过定期召开协调会、调度会、联席会等形式，推动其他相关单位履行责任。公安部门需深化与学校和教育部门的合作，定期共享隐患信息，跟踪问题学生的情况，并对其进行谈话或训诫。同时，要重点关注问题家庭和留守儿童，提供必要的支持和帮助。

此外，各部门还应加强对校园周边环境的监管，打击针对学生的违法违规经营行为，确保学生的学习和生活环境安全。通过加强未成年人犯罪的预防和权益保护，探索在学校设立未成年人维权站等方式，各方共同努力，保护学生的身心健康。

（四）强化机制与体系建设，全面提升学生欺凌治理水平

为了全面提升学生欺凌治理和学校安全管理，市县教育行政部门需要进一步建立和完善工作机制与体系。按照国家和省级的要求，市县教育部门应全面落实监管职责，建立学生安全教育、心理健康教育、心理干预、校园安全隐患排查、风险防范预警、校园安全巡查、网格化管理等一系列机制，确保治理工作系统化和规范化。

学生欺凌治理应被视为一项长期的重要工作，必须持续关注和加强专题防范教育、欺凌线索排查与矛盾纠纷化解、问题学生的教育管理、家校共育以及警校协作的广度和深度。这些措施将帮助减少欺凌事件的发生，促进学生的身心健康。同时，还需要加强校长和教师队伍的建设，特别是在师德师风方面，配备足够的心理健康教师，以提高应对学生欺凌和校园安全问题的能力。此外，要加大对学校安全管理工作特点和规律的研究，建立健全管理、责任、措施和处置体系，使管理工作更加规范化和高效，确保学生的安全和学校环境的稳定。

（五）统筹推进留守儿童关爱与专门教育，强化源头治理

为更好地推进留守儿童关爱、专门教育和社会治理工作，省级政府需要统筹安排，综合施策，加大源头治理的力度。首先，要明确各部门在留守儿童关爱工作中的具体职责，研究制定相关的地方性法规，并设立专项资金，完善和健全留守儿童关爱体系。

在教育方面，应加快专门学校的建设步伐，特别是在条件允许的地区，改建或新建专门学校，为有严重不良行为的学生提供专门教育，帮助他们改正行为，避免走上犯罪道路。

此外，在实施乡村振兴战略的过程中，要高度重视农村家庭和家风建设，净化社会风气和网络环境，宣传传统优秀家庭文化，帮助化解家庭矛盾，维护完整的家庭结构。这些综合措施将为留守儿童提供更好的支持和教育环境，并促进社会的稳定和进步。

第二节　学校层面：优化全校参与校园欺凌治理机制

校园是学生欺凌发生的主要场域，学校和教师在校园欺凌治理中承担着关键的教育使命和重要的主体责任。教育部在《防治中小学生欺 凌和暴力指导手册》中明确要求学校要通过建立完善的预防制度机制和强化正面教育，在全校师生共同努力下，创建“ 无欺凌校园”。为此，学校和教师需要积极推进全员参与校园欺凌综合防治和干预，不断提升欺凌防治的预警能力和治理策略。

一、学校行政层面

（一）建立和完善校园欺凌预防机制

学校在校园欺凌治理中扮演着至关重要的角色。学校应该制定有效的政策和措施，旨在预防和处理校园欺凌事件。

1. 成立学校欺凌治理委员会

不论是有效校园欺凌防治方案的特征，或是奥维尤斯等人提出的欺凌防治项目，均强调成立学校欺凌治理委员会的重要性。成立学校欺凌治理委员会是治理校园欺凌的重要措施之一。这一委员会的设立旨在通过多方合作和系统化的管理措施，有效预防和应对校园欺凌事件。欺凌治理委员会的组成应包括学校领导、教师代表、学生代表、家长代表、社区代表以及专家顾问，以确保其具有广泛的代表性和权威性。具体而言，委员会成员可以包括校长、副校长、班主任、心理辅导教师、不同比年级和背景的学生、家长、社会工作者、警察等社区代表以及心理学家和教育学专家。通过这样的多方参与，委员会能够更全面地了解和应对校园欺凌问题。

（1）学校欺凌治理委员会的职责与工作机制

学校欺凌治理委员会的主要职责包括：制定并实施校园欺凌防治政策和

措施；定期组织培训和宣传活动，提高全体师生和家长的反欺凌意识；建立并维护举报渠道，确保学生能够安全、匿名地举报欺凌事件；接到举报后，委员会应立即进行调查和处理欺凌事件，确保过程的公正透明。除此之外，委员会还应提供心理辅导和支持，帮助受害者恢复心理健康。同时，委员会应定期评估和反馈防治措施的效果，并根据需要进行不断改进。通过这些职责的履行，委员会能够形成有效的工作机制，确保校园欺凌治理的持续推进。

（2）学校欺凌治理委员会的实际运作

在实际运作中，学校欺凌治理委员会应定期召开会议，讨论和评估校园欺凌的现状及防治工作进展。通过设立专门的举报信箱、热线电话或在线平台，委员会能够便捷地接收和处理举报信息。委员会应指派专人负责对举报的欺凌事件进行调查，搜集证据和相关信息，并集体讨论和决定处理方式。对施暴者的教育或处罚以及对受害者的支持和保护措施都应在委员会的决策范围内。为确保措施的有效性，委员会还需对处理过的欺凌事件进行跟踪回访，防止再次发生。通过定期收集和分析校园欺凌相关数据，委员会能够为政策制定和改进提供科学依据。此外，邀请教育部门或第三方机构对委员会的工作进行评估，能够确保其公正性和有效性。通过这些系统化的措施，学校欺凌治理委员会可以有效地预防和应对校园欺凌事件，营造安全、和谐的校园环境。

2. 制定明确的防治校园欺凌政策和规则

制定明确的政策和规则是治理校园欺凌的关键措施之一。明确的政策和规则为学校提供了系统化的指导，帮助师生和家长了解校园欺凌的定义、类型、预防方法以及处理流程。通过清晰的政策和规则，学校能够建立起一套统一的行为标准，减少模糊和不确定性，确保每个成员都知道什么是可接受的行为，什么是不可接受的行为。这不仅有助于预防欺凌行为的发生，还能在欺凌事件发生时提供明确的处理指南，确保公正和一致性。

（1）政策和规则的内容

在制定校园欺凌政策和规则时，首先应确保其内容的全面性和科学性。政策和规则应包括以下几个方面：第一，制定《中小学生欺凌预防和处理制度》，明确校园欺凌的定义和类型，如身体欺凌、言语欺凌、社交欺凌和网络欺凌等；第二，详细规定欺凌行为的后果和处罚措施，包括对施暴者的纪律处分和教育措施；第三，制定明确的举报和调查程序，确保每个欺凌事件都能得到及时、公正的处理；第四，制定学生欺凌事件处理应急预案和具体流程，进一步细化调查处理欺凌事件、判定欺凌事件严重程度和教育惩戒欺凌实施者、安抚保护欺凌受害者的具体流程和办法；第五，定期评估和更新政策和规则，以适应新形势和新挑战。

（2）政策和规则的实施与监督

有了明确的政策和规则后，关键在于其有效实施和监督。首先，学校应通过多种渠道向全体师生和家长宣传和解读政策和规则，使其深入人心。可以通过讲座、班会、家长会以及校园网站等方式进行广泛宣传。其次，学校应定期组织培训，提高教师和学生对校园欺凌的识别和应对能力。再其次，学校应设立专门的监督机构或指定专人负责政策和规则的执行和监督，确保每个欺凌事件都能按照既定程序得到处理。最后，学校应建立反馈机制，定期收集师生和家长的意见和建议，不断改进和完善政策和规则，以确保其有效性和适用性。

3. 加强定期培训与教育

培训和支持是治理校园欺凌的核心措施之一。有效的培训能够提高教职员工识别和处理欺凌行为的能力，而提供学生和家长关于欺凌问题的教育和支持资源则可以增强全校社区的反欺凌意识和应对能力。

（1）教职员工培训的设计与实施

教职员工培训的设计与实施是治理校园欺凌的重要环节。通过系统化的培训，教职员工能够提升识别和处理欺凌行为的能力，为建立安全、和谐的校园环境奠定基础。

其一，培训内容。教职员工的培训应覆盖以下几个关键方面：一是识别欺凌行为，培训应帮助教职员工了解校园欺凌的定义、类型及其表现形式，包括身体欺凌、言语欺凌、社交欺凌和网络欺凌等；二是应对策略，培训应教授教职员工如何在第一时间有效介入欺凌事件，包括与施暴者和受害者的沟通技巧、情境处理方法以及如何提供及时的支持和帮助；三是报告和记录程序，教职员工应了解学校制定的欺凌事件报告和记录程序，确保所有欺凌事件都能够得到及时、准确的报告和处理；四是心理支持，培训应包括基础的心理辅导知识，帮助教职员工识别受害者和施暴者的心理需求，提供必要的心理支持，并在需要时寻求专业心理辅导的帮助。

其二，培训形式。为了确保培训的效果，培训形式应多样化，结合理论与实践。具体包括：一是专题讲座和研讨会是培训的基础，通过邀请反欺凌专家、心理学家和教育学者进行专题讲座和研讨会，分享最新的研究成果和实践经验，教职员工能够系统地学习和了解反欺凌知识；二是工作坊和模拟演练是培训的实战部分，通过工作坊和模拟演练，教职员工可以在真实情境中练习识别和处理欺凌事件的方法，增强实战能力和应变能力；三是提供灵活的在线课程和资源也是培训的重要组成部分。通过在线课程和资源，教职员工能够随时随地学习和复习，确保培训的连续性和便捷性。在线课程的灵活性不仅能够满足教职员工的个性化学习需求，还能够确保培训内容的更新和补充，适应不断变化的校园欺凌形势。

（2）为家长提供教育培训与支持

家长在反欺凌工作中扮演着重要角色。通过系统的教育培训和支持，家长可以更好地理解和应对校园欺凌问题，从而在家庭中为孩子提供有效的支持和指导。

其一，家长培训。定期举办家长培训班，向家长传授识别和应对校园欺凌的方法，是提高家长反欺凌意识和能力的有效途径。培训应包括欺凌的识别、报告和处理方法，帮助家长了解如何支持孩子面对欺凌问题。

其二，沟通平台。学校应建立家长与学校的沟通平台，如家长会、在线论坛和热线电话，方便家长随时与学校沟通，及时反映和解决欺凌问题。这样的沟通平台不仅能够促进家校合作，还能让家长及时获取学校的反欺凌政策和措施，增强他们的信任感和参与感。资源提供也是家长支持的重要方面。

其三，资源提供。学校应为家长提供关于欺凌问题的教育和支持资源，如教育手册和指南、在线资料，帮助他们更好地理解和应对孩子可能面临的欺凌情况。这些资源可以为家长提供丰富的知识和实用的建议，使他们能够在家庭中有效支持和引导孩子，预防和应对欺凌事件。

综上所述，对家长的培训和支持是治理校园欺凌的重要组成部分。通过系统的家长培训、便捷的沟通平台和丰富的资源提供，学校能够帮助家长更好地理解和应对校园欺凌问题，为孩子提供有效的支持和指导。家长在家庭中通过正确的教育方法和沟通技巧，可以有效预防和处理孩子在学校可能面临的欺凌问题。通过多种措施的综合实施，家长可以成为学校反欺凌工作的重要合作伙伴，共同为每一位学生的健康成长提供坚实保障。

（3）为学生开展的教育课程和活动

对学生开展教育课程和活动是治理校园欺凌的关键措施之一。通过系统化的教育课程和丰富多样的活动，学校能够提高学生对欺凌问题的认识和防范意识，培养他们的同理心和社交技能，从而预防和减少欺凌行为的发生。具体内容和措施包括：

其一，教育课程的设计与内容。设计教育课程时，应确保其内容的全面性和系统性。首先，课程应包括校园欺凌的定义、类型及其危害性，使学生明确什么是欺凌行为以及其对受害者的影响。其次，课程应教授学生如何识别欺凌行为，了解其征兆和表现，并学习基本的应对策略，如如何向教师或家长寻求帮助。再次，课程应强调同理心和友善行为，鼓励学生以积极的方式与他人相处，避免成为施暴者或助长欺凌行为。最后，课程应涵盖网络欺凌的预防和应对，帮助学生正确使用网络和社交媒体，保护个人隐私和安全。

其二，活动的组织与实施。除了教育课程，丰富多样的活动也是预防和治理校园欺凌的重要手段。学校可以组织以下几类活动：一是专题讲座和班会，邀请专家、心理学家或受害者代表举办讲座，分享校园欺凌的相关知识和真实案例，通过真实的故事和经验教训引发学生的共鸣和反思；二是模拟情景演练，通过角色扮演和模拟情景，让学生在真实的情境中体验和应对欺凌事件，学会如何处理和化解冲突，增强实战能力；三是读书日和专题讨论，组织读书日活动，选取相关书籍进行阅读和讨论，帮助学生深入了解欺凌问题及其应对策略，培养批判性思维和解决问题的能力；四是主题剧和辩论赛，举办以校园欺凌为主题的剧目表演和辩论赛，通过艺术和辩论的形式，提高学生对欺凌问题的认识和思考能力，鼓励他们表达自己的观点和意见。

4. 建立反欺凌联盟和同伴支持网络

建立支持网络是治理校园欺凌的关键措施之一。通过建立包括教职员工、学生和家长在内的反欺凌联盟，学校能够形成一个多方合作、共同治理的良性机制。支持网络的建立不仅有助于制定和实施有效的反欺凌计划，还能通过同伴支持系统，鼓励学生互相支持，及时报告欺凌行为，从而在全校范围内营造一个安全、和谐的校园环境。

（1）反欺凌联盟的建立与职责

建立反欺凌联盟的首要任务是确保多方参与和广泛代表性。反欺凌联盟应包括学校领导、教师代表、学生代表、家长代表以及社区代表。每个成员在联盟中扮演重要角色，共同制定和实施反欺凌计划。学校领导负责总体协调和资源配置，确保各项措施能够顺利实施并得到必要的支持。教师代表则负责教育和执行具体措施，确保反欺凌政策在日常教学和管理中得到贯彻落实。学生代表提供第一手的反馈和建议，确保反欺凌计划能够切实反映学生的需求和实际情况。家长代表起到家庭与学校之间的桥梁作用，通过积极参与和反馈，促进家校合作，共同应对欺凌问题。社区代表（如社会工作者、警察等）提供外部支持和资源，帮助学校拓展反欺凌工作的广度和深度。

反欺凌联盟的主要职责包括：①制定详细的反欺凌政策和计划，明确学校在预防和处理欺凌行为方面的立场和措施。政策和计划应包括欺凌行为的定义、预防策略、处理程序以及相关支持措施，确保全体师生和家长都能明确学校的反欺凌立场和行动指南。②反欺凌联盟应组织定期会议，评估反欺凌工作的进展和效果，讨论和解决遇到的问题。定期会议不仅有助于联盟成员之间的信息交流和协调合作，还能通过总结经验和教训，及时调整和改进反欺凌策略。③定期举办培训和宣传活动，提高全校师生和家长的反欺凌意识和能力。培训活动应包括识别欺凌行为、应对策略、报告程序以及心理支持等内容，帮助教职员工和学生掌握必要的知识和技能。宣传活动则可以通过讲座、海报、手册等多种形式，广泛传播反欺凌信息，营造全校反欺凌的良好氛围。④建立有效的沟通和举报机制，确保所有欺凌事件都能及时得到处理。沟通和举报机制应包括多种渠道，如热线电话、在线举报平台、信箱等，方便学生和家长随时报告欺凌行为。反欺凌联盟应指定专人负责接收和处理举报信息，确保每个欺凌事件都能得到及时、透明和公正的处理。

通过以上措施，反欺凌联盟能够在学校反欺凌工作中发挥核心作用。多方参与和广泛代表性的反欺凌联盟，不仅能够制定和实施有效的反欺凌计划，还能通过定期评估和改进，持续提升反欺凌工作的效果。通过培训和宣传活动，联盟能够提高全校师生和家长的反欺凌意识和能力，而有效的沟通和举报机制则确保所有欺凌事件都能及时得到处理。综合以上措施，反欺凌联盟能够为构建安全、和谐的校园环境提供坚实保障。

（2）同伴支持系统的创建与实施

在反欺凌联盟的框架下，创建同伴支持系统是预防和处理校园欺凌的有效手段。同伴支持系统通过鼓励学生互相支持和帮助，能够在第一时间发现和报告欺凌行为，从而迅速干预和处理。同伴支持系统不仅能够增强学生的自我保护意识和能力，还能通过同龄人的帮助和支持，营造一个互助友爱的校园氛围。

同伴支持系统的具体措施包括：①同伴辅导项目，即学校应选拔和培训一批有责任心和同理心的学生作为同伴辅导员。这些辅导员通过定期交流和辅导，帮助和支持那些遭受欺凌或有欺凌倾向的同学。②互助小组，即组建由学生自发组织的互助小组，定期开展反欺凌主题的讨论和活动，通过互相分享和支持，增强学生对欺凌行为的敏感性和应对能力。这些小组活动可以包括讲座、讨论会、辩论赛和主题剧表演等多种形式，旨在提高学生对欺凌问题的认识，培养他们的同理心和社交技能。③举报奖励机制，即学校应设立方便快捷的匿名举报系统和举报奖励机制，鼓励学生积极举报欺凌行为。举报系统可以包括在线平台、举报信箱和热线电话等多种渠道，确保学生能够在保护隐私的前提下放心举报欺凌事件。对于勇于举报的学生，学校可以给予适当的奖励和表彰，以增强全校师生对反欺凌工作的积极性。这不仅能够提高欺凌事件的发现率，还能在校园内形成一种反欺凌的正向氛围，激励更多的学生参与到反欺凌行动中来。

5. 完善校园欺凌的预警系统

校园欺凌预警系统是一种旨在提前识别、预防和干预欺凌行为的综合机制。通过该系统，学校能够在欺凌事件发生前或在初期阶段发现潜在问题，从而及时采取措施，避免事态恶化。完善校园欺凌的预警系统，学校采取的具体措施包括以下内容。

（1）监测与识别

预警系统通常包括多种监测工具和方法，如定期的学生问卷调查、教师观察记录、学生自我报告以及匿名举报渠道等。这些工具可以帮助学校识别出可能存在欺凌行为的风险信号，例如某些学生的异常行为、社交孤立、情绪波动等。

（2）数据分析

预警系统还依赖于数据的收集和分析。通过分析学生的行为模式、考勤数据、学业表现等，学校可以发现潜在的欺凌倾向或高风险学生群体。这种数据驱动的方法可以提高识别准确性，并帮助学校有针对性地采取预防措施。

（3）及时干预

一旦预警系统发出警报，学校应迅速采取干预措施。这可能包括与学生进行个别谈话、提供心理辅导、加强课堂管理、或联系家长沟通等。通过及时干预，学校可以在欺凌行为升级前遏制住问题，保护学生的安全与心理健康。

（4）持续监控与评估

预警系统应包括持续的监控和评估机制。学校需要定期审视预警系统的有效性，根据反馈和新情况调整预警标准和干预措施，确保系统始终能够灵敏地捕捉到新的风险信号。

6. 建立多来源通报系统

建立多来源通报系统是治理校园欺凌的关键措施之一。通过多渠道、多层次的通报机制，学校能够及时获取欺凌事件的信息，从而迅速采取干预措施。具体包括以下三个措施。

（1）建立多样化的通报渠道

多来源通报系统应包括多种通报渠道，以确保信息的广泛获取和及时传递。具体通报渠道包括：①匿名举报信箱，即设立在校园内的匿名举报信箱，方便学生在保护隐私的情况下，安全、便捷地举报欺凌行为。②热线电话，即设立 24 小时反欺凌热线电话，由专业人员接听和处理举报信息，确保学生和家长能够随时通报欺凌事件。③在线举报平台，即建立安全、便捷的在线举报平台，通过学校官网或专门的手机应用程序，方便学生和家长在线举报欺凌行为，是现代信息技术在反欺凌工作中的应用。学校应确保在线举报平台的技术安全，保护举报者的隐私不被泄露。在线举报平台还可以结合文字、图片和视频等多种形式，提供更加详细和直观的举报信息，帮助学校更全面地了解和处理欺凌事件。④定期问卷调查，即通过定期发放问卷调查，主动收集学生和家长对欺凌行为的反馈和意见，及时了解校园欺凌的现状。问卷调查可以每学期或每季度进行一次，问卷内容应设计科学合理，涵盖欺凌行为的类型、频率、地点、时间及其影响等方面。

（2）信息反馈的层次化

多来源通报系统应包括多层次的信息反馈机制，以确保通报信息能够全面、准确地传递和处理。多层次的信息反馈机制能够从不同的视角获取关于欺凌行为的详细信息，确保每个欺凌事件都能被及时发现和有效处理。

信息反馈层次具体包括四个层面。①学生层面：学生是欺凌行为的直接目击者和受害者，因此，他们在信息反馈中扮演着至关重要的角色。通过学生间的互相举报和支持，欺凌行为能够在第一时间被发现和制止。②教师层面：教师在日常教学和管理中，能够通过观察和了解学生的行为和情绪变化，及时识别和报告欺凌行为。③家长层面：家长在家庭生活中，能够通过孩子的言行举止，发现潜在的欺凌问题，并及时向学校通报。④社区层面：社区成员（如社会工作者、警察等）通过与学校的合作，能够提供外部支持和资源，协助学校处理欺凌事件。

（3）处理流程的规范化

多来源通报系统的建立需要规范化的处理流程，以确保每一个通报信息都能得到及时、透明、公正的处理。规范化的处理流程不仅能够提升通报系统的效率，还能增强师生和家长对反欺凌工作的信任和支持。

具体处理流程包括：①信息接收，这是处理流程的第一步，也是确保信息及时传递和记录的关键环节。学校应指定专门的人员或小组负责接收通报信息，确保信息的及时传递和记录。这些人员应接受专业培训，具备处理欺凌信息的敏感性和专业能力。②初步调查，这是处理流程的第二步，接收到通报信息后，指定的调查人员应迅速展开初步调查，收集相关证据和信息，确保通报内容的真实性和准确性。③处理决策，这是处理流程的核心环节，决定着欺凌事件的最终处理结果。根据初步调查结果，学校应召开处理会议，讨论和制定相应的处理措施。处理决策应包括对施暴者的教育或处罚，以及对受害者的保护和支持。④后续跟踪，这是处理流程的最后一步，对处理过的欺凌事件进行跟踪回访，确保问题得到彻底解决，防止再次发生。

7. 创造安全环境，改善学校气氛

创造安全环境和改善学校气氛是治理校园欺凌的重要措施之一。一个安全、和谐的校园环境不仅有助于预防欺凌行为的发生，还能促进学生的心理健康和学业发展。

（1）建设物理安全环境

建设物理安全环境是预防校园欺凌的重要基础。学校应确保校园内外的安全设施齐全，并进行定期检查和维护。具体措施包括：①监控系统，即在校园关键区域安装监控摄像头，确保所有活动都在监控范围内，以便及时发现和处理欺凌行为。②安全人员配备，即增加校园内的安全人员配置，确保在课间、放学等高风险时间段内有专人巡视，维护校园秩序。③安全通道和紧急出口，即确保校园内的安全通道和紧急出口畅通无阻，并定期进行紧急疏散演练，提高师生的安全意识和应急能力。

（2）培养积极向上的校园文化

积极的校园文化是预防欺凌行为的重要因素。通过创建一个充满尊重、包容和合作的校园氛围，学校可以有效减少欺凌行为的发生。培养积极向上的校园文化不仅有助于学生的心理健康和社会适应能力，还能增强整个学校社区的凝聚力。为此，学校应通过多种途径培养积极、包容的校园文化，使每一位学生都感受到被尊重和支持。具体措施包括价值观教育、榜样作用和团队合作。

其一，价值观教育。在学校课程和活动中融入价值观教育，是培养积极校园文化的基础。价值观教育应强调尊重、包容和合作等核心价值观，帮助学生理解和实践这些价值观。具体来说，学校可以在各学科课程中融入相关内容，通过案例分析、讨论和角色扮演等方式，使学生理解尊重和包容的重要性。此外，学校可以举办专题讲座和工作坊，邀请心理学家、教育专家和社会活动家分享他们的经验和见解，进一步深化学生对核心价值观的认识。通过系统的价值观教育，学生将能够培养同理心和社会责任感，形成积极的行为模式，从而预防欺凌行为的发生。

其二，榜样作用。榜样作用在培养积极校园文化中具有重要意义。教师和学生通过言行示范，可以传递积极的价值观和行为规范，影响他人的行为。学校应鼓励教师和学生树立榜样，并通过多种方式表彰在反欺凌工作中表现突出的个人和集体。具体措施包括设立“模范学生”和“优秀教师”评选，定期表彰和宣传他们的事迹，激励更多的人参与到反欺凌工作中来。通过树立榜样，学校能够营造一种人人争做榜样、人人践行积极价值观的良好氛围，进一步促进校园文化的积极发展。

其三，团队合作。组织各种团队合作活动是培养积极校园文化的有效途径。团队合作活动能够促进学生之间的交流和合作，增强团队凝聚力和归属感，减少孤立和排斥现象。学校可以组织多种形式的团队合作活动，如集体项目、体育比赛和社团活动等。在这些活动中，学生能够学会与他人合作，理解和包容他人的差异，培养互助精神。此外，学校还可以定期举办主题班会和团队建设活动，帮助学生在实际互动中体验和践行合作与包容的价值观。通过团队合作活动，学生将建立良好的人际关系网络，减少欺凌行为的发生。

（3）增强心理支持系统

完善的心理支持系统能够为学生提供必要的心理辅导和情感支持，预防和缓解因欺凌带来的心理问题。建立健全的心理支持系统不仅可以有效减少欺凌行为的负面影响，还能提升学生的整体心理健康水平。为此，学校应采取多种措施来增强心理支持系统，包括心理咨询服务、心理健康课程和同伴支持。

其一，心理咨询服务。设立专职心理咨询室，由专业心理咨询师为学生提供“一对一”的心理辅导，是增强心理支持系统的基础。心理咨询服务能够为遭受欺凌的学生提供及时的心理帮助，帮助他们应对学习和生活中的压力和困扰。心理咨询师应具备丰富的专业知识和技能，能够针对不同学生的具体情况制定个性化的辅导方案。学校应确保心理咨询室的隐私性和安全性，让学生在保密和安全的环境中获得心理支持。此外，心理咨询服务应包括定期的心理健康评估，及时发现和干预潜在的心理问题，从而预防严重心理问题的发生。

其二，心理健康课程。在课程设置中加入心理健康教育内容，是增强学生心理健康意识和技能的重要途径。心理健康课程应涵盖基本的心理健康知识和技能，如情绪管理、压力应对和社交技巧等，帮助学生了解和掌握这些知识和技能，增强他们的自我保护意识和能力。课程可以通过多种形式进行，包括课堂教学、专题讲座和互动工作坊等。通过系统的心理健康教育，学生将能够更好地理解自己的情绪和行为，学会以健康的方式应对挑战和压力。此外，心理健康课程还应强调反欺凌和同理心教育，帮助学生认识到欺凌行为的危害，并培养他们的同理心和社会责任感。

其三，同伴支持。同伴支持是增强心理支持系统的重要组成部分，通过鼓励学生之间互相关心和支持，可以有效提升学生的心理韧性和社会适应能力。学校应建立同伴辅导和互助小组，选拔和培训有责任心和同理心的学生担任同伴辅导员，为需要帮助的同学提供支持。同伴辅导员应接受专业培训，学习基本的心理辅导技巧和沟通技能，能够在同龄人的帮助和支持下解决心理问题。学校还可以组织各种团队建设和互助活动，促进学生之间的交流和合作，增强团队凝聚力和归属感。

（二）完善校园欺凌的处置机制

1. 建立健全学生欺凌事件处理应急预案和具体流程

中小学通过制定《学生欺凌事件处理具体流程》和《学生欺凌事件处理应急预案》，进一步细化调查处理欺凌事件、判定欺凌事件严重程度和教育惩戒欺凌实施者、安抚保护欺凌受害者的具体流程和办法。

（1）建立和健全校园欺凌处理应急预案

《学生欺凌事件处理应急预案》是学校为应对紧急情况下的欺凌事件而制定的系统性方案。该预案旨在确保在欺凌事件发生时，学校能够迅速、有序地进行处理，最大限度地减少对受害者的伤害，控制事态发展，并保障校园整体安全。

《学生欺凌事件处理应急预案》应包括的主要内容如下。首先，明确应急组织与指挥体系，指定应急小组成员及其职责，并建立事件报告机制，确保事件发生后能及时报告与响应。其次，预案规定了现场控制与安全保障措施，包括隔离涉事学生、保护受害者，并在必要时调动安保人员或联系公安部门。预案还强调内部与外部的沟通策略，以确保信息准确发布，防止不必要的恐慌和舆论压力。心理辅导与危机干预也是预案的重要组成部分，通过为受害者提供紧急心理支持，并在全校范围内进行心理干预，帮助恢复校园的正常氛围。再其次，预案包括事件的后续处理与善后工作，如对事件进行调查、对欺凌者进行惩戒与教育，并持续关注受害者的恢复情况。最后，预案要求学校定期进行演练，并在每次演练或事件后进行评估和改进，以确保预案的有效性和可操作性。

（2）建立健全《学生欺凌事件处理具体流程》

《学生欺凌事件处理具体流程》是学校在欺凌事件发生后，用来规范和指导整个处理过程的系统性步骤。该流程的制定和执行旨在确保欺凌事件能够得到迅速、有效、公正的处理，维护受害者的权益，同时教育和矫正欺凌者的行为。

《学生欺凌事件处理具体流程》的主要内容包括如下。一是学校通过多种渠道接收欺凌事件的报告，确保信息及时传达。这些渠道可以包括匿名举报信箱、在线报告系统以及面对面报告等方式。二是学校应迅速启动欺凌事件调查程序，搜集证据并了解事件真相，以确保后续处理的公正性。调查应由指定的人员或小组负责，确保过程的公正性。三是根据调查结果，欺凌事件的性质和严重程度，学校对欺凌者实施相应的惩戒措施，如警告、记过或停学，同时进行必要的教育和心理辅导，以防止再次发生类似行为。四是在处理过程中，学校还应与涉事学生的家长保持密切沟通，通报事件进展，争取家长支持。五是学校为受害者和欺凌者提供后续的辅导与支持，帮助受害者恢复心理健康，并监督欺凌者的行为，确保校园的长期和谐。

2. 加强学校对欺凌者的惩戒与教育

在欺凌事件发生后，学校和教师应对欺凌者进行适当的惩戒与教育。这些措施应由校园欺凌治理委员会成员共同商讨制定。在实施惩罚时，应注重改过自新和正面引导，而非简单地劝退或体罚欺凌者，避免让他们成为众矢之的或颜面尽失。正确的惩戒方式包括校级记过处分、要求欺凌者向受害者真诚道歉，并让家长对受害者进行适当的补偿。具体措施如下。①暂时隔离：

对于严重的欺凌行为，学校可以在校期间暂时隔离欺凌者，同时要求他们承诺保护受害者，帮助其走出阴影，缓解双方矛盾。隔离不仅是惩罚，也是给予欺凌者时间和空间反思自己行为的机会。②依据校规处分：学生进行处罚的主要目的是让欺凌行为停止，并要求欺凌者向受害者真诚道歉，但这并不能替代他们因违反校规校纪应接受的正式处分。对于欺凌行为，学校绝不应姑息或隐瞒。③道歉与补偿：欺凌者需要向受害者真诚道歉，这是反省自己行为的第一步。需要注意的是，欺凌者往往不认为自己的行为有错，有时甚至会认为受害者活该被欺负。因此，教师在掌握事实后，应立即要求欺凌者向受害者道歉，因为这可能是受害者在第一时间得到的最大安慰。

3. 关注对受欺凌者的安慰与辅导

在欺凌事件曝光后，受欺凌者既受到身体上的创伤，也包括心理上的打击。教师应关注受欺凌者的身心健康，不仅要关注身体伤害，更要重视心理创伤。具体措施包括如下。①安排适合的学生陪伴：由于朋友之间的理解和支持，往往能帮助受欺凌者更快走出阴影。即使受欺凌者表示自己没问题，教师仍应找到与其关系密切的同学来陪伴和安慰他们。②鼓励学生勇敢面对：事件公开后，受欺凌者可能感到羞耻不敢面对同学，教师应鼓励受欺凌者勇敢面对过去，并倡导班级同学多陪伴和支持受害者，帮助受欺凌者尽快融入班级生活。③帮助重拾自尊：长期的欺凌会使受害者对生活失去信心，教师应帮助他们重建信心，给予支持和鼓励，通过分配班级任务和组织活动，让他们感受到自己在班级中的重要性，其他同学们也应主动与受欺凌者交流，传递友情的温暖。④帮助融入集体：对于因性格孤僻而难以融入集体的受害者，教师应循序渐进地引导他们，同时教育全班学生尊重彼此的差异，帮助他们更好地融入集体。

4. 加强与涉事学生家长的沟通

在处理学生欺凌事件时，学校和老师需要得到涉事学生家长的配合。最好的做法是邀请相关家长到学校协助解决问题，确保场所正式，校长或德育校长、班主任以及必要时的安保人员都应在场，以控制情绪并维护秩序，避免争执。具体沟通的措施有如下。①介绍事件详情：向双方家长详细说明欺凌事件的发生过程，包括时间、地点、涉事人员、欺凌行为和后果，确保家长明白学校已经进行了充分的调查。②宣布处理结果：告知家长学校对欺凌者的处理决定和对受害者的安抚措施，确保处理依据校规校纪，使欺凌者家长信服，并详细说明对受害者的支持措施，如道歉、心理辅导等。③承诺善后工作：学校领导应向家长道歉，并说明学校在防治欺凌方面的措施，承诺将进一步加强防范工作。④听取家长建议：请受害者家长提出合理的要求和建议，学校在能力范围内予以满足，超出部分则需双方家长共同讨论确认。

5. 积极寻求相关部门的协助与支持

在处理严重的学生欺凌事件或当欺凌者不知悔改且家长不配合时，学校应及时向上级教育行政部门和公安机关报告，寻求社区组织、公安机关和卫生部门等相关部门的协助，共同处理欺凌事件。这种多方合作有助于更有效地解决问题，并确保校园的安全与秩序。

（三）重视校园欺凌的善后恢复机制

善后恢复是学校处理校园欺凌过程中的重要组成部分。在校园欺凌事件得到控制并妥善处理后，尽管事件本身可能已经结束，但其带来的心理和社会影响往往持续存在，可能对受害者、加害者以及整个学校社区产生长远的负面效应。由此，学校应及时将管理重心转移到善后恢复工作上，以有效减少这些负面影响。根据前述调查结果，我国在校园欺凌的治理过程中，大多数中小学不太重视校园欺凌的善后恢复工作。为此，建议学校要重视校园事件的善后恢复工作，具体包括如下措施。

1. 校园欺凌治理委员会制定有针对性的善后恢复计划

要制定针对性的善后恢复计划，首先校园欺凌治理委员会需要对事件进行全面评估，深入了解所有相关方的情况。他们需要进入事发班级或年级，评估事件的严重性以及其对学生和教师的影响程度。通过这种深入的评估，工作组可以确定哪些人需要重点关注，并制定针对性的恢复计划。

在制定有针对性的计划时需要考虑的具体因素包括：①恢复对象的当前状态，包括他们的身体、心理和人际关系状况；②计划中需要明确采用哪些方法、由哪些人员来执行，并在必要时引入专业的外部支持；③工作组还需要设定明确的恢复期限；④并为每个恢复对象设定具体的目标，尤其是帮助涉事学生重新融入学校生活。

2. 对恢复对象的后续辅导和追踪教育

第一，对受欺凌者的后续辅导和追踪教育。校园欺凌往往对受害者的身心造成严重伤害，可能导致他们对学校产生抵触情绪，丧失在校的幸福感，甚至形成错误的人生观和世界观。学校应给予受害者持续的关心和支持，帮助他们克服恐惧。在辅导过程中，需注意以下要点：①建立信任，即信任受害者，鼓励他们表达感受，成为倾听者。②展现同理心，即理解他们的伤害，并积极引导他们勇敢面对问题。③引导反思，即帮助受害者理解事件的本质，化解自责和不安。④关注心理健康，即注意受害者的心理和生理反应，帮助他们找到应对方法。⑤促进社交融入，即帮助受害者结交朋友，减少事件的负面影响。⑥支持自我认同，即通过心理辅导提升他们的自我肯定感和适应能力。⑦鼓励团体治疗，即通过与有类似经历的人分享，减轻他们的负面情绪。⑧专业干预，即对于心理创伤较严重的学生，学校应及时联系专业心理机构进行干预。

第二，对欺凌者的后续辅导和追踪教育。学生欺凌事件对欺凌者的影响很容易被忽视。实际上，欺凌行为对欺凌者自身的心理也产生负面影响，如自信心下降、行为问题、学业困难和情绪调节不良等。因此，学校应对欺凌者进行心理辅导和教育。在辅导时，应注意以下几点：①增强同理心，即帮助欺凌者理解他们的行为对他人造成的伤害，培养他们的同理心，并引导他们改正行为。②提高对欺凌行为意识，即让欺凌者认识到欺凌行为的严重性，学会尊重他人，尤其是受害者和同学。③自我监督，即教导学生记录自己的不良行为，或通过记录积极行为的方式，逐步增强他们的自我控制能力。④情绪管理，即通过心理辅导，帮助欺凌者认识到自身的负面情绪，如自我中心、暴躁、蔑视他人等，并学习压力缓解和情绪管理的方法。⑤法治教育，即辅导学生学习交往技巧和基本法律常识，帮助他们理解行为的法律和社会后果。⑥专业干预，即对于存在严重心理问题的欺凌者，学校应及时联系专业心理机构进行干预。

第三，对全体学生（尤其是围观者）的后续辅导和追踪和教育。在学生欺凌事件中，除了欺凌者和受害者外，围观者也是一个关键群体。他们的行为可能助长或模仿欺凌行为，并可能让其他学生误以为暴力是解决问题的有效方式，这会进一步滋生更多的欺凌行为。此外，围观者可能因为目睹事件而对校园或班级产生不安全感，影响他们的人际交往。因此，及时对全体学生进行心理干预和辅导非常重要。在对全体学生，特别是围观者，进行后续辅导时，需要注意以下几点：①教育引导，即引导学生避免围观、起哄、拍照或煽动欺凌行为。②鼓励帮助，即教导学生提供力所能及的帮助，如匿名报告或联合阻止欺凌行为，共同维护校园安全。③心理支持，即开放心理咨询室，配备专业心理咨询师，通过心理健康教育活动课和常规心理咨询活动，提供专门的心理辅导。④开展心理活动，即设计各种心理主题活动，如角色扮演、需求表达、头脑风暴等，帮助学生更好地应对欺凌行为，消除欺凌带来的不良影响。

（四）加强与家庭和社区的合作

中国学校与家长和社区的合作在处理学生欺凌事件时处于“大多数情况下通知并合作”和“有时通知并合作”之间，表明现有的家校社合作机制存在一定的不足。为加强家校社合作，以更有效地防治校园欺凌，建议采取以下措施。

1. 建立常态化沟通机制

建立一个定期的沟通平台，如每月或每季度定期召开家长会、社区会议，邀请家长和社区代表参与，讨论学校管理和学生行为问题。通过常态化的沟通机制，家长和社区能够及时了解学校的政策和学生的表现，并能对潜在的欺凌问题进行早期干预。定期沟通有助于增强家长和社区的参与感，形成一致的教育理念，共同营造安全的校园环境。

2. 设立家校社合作委员会

在学校层面设立一个家校社合作委员会，成员包括校领导、教师代表、家长代表和社区工作者，共同制定和监督反欺凌策略和措施。这种组织结构能够将家长和社区的力量制度化，确保他们在学校管理和欺凌事件处置中有发言权和参与权。委员会的存在能够促进信息的双向流动，确保家长和社区的意见得到尊重和采纳。

3. 开展家长和社区教育

学校可以定期组织针对家长和社区的专题培训或讲座，内容包括防治校园欺凌的知识、法律法规以及如何识别和处理欺凌行为。提高家长和社区成员的认知水平，帮助他们掌握防治校园欺凌的基本知识和技能，能够增强他们在家庭和社区环境中预防和干预欺凌行为的能力。同时，这种教育活动也可以提升家长和社区成员对合作的重要性的认识，促进更紧密的合作关系。

4. 开发家校社互动平台

开发或利用现有的线上平台，如家校通 APP 或微信公众号，方便学校、家长和社区及时交流信息，反馈学生在校内外的表现和问题。通过数字化平台，家长和社区能够更便捷地与学校保持联系，实时获取学校通知和学生动态。这种透明的交流机制可以减少信息滞后，提高合作效率，使所有相关方能够在第一时间介入，防止小问题演变为严重的欺凌事件。

5. 鼓励社区参与学校活动

定期邀请社区成员参与学校的开放日、家长会、法治宣传教育活动以及校园安全检查等，以增强他们对校园环境和学生行为的了解。社区的积极参与不仅能够加强对学生的监督和引导，还能够通过法治教育和安全管理活动，提高整个社区的安全意识和法律素养。社区资源的引入可以为学校提供额外的支持，使学校在防治欺凌方面更加有力。

6. 建立家校社合作激励机制

建立激励机制，对在合作中表现积极、贡献突出的家长和社区成员给予表彰和奖励，如颁发荣誉证书或给予适当的物质奖励。激励机制能够增强家长和社区成员的积极性，使他们更愿意投入时间和精力参与学校管理和防治欺凌的工作。通过表彰和奖励，能够营造出一种合作共赢的氛围，进一步促进家校社之间的紧密合作。

总而言之，加强家校社合作是防治校园欺凌的关键环节。通过建立常态化沟通机制、设立合作委员会、开展教育培训、开发互动平台、鼓励社区参与、建立激励机制和完善联动应急机制，学校可以与家长和社区形成一个紧密的合作网络，共同创造一个安全、和谐的校园环境，确保学生的身心健康和全面发展。

二、教师层面：校园欺凌防治的策略与措施

在校园欺凌治理中，教师扮演着至关重要的角色。他们不仅要承担监督和防止校园欺凌的责任，还需要及时识别并处理校园欺凌事件，提供支持和保护受害者，同时帮助加害者了解其行为的后果，并通过教育和培训来预防和减少校园欺凌的发生。

（一）教师预防校园欺凌问题的策略和措施

1. 提升教师欺凌识别研判能力

在校园欺凌治理中，教师的角色至关重要。有效的欺凌识别和干预不仅能保护学生的心理健康和学业发展，还能维护校园的整体氛围。因此，提升教师自身的欺凌识别与研判能力是关键的措施之一。

提升教师欺凌识别研判能力的具体措施包括：①教师应定期参与有关欺凌识别与干预的培训和专业发展活动。这些培训应涵盖欺凌的不同类型（如身体欺凌、言语欺凌、社交欺凌和网络欺凌）、识别欺凌的信号及应对策略。通过培训，教师能够掌握最新的研究成果和最佳实践，提高对欺凌行为的敏感性和准确判断能力。培训应结合实际案例分析，帮助教师在实际情境中应用所学知识。②提升教师的欺凌识别能力还需加强对学生行为的观察。教师应关注学生在课堂上的表现、互动方式及情绪变化，特别是留意那些可能被排斥、孤立或表现出情绪低落的学生。教师还应注意学生之间的互动模式，识别潜在的欺凌情境。例如，观察学生是否存在持续的负面互动、言语攻击或排斥行为。③教师应与学生、家长和其他教育工作者建立有效的信息沟通机制。通过定期的沟通和反馈，教师可以更全面地了解学生的状况，获得更多关于欺凌行为的信息。家长和同事的观察和反馈能帮助教师更准确地识别和研判欺凌情况。④学校应与教师共同制定明确的欺凌识别标准和指南。这些标准应包括欺凌行为的定义、识别标准和处理流程。教师在日常教学中应参照这些标准，系统记录和分析学生的行为表现。这有助于确保所有教师在识别和处理欺凌问题时采取一致的标准和方法，从而提高欺凌识别的准确性

和有效性。

2. 宣导并落实反欺凌规定

宣导并落实反欺凌规定是构建健康校园文化和有效应对校园欺凌的核心环节。为了确保反欺凌规定的有效性和可操作性，教师必须采取系统性和全面的措施，在课堂和日常互动中加以落实，以确保学生了解什么行为是不可接受的。

教师宣导并落实反欺凌规定的具体途径和方式包括：①教师应在课堂教学中主动宣导反欺凌规定，将其融入课程内容。可以通过专题讨论、情景模拟和案例分析等形式，引导学生理解欺凌行为的负面影响及其后果。同时，教师应通过实际例子和互动活动，帮助学生掌握如何报告欺凌事件、如何寻求帮助以及如何支持受害者。这样的教学不仅能够加深学生对反欺凌规定的理解，还能提升他们的自我保护意识和社会责任感。②教师应积极参与创建一个公开且持续的反欺凌宣传环境。可以在教室和校园内张贴反欺凌海报和标语，展示学校的反欺凌政策和联系方式，以便学生在遇到欺凌事件时能够及时获取帮助。通过定期更新宣传材料和组织宣传活动，教师能够不断强化反欺凌观念，让其成为校园文化的一部分。③教师应与家长合作，确保家庭环境也支持反欺凌的规定。通过定期的家长会、通讯和工作坊，向家长介绍学校的反欺凌政策和预防措施。④教师可以利用学校网站、社交媒体和在线学习平台发布反欺凌规定。通过数字渠道，可以覆盖到所有师生和家长，并及时更新相关信息。

3. 将反欺凌观念融入课程与教学

国际预防校园欺凌研究明确指出将反欺凌观念融入课程与教学是预防和减少校园欺凌的关键策略之一。此方法不仅能够提升学生对欺凌行为的认识和理解，还能通过系统的教育培养学生的同理心和社会责任感。通过在课程和教学活动中融入反欺凌教育，学校能够建立一种全校范围内的反欺凌文化，从而有效地预防欺凌行为的发生和扩散。

将反欺凌观念融入课程与教学的具体措施包括：①在课程内容设计上，将反欺凌观念整合进各学科课程中是一种行之有效的方法。例如，在社会科学课程中，教师可以探讨欺凌对社会的影响，并研究通过法律和政策进行干预的方式；在语言艺术课程中，可以通过阅读与欺凌相关的文学作品，引导学生分析角色行为和情感；在体育课程中，通过团队活动和体育竞赛培养合作精神和集体意识，从而减少欺凌行为。②在教学方法与活动方面，教师可以通过案例分析和角色扮演让学生体验和理解欺凌行为的不同方面。通过分析真实或虚构的欺凌案例，学生能够探讨各种欺凌情境的后果，并讨论有效的应对措施。角色扮演则使学生体验欺凌行为的不同角色（如施暴者、受害者、旁观者），从而增强同理心和应对策略。此外，小组讨论和互动活动能够鼓励学生就反欺凌主题进行深入交流，帮助他们形成有效的应对方法。还有实践活动和服务学习项目，如参与社区服务和学校支持项目，也能够提高学生的社会责任感和同理心，并为他们提供实际机会来运用反欺凌知识和技能，例如参与反欺凌宣传活动和制定反欺凌策略。

4. 定期举行班会，讨论如何预防及改善校园欺凌

定期举行班会是一个有效的策略，可以为学生提供一个开放的交流平台，讨论和解决校园欺凌问题。这个策略的具体实施措施如下：

其一，设立班会目标和主题。班会的目标应明确，围绕如何预防和改善校园欺凌进行。每次班会可以设定一个特定的主题，例如欺凌的不同类型、如何识别欺凌行为、应对策略等。通过系统化的主题设置，班会能够深入探讨问题，并提出具体的解决方案。

其二，促进开放的讨论氛围。为了实现有效的讨论，班会应营造一个开放且包容的氛围，使学生感到安全并愿意表达他们的想法和经历。教师可以通过引导性问题、分享真实案例等方法，鼓励学生积极参与讨论。在讨论过程中，教师应尊重每位学生的观点，确保所有声音都能被听见。这样的讨论方式不仅帮助学生更好地理解欺凌行为，也提升他们表达感受和需求的能力。

其三，对学生进行培训。在班会上，教师可以利用各种教育工具和活动，如角色扮演、情景模拟、互动游戏等，帮助学生亲身体验不同的欺凌情境，并探讨应对方法。此外，教师应提供实用的技能培训，例如如何识别欺凌行为、如何寻求帮助和如何支持受害者。这样，学生能够将所学知识和技能有效地应用于实际情况中。

其四，制定班级反欺凌策略。班会还可以用来制定班级层面的反欺凌策

略和行动计划。通过集体讨论，学生可以参与制定班级的反欺凌规则和措施，增强他们的责任感和参与感。例如，可以设立班级反欺凌小组，定期进行监督和反馈，确保班级内的反欺凌措施得以落实。班会结束时，教师应总结讨论内容，明确下一步的行动计划，并在下一次班会上进行回顾和评估。

其五，关注和支持受害者。班会还应关注受害者的需求和感受，为他们提供必要的支持和帮助。教师可以定期与受害者进行"一对一"的交流，了解他们的情况，并提供心理支持和资源帮助。同时，班会可以讨论如何建立一个支持性的班级环境，让所有学生感受到集体的关爱和支持。这不仅有助于受害者的康复，还能促进班级的整体和谐。

综上所述，通过定期举行班会，教师能够有效地提高学生对校园欺凌的认识，鼓励他们积极参与预防和改善工作，并为创建一个安全、友好的校园环境提供条件。

5. 重视培养学生的社会情感技能

社会情感技能包括自我意识、自我管理、社会意识、关系管理和负责任的决策等能力。这些技能不仅有助于学生在学业上的成功，更对预防和应对校园欺凌发挥着重要作用。社会情感技能的培养有助于学生理解自己的情感，控制冲动，建立积极的人际关系，并在面临冲突时作出合理的决策。研究表明，拥有良好的社会情感技能的学生更能有效地处理人际关系，减少欺凌行为的发生。

培养学生社会情感技能的措施包括：①教师可以在日常教学中融入社会情感学习的内容。例如，在语言艺术课程中，可以通过阅读与讨论描写情感和人际关系的文学作品来培养学生的同理心；在社会科学课程中，可以讨论社会规范和个人责任，帮助学生理解如何在不同情境下作出负责任的决定。课程设计应当系统化，将社会情感技能的学习贯穿于各个学科和活动中。②教师可以组织各种课堂活动来提升学生的社会情感技能。例如，角色扮演活动可以帮助学生体验和理解不同的情感反应，以及如何在冲突情境中采取积极的应对措施。小组合作活动则能增强学生的团队合作能力，培养他们的沟通技巧和问题解决能力。这些活动不仅有助于学生掌握技能，还能促进班级内部的良好关系。③教师应定期开展情感教育课程，帮助学生识别和管理自己的情绪。例如，可以通过情感日记的方式，让学生记录日常情绪的变化，并讨论如何有效应对不同的情绪反应。情感教育还应包括教授学生如何表达情感和处理他人情感，以建立更加和谐的人际关系。

总之，通过注重培养学生的社会情感技能，教师不仅可以有效地预防校园欺凌，还能促进学生的全面发展。这样的教育策略不仅增强了学生的自我管理和人际交往能力，还有助于创建一个更安全、和谐的校园环境。

6. 举办反欺凌亲师座谈会

举办反欺凌亲师座谈是加强学校、家庭和社区之间合作、有效治理校园欺凌的重要手段。此类座谈会不仅提供了一个平台来讨论校园欺凌的现状和应对策略，还可以增强各方对反欺凌工作的共同认识和参与感，从而促进综合治理和有效干预。

亲师座谈会可以为家长和教师提供一个直接沟通的机会，帮助双方了解彼此对欺凌问题的关注和观点。教师可以分享学生在校的行为观察和学校实施的反欺凌措施，家长则可以提供有关孩子在家庭中的表现和反馈。通过这种双向沟通，学校和家庭能够建立起有效的信息共享机制，及时识别和解决欺凌问题。

亲师座谈会也是分享反欺凌成功案例和经验的良好平台。教师可以分享他们在处理欺凌案件中的成功经验和有效方法，家长可以分享在家庭中预防和应对欺凌的策略。通过这样的经验交流，各方可以从中获得有价值的见解和建议，并探索新的解决方案。此外，座谈会还可以成为收集反馈和建议的渠道，学校可以根据家长和教师的意见调整和优化反欺凌措施，进一步提升干预效果。

（二）教师处理校园欺凌问题的措施和程序

在处理校园欺凌问题的过程中，教师的作用极为重要，特别是在欺凌事件发生时的事中处理。有效的事中处理可以及时制止欺凌行为，保护受害者，并帮助施暴者改正行为。以下是教师在事中处理校园欺凌问题时可以采取的关键步骤。

1. 立即介入并制止欺凌行为

教师在发现欺凌行为时必须迅速响应，通过直接介入制止施暴者的行为。这可能包括将施暴者与受害者分开，制止争吵或肢体冲突，以确保受害者的安全。教师应采取措施确保受害者不再受到进一步的伤害，例如将受害者带到安全区域，如办公室或安静的教室，并提供必要的支持和安慰。这种即时的干预能够有效地阻止欺凌行为的进一步发展，确保受害者的身体和心理安全。

2. 评估情况并搜集信息

在制止欺凌行为后，教师需要对事件进行评估并搜集相关信息。这包括与受害者、施暴者以及目击者进行对话，以了解事件的详细经过及各方的角色和感受。同时，教师应记录事件的所有细节，包括时间、地点、涉及人员以及事件经过。这些记录不仅有助于后续的处理和调查，还能为制定进一步的干预措施提供依据。

3. 提供心理支持和辅导

教师应为受害者提供心理支持和辅导，帮助他们处理欺凌带来的情绪困扰。这包括与受害者进行“一对一”的谈话，提供安慰，并关注其心理状态。在必要时，教师应推荐专业的心理咨询服务。同时，教师还需对施暴者进行辅导，帮助其认识到行为的错误，讨论欺凌行为的负面影响，并提供改正行为的指导。通过这种方式，教师不仅能帮助受害者恢复情绪，还能促使施暴者改正其行为。

4. 实施纪律措施和跟进

根据学校的政策和程序，教师应对施暴者实施适当的纪律措施，例如警告、行为契约或临时停学。这些措施应以教育为主旨，旨在促使施暴者改正其行为。

教师还需制定一个跟进计划，以监测欺凌事件的后续发展。这包括定期与受害者和施暴者沟通，确保问题得到有效解决，并防止类似事件的再次发生。持续的跟进有助于维护校园的和谐氛围，确保所有相关方都能得到适当的支持和干预。

5. 与家长和学校沟通

教师在处理欺凌事件时，还需及时通知受害者和施暴者的家长，沟通事件的经过和处理措施。家长的参与对于问题的解决和学生的情感恢复至关重要。同时，教师应与学校的心理咨询师、社会工作者等支持人员协调资源，共同制定和实施处理方案。这种跨部门的合作有助于提供全面的支持和干预，确保欺凌问题得到有效解决，并促进校园环境的和谐。

通过以上措施，教师能够在校园欺凌事件发生时进行有效的干预，保护受害者，帮助施暴者改正行为，维护校园的安全与和谐。这些步骤不仅提升了教师的处理能力，还为校园的欺凌治理提供了系统化的解决方案。

第三节　学生层面：促进旁观者积极参与校园欺凌治理策略

基于前面对我国校园欺凌治理现状的调查研究，我们发现学生参与校园欺凌治理过程中存在诸多困难和问题。这些问题包括学生对欺凌行为认知不足、缺乏有效的预防和干预措施、学生在欺凌治理中的参与度不高等。基于这些发现，本节将提出针对这些困难和问题的具体解决方案。我们将从两个方面进行详细阐述：一是提出学生参与预防校园欺凌的策略、措施与机制，帮助学生建立健康的人际关系网络，提高自我认知，增强防御能力；二是提出学生参与干预校园欺凌的策略、措施与机制，包括旁观者和受欺凌者的应对策略，确保他们能够有效地识别、报告和应对欺凌行为。通过这些系统化的策略、具体的措施和有效的机制，旨在全面提升学生在校园欺凌治理中的主动性和能力，为营造一个安全和谐的校园环境提供切实可行的方案。

一、学生预防校园欺凌的策略

（一）主动学习知识，提高对校园欺凌的自我认知

学生对校园欺凌自我认知的提升被广泛认为是预防和减少欺凌行为的关键策略。首先，加强学生对校园欺凌各种形式的认知，尤其是那些隐蔽性较强的言语和网络欺凌，有助于学生更准确地识别和应对潜在的欺凌行为。其次，通过明确校园欺凌的定义及其特点，学生能够采取有效措施保护自身安全，及时寻求帮助，从而降低欺凌事件对自己的伤害。此外，深入理解欺凌行为的严重性和对受害者的影响，能够增强学生的同理心，促进学生建立支持性和包容性更强的社交环境。增强学生的欺凌认知还可以激发他们的倡导意识，推动他们在校园中积极参与反欺凌行动，共同营造一个安全和谐的学习氛围。研究表明，这种自我认知的提高不仅能够有效减少校园欺凌事件的发生率，还对学生的心理健康、人际关系和学术成就产生长远的积极影响。因此，应重视提升学生对校园欺凌自我认知的教育策略，以实现学生个人和整个学校环境的持续改善。

提高学生对校园欺凌的自我认知是一个持续的过程，需要通过系统的学习和实践不断深化和完善。学生可以通过多种途径和方式来提升对校园欺凌的自我认知，这些途径主要包括：①主动学习，即通过阅读相关书籍、参加讲座和观看教育影片来了解校园欺凌的多种形式，包括言语欺凌和间接性别欺凌。利用图书馆资源或在线教育平台，系统学习欺凌的定义、类型和特征，增加对这些行为的敏感性和识别能力。②参与讨论和工作坊，即主动参与校园内外的反欺凌工作坊和讨论小组。这些活动不仅提供了欺凌预防的实用技能，还促进了学生之间的交流和支持，使学生能够从同伴的经验中学习和获得不同的观点。③利用模拟和案例学习，即通过模拟不同的校园情境和欺凌案例，学生可以在安全的环境下探索和实践如何反应和干预欺凌行为。这种实践可以增强他们的信心，并在实际情况中应用所学的技能。④互动问答和知识测验，即定期与班级同学进行互动问答和知识测验，确保学生对校园欺凌的知识有足够的掌握。这些活动可以是班级竞赛或小组讨论形式，旨在通

过趣味性和竞争性来提高学生的参与度和兴趣。

（二）与同学之间建立健康友谊和积极关系

青少年防止自己遭受欺凌的有效策略之一是同学之间建立健康的友谊和积极的关系。大量研究表明，拥有健康的同学关系网络有助于防止欺凌的发生，并减少欺凌后的负面影响。

健康的同学关系不仅提供了情感支持和安全感，还能在校园环境中形成一种积极的氛围，有助于减少欺凌事件的发生。在面对困境时，拥有健康友谊的青少年可以得到朋友的情感支持和安慰，有效缓解因欺凌带来的心理压力和负面情绪。研究表明，情感支持能够增强青少年的心理韧性，帮助他们更好地应对欺凌行为。同时，健康的同学关系网络可以形成一种互相保护的机制。当青少年处于一个互相信任和支持的群体中时，欺凌者更难找到机会进行欺凌，因为他们知道目标对象不是孤立无援的。此外，积极的人际关系能够显著减少遭受欺凌后的负面影响，例如抑郁和焦虑。友谊和社会支持能够帮助受害者更快地从创伤中恢复，提高他们的心理健康水平。通过与朋友的互动，青少年可以分享自己的经历和情感，从而获得心理上的慰藉和理解。拥有健康关系网络的青少年在遭受欺凌时，更有可能得到旁观者的介入和帮助。当旁观者是朋友或关系亲密的同学时，他们更有动力和勇气站出来制止欺凌行为。研究显示，旁观者的干预是阻止欺凌行为的重要因素之一，能够有效减少欺凌事件的持续时间和严重程度。

实现健康友谊和积极关系的策略对预防欺凌具有重要作用，学生可以通过多种具体途径来建立和维护健康的友谊和积极的关系。首先，青少年可以通过积极参与各种校园活动、社团和兴趣小组，扩大社交圈，结识新朋友。通过共同的活动和兴趣，青少年能够建立起牢固的友谊关系，形成一个支持性强的同伴网络。其次，培养沟通和社交技能也至关重要。青少年应积极培养自己的沟通和社交技能，这有助于他们在与同学互动时表现得更加自信和友善。良好的沟通技巧和社交能力能够帮助青少年更容易建立和维护健康的人际关系。最后，在面对问题时，青少年应学会主动寻求朋友的帮助和支持，增强彼此之间的信任和依赖。互助的关系不仅能够提供情感支持，还能够在关键时刻提供实质性的帮助。

（三）积极参与反欺凌活动，提高反欺凌意识

积极参与反欺凌活动是学生预防校园欺凌的重要策略之一。这一策略不仅能够帮助学生增加防欺凌知识和技能的储备，还能增强他们的责任感和社会影响力。通过参与学校组织的各种反欺凌活动，学生可以更好地了解欺凌行为，掌握应对方法，并在校园中起到积极的示范作用。

1. 主动参与学校组织的反欺凌活动

学生应主动参与学校组织的反欺凌讲座、工作坊和宣传活动。这些活动通常由专业的教育工作者、心理辅导员和相关专家主导，内容涉及欺凌行为的识别、防范措施、应对策略等。例如，反欺凌讲座可能会介绍欺凌的定义、类型和特征，分析欺凌行为的危害性，并教授学生如何在日常生活中识别和应对欺凌。工作坊则通过互动和实践环节，让学生在模拟情景中练习应对欺凌的技巧。宣传活动可以通过海报、视频和演讲等形式，广泛传播反欺凌的信息，提高全校师生的反欺凌意识。学校组织的反欺凌活动具有较高的参与度和可信度，学生通过这些活动可以获得系统的知识和技能。参与这些活动不仅能够增强学生的自信心和应对能力，还为他们提供了一个交流和分享的平台，使他们能够了解其他同学的经验和感受，从中获得启发和鼓励。

2. 主动参与同伴支持计划

参与同伴支持计划是学生预防和应对校园欺凌的重要策略之一。不仅能够提升学生的反欺凌意识和技能，还能在校园内形成一个互助的氛围，增强集体凝聚力。通过成为“反欺凌大使”或“学生辅导员”，学生可以积极参与反欺凌工作，帮助其他同学识别和应对欺凌行为，进而在校园内推动互助和支持的文化。

其一，成为反欺凌大使。如果学校有反欺凌大使或辅导员的项目，学生可以积极报名参加，成为反欺凌的积极分子。反欺凌大使不仅需要学习防欺凌的知识和技能，还需要在校园中起到带头和示范作用。他们可以组织和参与各种反欺凌活动，如宣传讲座、讨论会和模拟演练等，通过实际行动传播反欺凌的理念，并为同学提供支持和帮助，倾听他们的困扰，指导他们如何

应对欺凌行为。通过这些实践，反欺凌大使能够增强领导能力和社会责任感，在校园内营造互相支持、尊重的氛围，预防和减少欺凌事件的发生。此外，反欺凌大使在参与活动过程中，不断提高沟通和协调能力，增强团队合作意识，为今后的学习和生活打下坚实的基础。

其二，成为"学生辅导员"。学生辅导员是经过专业培训的学生，他们在校园内提供心理支持和辅导，帮助同学们应对各种心理和情感问题。作为学生辅导员，学生需要掌握基本的心理学知识和辅导技能，了解如何识别和处理欺凌行为。他们可以为受到欺凌的同学提供"一对一"的心理辅导，帮助他们缓解情绪压力，重建自信心。同时，学生辅导员还可以组织小组辅导和支持小组活动，让同学们在集体中分享经验和感受，互相支持和鼓励。通过提供专业的心理支持和辅导，学生辅导员帮助同学们更好地应对校园欺凌和其他心理困扰，建立起信任和支持的关系，使受到欺凌的同学不再感到孤单，心理负担得到减轻。此外，参与辅导工作也使学生辅导员自身获得成长和提升，在帮助他人的过程中，增强了同理心和沟通能力，提升了心理健康和情感管理的技能。

（四）主动远离不安全的场所，保持高度警觉性

在学校里，有一些地方因为人不多或者监控不够，可能会成为欺凌事件发生的高风险区域。这些地方通常包括学校的偏远角落、监控摄像头覆盖不到的地方，或者人们很少去的地方。在这些地方，因为监管不严，欺凌者可能觉得他们的行为不容易被发现，这就降低了他们行为被制止的风险。比如，在学校的后院或者人少的楼梯间，欺凌行为可能在没有其他人看到的情况下发生。

为了更好地保护自己不被欺凌，学生首先可以学习怎样识别并远离这些不安全的地方。一般情况下，学校环境中不安全场所的常见特征包括：一是偏僻的角落，这些区域通常位于校园的边缘地带，如学校后院、体育器材储藏室或者老旧的教学楼。这些地点因人流稀少，缺乏适当的监管和社会监督，从而为欺凌行为提供了隐藏的空间。二是监控盲区，尽管许多学校已经安装了监控摄像头，但仍存在监控盲区。这些地方可能是摄像头覆盖不到的内部

空间，如某些楼梯井、电梯内部或是复杂的走廊转角。三是使用频率低的地方，如学校的偏远花园、未使用的教室或体育场的远角。这些地区由于使用频率低，常被忽视，故而成为潜在的风险点。其次，学生应尽量避免独自一人去这些不安全的地方。当学生在上学和课间活动时，需要从一个地方到另一个地方时，应该尽量选择走人多、光线好、有监控摄像头的路线。这样的路线通常比较安全，因为周围有更多的人和老师，可以在需要帮助时快速得到支持，可以有效减少遭遇欺凌的机会。

此外，学会在日常生活中保持高度警觉也很重要。这意味着要多注意观察周围的环境和人物动态，以及时识别潜在的风险，并在必要时采取措施保护自己。如果感觉某个地方或某些人让你不舒服，或者看到了不寻常的情况，最好是离开那里，并尽快找到一个安全的地方，比如找到老师或其他成年人。当发现有同学表现异常，如显得特别紧张、害怕或躲避某些人时，应引起重视。在面对可能的欺凌威胁时，学生应尽量避免与欺凌者单独接触，尽可能结伴同行，增强自身的安全感和防范能力。

（五）学习和实践社交技能，提升解决问题能力

学习和实践社交技能是预防校园欺凌的重要策略之一。这些技能能够提升学生沟通和冲突解决技能，建立和谐的人际关系，从而减少欺凌行为的发生。通过有效的沟通能力使学生能够清晰、尊重地表达个人想法与感受，从而降低由于误解引发的争执。进一步地，强化社交技能还有助于学生构建和维护积极的同伴关系，一个支持性的社交网络为学生提供必要的社会支持，减少他们成为孤立目标的风险。此外，社交技能技能还可以显著增强学生的自信心和提升学生自我效能，增强了学生面对欺凌的心理韧性，提升了其应对欺凌行为的能力。从更广泛的视角看，当越来越多的学生掌握这些关键社交技能，整个学校的社交环境及文化将得到改善，从而营造出一个强调尊重与包容的教育环境，有效地预防和减少校园欺凌行为。

学习和实践社交技能是一项包括多个具体实践的综合教育策略，特别是在沟通技巧和解决问题的能力上的学习。详述如下。

1. 沟通技巧

培养学生的沟通技巧是至关重要的，这不仅影响他们的个人发展，还决定了他们解决冲突的能力。首先，学生需要学习基本的沟通原则，如清晰表达、有效听取、尊重对方和保持开放态度。这些原则为健康沟通奠定基础。其次，学生需要学习如何明确和恰当地表达个人情绪和需求。这涉及学生学习使用“我感觉……”语句，清晰地表达自己的情绪，以减少对话中的指责感和提升表达的个人性。通过使用“我感到很生气，……”代替说“你让我很生气，……”；用“我感到有些失望，因为……”代替“我不高兴，因为……”等。最后，学生需要学习在冲突情况如何冷静而理性地处理冲突。这涉及学生在冲突中积极听取对方立场并提供反馈，确保双方的意图和信息被正确理解；采取深呼吸、暂停沟通或使用冷静的语言进行有效的沟通；在了解所有相关方需求的基础上，寻找和提议双方都能接受的解决方案，而不是追求单方的胜利。

2. 解决问题的技巧

解决问题指的是通过系统地学习如何识别、分析、解决冲突，以及如何采取适当的措施来避免这些冲突恶化成欺凌行为。提高学生解决问题和冲突的能力被认为是至关重要的技能。首先，有效的问题解决策略开始于准确识别和评估问题，这要求学生了解冲突的来源及其参与者，并进行情境分析以理解不同角色的需求和动机。其次，沟通和谈判技巧也是解决冲突的关键，其中包括在冲突情境中保持开放和诚实的沟通，清晰地表达个人的观点和需求，同时倾听并考虑对方的立场和需求。再其次，学生应被鼓励思考并提出创造性的解决方案，跳出常规思维框架，寻找新的解决问题的方法，并学习如何实施这些方案并进行效果监控，必要时作出调整。最后，预防策略的开发和实施对于防止冲突升级同样重要，包括识别潜在的升级信号并采取适当的预防措施，例如寻求成人的介入或采用其他冷静策略以减少紧张情绪。通过这些综合策略的学习和实践，学生不仅能够有效解决和管理校园内的冲突，还能为将来社会生活中的复杂人际互动打下坚实的基础。

二、学生参与干预校园欺凌的策略

针对前面现状调查中发现的学生在干预校园欺凌方面的不足，以及影响校园欺凌的因素，由此提出了一系列策略、措施和机制，旨在增强学生的干预意识和能力。

（一）学生旁观者应对校园欺凌的策略

在校园欺凌治理过程中，旁观者的角色至关重要。尽管他们并非直接参与欺凌行为，但其行为和反应往往对欺凌事件的发展和结果产生深远影响。通过前面章节的调查研究，我们发现，许多学生旁观者在面对欺凌事件时，缺乏明确有效的应对策略，这不仅使得他们难以有效干预欺凌行为，还可能导致他们对欺凌现象的无助感和冷漠态度。因此，本部分将针对学生旁观者提出具体可行的策略、措施与机制，旨在赋能他们有效识别、报告和干预校园欺凌事件。

1. 避免旁观和沉默

避免旁观和沉默是学生在面对校园欺凌时应采取的重要策略。在面对校园欺凌时，学生应避免成为冷漠的旁观者，而是采取积极的行动来表达对欺凌行为的不认可。旁观者的沉默和无作为不仅可能助长欺凌行为的继续，还会让受害者感到更加孤立和无助。因此，打破沉默和鼓励其他同学参与反欺凌行动是至关重要的。

其一，打破沉默。学生应认识到，旁观者的沉默和冷漠实际上是在默许欺凌行为的继续。当学生发现欺凌行为时，即使不具备直接干预的能力或勇气，他们也应通过其他方式来表明自己对欺凌行为的态度。例如，学生可以向老师或校方报告欺凌事件，提供详细的信息和证据，以便相关人员能够及时介入和处理。这样不仅能够帮助受害者脱离困境，还能够起到震慑欺凌者的作用，让他们意识到自己的行为不会被容忍。此外，学生还可以在事后对受害者进行情感支持和安慰，表达自己的同情和关心，让受害者感到自己并不孤立无援。这种支持可以通过简单的对话、邀请他们一起参加活动或在他们需要时陪伴他们来实现。通过这种方式，受害者能够获得心理上的慰藉和力量，帮助他们更好地应对欺凌带来的负面情绪和心理压力。

其二，鼓励其他同学参与。学生应鼓励其他同学也积极参与反欺凌行动，共同营造一个不容忍欺凌的校园文化。集体的力量往往比个人的力量更为强大，当更多的同学参与到反欺凌行动中时，欺凌者会感到更大的社会压力，从而减少欺凌行为的发生。学生可以通过多种方式鼓励同学们参与反欺凌行动。例如，学生可以在班级或学校组织讨论会，分享自己的观点和经历，呼吁同学们一起站出来反对欺凌行为。同时，学生可以利用社交媒体平台宣传反欺凌理念，发布相关的文章、视频和海报，吸引更多同学的关注和参与。此外，学生还可以发起或参与校园内的反欺凌活动，如反欺凌宣传日、签名活动和主题班会等。这些活动不仅能够提高全校师生的反欺凌意识，还能够让学生们在共同的活动中增进理解和友谊，形成一个支持性强的同伴网络。

2. 及时报告欺凌行为

当学生发现欺凌行为时，应立即向老师、校方或其他权威人士报告，寻求帮助。报告欺凌行为在校园环境中具有重要性。首先，及时报告欺凌行为有助于迅速制止欺凌，减少受害者的伤害。通过向权威人士报告，学生可以帮助受害者尽早脱离困境，避免进一步的伤害。其次，知道有学生会报告他们的行为，可以对潜在的欺凌者起到震慑作用，减少欺凌事件的发生。最后，及时报告欺凌行为能促进学校干预。学校和相关部门只有在知道欺凌事件的存在后，才能采取有效的干预措施。因此，学生的报告是学校及时介入和处理欺凌问题的关键。

在具体做法上，学生应立即向附近的老师或学校管理人员报告所目睹的欺凌行为，提供详细的信息，包括发生地点、时间、参与者和事件经过。如果学生担心直接报告会带来风险或报复，可以使用学校提供的匿名举报渠道。这些渠道通常包括匿名电话热线、在线举报表单或举报信箱，确保举报者的身份不被泄露，从而保护他们的安全。此外，在安全的情况下，学生可以记录欺凌事件的细节，如拍摄视频或照片，作为证据提交给老师或校方。这些记录可以帮助学校更准确地了解事件真相，采取适当的措施。

3. 积极采取行动适时干预

学生发现校园欺凌行为时，采取积极的行动干预是至关重要的。干预不仅可以立即缓解欺凌受害者的困境，还可以传递出强烈的反欺凌信号，促进校园安全和和谐。以下是学生在发现欺凌行为时应采取的具体干预措施。

其一，口头制止。在发现欺凌行为时，如果学生认为自身安全不会受到威胁，可以在确保安全的前提下，通过言语或行动来干预欺凌行为。例如，学生可以站出来大声要求欺凌者停止，或者通过引起老师或其他成年人的注意来制止欺凌。在具体做法上，学生可以用坚定但平和的语气对欺凌者说："住手！这样做是不对的！"这种直接的口头干预可以迅速引起周围人的注意，使欺凌者意识到自己的行为被监视，从而暂停或停止欺凌行为。此外，学生还可以迅速走到老师或其他成年人的面前，简要说明情况并请求他们的帮助。这种方法不仅能立即制止欺凌行为，还能确保受害者和干预者的安全。

其二，寻找同伴支持。在某些情况下，单独干预可能会增加风险。为了减少对干预者的潜在威胁，学生可以召集其他同学一起进行干预。集体的力量往往能够更有效地制止欺凌行为，并减少干预者所面临的风险。在具体做法上，学生可以迅速召集周围的同学，一起形成一个小团体，共同对欺凌者施加压力。例如，一名学生发现欺凌行为后，可以对其他同学说："我们一起去制止他们，这样他们就不会继续了。"集体干预不仅可以通过人数上的优势来压制欺凌者，还可以传递出一个强烈的信息，即校园里不容忍任何形式的欺凌行为。这种团结一致的行动能够有效减少欺凌行为的发生和持续。

4. 提升自己的同理心

同理心通常被定义为个体理解并感受他人情绪的能力，不仅包括认识到他人的情感状态，还涉及在情感层面上与他人产生共鸣。这种能力使一个人能够从他人的视角看问题，并在相应情境下感受他人的情绪反应。

培养学生旁观者的同理心对于防止校园欺凌非常重要。当学生作为旁观者拥有较高的同理心时，学生更能理解并共鸣受欺凌者的情绪，这会增强学生挺身而出的动机。研究显示，同理心程度高的学生很少参与欺凌行为，并且同理心程度与挺身而出之间存在正向关系。如果学生旁观者具有足够的同理心，他们会因为触发及感受到受凌者的情绪和感受，而在情感层面上与受凌者产生共鸣。相较于同理心程度一般的人，他们更容易决定介入阻止欺凌事件，并不会因为受凌者是否为自己认识的人或是否属于自己的内团体而有所不同。此外，研究还表明，那些过去曾经被欺凌的人，在没有其他旁观者在场时，更有可能挺身而出。这说明，同理心的培养可以激发学生在面对欺凌时，不受外界影响独立采取行动。

为了提升自己的同理心，学生可以通过多种方式来增强对欺凌行为的认识和对受害者感受的理解。具体做法有：①通过阅读文学作品或观看剧本演出，学生可以探索和讨论不同角色的内心世界。这种深入角色的体验有助于培养对他人情感的理解和共鸣。②通过观看与欺凌相关的教育电影或视频来增强自己的同理心。这些材料通常展示欺凌事件的多个视角，让你能更全面地理解事件背后的情感和动机。观看后，尝试从不同角色的立场思考或与同伴讨论这些视频中的情节，探讨如果你在那样的情况下，会感受到什么，以及你能如何采取行动帮助受害者。③可以主动参与角色扮演等互动活动，实际演练不同的社交场景扮演不同的角色，包括可能的欺凌者、受害者或其他旁观者。这种实践可以帮助你更深入地理解每个人在特定情境下的立场和感受。此外，玩一些设计精良的计算机游戏，例如芬兰的“KiVa反欺凌项目”活动。这些活动可以帮助你更好地理解在欺凌事件中每个人的感受和反应，从而提高学生旁观者的同理心。

5. 主动提供支持给受欺凌者

在应对校园欺凌时，提供支持给受害者是至关重要的。学生可以通过情感支持和协助寻求帮助的方式，帮助受害者恢复自信和安全感，缓解心理压力，并增强其应对欺凌的能力。

其一，情感支持。情感支持是帮助受欺凌同学的重要途径。学生可以在事后对受欺凌的同学进行情感支持，表达同情和关心，帮助受害者感到自己不是孤立无援的。这可以通过以下几种方式实现：首先，学生可以主动与受欺凌的同学进行简单对话，倾听他们的感受和困扰，表达自己的同情和支持。例如，可以说：“我看到你遇到了麻烦，我很担心你。”这样的简单对话可以让受害者感受到关怀和理解。其次，邀请受欺凌的同学一起参加各种活动，如课外活动、社团活动或休闲活动。这不仅能分散受害者的注意力，还能帮助他们重新融入集体，建立新的友谊和支持网络。最后，在受欺凌的同学需要时，学生可以陪伴他们，提供情感上的支持和安全感。例如，在课间休息或放学后，陪伴受害者走一段路，或者在他们情绪低落时陪他们聊天。这些简单的陪伴行为可以让受害者感受到他们并不孤单，有人愿意站在他们这一边。

其二，协助受欺凌者寻求帮助。学生可以通过以下几种途径帮助受害者：首先，学生可以帮助受欺凌的同学一起向老师或校方报告欺凌事件，详细描述欺凌行为的经过和相关人员。这种协助不仅能让受害者感到有人在支持他们，还能让校方及时介入处理欺凌事件，保护受害者的权益。其次，学生可以陪伴受欺凌的同学前往心理辅导员处寻求专业的心理支持。心理辅导员可以为受害者提供专业的心理咨询和帮助，帮助他们应对欺凌带来的心理创伤，恢复心理健康。学生的陪伴能够增加受害者的勇气和信心，让他们感到有人在支持他们。

（二）受欺凌者应对欺凌策略

在校园欺凌事件中，受欺凌者往往处于最脆弱的位置，他们不仅承受着心理和身体上的伤害，还面临着如何有效应对和寻求帮助的困境。通过前一章的调查研究，我们了解到，许多受欺凌者在面对欺凌行为时，缺乏有效的应对策略和支持机制，这使得他们在困境中感到孤立无援。因此，本部分将为受欺凌者提供具体可行的应对策略、措施与机制，旨在帮助他们提高自我保护能力，增强心理韧性，并获得必要的支持和资源。

1. 立即寻求帮助

面对欺凌事件，学生可能会感到孤立和无助。立即寻求帮助是关键的应对策略之一。通过向成年人报告和联系家长，不仅可以保护受害者的身体和心理安全，有效处理欺凌问题，还能建立记录和证据，推动校园环境的改善，并为受害者提供必要的情感支持和心理帮助。及时报告寻求帮助，可以形成一个支持性的网络，增强安全感和自信心，示范正确的行为方式，最终有助于减少和预防欺凌行为。

（1）必须立即告诉学校的老师

在应对校园欺凌时，及时报告给学校的老师或其他信任的成年人是至关重要的一步。其重要性体现在多个方面。首先，学校的成年人具有专业知识和资源，可以根据学校的政策和程序采取适当的措施制止欺凌行为，这是专业介入的优势。其次，通过报告欺凌事件，可以建立一个保护网络，让更多的人关注你的安全，减少被欺凌的风险。这不仅保护了自己，也提高了学校对欺凌问题的重视，推动了学校整体反欺凌环境的改善。通过及时报告和寻求帮助，不仅有助于解决个人面临的问题，也为整个学校创造了一个更加安全和支持的环境。

这一过程中包含几个具体步骤。首先，应选择一个你信任的老师、校长、辅导员或其他学校工作人员。这些人有责任保护学生，并且通常有能力采取措施处理欺凌事件。其次，向他们报告时，需要详细描述发生的欺凌情况，包括日期、时间、地点、涉及的人员以及具体的欺凌行为。提供尽可能多的信息，以便他们能够全面了解情况。然后，明确表达你的需求和期望，例如，“我希望你能帮助我解决这个问题”或“我希望你能保护我不再受到欺凌”。最后，在报告后，定期跟进事件的处理进展，确保问题得到有效解决。如果没有看到进展，可以再次联系他们或选择其他信任的成年人。

（2）必须立即告诉家长

在面对校园欺凌时，及时联系家长是一个至关重要的应对策略。家长的支持在应对校园欺凌中具有重要的作用。首先，家长可以提供强有力的情感支持和实际帮助，增强你的信心和应对能力。其次，家长与学校沟通时，可以增加事件的重视程度，促使学校采取更加积极的措施解决问题。最后，在严重的欺凌事件中，家长可以帮助你了解和使用法律途径保护自己，确保你的权益不受侵害。通过及时联系家长，不仅可以获得必要的支持和帮助，还能够有效推动问题的解决，确保自身的安全和权益。

在这个过程中，首先应与家长进行坦诚的沟通。详细描述你所遭遇的欺凌情况，包括具体细节，以确保他们全面了解问题的严重性。通过这种方式，家长能够充分认识到问题的严重性，并为你提供相应的帮助。其次，明确表达你对家长支持的需求，例如需要他们与学校沟通，或希望他们在家庭中给予情感支持。这种明确的表达有助于家长了解你的具体需求，从而提供有针对性的帮助。再其次，与家长一起制定应对计划，包括如何进一步向学校报告、如何保护自己以及如何应对欺凌行为。通过制定详细的计划，可以使应对过程更加有序和高效。例如，可以安排与学校相关人员的会面，确保他们充分了解情况，并制定具体的措施来解决问题。最后，可以商定一些家庭内部的支持措施，如定期的情感交流和支持，帮助你更好地应对欺凌带来的压力和困扰。

2. 幽默化解法

幽默化解是一种有效的非暴力手段，能够在面对欺凌行为时缓解紧张气氛并降低冲突风险。这种方法不仅降低了言语或身体上的对抗性，减少了暴力冲突的风险，还可以增强受欺凌者的自信心，提升其面对困境的应对能力。一项研究发现，使用幽默或“讲笑话”的方式来应对霸凌比一些传统的应对方式（例如假装没有受到打扰、进行客观的处理、反击、让施暴者停止、乞求施暴者同情、走开、告诉家中的成年人、告诉学校中的成年人，以及告诉朋友）更为有效。

幽默化解的具体做法包括适当使用幽默和避免让欺凌者感觉被戏弄。当面对欺凌行为时，如果能够恰当地运用幽默，可以缓解紧张的气氛。例如，当欺凌者试图用侮辱性的话语攻击时，受欺凌者可以通过自嘲或轻松的回应来化解尴尬和敌意。然而，幽默应当是轻松和非攻击性的，避免使用讽刺或反击的语言，因为这可能会让欺凌者感觉被戏弄，进而激怒他们，加剧冲突。幽默的目的是化解紧张，而不是挑衅或嘲笑对方。

3. 转移注意力

转移注意力是另一种有效的非暴力手段。转移注意力的重要性在于其多重作用。首先，这是一种避免正面冲突的有效策略，能够在不与欺凌者直接对抗的情况下化解紧张局势。其次，通过转移注意力，受欺凌者可以灵活应对不同情况，提升其应变能力和自我保护能力。

转移注意力的具体做法包括转移话题和转移环境。当面对欺凌者的攻击时，受欺凌者可以尝试转移话题，引导对话到其他方面。例如，可以提问关于共同兴趣的话题，或突然提到某个无关紧要的事件，分散欺凌者的注意力。在适当情况下，可以通过离开现场或邀请其他人加入对话，转移欺凌者的注意力，减少其攻击的意愿。通过转移注意力，可以打断欺凌者的攻击模式，使其难以继续针对受欺凌者进行攻击。此外，转移注意力还可以吸引旁观者的关注，使受欺凌者不再孤立，增强其心理支持。

尽管有关此话题的研究正在不断涌现，但转移欺凌的努力在某些情况下也可能产生效果。转移就是通过某种做法消除掉欺凌的力量，并减少欺凌行为的影响。例如，具有较强的社交能力的青少年可以利用幽默来转移欺凌。一项研究发现，使用幽默或“讲笑话”的方式来应对霸凌比一些传统的应对方式（例如假装没有受到打扰、进行客观的处理、反击、让施暴者停止、乞求施暴者同情、走开、告诉家中的成年人、告诉学校中的成年人以及告诉朋友）更为有效。

第四节　家庭层面：强化家长对校园欺凌的应对措施

在校园欺凌治理中，家庭层面的参与是不可或缺的。家长在预防和应对校园欺凌问题上具有重要影响力。本节将深入探讨家长在校园欺凌治理中的积极作用，包括如何有效预防孩子成为欺凌的加害者或受害者，识别欺凌的早期信号，以及在确认欺凌发生后采取的果断措施。

一、家长如何更好预防孩子被欺凌或欺凌他人

在校园欺凌的问题上，预防比事后处理更为重要。家长在这一过程中扮演着关键角色，不仅可以帮助孩子避免成为欺凌的受害者，还可以防止孩子成为欺凌的加害者。以下将深入探讨家长可以采取的具体措施和策略。

（一）提升自身素质，正确认识校园欺凌

家庭教育是学校教育和社会教育的基石，对孩子性格和能力的发展至关重要。家长在防治校园欺凌中扮演着不可忽视的角色。家长的素质，包括教

育水平、情感智力、社交技能和对欺凌的认知，直接影响育儿方式和孩子的行为模式。作为孩子的首要榜样，家长的行为和价值观常被孩子观察并模仿。因此，家长提升自身素质，尤其是在理解和处理欺凌问题上的认知，成为预防校园欺凌的关键。

然而，目前我国家长对校园欺凌的认识还不够深入。在防治校园欺凌中，家长需要采取主动态度，了解校园欺凌的现状和本质。正确认识欺凌非常重要，家长应了解欺凌的形式和特征，包括身体、言语、社交排斥和网络欺凌，识别何种行为构成欺凌，并理解其对孩子的潜在伤害。通过这种深入理解，家长能更有效地参与预防和解决校园欺凌，为孩子创造安全、支持的成长环境。

家长可以通过以下途径提升自身素质：一是参加培训课程，这些课程提供最新教育理念、沟通技巧和应对欺凌的策略，涵盖正面育儿和冲突解决等主题，帮助家长全面提升能力；二是阅读相关书籍和文章，这可以拓宽家长的视野，获得多元化的知识和实用建议，帮助更深入理解孩子的世界和遇到的挑战；三是参与线上论坛或社群，在这些平台上，家长可以与其他家长交流经验，分享成功的策略和面临的挑战，这种互动不仅为家长提供了支持和鼓励，还促进了知识和经验的共享，帮助家长从别人的故事中学习并获得新的见解；四是积极参与学校或社区讲座，这能帮助家长直接从专家和教育工作者那里获得关于校园欺凌的深刻知识和实际建议，学习如何为孩子建立支持和保护的环境。

（二）给孩子足够关注，但需监管有度

在预防孩子欺凌的过程中，家长的关注和引导至关重要。然而，过度监管可能影响孩子的独立性与信任感。因此，家长在给予孩子足够关注的同时，也需要掌握适度的监管方式，既提供情感支持，又为孩子营造一个健康、自主成长的空间。

1. 需给孩子足够的关注

家长对孩子的关注度及其感知对孩子心理发展和情感福祉至关重要。研究表明，当孩子感受到自己对父母的重要性时，这种感知对其自尊、自我价

值感和整体心理健康有深远影响。然而，现代社会的快节奏和高压环境中，许多家长因工作繁忙难以给予孩子足够的关注和支持。此外，部分家长因个人成长经历中缺乏关注，可能认为物质满足如经济支持、优质教育资源已足够。然而，物质条件不能替代对孩子情感和需求的深入理解。孩子需要被看见和理解，渴望从父母那里获得真挚的情感连接。

家长可以通过更为积极的育儿方式实现这一目标。例如，家长通过对孩子日常生活中的小事表现出真诚的关注和兴趣，就会给孩子留下“自己被父母看见了”的感觉。家长通过主动询问孩子“今天过得怎么样？”“你最好的朋友是谁，为什么会喜欢他？”“今天有什么让你感到自豪或快乐的事情？”等问题，以加深与孩子的情感联系。这种互动不仅拉近了家长与孩子间的距离，还促进了相互理解和信任。特别是当孩子主动与父母分享他们的感受和经历时，沟通变得更加双向有效。这让孩子感到自己在家庭中受到重视，还增强了他们的自我价值感和自尊，从而为他们提供了应对校园欺凌的内在力量。通过这种积极的家庭互动，孩子将更能感受到自身的价值，并在面对挑战时展现更强的抗压能力。

2. 监管有度

儿童社会化的重要任务是内化并遵守社会规范，适应社会文化。社会规则通常以多数人的利益为主，个体需求与愿望因而受到约束和限制。父母的职责之一是教育儿童遵守这些社会规则，引导他们理解个体行为受社会规范制约的现实，并协助他们处理个人愿望、信念或目标与社会现实之间的矛盾和冲突。在成长过程中，儿童常面临自己的愿望与父母要求、社会规则之间的冲突，其中反抗行为是常见的反应。为了促使儿童遵守规范，父母不得不对儿童施加控制，从而反抗与控制成为伴随儿童成长的持续现象。

在教育实践中，家长对儿童的管控常呈现极端化趋势：要么过于严格，要么过于宽松。过于严格的管控会剥夺儿童独立思考和实践的机会，阻碍他们自主性和独立性的发展，同时可能引发孩子的挫败感和对抗行为，甚至导致攻击性和欺凌行为的发生。相对地，过于宽松的监管和溺爱，如果无原则地满足儿童的所有要求，同样可能导致孩子缺乏规则意识和责任感，研究显示，父亲溺爱的儿童更容易成为欺凌的受害者。因此，在日常教育中，家长应明确规则，做到赏罚分明，既不过度放纵也不应过于严格控制，以实现监管的适度和平衡。

（三）家长积极行为示范，营造温暖的家庭氛围

儿童的欺凌行为很大程度上与后天的教养环境相关。班杜拉的社会学习理论通过实验发现，观察学习是儿童获取行为模式的核心机制，其中包括攻击行为。儿童通过观察并模仿身边的人，尤其是父母这一主要榜样，习得行为模式。因此，家长需要以身作则，通过言行一致的示范教育孩子，防止校园欺凌行为，并培养孩子的积极品质。

1. 言谈举止的正面模范

儿童言语欺凌行为常源自模仿成人，尤其是在家庭中听到的侮辱性语言。班杜拉研究揭示，儿童倾向于模仿所观察到的攻击行为，并在适当环境中复现。因此，父母应严格自律，展示适当的行为模式。

日常生活中家长应注意以下几点。①优雅谈吐：父母应努力提升个人素质，注意在日常生活中的言谈举止，以优雅大方的方式与人交流，为孩子树立积极的榜样。②礼貌交流：父母在家庭交流中应始终使用礼貌用语，避免粗言秽语，常用“请”和“谢谢”等礼貌用词，以减少孩子模仿负面言语的可能。③避免讨论他人是非：父母不应在儿童面前传播流言蜚语或讨论他人过失，因这种行为可能被儿童模仿并转化为关系欺凌。避免在儿童面前挑拨离间或说人坏话，可以减少儿童模仿这些负面社交行为的可能性。

2. 理性解决家庭冲突

家庭暴力或冲突为儿童提供了攻击性行为的模板，增加了欺凌行为的风险。研究表明，频繁家庭冲突与儿童的欺凌行为正相关。因此，家长在处理夫妻、亲子或兄弟姐妹间的矛盾时，应采取理性的方法，既为孩子展示如何有效解决冲突，也营造健康的家庭氛围。

根据压力应对理论，当家庭出现矛盾冲突时，卷入的成员首先要控制消极情绪，避免情绪宣泄对他人产生不利影响。相关研究显示，消极应对策略与心理健康问题存在正相关，而积极的应对策略则与之呈负相关。采用回避、反击或报复等消极应对方式可能会加剧心理压力，相反，积极的应对手

段如协商和有效沟通则有助于心理健康。因此，在面对家庭冲突时，优先采用积极的解决方案至关重要。通过建设性的对话和协商，家长不仅能有效地处理家庭矛盾，同时避免采用可能引发心理负担的消极应对方法。这种积极的处理方式不仅有助于维护家庭成员的心理健康，还能促进家庭关系的和谐与稳定。

3. 注重家人合作，促进亲子关系

合作指团体成员为共同利益协力实现目标时表现出的亲社会行为。研究表明，合作能力强的儿童更受同伴欢迎。影响儿童合作的因素众多，社会学习理论认为，观看并模仿榜样是儿童习得合作行为的重要方式。因此，父母不仅应鼓励儿童与同伴合作，还应在家庭内部促进合作，如夫妻合作准备晚餐、兄弟姐妹合作完成家务等。这些合作为孩子树立了榜样，并让他们体验到合作的乐趣，培养合作习惯，提升合作能力。

家庭作为儿童成长的重要场所，在预防和应对校园欺凌中发挥着至关重要的作用。为增强亲子情感联结和互动质量，可采取以下措施可以促进亲子关系。

首先，亲子互动活动是直接有效的方式，可以通过丰富的形式，增进家长与孩子之间的交流与理解。家长可以组织亲子游戏、亲子旅行和家庭日等活动，在轻松愉快的环境中加深了解，增强情感纽带。这些活动的组织形式可以由家庭自行安排，也可通过社区和学校提供的亲子活动，增加集体互动机会，进一步提升家庭氛围，促进孩子身心健康。

其次，情感沟通技巧培训是提升家长与孩子沟通能力的重要途径。家长可以通过培训学习积极倾听、情感表达和共情训练等有效沟通技巧。在培训形式上，学校或社区可以定期举办相关讲座，邀请相关专家进行讲解，并通过工作坊让家长互动练习。此外，在线课程也为家长提供了灵活的学习机会，家长可以根据自己的时间安排进行学习。通过这些培训，家长将学会如何在日常生活中与孩子进行有效的情感交流，减少家庭冲突，增强理解与支持，提升家庭和谐。

最后，家庭咨询与辅导作为一种专业支持手段，可以为家长提供个别辅导、家庭治疗和心理支持等服务。这些服务通过心理咨询中心、学校辅导员以及在线咨询等形式实现，帮助解决亲子关系中的具体问题，增强家庭凝聚力，并为家长和孩子提供情感支持。在这些措施的帮助下，家长能够提升教育和沟通能力，为孩子创造和谐温暖的家庭环境，为预防和应对校园欺凌提供坚实基础。

4. 展示积极的生活态度与行为方式

研究表明，生活中家长积极应对困难和挫折能明显降低儿童遭受欺凌的风险。这一发现强调了父母在面对逆境时展现出的行为对儿童心理影响的重要性。为了减少儿童受欺凌的发生率，父母，特别是父亲，应在儿童面前表现出乐观和坚韧的态度，而不是表现出消极或无助的情绪。通过积极寻求解决问题的方法，父母可以为儿童树立面对挑战时的勇气和坚韧不拔的榜样。

当儿童在学校面临挑战，如遭受同伴欺凌时，父母应避免责备或埋怨，而是应采取支持和理解的态度。通过倾听和安慰，父母可以与儿童共同探讨解决问题的策略，并在必要时与学校进行协作，寻求有效的干预措施。这种积极、合作的应对方式不仅有助于解决当前问题，还能够培养儿童面对困难时的积极心态和自我效能感。

（四）培养孩子健康兴趣，教孩子学会积极释放压力

1. 培养孩子健康兴趣

培养健康的兴趣爱好，可以帮助孩子远离校园欺凌。德国的“善良教育”在这方面提供了有益的启示。该教育通过爱护小动物、唾弃暴力等方式，培养孩子的善良品质和对生命的尊重，从而有效抑制欺凌倾向。家长可以从孩子幼小时期开始，鼓励他们接触和照料小动物，这不仅培养了对生命的关爱，还能在他们心中种下善良的种子。此外，家长和教育机构应教导孩子批判性地看待暴力玩具和影视内容，引导他们形成正确的价值观。通过参与体育、文艺、科技等活动，可以让孩子更好地发掘自己的潜能，培养自信心和自尊心。还有，培养爱护植物和大自然的意识，可以让孩子更好地理解和尊重生命，从而形成珍爱和平、反对暴力的良好品德。通过培养这些健康兴趣，孩子的自我价值感将得到提升，进而降低参与欺凌行为的可能性。家长通过关注学生的兴趣爱好，也能更好地理解其情感和心理需求，及时提供必要支持，

预防和解决校园欺凌问题。

2. 教孩子学会积极释放压力

宣泄理论指出，通过释放身体或心理积累的能量可以缓解压力。这一理论源于古希腊哲学，并已被现代心理学广泛应用于治疗实践。由于生理差异，某些儿童可能天生具有较高的能量或侵略性倾向，需要找到适当的方式来处理这些特质。因此，积极的压力释放方式对这些儿童来说尤为重要。例如，团队运动如足球和篮球不仅提供学习团队合作的平台，还为孩子提供了释放能量和侵略性的机会。单人运动如游泳和跑步，尽管社交元素较少，但仍能为情绪宣泄提供空间。武术等活动强调控制侵略性，教导将技能作为自卫的最后手段。除此之外，艺术活动如绘画、表演、音乐演奏、戏剧为情感表达提供了渠道。相对地，虽然电子游戏和互联网使用在年轻人中颇受欢迎，但家长应监控这些活动，特别是含有侵略性内容的游戏或媒体，以防止不良影响。

（五）培养孩子自尊心和自信心

孩子自信心的培养是其成长过程中不可或缺的一部分，对未来的社交技能、学业成就和心理健康具有决定性影响。自信和内在强大的孩子通常感受到自己的价值、受到尊重和爱护。他们知道自己不必忍受欺凌，即使面临欺凌，自信也能帮助他们找到有效的应对方法。

自信心是个体对自身能力和价值的正面认知，与多个心理学理论相关。班杜拉的自我效能理论指出，个体自信与相信自己能成功完成任务的能力紧密相连。罗森伯格的自尊理论则强调，个体对自身价值的认识和评价对其行为有重大影响。依据这些理论，家长的支持和积极反馈是孩子形成和保持自信的关键。家长对孩子自信的建设有直接和间接的影响。西蒙斯和布莱斯于1987年指出，家长的支持和鼓励是孩子自信的基础。通过持续的正面反馈和认可孩子的努力，家长可以帮助他们树立自信。此外，依据布朗芬布伦纳的生态系统理论，家庭环境作为微观系统，对孩子的自我概念有深刻影响。在充满爱与支持的环境中成长的孩子，更有可能培养出强烈的自信和自我效能感。

家长可以采取多种措施帮助孩子变得更自信。具体策略包括：①设定合理期望，即家长应根据孩子的年龄和发展水平设定恰当的期望。过高或过低的期望均可能对孩子的自信产生负面影响，适当的挑战能激励孩子尝试新事物，并在成功时增强自信。②积极反馈和表扬，即认可孩子的努力和成就，给予积极的反馈和适时的表扬，以增强其自我价值感。表扬需真诚具体，避免过度夸张。③提供决策机会，即让孩子参与适当的家庭决策，培养其自主性和责任感，进而促进自信心的形成。④展示和教授解决问题的技能，即教导孩子面对和解决问题的方法，帮助他们建立成功的经历和自我效能感，对自信心的建立至关重要。

（六）培养孩子基本的社交技能

社交技能，包括沟通、合作、冲突解决和情绪管理等，对于个体的社会适应和心理健康至关重要。这些技能有助于孩子更好地理解和参与社会互动，建立支持性的社交网络，并有效处理人际冲突。良好的沟通能力使孩子能够表达自己的想法和感受，并倾听理解他人的观点，从而促进相互理解和尊重。通过与他人合作完成任务或参与团队活动，孩子学习如何协调不同的观点和需求，培养团队精神和共同目标感。教会孩子如何平和解决争端，而不是通过侵犯或被动的方式，有助于减少欺凌行为的发生。能够管理自己的情绪和理解他人情绪的孩子更能建立健康的人际关系，并减少因情绪问题导致的冲突。

在家长培养孩子基本的社交技能方面，可以采取如下措施：①模范示范，即家长应通过自己的行为为孩子树立社交技能的榜样。通过积极的沟通、展示合作精神、公正解决冲突和有效管理情绪，家长可以直观地传授社交技能。②情境模拟，即家长可以通过角色扮演或情境模拟等方法，帮助孩子练习不同社交情境下的交往技巧。这种模拟活动可以增强孩子的社交技能并提高他们处理实际社交情境的能力。③社交参与，即鼓励孩子参与各种社交活动，如学校俱乐部、体育活动或社区服务，可以让他们在实践中学习和发展社交技能。④积极反馈，即当孩子在社交互动中展现出良好的社交技能时，家长应给予积极的反馈和肯定，以强化这些行为。⑤情绪教育，即家长应教育孩子认识和理解自己的情绪，以及如何适当表达情绪。同时，教育孩子理解他人的情绪反应，培养共情和理解力。

二、如何发现孩子遭遇了欺凌和欺凌他人的信号

在探讨校园欺凌问题时，辨识孩子是否遭遇了欺凌或者是否成为了欺凌者是家长必须面对的首要挑战。欺凌问题通常不会自行暴露，而是需要通过观察孩子的行为变化和情绪反应来发现。

（一）孩子遭遇了校园欺凌的信号和征状

家长需要细致观察孩子的行为和生理变化，这有助于及时发现孩子可能承受的压力和潜在的欺凌，为提供适时的支持和干预提供关键线索。

家长应密切关注孩子的言行举止，特别是身体上的伤痕、心理变化及金钱使用上的异常变化，以下表现可能表明孩子正在遭受欺凌。①情绪紧张或焦虑：若孩子表现出痛苦或焦虑情绪但拒绝透露原因，可能是欺凌行为的隐秘性所致。②无法解释的伤痕和瘀伤：青少年参与运动可能导致身体伤害，但面部、头部和身体的明显伤痕不应被忽视。③个人物品损坏：衣物、书籍和学习用品的损坏可能指示着身体欺凌的发生，施暴者可能故意破坏或盗窃受害者的财物。④学业成绩下降：若孩子的学业成绩突然下降，可能反映存在欺凌或其他问题。⑤要求额外的钱：经常要求额外金钱可能是遭受经济形式的欺凌，受害者可能被迫盗窃以满足施暴者的要求。⑥不愿上学：遭受欺凌的孩子可能因害怕面对施暴者而不愿上学。⑦情绪和行为变化：尤其在青少年时期，情绪和行为的变化可能指示心理压力或欺凌。⑧自信和自尊下降：自尊降低可能导致社交信心下降，行为上表现为回避或保留。⑨身体不适抱怨：经常抱怨头痛和胃痛可能是心理压力的体现。⑩睡眠问题：失眠或睡眠质量下降也可能是遭受欺凌的迹象。

虽然这些现象本身并不构成确凿遭的欺凌证据，但当它们持续出现时，家长需要保持警觉并主动深入了解孩子的情况。这种持续的行为模式可能表明孩子在学校或社交环境中遇到了问题。因此，家长应该密切关注这些迹象，与孩子进行开放和支持性的对话，探究背后可能的原因，并采取相应行动来解决问题。

（二）孩子可能是欺凌者本人的信号和征状

孩子可能成为欺凌者的迹象可以通过多种行为表现来识别，以下是一些可能表明孩子正在欺凌他人的信号：①侵略行为，即孩子对同伴、弟妹或宠物表现出侵略性，如经常打架、推搡或使用恶劣的语言。②缺乏同情心，即对他人的感受缺乏理解和关心，看到别人受伤或痛苦时表现出漠不关心或嘲笑的态度。③控制欲，即总是想要控制或命令别人，不愿意合作或轻视他人意见。④社交问题，即在学校或社交环境中频繁卷入冲突，与同龄人关系紧张。⑤责任转移和辩解，即当有不当行为时，孩子不承认错误或总是试图推卸责任，可能将自己的行为归咎于其他人或情境。⑥秘密性，即孩子可能会隐藏自己的活动和行为，对其手机或电脑使用异常保密，可能是在参与网络欺凌。⑦行为突变，即家长或教师可能注意到孩子的行为突然改变，如从温顺变得攻击性强，或突然结交具有负面影响的朋友。⑧纪律问题，即在学校频繁遇到纪律问题，如多次被老师警告或处分。⑨对权力的追求，即表现出强烈的竞争心和控制欲，喜欢处于支配地位，并可能在社交圈中形成小集团。

理解这些迹象需要综合考虑孩子的行为表现、心理状态和社交环境。如果家长或老师观察到这些迹象，应该深入了解情况，并寻求专业帮助以适当地解决问题。

（三）如何发现孩子遭遇欺凌或孩子是欺凌者的信号

国外的相关研究早已表明，攻击性行为倾向是儿童仅次于智力的另一个非常稳定的特征，这意味着未成年人的欺凌倾向需要及时发现和干预。家长在实践中可以采用多种方法来推测孩子是否具有欺凌倾向，并判断是否存在欺凌行为。常用的方法包括直接观察法和主动沟通法。

1. 直接观察法

直接观察孩子的言行举止和与他人的交往表现是一种简单而有效的方法。要及早发现孩子的欺凌行为，家长需要多方面留意和观察。①观察孩子的情绪变化：孩子如果有欺凌行为，可能会表现出明显的愤怒、烦躁、沮丧、焦虑等情绪，需要家长多留意孩子的情绪变化。②观察孩子与同学的互动：家长可以观察孩子与同学的互动，注意是否存在言语或身体上的侮辱、排斥、孤立等行为。③观察孩子的社交媒体账户：现在很多孩子都有社交媒体账户，家长可以通过监控孩子的社交媒体账户，观察孩子与同学之间的互动情况。

2. 主动沟通

为及时发现孩子的欺凌行为，家长需与孩子进行深入沟通，密切关注孩子的生活情境、情感波动和行为变化。建立开放且支持性的沟通渠道至关重要，这能鼓励孩子毫无保留地分享感受和遭遇。家长应抓住日常交流的机会，讨论孩子的日常生活和情感体验。具体做法包括：①深夜心灵对话，即睡前与孩子亲密交谈，回顾孩子的一天，特别是鼓励孩子开放地讨论任何不快的经历，这有助于家长了解孩子的心理状况和潜在问题。②共享晚餐时光，即重视家庭晚餐的时刻，确保全家人一起用餐，这不仅满足了家庭成员的生理需求，更重要的是，它为促进彼此间的沟通和加深感情提供了机会。③定期家庭“约会”，即每隔一到两周安排特别活动，如看电影、逛街、购物或游玩公园等，增进了亲子情感，创造开放沟通的环境。通过这些方法，家长可以更好地与孩子建立信任，及时发现并干预任何欺凌行为，营造安全和充满爱的成长环境。

三、发现了校园欺凌，家长应采取的有效措施

在面对校园欺凌的复杂情境中，家长的角色至关重要。无论是干预孩子的欺凌行为、应对孩子遭受的欺凌，每一种情境都要求家长采取明智、坚定且富有同情心的措施。以下部分将详细探讨家长在不同欺凌情境下应遵循的原则和采取的具体步骤。

（一）家长干预孩子欺凌行为应遵循的原则

在干预孩子欺凌行为时，家长应遵循不容忽视和及时纠正的两大原则。首先，家长不能对孩子的欺凌行为漠视不管。一些成人可能认为孩子之间的打架是正常的成长过程，认为随着年龄增长，孩子自然会学会健康的人际交往。然而，这种观念忽视了一个事实：虽然有些孩子能自发学会正确的社交行为，但仍有一部分孩子需要家长的积极干预来纠正其行为。这意味着家长必

须对孩子的行为保持警觉，并在必要时采取行动。

其次，家长必须及时、严肃、坚定地纠正孩子的欺凌行为。发现问题时，家长应尽早干预，越早处理越好。处理过程中，家长必须表现出严肃和坚决的态度，避免模糊或含糊其辞的表达。模糊的态度可能被孩子误解为默许，甚至鼓励其攻击性行为。家长应立即指出孩子的不当行为，例如："因为嫉妒或无聊去骚扰别人是不可接受的；因为不满就摔坏玩具也是错误的。"以坚定语气指出错误，并避免为孩子的行为找借口。随后，家长可以引导孩子探索更健康的情绪表达方式，例如："摔东西是不对的，有没有更好的方式来表达你的愤怒或不满？"通过教育孩子如何表达情绪，确保不伤害他人。如果孩子情绪激动，家长应保持坚定态度，让孩子冷静一段时间，之后再进行深入对话。这种方法有助于孩子真正意识到自己的错误，并学会负责任的行为模式。

（二）发现孩子遭遇了欺凌，家长的应对措施

当家长发现孩子遭遇了欺凌，迅速而有效的应对措施至关重要。这不仅可以帮助孩子摆脱困境，还能增强他们应对未来类似情况的能力。

步骤一：温和启动对话。在与孩子讨论欺凌经历时，应采取温和且逐步的方法，避免急切地进入话题，以免孩子感到不适或防御。建议不要立即表达对欺凌的怀疑，如直接询问："我看到你的肩膀上有伤口，这是不是因为同学欺负你？"这种直截了当的方式可能会使孩子感到不舒服，因为他们对于欺凌的沉默可能源于多种原因，如尚未准备好面对这个问题，或不知道如何向家长表达。因此，家长在启动对话时必须谨慎，应从中性的话题开始，慢慢过渡到敏感的问题，从而建立一个安全的沟通环境，鼓励孩子分享自己的感受和经历。

步骤二：提供共情和安慰。当孩子透露遭受欺凌时，家长首要任务是提供安慰并展现共情。重要的是保持冷静，避免表现出愤怒或失望，因为这可能加剧孩子的压力。在现实中，家长面对孩子被欺负的情况时，可能会受到自身情绪的影响，表现出强烈的愤怒，或有冲动惩罚施暴者，甚至对孩子进行责备。然而，这样的反应往往会忽略了孩子的内心感受和实际需求。因此，家长应主动倾听孩子的感受，理解其所经历的困扰，并在情感上支持他们，

确保孩子感到被理解和接纳。在这个过程中，共情孩子的感受并满足其需求是至关重要的。

步骤三：探询孩子的帮助需求。正如先前所讨论的，家长在处理孩子的问题时往往从自身视角出发提供“帮助”，可能未充分考虑孩子的实际需求。因此，家长不应急于提出解决方案，应先问询孩子自己对于解决问题的想法和需求。让孩子有机会表达自己在面对问题时的处理方式，以及他们是否希望得到家长的协助。这种做法能够赋予孩子更多的自主性，并确保家长提供的支持更贴合孩子的真实需求。

步骤四：鼓励孩子自行寻找解决方案。当孩子提出自己的解决方案时，家长应持续进行沟通，询问孩子的感受和方案的有效性，如通过问询“这个方法有效吗？”或“我们需要找到更好的解决办法吗？”这样的互动。关键是家长应该认识到，他们的角色不仅仅是帮助孩子解决眼前的问题，更重要的是培养孩子独立处理问题和应对压力的能力。这种方法旨在长远地提升孩子的自我解决问题的能力，确保他们能够有效应对未来可能遇到的类似挑战。

步骤五：在孩子需要时适时介入。仅当孩子明确表示需要家长介入来解决问题时，家长应该采取行动。盲目地干预，未经孩子同意就直接采取行动，如匆忙前往学校要求责任人道歉，可能会使孩子感到不适和增加其压力。通常，孩子在处理欺凌事件时会综合考虑后续的社交影响，因为他们需要继续在同一环境中与同龄人相处。家长在介入处理时，应充分考虑孩子的感受和顾虑，避免单方面强制地施加解决方案，以防给孩子造成额外的心理负担或引发进一步的欺凌行为。因此，家长的介入应基于与孩子的沟通和其明确的求助信号，以确保支持方式既符合孩子的需要，又有利于有效地解决问题。

（三）发现孩子是欺凌者时，家长的处理措施

当家长发现自家孩子涉及欺凌行为时，无论是通过老师的报告、受害者父母的反映，还是直接的对峙，都需采取适当的应对措施。面对孩子的错误行为，家长的直觉反应可能是感到羞愧或愤怒，有时甚至会通过惩罚孩子来发泄情绪。然而，这种行为更多体现了家长的自我情绪，而不是对孩子教育的真正关心。以下是家长在处理欺凌事件时可以遵循的七个步骤，以确保问

题得到有效处理，同时将对孩子的负面影响降至最低。

1. 保持冷静，直面欺凌

发现孩子涉及欺凌行为时，家长常会经历震惊和愤怒的情绪反应，这是自然的心理体验。然而，情绪过度激动可能成为有效沟通的障碍。为了有效应对这种情况，家长首先要采取措施控制自己的情绪，例如通过深呼吸、心理倒数或事先构思对话内容，以避免愤怒或羞愧感影响理性判断。保持冷静有助于客观分析情况并采取合适的行动。

2. 立即警告，绝不姑息

立即警告，绝不姑息是家长处理欺凌行为的关键措施。这一措施的核心是：①家长必须在发现孩子的欺凌行为时立即采取行动，明确表明对任何形式欺凌的零容忍立场。无论孩子是主动欺凌还是作为参与者或旁观者，家长都应指出这种行为完全不可接受。②家长应清晰地向孩子传达，无论背景如何，欺凌行为都是错误的，且有严重的后果。即使孩子认为有“正当理由”或认为只是无害玩笑，家长也应坚决纠正，并强调责任和后果。③家长应避免为孩子的错误行为找借口，如“孩子还小”的理由是在为错误开脱，这可能导致更严重的问题。④家长警告孩子时应采取坚定而理智的态度，避免唠叨和情绪化反应，语气应坚决但温和，避免孩子感到过度恐惧或不理解。⑤家长需为孩子划定明确的行为界限，使其明白哪些行为可接受，哪些绝对禁止。这种界限的设定有助于孩子形成正确的道德观念和行为模式。通过及时制止错误行为，帮助孩子认识责任，同时给予改正的机会和安全感。

3. 沟通调查，收集信息

处理校园欺凌事件时，准确收集信息是关键第一步。此过程涵盖多方沟通与调查，目的是全面了解事件具体情况。具体包括：①与孩子的沟通应当是开放且非指责性的，如“你能解释一下当时的情况吗？”或“你为什么会采取那种行为？你当时感觉怎样？”。家长需倾听孩子的描述，理解其行为和感受，从而获得解决问题所需的关键信息。②与教师沟通，因为教师作为主要观察者，能够提供事件发生时的具体情境、孩子在校表现与同学的互动情况。③与受害者家长交流，了解受害者的心理状况及事件对其家庭的影响，有助于构建事件的多维度视角并促进解决方案的达成。此外，在必要时还可以咨询学校心理咨询师、同学或目击者。通过这种多方位信息收集，家长能够获得客观、立体的事件认识，为后续干预提供坚实基础。

4. 理解孩子的立场，探讨欺凌事件的原因

理解孩子的立场是处理欺凌问题的关键。这要求父母与孩子进行深入的开放式对话，了解孩子在欺凌事件中的心理状态、观点和感受，探索事件的背景和深层次原因。孩子的欺凌行为可能有多种原因：①一些孩子可能因为缺乏安全感欺凌他人，通过欺负较弱者来增强自己的控制感，但这实际上加剧了他们的不安。②有些孩子的欺凌是攻击性行为模式的一部分，表现出持续的挑衅。③另一些孩子因对与自己不同的个体感到困惑，选择欺凌，涉及体型、外貌、行为、种族、信仰或性别认同等。④有些孩子因自身曾遭受欺凌而施暴，借此发泄负面情绪或避免再次成为受害者。⑤有些孩子未曾学会友善沟通，模仿了家庭或学校环境中的攻击性行为。⑥情绪或行为障碍、社交能力的孩子，可能表现出攻击性行为，看似在欺凌他人，但需专业干预。因此，因此，深入了解孩子的行为根源，对规划有效的支持和干预措施至关重要，有助于家长和专业人士制定策略，帮助孩子改正行为，促进健康发展。

5. 理性描述，让孩子知道行为后果

面对孩子的欺凌行为，家长应以理性方式描述其可能导致的后果，引导孩子全面理解自己行为的影响。例如，通过询问孩子“你了解这件事情造成的影响吗?”可以帮助孩子从不同角度思考问题，认识到自己行为对他人和自己的伤害。家长应让孩子明白，欺凌行为不仅对受害者造成伤害，还可能使自身承担医疗和赔偿费用，面临学校处分甚至开除，长期影响其社会形象和人际关系。通过理性描述，家长可以促进孩子的自我反思，引导其从内心深处理解自己行为的严重性，并认识到自己在社会中承担的责任。这一认知过程对于孩子形成健全的道德观和社会责任感至关重要。总结而言，家长通过理性描述行为后果，不仅让孩子认知到直接和间接影响，还教育他们从多维度理解后果，培养前瞻性思维和责任感，对孩子的长期道德和心理发展具有深远影响。

6. “对症下药”，改善孩子的行为方式

针对孩子的欺凌行为，了解其背后原因后，可以实施针对性的改善策略。

以下是一些基本的建议：①如果孩子不知道其行为是欺凌，就应该明确告知；②如果孩子倾向于排斥他人参与社交活动，教育他接纳并以尊重的方式回应同伴的请求；③如果孩子因为没有零花钱而抢夺他人财物的，则应该反思自己对孩子的财务管制方法；④如果孩子是模仿自己的行为，就要反思家庭教育方式，改变自己的行为习惯；⑤如果孩子是对具有某些特征的孩子有偏见，就应该进行正面教育；⑥如果孩子是因为精力过剩、无聊而欺凌他人，应当为其安排丰富的体育运动、艺术活动，以便分散其过剩精力。

7. 与学校密切合作，做好善后处理

校园欺凌事件的处理应强调及时响应，这与企业管理中的危机应对 24 小时法则类似，目的是防止误解和情绪升级。对受害者而言，施害者的及时道歉对心理恢复有重要作用，而明确的态度有助于缓解受害者及其家属的情绪，促进问题的解决。在处理过程中，家长应与教师紧密合作，确保问题得到及时有效的处理。直接与受害者家长的交流可能因情绪激化而导致事态恶化，因此通过教师作为中介进行协调尤为重要，特别是在涉及法律和赔偿时，学校的介入能提供中立的视角。施害者家长应迅速行动，带孩子向受害者家庭表达诚挚的歉意，并在教师协助下进行协调，必要时提供适当的慰问。若受害者受到伤害，施害者家长应陪同进行检查并明确承担责任。通过教师中介商定道歉和赔偿方式，并让孩子参与整个过程，这不仅帮助其理解行为后果，还能增强其道德与社会责任感。

第五节 社会层面：构建社会组织介入校园欺凌治理机制

近年来，我国为了解决校园欺凌问题，发布了大量文件，详细规定了政府和学校应对该问题的具体措施。作为一种普遍的社会性问题，校园欺凌具有多维的发生机制，家庭、法律、教育和社会等因素都可能导致校园欺凌的发生。单纯依靠政府和学校或者依靠制定几部法律法规，不可能完全解决问题。然而，目前我国针对校园欺凌的防治工作主要依赖政府、学校和家庭，却忽视了社会（组织）在应对校园欺凌方面的作用和困难。事实上，社会（组织）作为社会非官方公共领域的主要载体，能够为防止和治理校园欺凌提供多方位的预防、应对和善后处理的制度性机制。在全面依法治国的背景下，法治社会命题需要充分发挥社会组织在社会运行过程中的作用。

一、开展多种形式的宣传活动，加强社会公众意识与参与

虽然校园欺凌主要发生在学校内，但其根源往往与社会环境密切相关。因此，社会组织在社会层面上开展各种反欺凌宣传活动显得尤为重要，从而有效地提高公众意识和动员参与。

（一）社区活动和公众参与

社会组织可以通过开展社区活动和促进公众参与来有效提升反校园欺凌的意识和行动力。首先，组织讲座和工作坊是常见且有效的方式。社会组织可以邀请教育专家、心理学家或法律专家，在社区中心、学校等场所向家长、学生和教师传达校园欺凌的危害、预防措施以及应对策略。这种面对面的互动不仅增强了公众对问题的理解，还为他们提供了实际操作的技能。其次，户外宣传活动也能够吸引更多社区成员的关注。通过利用社区集市和公共节日等时机，设立宣传摊位、分发宣传册、展示反欺凌海报和播放短片，能够在轻松的环境中向更多人普及反欺凌知识，扩大宣传覆盖面。最后，志愿者的动员是提升社区参与度的重要手段。社会组织可以通过组织志愿者队伍，协助在学校周边进行巡逻，减少欺凌行为的发生，同时支持宣传活动的实施。志愿者的积极参与不仅加强了社区对欺凌问题的监督，还进一步推动了全社会对反欺凌行动的广泛支持与参与。

（二）利用媒体扩大影响力

社会组织可以通过传统媒体与新媒体平台的结合，扩大反校园欺凌宣传的影响力。首先，利用电视和广播等传统媒体，社会组织可以与电视台和广播电台合作，播放反欺凌公益广告和专题节目，帮助提高公众对校园欺凌问

题的认识。这种方式能够触及更广泛的受众，尤其是那些可能对校园欺凌问题不够了解的群体。其次，新媒体平台，尤其是社交媒体，凭借其广泛传播性与互动性，为社会组织提供了更具吸引力的宣传途径。通过社交媒体发布宣传视频、线上讲座和教育材料，不仅能够迅速传播反校园欺凌的相关信息，还能通过在线讨论和互动吸引青少年和家长的广泛参与。这种多渠道的媒体策略能够在全社会层面上推动对校园欺凌的关注与讨论，从而提升公众的参与意识，促进校园欺凌问题的有效治理。

（三）利用文化与娱乐形式的宣传

文化和娱乐活动为反校园欺凌宣传提供了富有创意且有效的方式，能够通过生动的表现形式引发公众的情感共鸣与深刻反思。首先，社会组织可以通过情景话剧或电影放映，形象地展示校园欺凌的危害，帮助观众直观感受到欺凌对学生身心健康的影响。这种方式能够通过视觉和情感的双重冲击，引发公众的深入讨论和自我反思。英国反欺凌联盟的巡回演出便是一个成功的例子，通过表演艺术将反欺凌的意识传播到全国各地，取得了显著的效果。其次，社会组织可以通过创意竞赛和活动，如绘画或写作比赛，鼓励学生以创意形式表达对欺凌的看法和应对建议。这类活动不仅提高了学生的参与度，还帮助他们在参与过程中更深刻地理解校园欺凌的复杂性和危害性，进而推动反欺凌意识在青少年群体中的传播与强化。

（四）提供持续的教育与培训

社会组织在反校园欺凌的工作中，不应仅限于短期宣传活动，还应通过持续的教育与培训，建立长期的反欺凌意识和应对机制。首先，针对教师和家长的培训是非常重要的。社会组织可以提供专门的反欺凌培训，帮助他们更好地识别和应对欺凌行为，确保在问题初期就能够进行有效干预。这种培训有助于为教师和家长提供必要的工具和知识，使他们在学校和家庭环境中共同发挥作用，预防和处理欺凌问题。其次，针对学生的长期教育也不可忽视。通过系统的教育项目和课程，学生能够持续学习有关欺凌的知识和防治方法。这不仅有助于培养他们的正确价值观，还能够在日常的教育过程中，逐步减少欺凌行为的发生。这种持续性的教育和培训机制，有助于在整个社会中建立起反欺凌的共识和长效机制。

综上所述，社会组织可以通过社区活动、媒体宣传、文化娱乐活动以及长期的教育培训，形成一个多层次、多渠道的反校园欺凌宣传体系。这种形式多样的宣传活动有助于增强社会公众的意识，动员更多人参与进来，从而在全社会层面推动校园欺凌问题的解决。

二、加强校外领域监管，构建校园周边安全防范体系

随着社会的迅速发展，学校周边的社会环境日益复杂，成为校园欺凌行为频发的高风险区域，尤其是在校外偏僻角落和放学后的时间段，这些区域常常成为欺凌事件的温床。由于学校的监管范围局限于校内，加之公安部门和校园保安力量有限，校外领域的有效监管成为一大难题。此时，社会组织的介入不仅能够弥补政府和学校在校外监控方面的不足，还能帮助构建一个更加全面的校园周边安全防护体系。

在实践中，社会组织对校外领域的监管工作可以从两个方面展开。首先，社会组织凭借其广泛的社区网络，能够及时搜集和发布校外欺凌行为的信息。这一信息收集机制为社会组织提供了独特的优势，使其能够迅速发现并报告校外发生的欺凌事件，尤其是暴力身体欺凌等严重行为。社会组织可以将这些信息及时传达给家长、学校、相关部门，甚至媒体，从而引发社会广泛关注，推动问题的早期干预和解决。其次，社会组织还可以承担应急响应和安全保卫的责任。在面对恶性别欺凌事件时，社会组织可以迅速介入，进行现场干预，并立即与相关部门取得联系，寻求必要的支持与帮助，确保事件得到及时处理。

总体而言，社会组织的积极参与可以打破现有的单一、被动的校外监管模式，逐步形成一个更加开放和灵活的校外领域监控网络。这一机制不仅有效弥补了现有监管体系的不足，还显著提升了校园周边环境的安全性，从根本上预防和减少欺凌行为的发生，具有深远的社会意义。

三、提供专业心理援助，促进欺凌受害者心理康复与社会重建

提供专业心理援助，促进欺凌受害者心理康复与社会重建的工作至关重要，是校园欺凌综合治理中不可或缺的一环。研究表明，校园欺凌不仅对受欺凌者造成深刻的心理创伤，也对施暴者的未来人格发展产生长期不良影响。施暴者，特别是肢体暴力的施暴者，如果未能获得及时的心理干预，成年后可能更易表现出暴力倾向、缺乏同理心，并且其犯罪率显著高于普通人群。与此同时，受欺凌者所承受的心理创伤往往比身体或经济损失更为严重，若得不到有效的心理治疗，可能会引发孤独感、无助感，甚至导致厌学、自杀等极端行为。

（一）建立心理支持网络

当前，由于心理咨询费用较高，许多经济能力有限的家庭无法承担这笔开支，这直接影响了受欺凌学生的心理康复进程。因此，建立公益性心理支持网络至关重要。社会组织可以积极筹建或与现有心理咨询机构合作，提供无偿或低成本的心理辅导服务，确保每一位需要帮助的学生都能够获得专业的心理支持。通过与学校、社区、医疗机构的合作，社会组织能够设立专门的心理辅导热线或线上咨询平台，方便学生及其家长随时求助。

（二）设立校园心理辅导员和定期评估机制

学校应与社会组织合作，设立常驻的校园心理辅导员，针对受欺凌学生提供长期的心理支持。这些辅导员不仅能够进行个体的心理治疗，还可以通过团体辅导或工作坊，帮助学生在集体环境中恢复社交能力，重建自信。此外，社会组织和学校应定期进行心理健康评估，特别是在校园欺凌事件发生后，及时发现受害者的心理创伤，并为其制定个性化的心理治疗方案。

（三）志愿者培训与社会支持

社会组织还应培养一支由心理咨询师、志愿者和教师组成的专业团队，为校园欺凌事件中的受害者提供全方位的支持。志愿者应接受专业的心理健

康培训，能够识别并初步应对学生的心理问题，并及时将严重情况转交给心理咨询师。此外，社会组织可以组织心理健康公益活动和讲座，呼吁社会各界关注校园欺凌问题，为受害者提供更广泛的社会支持。

总体而言，仅靠惩戒施暴者的手段难以根治校园欺凌问题。为了实现真正的社会重建和受害者的康复，社会组织应在心理援助方面扮演更积极的角色。通过提供无偿或低成本的心理服务、设立校园心理辅导员以及培养志愿者团队，社会组织可以有效填补当前应对机制中的空白，帮助欺凌受害者走出心理阴影，重拾生活信心，实现更长久、全面的校园欺凌治理目标。

四、提供法律援助服务，保障欺凌受害者合法权益与司法公正

提供法律援助服务，保障欺凌受害者合法权益与司法公正是校园欺凌治理中不可或缺的环节。校园欺凌事件往往涉及复杂的民事、行政、乃至刑事法律问题，家长和学生通常缺乏足够的法律知识，难以全面掌握各方的权利与义务。在许多情况下，家长无法提供适当的法律支持，而聘请律师的高昂费用更使得一些家庭无力承担，使得受害者在法律保护方面处于劣势。根据我国《刑事诉讼法》的规定，只有在未成年被告人（即欺凌者）未能委托辩护律师的情况下，法庭才会指定法律援助律师提供服务，这意味着受欺凌者通常无法获得法律援助。这不仅限制了受害者通过法律手段维护自身权益的能力，还使得许多案件因缺乏法律支持而无法顺利进入司法程序。

（一）建立和扩展法律援助网络

社会组织在这一领域可以扮演重要角色，通过组建或与现有法律机构合作，社会组织可以为受欺凌学生及其家庭提供免费或低成本的法律援助服务。这些服务可以包括法律咨询、案件代理以及调解服务，帮助受害者深入了解自己的法律权利与义务，避免因法律知识不足而陷入被动。此外，社会组织还可以在学校或社区设立法律咨询点，定期派遣律师或法律志愿者为学生及家长提供法律辅导。

（二）推动法律援助常态化与专业化

为确保法律援助的持续性和有效性，社会组织应推动建立常态化的法律援助机制。例如，可以建立校园法律顾问制度，定期派驻律师或法律专家与学校合作，开展法律教育讲座，帮助学生理解校园欺凌相关的法律知识。同时，社会组织还可以组织专门的法律援助培训课程，培养志愿者和法律专业学生，形成一支具有专业能力的法律援助团队，专门为校园欺凌受害者提供支持。

（三）建立校园欺凌案件的法律绿色通道

社会组织可以与司法机构合作，推动建立“校园欺凌法律绿色通道”，简化欺凌案件的法律程序，减少受害者的法律成本负担。通过为受害者提供优先处理渠道，可以确保案件能够迅速进入司法程序，避免因法律程序拖延而影响案件的公正性。同时，这样的绿色通道还可以为受害者提供更具针对性的法律支持服务，帮助他们快速获得法律保护。

（四）鼓励政策支持，推动法律援助组织发展

尽管社会组织可以在法律援助中发挥重要作用，但目前我国专门为学生提供法律援助服务的社会组织数量仍然有限。因此，国家应出台相关政策，提供资金和资源支持，鼓励更多社会组织参与校园欺凌法律援助工作。通过政策激励，政府可以推动建立更多专业化的法律援助机构，增强对校园欺凌案件的应对能力。

综上所述，法律援助对校园欺凌受害者的保护尤为重要。通过建立和扩展法律援助网络、推动法律援助的常态化和专业化、设立法律绿色通道，以及加强法律意识的普及，社会组织可以有效弥补当前法律援助资源的不足，确保受欺凌者获得公正的法律保护。与此同时，国家政策支持也是推动这类工作的关键。通过多方协作，可以为欺凌受害者提供更加完善的法律支持，保障他们的合法权益，并促进校园欺凌问题的有效解决。

五、开展对欺凌者的教育矫正，促进行为改进与社会责任感培养

开展针对欺凌者的教育矫正活动，促进长期行为改进与社会责任感培养，是解决校园欺凌问题的关键补充措施。当前，学校对欺凌者的惩戒多为短期、即时的处分，力度有限，无法对欺凌者的行为产生长期约束。这种处理方式往往无法改变欺凌者的行为模式，导致部分学生在受到轻微处罚后，继续进行欺凌行为。因此，单靠学校内部的应对措施难以实现对欺凌者的彻底改造。

（一）个性化的“一对一”辅导与行为矫正

社会组织在这一过程中可以发挥重要作用，通过个性化的“一对一”辅导，深入分析每个欺凌者的行为动机与心理根源，提供针对性的心理支持与行为矫正。社会组织可以与学校、家庭密切合作，制定个性化的矫正计划，包括定期的心理咨询、行为反思和目标设定。这不仅能够帮助欺凌者认识到其行为的后果，还能通过循序渐进的心理干预，引导他们形成正确的情感表达方式。

（二）设计社区服务和社会责任培养项目

除了心理辅导，社会组织可以为欺凌者提供参与社区服务的机会，设计以责任感培养为核心的义务劳动项目。通过让欺凌者参与社区服务，如照顾老年人、帮助弱势群体等活动，促使他们体会到奉献和关爱的价值。这种形式的半惩戒、半感化的做法，不仅帮助他们认识到自身行为的错误，还能逐步增强他们的社会责任感和同理心，促使其将行为转向正向发展。

（三）长期跟踪与行为评估机制

社会组织应建立长期的跟踪机制，对参与矫正项目的欺凌者进行定期评估。通过行为跟踪和反馈机制，监测欺凌者在日常生活和学习中的行为变化。这些评估可以基于教师、同学、家长的反馈，结合心理辅导员的观察，确保欺凌者在接受矫正期间得到持续的支持与监督。如果欺凌行为出现反复，社

会组织可以及时调整干预措施，确保矫正过程的有效性。

（四）引入家长参与机制

欺凌者的行为往往与家庭环境密切相关，因此，社会组织应积极推动家长的参与，通过举办家长培训、心理讲座等形式，帮助家长更好地理解如何在家庭环境中配合矫正活动。家长的支持与参与对于行为矫正的长期效果至关重要，通过共同努力，可以为欺凌者提供一个更加稳定和支持性的环境，帮助他们在家庭和学校中更好地成长。

（五）建立多方合作网络

教育矫正的效果不仅依赖于社会组织的努力，还需要与学校、社区、司法系统等多方的协同合作。社会组织可以与这些机构建立合作网络，整合资源，共同制定行为矫正计划。例如，司法系统可以为严重的欺凌行为提供法律层面的支持，而学校则提供日常的行为监控与反馈，社会组织在此基础上进行个性化的干预与支持。通过这种多方合作，可以形成一个综合性的矫正体系，确保欺凌者得到全面而持续的教育。

总体而言，社会组织通过开展针对欺凌者的教育矫正活动，不仅能够弥补学校在惩戒与行为矫正上的不足，还能够为欺凌者提供长期的行为干预与支持。这种以责任感培养为核心的教育矫正活动，能够从根本上改变欺凌者的行为模式，帮助他们重新树立正确的价值观，进而减少校园欺凌的复发率。通过与学校、家庭、社区和司法系统的密切合作，并借助政策支持与社会倡导，教育矫正活动将成为推动校园欺凌治理的关键措施之一。

六、依托网络社群多方合作，构建全面应对网络欺凌的治理体系

依托网络社群，加强多方合作，构建有效应对网络欺凌的综合治理体系，是当前解决网络欺凌问题的关键策略。网络欺凌由于其隐蔽性和虚拟性，给传统的校园欺凌防治工作带来了挑战，然而网络社群的出现为应对这一新兴问题提供了有效路径。

（一）开展网络欺凌防治的具体路径

网络社群在应对网络欺凌时，可以通过一系列预防与干预措施构建一个完整的治理路径。第一，网络社群可以广泛开展反网络欺凌的宣传教育。通过自媒体平台发布反欺凌短片、案例分析和图文海报等内容，帮助学生及家长理解网络欺凌的危害性及其潜在法律后果，增强公众的防范意识。第二，社群还可以组织在线讲座，教授如何保护个人隐私及应对网络暴力，避免陷入欺凌的陷阱。第三，网络社群应建立常态化的监控与举报机制。成员可以担任“网络巡查员”，监控社交平台上的欺凌行为，并设置在线举报通道，一旦发现相关内容，及时向平台、学校或家长通报，推动及时干预。为了确保效率，社群应定期培训成员，并建立完善的举报制度，以加速平台对欺凌内容的处理。第四，网络社群还可以协调平台与执法部门，协助删除有害内容。对于严重的欺凌事件，社群应根据受害者请求与平台沟通，要求删除不当内容，必要时协助受害者联系执法部门，寻求法律支持。同时，社群应推动建立“快速删除机制”，确保欺凌内容能够优先处理。第五，网络社群可以与法律援助机构或律师团队合作，为受害者提供法律支持。社群可以帮助受害者通过法律途径获取欺凌者的身份信息，并协助申请损害赔偿，从而不仅保障受害者权益，还对潜在施暴者形成法律威慑。这一系列举措能够构建从预防到应对的完整网络欺凌治理链条。

（二）多方协作构建联动机制

在应对网络欺凌问题时，单靠网络社群的力量难以取得全面成效，因此有必要通过多方合作构建联动机制，以实现更有效的治理。首先，学校应与网络社群合作，将网络欺凌防治纳入网络安全教育课程中，针对不同年龄段的学生制定相应的网络安全教育方案。通过网络社群的技术支持，学校可以建立网络监控体系，及时发现和处理校园内外的网络欺凌行为。此外，政府在这一过程中应发挥关键的支持与引导作用。通过制定政策和设立专项资金，政府可以为网络社群提供必要的资源支持，鼓励更多社群参与网络治理工作。与此同时，政府应通过立法明确社交平台在欺凌防治中的责任，并推动建立快速响应机制，确保网络欺凌案件能够得到及时处理。最后，互联网企业，尤其是社交平台，应积极参与这一联动机制，通过技术手段自动监控并标记疑似欺凌内容，完善举报与审核流程，确保问题得到有效解决。企业还应定期发布欺凌防治报告，向公众透明展示其应对措施与治理成果。通过多方协作，可以形成一个全面、高效的网络欺凌治理体系。

（三）推动网络社群的制度化与可持续发展

为了确保网络社群在打击网络欺凌中的长期有效性，推动其制度化与可持续发展至关重要。政府应通过出台相关政策，支持网络社群的合法注册与规范化运作，赋予其合法地位，并为社群的反欺凌工作提供政策保障。同时，政府应鼓励社会各界积极参与网络社群的治理，形成广泛的社会共治氛围。此外，政府还应通过资金、技术和资源的支持，确保网络社群具备长期稳定运作的能力，从而有效推进反网络欺凌工作，使其在未来能够持续发挥积极作用，维护健康的网络环境。

综上所述，依托网络社群的自发性和灵活性，通过教育宣传、监控举报、法律援助等多方面措施，能够有效应对网络欺凌问题。要实现更全面的治理，需推动社群与学校、政府、互联网企业等多方合作，构建联动的网络欺凌防治体系。通过多方协作和政策支持，网络社群有望成为网络空间中的重要治理力量，为学生营造更加健康、安全的网络环境。

七、加强研究和评估，提供科学依据

加强研究和评估是社会发挥在校园欺凌治理中重要作用的一种方式。社会可以支持相关研究机构或团队开展针对校园欺凌的调查研究，深入了解校园欺凌的现状、特征、成因、影响等方面的信息，探索校园欺凌治理的新思路和新方法，并提出有效的应对措施。这些研究可以帮助制定更加精准的反欺凌政策和措施，提高反欺凌工作的科学性和针对性。

此外，社会还可以通过支持和开展校园欺凌的评估工作，对反欺凌政策和措施的实施效果进行监测和评估。评估结果可以及时发现和解决工作中存在的问题和缺陷，优化和改进反欺凌工作的策略和方法。同时，评估还可以为反欺凌工作提供科学依据，提高反欺凌工作的公信力和可信度。加强研究和评估工作，可以让社会更好地了解校园欺凌的本质和特点，推动反欺凌工作的创新和发展，从而更有效地治理校园欺凌现象。

总体而言，研究与评估为校园欺凌防治提供了一个循环改进的机制：通过科学研究获取新的信息与思路，通过评估工作检验措施的实际效果，并根据反馈不断调整和完善反欺凌策略。这种方法能够推动校园欺凌治理的创新与发展，确保社会组织在该领域的工作更加有效和有力。

参考文献

一、著作

（一）中文著作

［1］阿尔伯特·班杜拉 . 社会学习理论 . 陈欣银等译 . 北京：中国人民大学出版社，2015.

［2］芭芭拉·科卢梭 . 如何应对校园欺凌 . 肖飒译 . 上海：华东师范大学出版社，2017.

［3］陈慈幸 . 青少年法治教育与犯罪预防 . 台北：台湾涛石文化事业有限公司，2002.

［4］陈广胜 . 走向善治：中国地方政府的模式创新 . 杭州：浙江大学出版社，2007.

［5］邓凡 . 校园欺凌治理：理论与实践 . 北京：社会科学文献出版社，2023.

［6］董会芹 . 家庭应对儿童欺凌策略研究 . 北京：人民出版社，2020.

［7］方刚 . 让欺凌归“零”：终止校园欺凌工具包 . 北京：中国社会科学出版社，2018.

［8］教育部基础教育司 . 防治中小学生欺凌和暴力指导手册 . 北京：教育科学出版社，2017.

［9］任海涛 . 为了明天：预防青少年违法犯罪理论与实践 . 北京：光明日报出版社，2015.

［10］任海涛 . 校园欺凌法治研究 . 北京：中国政法大学出版社，2019.

［11］孙锦露．校园欺凌的形成机制与测评方法．北京：冶金工业出版社，2021.

［12］翟月．中小学校园欺凌防治政策的国际比较研究．北京：知识产权出版社，2023.

［13］张桂蓉、韩自强．校园欺凌现象的辨识、成因与治理对策．北京：中国社会科学出版社，2021.

［14］张文新，纪林芹，董会芹等．中小学生的欺负问题与干预．济南：山东人民出版社，2006.

［15］郑子杰、梁启贤．澳门中学校园暴力欺凌现象．澳门：澳门理工学院，2004.

［16］宗春山．少年江湖：校园欺凌的预防和应对．上海：华东师范大学出版社，2018.

［17］翁福元．校园欺凌学理与实务．台北：高等教育文化事业有限公司，2013.

［18］姚建涛，牟昱凝．青少年校园欺凌复合治理研究．武汉：武汉大学出版社，2023.

［19］姚建龙．防治校园欺凌：学理与实证．北京：中国政法大学出版社，2020.

［20］俞可平．治理与善治．北京：社会科学文献出版社，2000.

（二）外文著作

［1］BECK A T，STEER R A，BROWN G K. Manual for the Beck Depression Inventory-II. San Antonio，TX：Psychological Corporation，1996.

［2］BRYMAN A，CRAMER D. Quantitative Data Analysis with SPSS for Windows. London：Routledge，1997.

［3］California Department of Education. Bullying at school. California：CDE Press，2003.

［4］Department for Education and Skills. Bullying：Don ' t Suffer in Silence—an anti-bullying pack for schools. London，UK：Author，1997.

[5] GOLDSTEIN A P, GLICK B, GIBBS J C. Aggression replacement training : A comprehensive intervention for aggressive youth (Rev. ed.) . Champaign: Research Press, 1998.

[6] HINDUJA S, PATCHIN J W. Bullying Beyond the Schoolyard: Preventing and Responding to Cyberbullying. Thousand Oaks: Corwin Press, 2015.

[7] HOUSE J S. Work Stress and Social Support. Addison-Wesley, 1981.

[8] KOWALSKI R M, LIMBER S P, AGATSTON P W. Cyberbullying : Bullying in the digital age. John Wiley & Sons, 2012.

[9] MACCOBY E E, MARTIN J A. Socialization in the context of the family : Parent-child interaction//P H MUSSEN. Handbook of child psychology . New York: Wiley, 1983.

[10] MRAZEK P J, HAGGERTY R J. Reducing Risks for Mental Disorders: Frontiers for Preventive Intervention Research. National Academy Press, 1994.

[11] OECD. Bullying. In PISA 2018 results (Volume III) : What school life means for students' lives. OECD Publishing, 2020.

[12] OLWEUS D. Aggression in the schools : Bullies and whipping boys. Washington, DC: Hemisphere Press, 1978.

[13] OLWEUS D. Bully/victim problems among schoolchildren : Basic facts and effects of a school-based intervention program// PEPLAR D, RUBIN K. The development and treatment of childhood aggression. Hillsdale, NJ : Lawrence Erlbaum, 1991.

[14] OLWEUS D. Bullying at school ; What we know and what we can do. Cambridge, MA: Blackwell Publishing, 1993.

[15] RANDALL P. Adult Bullying : Perpetrators and victims. London : Routledge, 1997.

[16] RIGBY K. Bullying in schools and what to do about it. London, UK : Jessica Kingsley, 1996.

[17] RIGBY K, SMITH P K, PEPLER D J. Working to prevent school bullying : Key issues // SMITH P K, PEPLE D, RIGBY K. Bullying in schools :

How successful can interventions be? Cambridge：Cambridge University Press，2004.

［18］RUBIN K H，BUKOWSKI W M，PARKER J G. Peer interactions，relationships，and groups // EISENBERG N. Handbook of child psychology . New York：Wiley，2006.

［19］SALMIVALLI C，KARNA A，POSKIPARTA E. From Peer Putdowns to Peer Support：A Theoretical Model and How it Translated into a National Anti-Bullying Program // ESPELAGE D L，SWEARER S M. Bullying in North American Schools. New York：Routledge，2011.

［20］SHELDON S B，EPSTEIN J L. School-family-community partnerships in action：Implementation and evaluation // HARGREAVES A，LIEBERMAN A，FULLAN M，et al. International handbook of educational change . Kluwer Academic Publishers，2002.

［21］SMITH P K，SHARP S. School bullying：Insights and perspectives. London，UK：Routledge，1994.

［22］SWEARER S M，GARCIA A G，DAMMEAM，et al. Effective Bullying Prevention and Intervention Strategies for School Professionals // WORRELL F C，HUGHES T L，DIXSON D D. The Cambridge Handbook of Applied School Psychology. Cambridge：Cambridge University Press，2020.

［23］World Health Organization（WHO）. Prevention of Mental Disorders：Effective Interventions and Policy Options. WHO，2004.

二、论文

（一）中文期刊论文

［1］曹燕 . 国外校园欺凌防治政策的共同特征及其启示 . 外国教育研究，2018（8）.

［2］陈琪，李延平 . 澳大利亚中小学校园欺凌治理研究 . 外国教育研究，2018（8）.

［3］邓凡．“校园欺凌”治理的法律困境与出路：基于法社会学的视角．教育学术月刊，2019（10）．

［4］冯帮．地方政府推进校园欺凌治理的政策与反思：基于17个地区校园欺凌政策文本的分析．教育理论与实践，2019（28）．

［5］高晓霞．日本校园欺凌的社会问题化：成因、治理及其启示．南京师大学报（社会科学版），2017（4）．

［6］谷传华、张文新．小学儿童欺负与人格倾向的关系．心理学报，2003（1）．

［7］韩自强，肖辉．校园欺凌与青少年生活质量、偏差行为和自杀的相关性研究．风险灾害危机研究，2017（1）．

［8］胡春光．校园欺凌行为：意涵、成因及其防治策略．教育研究与实验，2017（1）．

［9］江水长．建立惩治校园欺凌的法律机制．中国德育，2016（6）．

［10］李琦，田友谊．依法治校视角下校园欺凌现象的审视与防治．教育科学研究，2018（4）．

［11］李梓嘉，李冉．基于东京都防止校园欺凌政策文本的政策工具分析．北京化工大学学报（社会科学版），2017（4）．

［12］凌辉等．小学生亲子关系与校园欺凌：自立行为的中介作用．中国临床心理学杂志，2018（6）．

［13］刘建，闻志强．法治中国建设背景下校园欺凌的法治化防控．教育科学研究，2019（3）．

［14］刘健．我国中小学校学生欺凌行为及其治理．南京师范大学学报（社会科学版），2017（1）．

［15］刘向宁．校园欺凌未成年行为人的法律责任浅析．青年学报，2015（4）．

［16］刘晓梅．以复和措施处理校园欺凌问题．青年研究，2007（7）．

［17］刘雨．论学生参与校园欺凌治理．教育科学研究，2020（7）．

［18］马雷军．让每个学生都安全：校园欺凌相关问题及对策研究．中小学管理，2016（8）．

[19] 孟凡壮，俞伟．我国校园欺凌法律规制体系的建构．教育发展研究，2017（20）．

[20] 那乐．基于应对校园欺凌问题的日本小学道德教科书改革新进展．外国教育研究，2018，45（8）．

[21] 颜湘颖，姚建龙．“宽容而不纵容”的校园欺凌治理机制研究：中小学校园欺凌现象的法学思考．中国教育学刊，2017（1）．

[22] 任海涛．我国校园欺凌法治体系的反思与重构：兼评 11 部门《加强中小学生欺凌综合治理方案》．东方法学，2019（1）．

[23] 任海涛，闻志强．日本中小学校园欺凌镜鉴．复旦教育论坛，2016（6）．

[24] 任萍，张云运，周艳云．校园欺负中的积极参与角色：保护者．心理科学进展，2018（1）．

[25] 孙时进，施泽艺．校园欺凌的心理因素和治理方法：心理学的视角．华东师范大学学报（教育科学版），2017（2）．

[26] 陶建国．日本校园欺凌法制研究．日本问题研究，2015（2）．

[27] 王嘉毅，颜晓程，闫红霞．校园欺凌现象的校园伦理分析及建构．中国教育学刊，2017（3）．

[28] 王祈然，蔡娟．美国第三方组织反校园欺凌实践研究：以“欧米茄人”组织为例．比较教育研究，2018（10），68-74.

[29] 王祈然，吴会会．教师校园欺凌认知的实然状况与应然取向．当代青年研究，2018（2）．

[30] 王祈然，肖建国．中小学校园欺凌行为师生认知状况及提升路径研究．教育科学研究，2019（6）．

[31] 魏叶美，范国睿．社会学理论视域下的校园欺凌现象分析．教育科学研究，2016（2）．

[32] 向广宇，闻志强．日本校园欺凌现状、防治经验与启示：以《校园欺凌防止对策推进法》为主视角．大连理工大学学报（社会科学版），2017(1).

[33] 许锋华，徐洁，黄道主．论校园欺凌的法制化治理．教育研究与实验，2016（6）．

[34] 许明 . 英国中小学校园欺凌现象及其解决对策 . 青年研究，2008(1).

[35] 杨立新，陶盈 . 校园欺凌行为的侵权责任研究 . 福建论坛（人文社会科学版），2013（8）.

[36] 姚建龙 . 防治欺凌的中国路径：对近期治理校园欺凌政策之评析 . 中国青年社会科学，2017（1）.

[37] 俞伟跃，耿申 . 何为学生欺凌？何为校园暴力 . 人民教育，2017(8).

[38] 张宝书 . 英国中小学反校园欺凌政策探析 . 比较教育研究，2016（11）.

[39] 张桂蓉，李婉灵 . 校园如何成为孩子们成长的"灰色地带". 风险灾害危机研究，2017（1）.

[40] 张国平 . 校园欺凌的社会学分析 . 当代青年研究，2011（8）.

[41] 张文新 . 中小学生欺负 / 受欺负的普遍性与基本特点 . 心理学报，2002（4）.

[42] 张文新，武建芬，Jones K. Olweus 儿童欺负问卷中文版的修订 . 心理发展与教育，1999（2）.

[43] 张文新，王丽萍，宫秀丽 . 儿童对待欺负问题态度的研究 . 心理科学，2002（2）.

[44] 张文新，王益文，鞠玉翠，林崇德 . 儿童欺负行为的类型及其相关因素 . 心理发展与教育，2001（1）.

[45] 赵亭亭 . 我国校园欺凌问题的现状、成因及防治：基于两次校园欺凌论坛的会议综述 . 当代青年研究，2018（6）.

[46] 朱新筱 . 师生关系与学生行为模式的关联研究 . 教育研究与实验，2005（2）.

（二）中文学位论文

[1] 范津 . 小学教师对校园欺凌的认知及处置方式的现状研究 . 曲阜：曲阜师范大学硕士论文，2019.

[2] 万赟 . 美国中小学校园欺侮现象之研究 . 上海：华东师范大学硕士学位论文，2007.

［3］张可．中小学教师对学校欺负行为的认知及其应对研究．保定：河北大学硕士论文，2004.

（三）外文期刊论文

［1］ALMOMANI A，NAHAR K，et al. Image cyberbullying detection and recognition using transfer deep machine learning. International Journal of Cognitive Computing in Engineering，2024（5）.

［2］ANDREOU E. Bully/victim problems and their association with coping behaviour in conflictual peer interactions among school-age children. Educational Psychology，2001（1）.

［3］ANTHONY W A. Recovery from mental illness：The guiding vision of the mental health service system in the 1990s. Psychosocial Rehabilitation Journal，1993（4）.

［4］BARBOZA G E，SCHIAMBERG L B，OEHMKE J，et al. Individual characteristics and the multiple contexts of adolescent bullying：An ecological perspective. Journal of Youth and Adolescence，2009（38）.

［5］BAUMRIND D. Current patterns of parental authority. Developmental Psychology Monograph，1971（4）.

［6］BAUER N S，HERRENKOHL T I，LOZANO P，et al. Childhood bullying involvement and exposure to intimate partner violence. Pediatrics，2006（118）.

［7］BAUMAN S，RIGBY K，HOPPA K. US teachers' and school counselors' strategies for handling school bullying incidents. Educational Psychology，2008（7）.

［8］BELAND K. Boosting social and emotional competence. Educational Leadership，2007（64）.

［9］BERGER K. Update on bullying at school：Science forgotten? Developmental Review，2007（27）.

［10］BOULTON M J. The effects of victim of bullying reputation on adolescents' choice of friends: Mediation by fear of becoming a victim of bullying, moderation by victim status, and implications for befriending interventions. Journal of Experimental Child Psychology, 2013 (114).

[11] BOULTON M J. Teachers' views on bullying: Definitions, attitudes and ability to cope. British Journal of Educational Psychology, 1997 (2).

[12] BRADSHAW C P, GARBARINO J. Social and cognitive characteristics of child victims of violence: Implications for school adjustment. Preventing School Failure: Alternative Education for Children and Youth, 2004 (48).

[13] BRAND S, FELNER R, SHIM M, et al. Middle school improvement and reform: Development and validation of a school-level assessment of climate, cultural pluralism, and school safety. Journal of Educational Psychology, 2003 (95).

[14] BREZINA T, PIQUERO A R, MAZEROLLE P. Student anger and aggressive behavior in school: An initial test of Agnew's macro-level strain theory. Journal of Research in Crime and Delinquency, 2001 (38).

[15] BURRIS S, WAGENAAR A C, SWANSON J, et al. Making the case for laws that improve health: A framework for public health law research. Milbank Quarterly, 2010 (2).

[16] CALISKAN Z, ETIKAN Z, TURGUT Y. Peer bullying in the preadolescent stage: Frequency and types of bullying and the affecting factors. The Journal of Pediatric Research, 2019 (6).

[17] CAPRARA G V, TISAK M S, ALESSANDRI G. The contribution of moral disengagement in mediating individual tendencies toward aggression and violence. Developmental Psychology, 2014 (1).

[18] CARNEY A C, MERRILL K W. Bullying in schools: Perspectives on understanding and preventing an international problem. School Psychology International, 2001 (3).

[19] COHEN S, WILLS T A. Stress, social support, and the buffering hypothesis. Psychological Bulletin, 1985 (2).

[20] COWIE H, OLAFSSON R. The role of peer support in helping the victims of bullying in a school with high levels of aggression. School Psychology International, 2000 (1).

[21] CRAIG W, HENDERSON K, MURPHY J G. Prospective teachers' attitudes toward bullying and victimization. School Psychology International, 2000.

[22] DAVIS S, JENKINS L. Teachers' perceptions of school anti-bullying training: Efficacy and necessary improvements. Journal of School Health, 2013(7).

[23] EDSTROM L. Changing adolescents' attitudes about relational and physical aggression. School Psychology Review, 2002 (2).

[24] ESPELAGE D L, HOLT M K. Bullying and victimization during early adolescence: Peer influences and psychosocial correlates. Journal of Emotional Abuse, 2001 (2).

[25] ESPELAGE D L, SWEARER S M. Research on school bullying and victimization: What have we learned and where do we go from here? School Psychology Review, 2003 (3).

[26] FARRINGTON D P, TTOFI M M. School-based programs to reduce bullying and victimization. Campbell Systematic Reviews, 2009 (1).

[27] FANTI K A, DEMETRIOU A G, HAWA V V. A longitudinal study of cyberbullying: Examining risk and protective factors. European Journal of Developmental Psychology, 2012 (2).

[28] GORDON R. An operational classification of disease prevention. Public Health Reports, 1983 (2).

[29] HAWKER D S J, BOULTON M J. Twenty years' research on peer victimization and psychosocial maladjustment: A meta-analytic review of cross-sectional studies. Journal of Child Psychology and Psychiatry and Allied Disciplines, 2000 (41).

[30] HAWLEY P H. Social dominance in childhood and its evolutionary underpinnings: Why it matters and what we can do. Aggression and Violent Behavior, 2007 (4).

[31] HANISH L D，TOLAN P H. Patterns of change in family-based aggression prevention. Journal of Marital and Family Therapy，2001（2）.

[32] HARRIS J R. Where is the child' s environment? A group socialization theory of development. Psychological Review，1995（3）.

[33] HOLT M K，KANTOR G K，FINKELHOR D. Parent/child concordance about bullying involvement and family characteristics related to bullying and peer victimization. Journal of School Violence，2009（1）.

[34] HOUSE J S，UMBERSON D，LANDIS K R. Structures and processes of social support. Annual Review of Sociology，1988（14）.

[35] LIMBER S P，SMALL M A. State laws and policies to address bullying in schools. School Psychology Review，2003（3）.

[36] MENESINI E，SALMIVALLI C. Bullying in schools：The state of knowledge and effective interventions. Psychology，Health & Medicine，2017(22).

[37] MESCH G S. Parental mediation，online activities，and cyberbullying. CyberPsychology & Behavior，2009（4）.

[38] MISHNA F. A qualitative study of bullying from multiple perspectives. Children & Schools，2004（4）

[39] MYNARD H，JOSEPH S. Bully/victim problems and their association with Eysenck' s personality dimensions in 8 to 13 year-olds. British Journal of Educational Psychology，1997（1）.

[40] NICKERSON A B，MELE D，PRINCIOTTA D. Attachment and empathy as predictors of roles as defenders or outsiders in bullying interactions. Journal of School Psychology，2008（6）.

[41] OLWEUS D. Aggression in the schools：Bullies and victimization in school peer groups. The Psychologist，1991.

[42] OLWEUS D，LIMBER S P. Bullying in school：Evaluation and dissemination of the Olweus Bullying Prevention Program. American Journal of Orthopsychiatry，2010（80）.

[43] OSHER D，KIDRON Y，DYMNICKI A，et al. Advancing the science

and practice of social and emotional learning：Looking back and moving forward. Review of Research in Education，2016（40）.

［44］PELLEGRINI A D. Bullies and victims in school：A review and call for research. Journal of Applied Developmental Psychology，1998（2）.

［45］RIGBY K. Why do some children bully at school?：The contributions of negative attitudes towards victims and the perceived expectations of friends，parents and teachers. School Psychology International，2005（2）.

［46］RODRIGUEZ-HIDZLGO A J，SOLERA E，CALMAESTRA J. Parents ' perception of school bullying：A systematic review of qualitative and quantitative studies. Journal of Child and Family Studies，2019（12）.

［47］SALMIVALLI C. Bullying and the peer group：A review. Aggression and Violent Behavior，2010（2）.

［48］SALMIVALLI C，LAGERSPETZ K，BJORKQVIST K，et al. Bullying as a group process：Participant roles and their relations to social status within the group. Aggressive Behavior，1996（22）.

［49］SMITH P K. The silent nightmare：Bullying and victimization in school peer groups. The Psychologist，1991.

三、报纸

［1］陈晓英. 校园欺凌谁来解围. 法制日报，2015-07-13（5）.

［2］姚建龙. 应对校园欺凌，不宜只靠刑罚. 人民日报，2016-06-14（5）。

四、网络文献

（一）中文网络文献

［1］儿童福利联盟文教基金会. 小学儿童校园霸凌（bullying）现象调查报告.（2004-08-31）［2019-12-08］. children.org.tw/uploads/researcher/ 小学儿童校园霸凌（bullying）现象调查报告（2004）.pdf.

[2] 澎湃新闻 . 专家评文昌少女遭围殴：校园欺凌处置存“重平息轻教育”问题 .（2018-10-09）[2019-09-12]. https：//www.163.com/dy/article/DTLT1M8T0514R9P4.html.

[3] 三联生活周刊 . 校园霸凌对孩子有哪些长远影响？ .（2017-06-05）[2019-09-12]. http：//www.weixinyidu.com/n_1765528.

[4] 中国教育 . 关于延庆二中校园欺凌事件延庆区教委处理通报 .（2017-06-28）[2019-09-12]. http：//www.edu.cn/zhong_guo_jiao_yuji_chuji_jiao_news/201706/t20170628_1535248.shtml.

[5] 中国教育部 . 国务院教育督导委员会办公室关于开展校园欺凌专项治理的通知 .（2016-04-25）[2019-12-03]. http：//www.moe.gov.cn/srcsite/A22/s7066/201604/t20160425_233409.html.

[6] 中国新闻网 . 聚焦两会报告十大看点 .（2020-05-26）[2019-09-12]. http：//www.chinanews.com/gn/2020/05-26/9194699.shtml.

[7] 教育部等九部门 . 关于防治中小学生欺凌个暴力的指导意见 .（2016-11-11）[2019-12-03]. http：//www.moe.gov.cn/srcsite/A06/s3325/201611/t20161111_288490.html.

[8] 教育部等十一部门 . 加强中小学生欺凌综合治理方案 .（2017-11-27）[2019-12-03]. http：//www.moe.gov.cn/srcsite/A11/moe_1789/201712/t20171226_322701.html.

[9] 联合国 . 儿童权利公约 .（1989-11-20）[2019-12-06]. https：//www.un.org/zh/documents/treaty/files/A-RES-44-25.shtml.

[10] 第十三届全国人民代表大会常务委员 . 中华人民共和国未成年人保护法 .（2020-12-27）[2019-12-03]. http：//legal.people.com.cn/n1/2020/1207/c42510-31956951.html.

（二）外文网络文献

[1] Addressing Bullying in Schools Act（Northern Ireland）.（2016-05-12）. https：//www.legislation.gov.uk/nia/2016/25/pdfs/nia20160025en.pdf.

[2] Australian Government Department of Jobs and Small Business.（2017-

06-18）. National Day of Action Against Bullying and Violence. http：//www.education.gov.au/national-day-action-against-bullying-and-violence.

[3] Bullying. NoWay!.（2017-06-18）. Participating schools. https：//bullyingnoway.gov.au/NationalDay/Pages/Participating-schools.aspx.

[4] California Department of Education. Safe school. https：//www.cde.ca.gov/ls/ss/.

[5] California Legislative Information. Education Code 48900.9. https：//leginfo.legislature.ca.gov/faces/codes_displaySection.xhtml?lawCode=EDC&sectionNum=48900.9.

[6] Collaborative for Academic，Social，and Emotional Learning. CASEL guide：Effective social and emotional learning programs（Preschool and elementary school edition）. https：//casel.org/wp content/uploads/2016/01/CASEL-Guide-Executive-Summary-2013.pdf.

[7] Cyber bullying statistics. Bullying Statistics：Anti-bullying Help，Facts，and More. http：//www.bullyingstatistics.orb/content/cyber-bullyingstatistics.html.

[8] Department for Education. Characteristics of bullying victims in schools.（2012-01-01）[2019-12-08]. http：//dera.ioe.ac.uk/121/1/DFE-RR001.pdf.

[9] Department for Education. Preventing and tackling bullying：Advice for headteachers，staff，and governing bodies. https：//assets.publishing.service.gov.uk/government/uploads/system/uploads/attachment_data/file/623895/Preventing_and_tackling_bullying_advice.pdf.

[10] DFE. Bullying in School Plummets. https：//www.gow.uk/government/mews/bullying-in-school-plummets.

[11] Eye CE Primary School Anti-bullying Policy.（2017-04-01）. https：//primarysite-prod-sorted.s3.amazonaws.com/eye/UploadedDocument/8b77d5ce46684ad6986402d8f9fdd397/anti-bulling-policy-updated-nov-2015.pdf.

[12] Learner Travel（Wales）Measure 2008.（2008-10-01）[2019-11-07]. https：//www.legislation.gov.uk/mwa/2008/2/contents.

[13] Lincoln Middle School. Lesson plan. https：//lms-alamedausd-ca.

schollop.com/lessonplan.

[14] Ministry of Education, Culture, Sports, Science and Technology - Japan. (2023-03-06)[2023-12-08] . Details on measures against bullying. http : // www.mext.go.jp/ijime/detail/1336269.htm.

[15] OFSTED. Bullying: Effective Action in Secondary Schools . (2016-04-26) . https : //www.gov.uk/government/uploads/system/uploads/attachment_data/file/379594/.

[16] Olweus, D. (2011) . Types of bullying. Bullying Prevention Program. http: //www.olweus.org/public/bullying.

[17] Pupil Referral Unit [EB/OL] . (2017-04-01) . https : //en.wikipedia.org/wiki/Pupil_Referral_Unit.

[18] Respect for All : National approach to anti-bullying for Scotland ' s children and young. (2017-11-15) . http : //respectme.org.uk/wp-content/uploads/2017/11/RESPECT-FOR-ALL-FINAL.pdf.

[19] Respecting for All : Supplementary Guidance on Recording and Monitoring of Bullying Incidents in Schools. (2018-05-15) . https : // www.gov.scot/binaries/content/documents/govscot/publications/advice-and-guidance/2018/05/supplementary-guidance-recording-monitoring-bullying-incidents-schools/documents/00535867.pdf.

[20] School Standards and Framework Act 1998. (1998-8-31)[2019-03-21]. http: //www.legislation.gov.uk/ukpga/1998/31/section/61.

[21]The Education (Independent School Standards)(England) . (2003-02-19) [2019-05-15]. http: //www.legislation.gov.uk/2003/1910/.

[22] The Education (Independent School Standards) Regulations 2014. (2014-03-28)[2019-03-18] . http : //www.legislation.gov.uk/uksi/2014/3283/regulation/3/made/.

[23] The Education (Independent School Standards) Regulations 2014 . (2014-12-11). http: //www.legislation.gov.uk/uksi/2014/3283/schedule/made.

[24] The Magna Carta School Anti-bullying Student Flowchart [EB/OL] .

(2017-04-01). http://www.magnacarta.surrey.sch.uk/userfiles/magnamve/images/content-pictures/pastoral/anti-bullying/STUDENT%20CONCERN%20FLOWCHART%202015.jpg.

[25] The Management of Health and Safety at Work Regulations 1999. (2016-05-10) http://www.legislation.gov.uk/uksi/199/3242/made/.

[26] The National Parent Teacher Association. (n.d.). Connect for Respect (C4R) Initiative. http://www.pta.org.

[27] U.S. Department of Education. Analysis of State Bullying Laws and Policies. https://www2.ed.gov/rschstat/eval/bullying/state-bullying-laws/state-bullying-laws.pdf.

[28] WHO/GSHS. Global School-based Student Health Surveys. http://www.who.int/chp/gshs/en/2016.

[29] World Health Organization. Youth violence. (2020-06-08) [2019-09-11]. https://www.who.int/news-room/fact-sheets/detail/youth-violence.

[30] World Health Organization. World report on violence and health. (2002-10-05) [2019-11-12]. https://www.who.int/publications/i/item/9241545615.

[31] 文部科学省. いじめ防止対策推進法(概要). (2018-08-21) [2022-08-17]. https://www.mext.go.jp/component/a_menu/education/detail/__icsFiles/afieldfile/2018/08/21/1400030_001_1_1.pdf.

[32] 文部科学省. 生徒指導等の施策の推進. (2011-08-05) [2019-12-08]. http://www.mext.go.jp/a_menu/shotou/seitoshidou/04121502.htm.

后　记

《青少年校园欺凌治理机制研究》一书是基于我主持的国家社科基金项目“我国中小学校园欺凌治理机制研究”（项目编号：17XSH015）的结项成果修改完善而成。此书得以顺利出版，离不开国家社科基金的资助与西北师范大学的大力支持。

2017年，我有幸获得了国家社科基金的资助，开启了校园欺凌研究的征程。这一过程充满挑战。起初，社会对校园欺凌的认知尚浅，许多人仅将其视为“玩笑”。因此，在研究初期，我们不得不频繁与家长（尤其是农村地区的家长）和学校沟通，详细解释校园欺凌的表现、成因及危害。经过多方努力，我们才在我国西北五个省区找到了一些愿意参与的学校。加之，研究过程中突遇新冠疫情，一些调查研究不得不推迟，研究进展更为艰难甚至被迫中断。疫情过后我们加紧继续调查研究，最终得以顺利收官。

本书的完成离不开许多人的帮助和支持。首先，从课题目标确立、研究设计、工具开发一致到本书成稿，我要感谢广大同仁给予的指导和建议。他们的智慧和经验为本书增添了许多宝贵的见解。其次，在撰写本书的过程中，我参考了大量国内外已有相关文献，借鉴了不同国家的治理经验，在此我要特别感谢参考文献的作者们，他们的研究成果为本书的撰写提供了坚实的理论基础和丰富的学术支持，使我的研究能够在前人的智慧和经验之上继续推进。再其次，我还要感谢所有为我提供数据、分享经验的教育工作者、学生以及家长，正是他们的实际反馈，使得本书的研究更加贴近现实。最后，在本书的出版过程中，要特别感谢民族出版社编辑们，他们为书稿质量的提高及顺利出版付出了不少心血，其一丝不苟的工作作风令人钦佩。

本书虽然已成书，但我深知对于校园欺凌的治理研究还远未结束。作为教育工作者要始终关注这一问题，尤其要关注中小学校园欺凌行为的防治，为青少年创建良好的成长环境，为社会培养身心健康的高素质人才。未来，我将继续关注这一领域，进一步完善和深化研究成果。希望这本书能够为教育领域的同仁们提供一些启发，也期待与大家共同探讨和推动校园欺凌治理的持续进步。

由于本人学识所限，尽管付出了很多努力，书中不可避免地存在诸多欠缺和错漏之处，在此，真诚希望得到广大专家学者同行的批评指正。衷心期盼各位读者提出宝贵意见！